DuMont Dokumente:

Eine Sammlung von Originaltexten,
Dokumenten und grundsätzlichen Arbeiten
zur Kunstgeschichte, Archäologie,
Musikgeschichte und Geisteswissenschaft

In der vorderen Umschlagklappe: Die Route der historischen Seidenstraße in den heutigen politischen Grenzen

In der hinteren Umschlagklappe: Reiseszene; Dunhuang Höhle 61

Hans-Joachim Klimkeit

Die Seidenstraße

Handelsweg und Kulturbrücke
zwischen Morgen- und Abendland

DuMont Buchverlag Köln

Umschlagvorderseite: Die Mogao-Höhlen in Dunhuang
Umschlaginnenklappe: Dunhuang, Höhle 254, Holzskulptur des Maitreya, darunter Darstellung der Versuchung des Buddha Shakyamuni
Umschlagrückseite: Uiguren bei einem Straßenkonzert in Kashgar
Frontispiz: Mongolische Familie vor ihrem Zelt im Nordosten des ›Landes der Seidenstraße‹

Meiner langjährigen Mitarbeiterin Dr. Ilse Pehl

CIP-Kurztitelaufnahme der Deutschen Bibliothek

Klimkeit, Hans-Joachim:
Die Seidenstraße : Handelsweg u. Kulturbrücke zwischen Morgen- u. Abendland / Hans-Joachim Klimkeit. – Köln : DuMont, 1988
  (DuMont-Dokumente)
  ISBN 3-7701-1790-5

© 1988 DuMont Buchverlag, Köln
Alle Rechte vorbehalten
Satz und Druck: Rasch, Bramsche
Buchbinderische Verarbeitung: Bramscher Buchbinder Betriebe

Printed in Germany   ISBN 3-7701-1790-5

Inhalt

Vorbemerkung 7

Das ›Land der Seidenstraße‹ 8
Die Seidenstraße in Zentralasien 8
Die westliche Fortsetzung der zentralasiatischen Seidenstraße 12
Die östliche Fortsetzung der zentralasiatischen Seidenstraße 13
Charakteristika des ›Landes der Seidenstraße‹ 14
Die Reise entlang der Seidenstraße 17
    Faxian 21
    Songyun 23
    Xuanzang 23

Die Erforschung der Seidenstraße 32
Die Erforschung der östlichen Seidenstraße vor dem Ersten Weltkrieg 34
Die Erforschung der östlichen Seidenstraße nach dem Ersten Weltkrieg 46

Die Völker an der Seidenstraße 48
Die Anfänge des Hellenismus 48
Der parthische Einfluß 49
Der sakische Einfluß 50
Die Yuezhi 52
Die Hephthaliten 54
Die Sogdier 55
Die Tocharer 57
Die Xiongnu, Rouran und Toba 58
Die Türken 60
Die Tibeter und Tanguten 63
Die Mongolen und ihre Nachfolger 64
Die Inder 67
Die Chinesen 69
Die Seßhaften und Nomaden 71

Die Religionen an der Seidenstraße ... 74
Die Volksreligionen ... 75
   Die Religionen Baktriens ... 75
   Die Religion im sogdischen Stammland ... 77
   Die frühe Stammesreligion der Türken Zentralasiens ... 80
Die Weltreligionen ... 83
   Das nestorianische Christentum ... 83
   Der Manichäismus ... 87
   Der Buddhismus ... 91
   Der Islam ... 99

Die Kulturräume der westlichen Seidenstraße ... 103
Der Einfluß Griechenlands auf den Ostiran und Baktrien ... 103
Die parthische Kultur im Ostiran und im westlichen Zentralasien ... 108
Das Kushan-Reich und seine Nachfolgereiche in Zentralasien ... 137
Chorasmien – die Kultur an der Oxus-Mündung ... 151
Sogdien – die Kultur eines untergegangenen Vermittlervolkes ... 158

Die Kulturräume der östlichen Seidenstraße ... 169
Die Zentren am südlichen Handelsweg ... 169
   Khotan ... 170
   Miran und das Reich Shanshan ... 178
Die Zentren am nördlichen Handelsweg ... 182
   Kucha als Zentrum tocharischer Kultur ... 184
   Turfan als kulturelle Drehscheibe ... 194
   Dunhuang, das Tor nach China ... 208

Das ›Land der Seidenstraße‹ als eigener Kulturraum ... 220
Soziale Verhältnisse ... 220
Kulturelle Verhältnisse ... 223
Religiöse Verhältnisse ... 228

Abkürzungen ... 231
Anmerkungen ... 232
Bibliographie ... 242
Glossar ... 250
Abbildungsnachweis ... 255
Register ... 257

Vorbemerkung

Die im Text verwendete Schreibung für geographische Bezeichnungen und Personennamen bedarf einer Erläuterung. Chinesische Namen und Begriffe sind in der Pinyin-Umschrift wiedergegeben. Für Namen und Termini in den Turksprachen wurde die anglisierende Schreibweise gewählt, die diakritische Zeichen auf ein Mindestmaß begrenzt. Das gleiche gilt für iranische und indische Ortsnamen, Personennamen und Begriffe. Die wissenschaftlich korrekte und übliche Wiedergabe ist im Glossar und im Register in Klammern hinzugefügt.

Dank gilt zunächst der Klopstock-Stiftung, Hamburg, die Mittel für die Sammlung der sehr verstreuten wissenschaftlichen Literatur zum Thema bereitstellte. Sodann ist der Autor seinen Mitarbeitern im Religionswissenschaftlichen Seminar der Universität Bonn verbunden, die halfen, dieses Material zu beschaffen. Insbesondere gilt sein Dank Liesel Werner, die das Manuskript schrieb, Wolfgang Klein, der bei der Literaturbeschaffung und der Durchsicht des Manuskripts half, sowie Gregor Ahn, der die Korrekturen mitlas. Schließlich verweist der Verfasser anerkennend auf die Mitarbeit von Inken Bohn, in deren Händen die redaktionelle Betreuung des Bandes lag.

Bonn, im November 1988
Hans-Joachim Klimkeit

Das ›Land der Seidenstraße‹

Wenn wir vom ›Land der Seidenstraße‹ sprechen, so meinen wir jenen geographisch vielfach gegliederten Raum, der sich von der ostiranischen Hochebene bis zur Gobi-Wüste erstreckt, welche das chinesische Kernland im Westen begrenzt. In dieser Region, die mit den Begriffen Westturkestan und Ostturkestan umrissen wird, haben die unterschiedlichsten Ethnien – immer wieder zu Völkerwanderungen veranlaßt – gewohnt. Aber auch Nachbargebiete wie das ostiranische und afghanische Hochland, die mongolische Steppe und das nordchinesische Bergland können nicht außer Betracht bleiben.

Kennzeichnend für das ›Land der Seidenstraße‹ ist, daß es die Hochkulturen von Iran, Indien und China miteinander verbindet, ohne selbst einen homogenen Kulturraum darzustellen. Hier machten sich nicht nur die Einflüsse der drei genannten Hochkulturen bemerkbar; die Oasen entlang der Seidenstraße prägten die Region ebenso wie die Kulturen der Nomadenvölker, die in den Steppen und Halbwüsten Zentralasiens lebten.

Wüsten mit vereinzelten Oasen, Steppengebiete und schließlich Hochgebirgsketten, die das Land im großen und ganzen in ost-westlicher Richtung durchziehen, gehören zu den vielfältigen geographischen Erscheinungsformen des Gebietes. Der Pamir-Knoten mit dem 7495 m hohen Pik Kommunismus gliedert den Raum in einen westlichen und einen östlichen Teil. Westlich des Pamir-Knotens liegen die Wüsten Karakum (Schwarzer Sand) und Kizilkum (Roter Sand), während sich östlich davon das Tarim-Becken mit der Taklamakan-Wüste und die Gobi erstrecken. Diese Wüstenregionen sind von Steppengebieten – der Kasachen-Steppe im Westen und der Mongolen-Steppe im Osten – flankiert und von Hochgebirgen begrenzt. Der Verlauf der Gebirge, deren Schmelzwasser die Lebensgrundlage der Oasenstädte an den Wüstenrändern darstellt, bestimmte auch die Route der Seidenstraße. Der Handelsweg führte durch diese Oasen, in manchen Gegenden freilich auch über hohe Gebirgspässe. Die verkehrsmäßige Verbindung der kulturell sehr unterschiedlichen Oasen läßt es als berechtigt erscheinen, von einem ›Land der Seidenstraße‹ zu sprechen, das sich vom östlichen Iran bis zum westlichen China erstreckte.

Die Seidenstraße in Zentralasien

Aus dem Verlauf der Gebirgsketten in Zentralasien ergibt sich die Lage der wesentlichen Durchgangsstationen für die Seidenstraße. Das Kopet-Dag-Gebirge trennt die iranische Nordostprovinz Chorasan vom westturkestanischen Tiefland, welches die beiden großen

Der Verlauf der Seidenstraße vom Iran bis nach China

Flüsse Oxus (Amu Darya) und Yaxartes (Syr Darya) durchziehen. Nördlich des Kopet-Dag-Gebirges, in der turanischen Tiefebene, liegen Städte wie Nisa und Merw (das Antiochia Margiana der hellenistischen Zeit und heutige Mari), die einst wichtige Verkehrsknotenpunkte waren. Von dort führten Wege zur ostiranischen Hochebene, etwa zum alten Nishapur unweit des heutigen Meshed sowie ins obere Oxus-Tal nach Baktrien, ins Tal des Serafshan und des Yaxartes, dem Stammgebiet der Sogdier. Am oberen Oxus zwischen Hindukush, Tianshan und Pamir-Gebirge befanden sich zahlreiche Siedlungen und Städte, die zum Teil schon in gräko-baktrischer Zeit (4.–2. Jh. v. Chr.) gegründet wurden.

Folgte man südlich von Merw dem Murgat-Tal nach Herat und weiter nach Sistan (das alte Sakastan), von wo man die Städte des ostiranischen Raumes ebenso erreichte wie die Siedlungen südlich des Hindukush, so war der Weg von Merw durch das obere Oxus-Tal nach Nordwestindien nicht mehr allzu weit. Vor allem Reisende aus China oder Zentralasien, die auf dem Weg nach Indien waren, wählten diese Route. Sie führte über die Pässe und Hochtäler des Hindukush mit seiner großartigen Landschaft (s. Farbabb. 3) ins Kabul-Tal und von dort über den Khaiber-Paß in die nordwestindische Landschaft Gandhara, wo Städte wie Peshawar (Purushapura) und Taxila zu den bedeutendsten kulturellen Zentren gehörten. Ein wichtiger Rastplatz auf dem Weg über das unwirtliche Hindukush-Gebirge war das Hochtal von Bamiyan, das vor allem dann aufgesucht wurde, wenn man den schwierigen Salang-Paß meiden wollte. Begram (Kapisha) war der bedeutendste Ort südlich des Hindukush, während Baktra (Balkh), die alte Hauptstadt Baktriens, das wichtigste Kulturzentrum zwischen Hindukush und Oxus darstellte.

DIE SEIDENSTRASSE IN ZENTRALASIEN

In der Landschaft Chorasmien am Unterlauf des Oxus entfaltete sich eine eigenständige Kultur, die jedoch am Rande der großen Ost-West-Verbindungen lag. Gleichwohl suchten auch chinesische Indienpilger wie Xuanzang diese Region auf. Das Alai-Gebirge, ein Ausläufer des Tianshan und des Pamir-Knotens, begrenzt das Oxus-Tal im Norden. Südlich, westlich und nördlich dieses Gebirges findet sich eine Reihe von Oasenstädten, die zum ostiranisch-sogdischen Kulturraum zu rechnen sind. Zu den herausragenden archäologischen Fundorten südlich des Alai, praktisch noch zum oberen Oxus-Tal gehörig, zählen Chalčajan und Adzhina-Tepe. Im Serafshan-Tal und seinen Ausläufern lagen das alte Warachsha nahe Buchara sowie das einstige Afrasiab unweit des heutigen Samarkand.

Weiter flußaufwärts befanden sich die bedeutende sogdische Stadt Pendjikent (Fünfstadt) und die Burg Mugh. Der Weg führte von diesen sogdischen Städten in das vom Yaxartes bewässerte Fergana-Tal, an dessen Eingang das heutige Samarkand liegt. Von dort konnte man weiter Richtung Nordosten nach Tashkent (Steinstadt) reisen, um dann eine Route zu wählen, die nördlich des Tianshan am Issik-Köl nach Beshbaliq (bei Urumchi) führte. Über Hami oder Turfan ging es dann weiter nach Osten.

Gewöhnlich durchzogen Reisende auf dem Weg nach Osten aber das Fergana-Tal. Von dort mußten hohe Gebirgspässe des von Südwesten nach Nordosten verlaufenden Tianshan überquert werden, bevor man ins Tarim-Becken gelangte. Im Süden begrenzen das Kunlun- und das Nanshan-Gebirge dieses Becken, im Norden der Tianshan und im Westen das Pamir-Gebirge. Östlich des Pamir sowie nördlich des Kunlun- und des Nanshan-Massivs, welche die tibetische Hochebene nach Norden abgrenzen, lagen einige Oasenstädte. Lebensgrundlage dieser Ansiedlungen war das Schmelzwasser der Gebirge. Es floß entweder in das südliche Tarim-Becken, wo es im Sande versickerte, oder vereinigte sich mit dem Tarim-Strom, der sich in den salzigen Lob-Nor ergoß. Während es kaum Siedlungen am Tarim-Fluß gab, fand sich eine ganze Reihe am Südrand des Tarim-Beckens. Von West nach Ost waren die wichtigsten Kashgar, Yarkand, Khotan, Keriya, Niya, Miran und Loulan am Lob-Nor.

Diese ›südliche‹ Route der Seidenstraße führte sodann nach Dunhuang, im heutigen Gansu gelegen, das als westliches Tor nach China gilt (s. Farbabb. 21). Dunhuang war durch den ›Gansu-Korridor‹, der zwischen dem Nanshan-Gebirge und der Gobi-Wüste verläuft, mit chinesischen Städten am Huanghe verbunden, unter denen vor allem Lanzhou als wichtigster Knotenpunkt herausragt. Von dort führte die Seidenstraße in andere chinesische Städte, wie etwa die alten Metropolen Chang'an und Luoyang.

Um das 4. Jh. muß es zu einem Klimaumschwung an dieser sogenannten südlichen Route gekommen sein: Die Oasen des südöstlichen Tarim-Beckens trockneten aus und wurden unpassierbar. Faxian, der erste bedeutende chinesische Mönch, der einen Bericht über seine Indienreise um das Jahr 400 hinterließ, wählte von Dunhuang eine nördliche Route und durchzog dann von Wuyi (Karashahr?) aus die Taklamakan-Wüste in nordsüdlicher Richtung, um Khotan zu erreichen.

Vom 5. Jh. an war es üblich, das Tarim-Becken auf der Nordroute zu durchqueren. Sie verband die Oasen südlich des Tianshan und erreichte von Kashgar über Tumshuq, Aqsu,

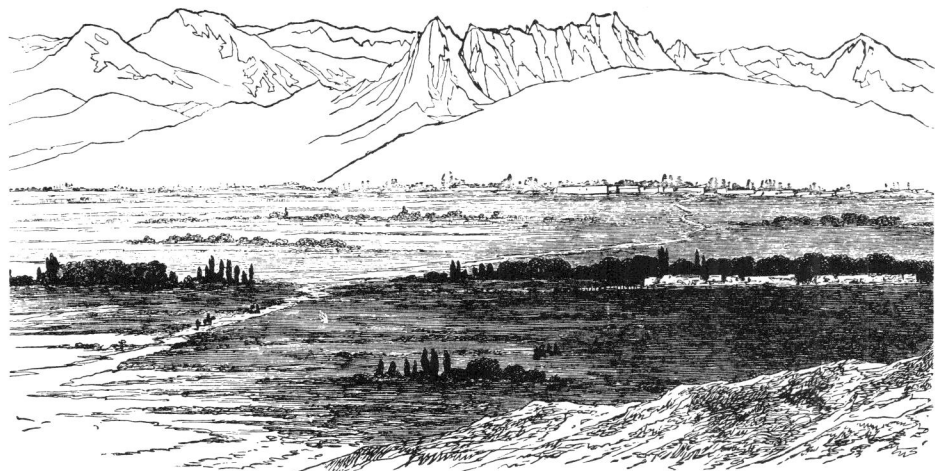

1 Die Oase Kashgar am Rande des Tarim-Beckens

Kucha und Karashahr die Oase Turfan in einer 150 m unter dem Meeresspiegel liegenden Niederung. Auch Turfan war ein wichtiger Knotenpunkt. Von dort gab es Straßen über den Tianshan nach Urumchi und in die Dsungarei, ferner über Hami in die mongolische Steppe sowie durch die Gobi-Wüste nach Anxi und Dunhuang, wo sich die Nord- und Südroute vereinigten.

Von verschiedenen Punkten der Nordroute führten Pfade über die Pässe des Tianshan zu dem nördlich des Gebirges verlaufenden Weg und ins Ili-Tal, von wo man ins Siebenstromland, das Gebiet östlich des Balkhash-Sees, gelangte. Auch von der Dsungarei, die im Norden durch die mongolischen Altai-Berge, im Westen durch den Tarbagatai und im Süden durch den Tianshan begrenzt wird, existierten Wege ins Siebenstromland. Die Ost-West-Verbindung nördlich des Tianshan erreichte über Hami die mongolische Steppe und den ›Gansu-Korridor‹. Während der Mongolenzeit (13./14. Jh.) wurden sowohl die nördliche als auch die südliche Route durch die Oasenstädte südlich des Tianshan benutzt.

Grundsätzlich führten die Routen der Seidenstraße durch Wüsten- und Steppengebiete, die von den am Rande der Hochgebirgsketten gelegenen Oasen durchzogen waren. Diese Ketten wurden dort überquert, wo es unvermeidbar war, etwa um vom Fergana-Tal ins Tarim-Becken zu gelangen oder vom oberen Oxus Nordwestindien zu erreichen.

Etwa seit dem 3./4. Jh. wählten von Indien kommende Karawanen einen beschwerlicheren, aber kürzeren Weg über das obere Indus-Tal und das Karakorum-Gebirge nach Kashgar, Yarkand und Khotan. Diese Route, die in etwa umgekehrter Richtung auch Faxian benutzte, führte von Taxila über Gilgit in das heutige Gebiet von Hunza und von dort ins trockene Tarim-Becken. Der erst in den 60er und 70er Jahren dieses Jahrhunderts erbaute

Karakorum-Highway von Kashgar nach Gilgit und weiter in die Tiefebenen des Indus folgt annähernd dem alten Straßenverlauf. Zahlreiche in Stein gemeißelte Inschriften und Felszeichnungen am Wegesrand zeugen davon, daß Vertreter verschiedener Völker diese Route benutzten, um das Karakorum-Gebirge zu überwinden. Zweifellos würde man bei einer systematischen Suche in anderen Abschnitten der ›klassischen‹ Seidenstraße ähnliche Inschriften und Zeichnungen finden.

Die westliche Fortsetzung der zentralasiatischen Seidenstraße

Die Hauptrouten der Seidenstraße zwischen dem Ostiran, Indien und China führten weiter nach Westen, Süden und Osten. Im Westen war Anschluß zu den Verkehrsadern auf der iranischen Hochebene gegeben, die über Damghan und Hamadan (Ecbatana) sowie über das Zagros-Gebirge hinaus das Zweistromland erreichten. Von dort gab es eine Verbindung nach Syrien (Dura Europos, Palmyra, Damaskus) und zu den Häfen am Mittelmeer (Tyros, Antiochien), aber auch über Palästina bis nach Ägypten, vor allem nach Alexandrien. Wie auch Rom profitierte diese Stadt von dem Handel, der über die Seidenstraße geleitet wurde.[1] Zentralasiatische und chinesische Seidenstoffe waren in Rom ebenso begehrt wie syrische Glasmalereien in Baktrien oder Erzeugnisse des Vorderen Orients in Indien, von wo Gewürze und andere Produkte des Landes bis in die Mittelmeerregion gelangten.

Indien war auch auf dem Seeweg mit dem Vorderen Orient verbunden. Eine Route vom Nordwesten des Landes führte durch das Indus-Tal bis zum Hafen Deb an der Indus-Mündung. Von dort gelangten die Schiffe zur Mündung von Euphrat und Tigris sowie um die arabische Halbinsel herum bis nach Ägypten. Im Jahre 240 reiste der Religionsstifter Mani vom Zweistromland per Schiff nach Indien, bei seiner Rückkehr wählte er den Landweg über Persien. Auch die Angaben des christlich-ägyptischen Mönches Kosmas Indikopleustes[2], der im 6. Jh. die ›Christliche Topographie‹ verfaßte, zeugen von solchen Seeverbindungen.

Häufiger benutzt wurde jedoch die Überlandroute vom Yaxartes (Syr Darya) im Stammland der Sogdier, die in einem großen Bogen durch die Kasachische Steppe und die Kaspische Senke um das Kaspische Meer herum zur Krim am Schwarzen Meer führte. Von dort erreichte man Griechenland und Rom per Schiff. Manche chinesischen Seidenstoffe könnten auch auf diesem Weg nach Rom gelangt sein. Griechische und römische Historiker und Geographen wie etwa Ptolemäus oder Herodot machen genauere Angaben über die Länder und Völker bis hin zum Tarim-Becken.[3] Die Auswertung ihrer Berichte erweist sich allerdings insofern als problematisch, als es nicht immer eindeutig möglich ist, die von ihnen genannten Völker genau zu identifizieren. Vor allem die Zuordnung zu Angaben chinesischer Historiker über Völker und Stämme Zentralasiens ist häufig schwierig.

2 Figur eines schwarzen Künstlers aus einem Grab bei Astana ▷

Die östliche Fortsetzung der zentralasiatischen Seidenstraße

Die Fortsetzung der Seidenstraße nach Osten führte zunächst in die chinesischen Hauptstädte Chang'an und Luoyang (s. Farbabb. 23). Von dem besonders regen Verkehr zwischen dem Reich der Mitte und den Ländern im Westen während der Tang-Zeit (618–907) zeugen neben den Tang-Annalen auch archäologische Funde in der Hauptstadt wie bemalte Ton- und Holz-Figuren von Höflingen und Hofbesuchern, die in den kaiserlichen Gräbern deponiert wurden. Einen ähnlichen Brauch gab es auch unter den Chinesen in Turfan. Hier wie dort wurden verschiedene zentralasiatische Völker dargestellt: Inder, Perser und sogar Schwarze sind figürlich repräsentiert (s. Abb. 2). Dem entsprechen Nachrichten über das bunte Völkergemisch, das zur Tang-Zeit in den großen Städten Chinas lebte. Darunter befanden sich auch Koreaner und Japaner, die als Händler, Geistliche oder Schüler des chinesischen Buddhismus ins Land gekommen waren.

Japanischer Überlieferung zufolge wurde der Buddhismus im Jahre 552 n. Chr. von Korea aus ins Inselreich eingeführt. Seit jener Zeit bestanden also nicht nur weltliche, sondern auch religiöse Kontakte zu Korea und China, dem der japanische Buddhismus in hohem Maße verpflichtet war, wenngleich er eine eigenständige Entwicklung durchmachte. Bezieht man die kulturellen und politischen Kontakte Japans zu Korea und China mit ein, so könnte man sagen, daß die Seidenstraße von den genannten chinesischen Städten über die Halbinsel Korea bis nach Japan weiterführte. Diese These erscheint insofern berechtigt, als Huichao, einer der großen ostasiatischen Indienpilger, der Aufzeichnungen über seine Reise hinterließ, um 700 n. Chr. in Korea geboren wurde. Auch ein japanischer Chinareisender, der

CHARAKTERISTIKA DES ›LANDES DER SEIDENSTRASSE‹

3 Die Große Mauer wurde zum Schutz vor angreifenden Nomaden der Steppe errichtet

Mönch Ennin, der im 9. Jh. neun Jahre im Reich der Mitte weilte und ausführlich über seine Erlebnisse berichtete, erhellt die engen kulturellen Kontakte zwischen Japan und dem buddhistischen China.[4] Das heutige Interesse Japans an der Geschichte der Seidenstraße verdeutlicht ebenfalls, daß die Japaner die Wurzeln ihrer Kultur nicht nur in Ost-, sondern auch in Zentralasien erblicken.

Charakteristika des ›Landes der Seidenstraße‹

Suchen wir nach besonderen Merkmalen, die das ›Land der Seidenstraße‹ auszeichnen, so gilt das Diktum A. von Gabains: »Der Oasencharakter des besiedelten Raumes und die Grenzenlosigkeit der Nomadenbereiche sind die gemeinsamen Eigenheiten des riesigen Landes ›Zentralasiens‹, das zwischen Hochkulturen liegt.«[5] Kein Großreich hielt sich längere Zeit in dieser Region; und wenn ein solches in der Steppe errichtet wurde, zerfiel es gewöhnlich nach einigen Generationen wieder.

Relativ stabile politische Einheiten bildeten die Stadtstaaten in den Oasen, die jedoch von nomadischen und anderen Großreichen bedroht waren und oft unter der Suzeränität einer fremden Macht standen. Diese Oasenstädte waren in erster Linie Träger einer gehobenen materiellen und geistigen Kultur, die neue Techniken und Ideen nicht nur aufnahmen, sondern auch an die Nachbarn weitergaben. Ein Ausdruck jener höheren Kultur ist die Schriftkunde, welche durch die Rezeption zahlreicher unterschiedlicher Alphabetformen –

insgesamt 24 – gekennzeichnet ist. Darin spiegelt sich auch die Weltoffenheit der zentralasiatischen Oasen wider, in denen man Texte in 16 verschiedenen Sprachen fand.

Zugleich jedoch wird deutlich, wie vielgestaltig in ethnischer und sprachlicher Hinsicht dieser Raum ist. Zwar mögen zeitweilig das Sogdische, das Chinesische oder das Türkische als *lingua franca* gedient haben, dennoch existierte hier niemals eine Sprache, die als Grundlage einer kulturellen Einheit gedient hätte. Vielmehr leisteten verschiedene Sprachen iranischer, indischer und zentralasiatischer Provenienz wie das Chinesische ihren Beitrag zum geistigen Leben der Oasen, in denen man Schriften bewahrte, die z. T. in ihren Ursprungsgebieten in Vergessenheit geraten waren. Das beste Beispiel ist der Buddhismus, der mit dem Vordringen des Islam in Indien in seinem Heimatgebiet unterging. Während dort zahlreiche Sanskrit-Werke dieser Weltreligion vernichtet wurden, blieben Reste des buddhistischen Sanskrit-Kanons aus Zentralasien erhalten.

Trotz der Vielgestaltigkeit stellt das kulturelle Leben an der Seidenstraße insofern eine Einheit dar, als die Oasen, welche über die seit vorgeschichtlicher Zeit benutzten Karawanenwege miteinander verbunden waren, in ständigem Kontakt miteinander standen. Von der Spannweite des geistigen Austausches zeugen die an der Seidenstraße gefundenen syrischen, iranischen, indischen und zentralasiatischen Handschriften.

Freilich konnte der Handel über die Seidenstraße nicht immer reibungslos abgewickelt werden. Kriegszüge und politische Unruhen, aber auch Unberechenbarkeiten der Natur, wie das sich ständig verlagernde Bett des Lob-Nor oder die Austrocknung ganzer Gebiete, schränkten den Verkehr zeitweilig, in manchen Gebieten sogar völlig ein. Die Gefahr, von Räubern und Nomadenhorden überfallen zu werden, bei denen das ›Raubrittertum‹ zum Ehrenkodex gehörte, drohte den Karawanen allenthalben, zumal in politisch instabilen Zeiten und Gegenden (s. Farbabb. 15). So waren die Reisenden bestrebt, die nächste Station und damit geschützte Karawansereien oder Klosterhöfe möglichst schnell zu erreichen. Die Oasenstädte dienten gleichzeitig als Umschlagplätze für Nachrichten aller Art. Dort wurde auch entschieden, welche Personen, Lasttiere und Waren passieren durften, da die Stadtstaaten einträglichen Zoll kassieren konnten. Der Einfluß der Oasen hing dabei freilich auch von bestehenden Suzeränitätsverhältnissen ab, die sich stets wandeln konnten.

Auch andauernde Konflikte mit den Nomaden und Halbnomaden der umgebenden Steppe prägten die Geschichte der Oasenstädte. Zwar lebten die Nomaden insofern in geregelten Verhältnissen, als sie, von ihren Herden begleitet, zwischen den Gebieten der Sommer- und der Winterweiden hin- und herwanderten. Doch machten ihnen andere Nomaden die angestammten Regionen immer wieder streitig, so daß sich viele von ihnen gezwungen sahen, nach neuen Weidegebieten Ausschau zu halten. So kam es zu ständigen Wanderungen, die sich auch nachteilig auf das Leben der seßhaften Völker auswirkten, zumal in Zeiten der gestörten Balance Übergriffe auf deren agrarisches Gebiet zu befürchten waren. Aber auch in friedfertigen Perioden führten nomadische Horden wiederholt Raubzüge in bäuerliche und städtische Gebiete durch, wobei Vieh- und Schafherden ebenso wie andere begehrte Güter den Besitzer wechselten. Nicht selten kam es dabei zu blutigen Metzeleien. Die nomadische Verklärung des Helden, der erfolgreiche Eroberungszüge aus-

CHARAKTERISTIKA DES ›LANDES DER SEIDENSTRASSE‹

führte, läßt die Furcht der Oasenbewohner vor Übergriffen verständlich werden, vor allem angesichts der Mühe, die sie zur Bearbeitung ihrer zumeist künstlich bewässerten Felder auf sich nehmen mußten. Diese beschwerliche Arbeit bringt ein uigurischer Erntesegen sehr anschaulich zum Ausdruck.

> Die Stirnen der Bauern [...] werden schweißig, ihre Handflächen schwellen und werden rissig, ihre Fußsohlen spalten sich, ihr Blut erstarrt, sie werden durstig, ihre Mägen werden hungrig und knurren, die oberen und unteren Ländereien durchziehen sie, den Pflug halten sie und beugen sich, sich bekümmernd magern sie ab, sie säen, sie schlagen mit der Hacke und werden schwach, ohne sich zu setzen, strengen sie sich an, das Saatgut versenken sie in die Erde, zur rechten Zeit bedecken sie [die Erde], bis sie durch das Flüßchen [den Boden] bewässert haben, erleiden sie alle Qualen.[6]

Die zentralasiatische Polis war von ständiger Gefahr bedroht. Die hohen, aus Stampflehm errichteten Stadtmauern, deren Reste z. B. heute noch in Kocho besichtigt werden können, sind dafür ein beredtes Symbol. Wir erfahren in einem Bericht, daß Angreifer ihre Forderungen in Briefen niederlegten, die sie dann mit einem Pfeil in die befestigte Stadt schossen.[7] Der kleine Mikrokosmos der Stadtbewohner war eher mit einer Insel in einer trügerischen See vergleichbar als mit einer in sich ruhenden abgeschlossenen Welt.

Freilich gab es bei nur ansatzweise vorhandener Geldwirtschaft auch geregelte Beziehungen zu den Nomaden, die ihre Produkte zum Tausch gegen agrarische Güter anboten. Dabei dienten auch Seidenballen als Wirtschaftseinheiten zur Verrechnung oder zum eigentlichen Handel. China lieferte den Nomaden im Tausch gegen Pferde die gewünschte Seide. Aus Turfan-Texten wissen wir, daß auch Baumwollstoff als ein Tauschäquivalent diente. Während es Münzen schon seit dem 1. Jh. n. Chr. gab, wurde Papiergeld in Zentralasien vermutlich erst nach 1260 benutzt. Nicht selten stand der geregelte Handel zwischen Seßhaften und Nomaden unter dem Zeichen einer Waffenbruderschaft, welche die Stadtstaaten und agrarischen Gebiete zur Erhaltung des Friedens nomadischen Partnern anbieten mußten. Sogar das mächtige China sah sich zeitweilig gezwungen, derartige Arrangements zu treffen.

»Die Geschicke seßhafter Völker sind im allgemeinen konstanter als die der Nomaden«[8], stellt A. von Gabain im Hinblick auf die Stadtstaaten Zentralasiens fest. In Zeiten politischer Veränderungen konnten sie ihre kulturellen Formen relativ stabil erhalten. Trotz der Einflüsse der großen Kulturen des Orients entfaltete jede Oase ihr eigenes Gepräge. Erst mit den

4 Ochsenkarren an der östlichen Seidenstraße; nach einer Malerei aus Astana, 7. Jh. (?)

5 Ruhendes Lastkamel; Skizze nach einer Malerei in Bäzäklik, 8./9. Jh.

islamischen Eroberungen, die im 7. Jh. einsetzten und im 8. Jh. zur Islamisierung Westturkestans führten, waren die Stadtstaaten gezwungen, sich der neuen Glaubens- und Lebensordnung anzupassen. In Ostturkestan fand dieser Prozeß gegen Ende des 15. Jh. einen Abschluß. Die bedeutenden Zentren der Seidenstraße im ›Gansu-Korridor‹ dagegen bewahrten ihr chinesisches Bild bis zur Gegenwart.

Die Reise entlang der Seidenstraße

Die Reise auf den weiten Strecken zwischen den Oasen der Seidenstraße erfolgte meist zu Pferd, seltener zu Fuß, da die Routen über weites, zuweilen gebirgiges Gelände führten. Die Bedeutung von Pferden wird schon daran ersichtlich, daß es im Kushan-Reich, dessen Zentrum im heutigen Afghanistan lag, einen Schutzpatron der Pferde, Loraspa, gab. Auch Szenen in Dunhuang zeigen neben Reisenden, die zu Fuß die Tragtiere führen, immer wieder Reiter zu Pferd.

Als Lasttiere dienten zweihöckrige Kamele, Maultiere, Esel und Pferde. Ein uigurischer Vertrag zeichnet die Bedingungen auf, unter denen ein gemieteter Maulesel zu halten sei. Er müsse gut gefüttert werden und genügend weiden können, ehe er zurückgegeben werde.[9] Die Beladung der Tiere erfolgte nach altbewährten Methoden, bei Kamelen befestigte man die Last auf dem Rücken zwischen den Höckern (s. Abb. 5). Wegen der Tragtiere mußte stets an den nächstgelegenen Wasserstellen Rast gemacht werden. In östlichen Teilen der Seidenstraße wurden auch einachsige Ochsenwagen verwendet, die in den Malereien von Turfan und Dunhuang Darstellung fanden (s. Abb. 4).

Die Reise war vor allem dann mit erheblichen Gefahren verbunden, wenn weite Wüstenstrecken oder hohe Gebirgspässe überwunden werden mußten. Neben natürlichen Widrigkeiten, zu denen auch Unwetterkatastrophen gehörten, gab es die ständige Bedrohung durch Räuberbanden, über die chinesische Indienpilger anschauliche Berichte hinterließen. Auch die Wandmalereien von Dunhuang zeigen den Überfall auf eine Karawane (s. Farb-

6 *Avalokiteshvara als achtarmige, elfköpfige Schutzfigur*

abb. 15). Zum Schutz vor Räuberbanden war es ratsam, sich einer bewaffneten Gruppe anzuschließen. Reisende konnten Lasttiere mieten oder auch Führer anheuern, welche die Karawane bis zu einem Punkt begleiteten, wo andere, mit der nächsten Wegstrecke vertraute Begleiter, zur Verfügung standen. Die Entlohnung erfolgte entweder durch Münzen oder, an der östlichen Seidenstraße, durch normierte Seiden- oder Baumwollstoffballen, wovon also eine große Menge mitgeführt werden mußte.

Neben den Karawanen gab es schnelle Relais-Pferde, mit deren Hilfe Nachrichten über weite Strecken überbracht wurden. Während der Mongolenzeit (13./14. Jh.) entstand eine ganze Kette von Poststationen, an denen man Reitpferde wechseln konnte.[10] In einem Brief aus Kocho erteilt ein mongolischer Herrscher den örtlichen Behörden der Oasenstadt den Auftrag, dem Reisenden »auf dem Hin- und Rückweg außer Postleuten [auch] vier Postpferde«[11] zu geben. Schon im 9. Jh., zur Zeit der tibetischen Herrschaft in Zentralasien, gab es ein Nachrichtenwesen mit Postläufern, wie wir von tibetischen Handschriftenfunden aus Turfan erfahren.[12]

Jedem Reisenden, der sich auf den Weg begab, waren die Gefahren durch die Natur, durch Räuber, Proviantknappheit und Wassermangel bekannt. In dieser Lage galt es, göttliche Helfer zu haben, die man in allen Situationen anrufen konnte. Zu den beliebtesten buddhistischen Nothelfern zählt Avalokiteshvara (chin. Guanyin), dessen wundertätige Hilfe im 15. Kapitel des in Zentral- und Ostasien überaus beliebten ›Lotos-Sutra‹ gerühmt wird.[13] Kultbilder zeigen diesen großen Nothelfer als elfköpfige Gestalt, deren Hände oft mit Augen versehen sind – eine Darstellung, die man immer wieder an der Seidenstraße findet (s. Abb. 6). Auch die Christen Zentralasiens hatten ihren Beschützer, den hl. Georg. In einem türkischen Fragment aus Turfan verheißt er all jenen Hilfe und Rettung, die seinen Namen anrufen und seines Martyriums gedenken.[14] Auch wenn in diesem Fragment Reisende nicht direkt genannt sind, können wir davon ausgehen, daß sie unter dem Schutz des hl. Georg standen.

Die Schriften der großen an der Seidenstraße vertretenen Religionen greifen wiederholt das Motiv des Karawanen- oder Wegführers auf. Schon in der indisch-buddhistischen Literatur wurde Buddha als der große Karawanenführer gepriesen. Der alttürkischen Bildung von Komposita entsprechend, wird die Funktion des Buddha als Leiter von Karawanen zugleich mit dem indischen und dem türkischen Begriff zum Ausdruck gebracht.[15] Einzelne Bodhisattvas erhalten Bezeichnungen wie ›Herren der Karawane‹ oder ›Herren der Kaufleute‹.[16]

Menschliche Karawanenführer können zur Illustration von Heilswahrheiten herangezogen werden.[17] In einem in türkischer Runenschrift verfaßten Text aus Dunhuang wird der Weise mit dem Wegführer verglichen, der den Pfad sichtbar macht, denn »sehen ist besser als hören«.[18] Damit wird der in Zentral- und Ostasien verbreitete Vorrang des Optischen vor dem Akustischen herausgestellt, was kontrastiv an die Psalmenstelle erinnert (Ps. 119, 105), die das Wort Gottes als Licht auf dem Wege bezeichnet.

Dem buddhistischen Sprachgebrauch entsprechend, charakterisierten auch die Manichäer ihren Religionsstifter, der den Weg durch seine Botschaft wies, als »großen Karawanenführer«.[19] Und in einer der schönsten parthisch-manichäischen Hymnen wird der verstorbene Lehrer Mar Zaku (um 300) als der »große Karawanenführer« gepriesen, »der [durch seinen Tod] seine Karawane verließ in öden Wüsten, Bergen und Schluchten«.[20] So zeigt es sich, daß die konkrete Lebenserfahrung an der Seidenstraße auch die religiöse Bildersprache prägte.

Zunächst waren es Händler und Kaufleute, welche die enormen Strapazen und Unwägbarkeiten der Reise entlang der Seidenstraße auf sich nahmen. Zahlreiche interessante Dokumente werfen Licht auf das Wirken, aber auch auf das Schicksal reisender Kaufleute. Aus sogdischen Briefen, die vom Anfang des 4. Jh. stammen und in einem chinesischen Wachturm bei Dunhuang gefunden wurden, erfahren wir, daß sogdische und indische Kaufleute in Luoyang, der damaligen Hauptstadt Chinas, aufgrund innerer Unruhen verhungert seien.[21]

Andere Texte beleuchten auch die positiven Seiten des Lebens der Händler entlang der Seidenstraße. So wird der Segen erwähnt, den ihr Handel nicht nur ihnen selbst, sondern auch den Oasenbewohnern bringt.

> Ferner gibt es Kaufleute, sie ruhen nicht mit dem Handel und sind Nutzbringer. [...] Von Ost nach West ziehen sie umher, deine Wünsche bringen sie dir. Zehntausend Schätze, die Wunder der Welt, sind bei ihnen [...]. Gäbe es keine Kaufleute, durchstreifend die Welt, wann könntest du anziehen den schwarzen Zobelpelz? Schnitte die chinesische Karawane das Karawanenbanner ab, woher sollten dann die zehntausend Kostbarkeiten kommen? [...] Solcherlei sind die Kaufleute alle, schließe dich ihnen an, halte offen das Tor! Bemühe dich [um sie], halte sie wohlfeil, und dein Name wird mit Güte weit bekannt, glaube es![22]

Selbst in der religiösen Kunst und Literatur sind Kaufleute dargestellt oder erwähnt. In den ›Pranidhi-Szenen‹ von Bäzäklik bei Turfan, in denen ein früherer Buddha Stiftungen und Gaben entgegennimmt und dafür Segen verheißt, werden sogdische Händler als Spender in ihren Trachten dargestellt (s. Abb. 7). Manche buddhistischen Texte, die von Kaufleuten und vom Handel sprechen, spiegeln zweifellos indische Verhältnisse wider. In einigen zen-

7 *Sogdische Stifter, die dem Buddha Gaben darbringen; nach einer Malerei aus Bäzäklik*

tralasiatischen Schriften wie dem ›Tišastvustik‹, das reisenden Kaufleuten Schutz verheißt, wird von einem Treffen des Buddha mit zwei Kaufleuten berichtet.[23]

Auch gibt es Einschübe in bekannte buddhistische Texte wie das ›Lotos-Sutra‹, die Kaufleuten Schutz und Segen verheißen. Im uigurischen ›Yitikän-Sutra‹ wird diese Verheißung folgendermaßen formuliert: »Wenn aber irgendeines Edlen Sohn oder Tochter eine Reise zu unternehmen, einen fernen [Ort] zu besuchen, Handel zu treiben gedenkt, so wird es den Wunsch nach ersehnter Habe erfüllen können.«[24] Und das uigurische ›Säkiz-Yükmäk-Yaruq-Sutra‹ besagt: »Wenn er in die Ferne zu gehen gedenkt, oder wenn er einen Feldzug unternehmen will, oder wenn er guten Rat und Glück wünscht, oder wenn er auf Handel auszieht, so wird sein Erwerb sich mehren.«[25] P. Zieme stellt fest: »In keinem der uns bekannten buddhistischen Werke werden Kaufleute negativ dargestellt; jedoch ist zu erwähnen, daß in den Sündenbekenntnissen gegen das Falsch-Handeln Stellung genommen wird.«[26] Auch unter den Manichäern war der Handel hochgeschätzt, war doch nicht zuletzt der Kaufmannsstand eine tragende Säule des zentralasiatischen Manichäismus. So greift denn auch die reiche Symbolsprache dieser Religion vielfach Bilder aus dem Leben von Händlern auf.[27]

Neben Kaufleuten, Diplomaten und Militärs begaben sich auch Mönche und Pilger auf die Reise durch die Oasenstädte. Sie fanden in Klöstern Unterkunft, wo sie kostenlos verpflegt und mit Reiseproviant versorgt wurden. Dennoch war der Aufenthalt in den Oasen für sie meist befristet, auch wenn manche Pilger monatelang an einem Ort verweilten. Begaben sie sich wieder auf Wanderschaft, so standen ihnen abermals ungeahnte Schwierigkeiten bevor.

Die Berichte chinesischer Indienpilger vermitteln einen lebendigen Eindruck von den Beschwernissen der Reise, von der Erleichterung nach der Ankunft am Etappenziel, der Freude über ein Treffen mit Landsleuten, dem Wagemut und der Willensstärke, die zur Bewältigung der riesigen Entfernungen nötig waren. Zweifellos waren die Mönche, die ihre Berichte hinterließen, von dem Bewußtsein einer bedeutenden Mission beseelt. Besonders wertvoll sind die Aufzeichnungen des Faxian und des Xuanzang, die beide auf dem Landweg über Zentralasien nach Indien gelangten, während der dritte bekannte Indienpilger, Yijing, den Seeweg über Sumatra wählte.

Faxian

Faxians Reise dauerte von 399–414. Nach dem Besuch verschiedener buddhistischer Stätten in Indien kehrte er auf dem Seeweg über Ceylon nach China zurück. Wie später auch Xuanzang war er erschüttert über die mangelnde Kenntnis der buddhistischen Ordensdisziplin unter den Mönchen seiner Heimat. So war es sein Ziel, zusammen mit einigen Gefährten Bücher des Vinaya, also der Ordensdisziplin, auch in China zu verbreiten.

Faxian begann seine Reise in Chang'an, der alten Reichshauptstadt. Über Lanzhou und das damals von inneren Unruhen heimgesuchte Ganzhou gelangte er nach Dunhuang, wo er vom Präfekten der Stadt mit Proviant für die Weiterreise ausgestattet wurde, um, wie es heißt:

> ... die Wüste zu durchqueren, in der es viele Dämonen und heiße Winde gibt. [Reisende], die ihnen begegnen, kommen alle bis auf den letzten Mann um. Kein Vogel ist in der Luft oben sichtbar, und kein Tier auf der Erde unten. Auch wenn man sich angestrengt nach allen Richtungen umschaut, um zu sehen, wo man hinübergelangen kann, weiß man nicht, welche Richtung man wählen soll. Die einzigen Zeichen und Hinweise [für den Weg] sind die trockenen Knochen der Toten, [die auf dem Sande liegengeblieben sind].[28]

Der erste Teil der Gobi-Wüste, die Faxian durchqueren mußte, war in der Tat eine Sandwüste, welche die Chinesen ›Sandfluß‹ nannten. 17 Tage nachdem er Dunhuang verlassen hatte, erreichte Faxian das Königreich Shanshan oder Loulan unweit des Lob-Nor. In Shanshan, dessen Herrscher sich zum Buddhismus bekannte, lebten an die 4000 Mönche des Hinayana, des ›Kleinen Fahrzeugs‹ also, welche indische Bücher studierten und die indischen Mönchsregeln einhielten. Wir können davon ausgehen, daß es sich bei den studierten Schriften vornehmlich um indische Sanskrit-Texte handelte. Ähnliches sollte Faxian auch in anderen Oasen feststellen, nur daß jede Oase »ihre je eigene, besondere barbarische Sprache hatte«.[29]

Nach einmonatigem Aufenthalt wandte sich der chinesische Mönch mit seinen Begleitern Richtung Nordwesten, da in dieser Zeit schon die östliche Südroute schwer passierbar war. Über Gaochang in der Turfan-Oase erreichte er nach 15 Tagen das Land Wuyi, womit vermutlich das tocharische Karashahr gemeint ist. Der Reisende berichtet, daß hier 4000 Mönche des Hinayana lebten, die strikte Mönchsregeln beachteten. In Wuyi konnte Faxian mit seinen Begleitern zwei Monate verweilen, dann jedoch erwiesen sich die geistlichen Gastgeber als so knauserig, daß ein Teil der Gruppe nach Turfan zurückkehren mußte, um dort Proviant für die Weiterreise zu erbitten. Faxian und einige Getreue, von dem Klosteraufseher schließlich doch versorgt, traten nun eine überaus gefährliche Reise durch die Taklamakan-Wüste an, die sie in südwestlicher Richtung bis zur Oase Khotan durchqueren wollten. Im Bericht heißt es: »Die Schwierigkeiten, die sie beim Überqueren der Flüsse [gemeint sind der Tarim und seine Nebenflüsse] hatten, und die Qualen, die sie ertragen

DIE REISE ENTLANG DER SEIDENSTRASSE

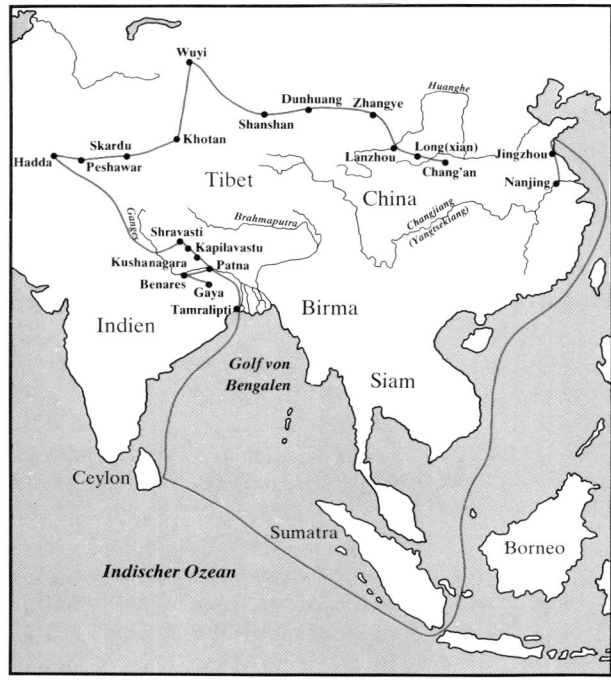

Die Reiseroute des Faxian

mußten, haben keine Parallele in menschlicher Erfahrung, aber nach einem Monat und fünf Tagen gelang es ihnen, Khotan zu erreichen.«[30]

Faxian beschreibt Khotan als blühendes Königreich mit einer ansehnlichen Bevölkerung und einigen tausend Mönchen, die dem Mahayana, dem ›Großen Fahrzeug‹ des Buddhismus, folgten. Faxian fand im großen Kloster Gomati Unterkunft. Da er ein hohes religiöses Fest, die ›Prozession der (Buddha)-Figuren‹ miterleben wollte, verbrachte er drei Monate in Khotan, um sodann den relativ kurzen, aber beschwerlichen Weg über das Karakorum-Gebirge nach Indien zu wählen. Wegen der schwierigen Identifizierung von Ortsnamen kann seine Route nicht genau verfolgt werden, doch führte ihn sein Weg über verschiedene kleine Königreiche in gebirgigen Hochtälern, wo er häufig Mönchsgemeinden vorfand, die ihn freundlich aufnahmen. Unter anderem mußte er das ›Zwiebelgebirge‹ passieren, von dem es heißt: »Der Schnee ruhte auf ihnen [den Bergen] sowohl im Winter wie im Sommer. Dort gibt es auch giftige Drachen, die, wenn provoziert, giftige Winde hervorstoßen und Schneestürme ebenso wie Sand- und Kiesstürme verursachen. Nicht einer von Zehntausend, die diesen Gefahren ausgesetzt sind, kommt mit dem Leben davon.«[31]

Nach Überquerung des Indus erreichte Faxian die indische Landschaft Udyana oder Swat, von wo er nach Gandhara weiterreiste. Der ausführliche Bericht über seine Erlebnisse in Indien soll uns hier nicht weiter beschäftigen. Faxian kehrte nach längerem Aufenthalt an den heiligen Stätten des Buddhismus im Jahre 414 auf dem Seeweg nach China zurück.

Wenige Jahre nach Faxian nahm Zhimeng von 404–24 eine ähnliche Route. Nach dem Besuch der heiligen Stätten im mittleren Ganges-Tal kehrte er auf dem gleichen Wege über Land zurück.[32]

Songyun

Der nächste Pilger, der einen anschaulichen Bericht über seine Reise nach Indien, vor allem nach Gandhara, hinterließ, war Songyun, der aus Dunhuang stammte. Im Jahre 518 hatte die Regentin Hu Shi Ling Taihou von der Nord-Wei (Toba)-Dynastie Songyun gemeinsam mit dem Mönch Huisheng aus Luoyang nach Indien gesandt, um heilige Schriften des Buddhismus zu sammeln. Die beiden kehrten später mit 170 Bänden zurück. Die Mönche scheinen von Dunhuang die südliche Route nach Khotan gewählt zu haben, was bemerkenswert ist, da das südöstliche Tarim-Becken zu jener Zeit ausgetrocknet war. Sie folgten dann in etwa derselben Route wie Faxian und überquerten unter großen Schwierigkeiten das Congling-Gebirge, um schließlich ebenfalls nach Udyana und Gandhara vorzustoßen.

Songyun berichtet ausführlich über die weißen Hunnen oder Hephthaliten, die in den Besitz Baktriens gelangt waren und auch Gandhara erobert hatten. Sie bekannten sich nicht zum Buddhismus und übten eine wahre Schreckensherrschaft in den eroberten Gebieten aus. Dennoch überlebte der Buddhismus im Gebiet nördlich und südlich von Hindukush und Karakorum auch diese Invasion. Die Beschreibung der Reiseroute, die Songyun von Khotan nach Gandhara nahm, ist anschaulich und plastisch. Und auch seine Aufzeichnungen über Udyana und Gandhara, die durch die späteren Angaben von Xuanzang ergänzt und bestätigt werden, sind von großem kulturgeschichtlichem Interesse. Songyun kam bis Peshawar und Nagarahara und kehrte im Jahre 521 nach China zurück.

Xuanzang

Der bedeutendste Indienpilger, dessen Bericht von größtem Wert für die Kulturgeschichte Zentralasiens wie auch Indiens ist, war Xuanzang. Seine ›Reise in den Westen‹ wurde durch einen chinesischen Roman des 16. Jh., der unter diesem Titel erschien, bekannt. Xuanzang lebte von 603–64, 16 Jahre (629–45) verbrachte er auf seiner Reise. An wichtigen Orten legte er lange Aufenthalte ein, oft auf Wunsch lokaler Herrscher, die sich von ihm belehren ließen, seiner Segenskraft teilhaftig werden wollten und sich von seiner Bildung Gewinn für ihr Land versprachen (vgl. S. 29).

Xuanzang reiste zunächst von Chang'an nach Dunhuang. Auch er berichtet von den großen Gefahren, unter denen er allein die Wüste nach Turfan durchquerte. Über die Gobi oder den ›Sand-Fluß‹, der in 800 chinesischen Meilen *(li)* zu durchqueren war, heißt es: »Es gibt keinen Vogel oben und kein Tier unten; weder Wasser noch Kraut ist dort zu finden.«[33] Immer wieder habe er bei Gefahren den Namen des Nothelfers der Reisenden, des Bodhisattva Guanyin (Avalokiteshvara) angerufen und das ›Herz-Sutra‹ aufgesagt. Ein Sutra, das er von einem von ihm gepflegten Kranken erhalten hatte, habe er ebenfalls ständig rezitiert. Bei der Durchquerung der Wüste aber, so betont der Bericht

> ... begegnete er allen möglichen Dämonengestalten und fremdartigen Kobolden, die ihn von hinten und vorne zu umgeben schienen. Obwohl er den Namen der Guanyin anrief, konnte er sie nicht vertreiben. Als er aber dieses [von dem kranken Mönch geschenkte] Sutra rezitierte, verschwanden sie in einem Moment, sobald die Worte [des Textes] erklangen. Wenn immer er sich in Gefahr befand, vertraute er allein darauf für seine Sicherheit und seine Rettung.[34]

Mitten in der Wüste sucht Xuanzang vergeblich nach der Quelle Yema, von der ihm Soldaten eines Wachturmes berichteten. In der Wüste umherirrend, verliert er Wasservorrat für 1000 *li* in einem Moment der Unachtsamkeit, als der Schlauch seines Wasserbehälters seinen Händen entgleitet und das kostbare Naß im Sande verrinnt. Völlig desorientiert erwägt er, nach Osten zurückzukehren. Doch sagt er sich: »Ich habe zu Anfang ein Gelübde getan, daß, wenn ich nicht erfolgreich Indien erreichen würde, ich keinen Schritt nach Osten zurückkehren wollte. Was tu ich denn nun hier? Es ist besser, im Bemühen nach Westen zu gehen, zu sterben, als nach Osten zu gehen und zu leben.«[35] Er dirigiert sein Reitpferd um, ruft Guanyin an und setzt seine Reise nach Nordwesten fort.

> Als er zu jener Zeit in die vier Richtungen schaute, war der Anblick ganz endlos. Es gab keine Spur von Mensch oder Pferd, und in der Nacht errichteten die Dämonen und Elfen Feuerlichter, so viele wie Sterne. Am Tage wehte der treibende Wind den Sand vor sich her [wie Regen] in der Regenzeit. Nichtsdestotrotz blieb sein Herz unerschrocken. Er litt jedoch an Wassermangel, und er war so ausgedurstet, daß er nicht weiter vorangehen konnte. Für vier Nächte und fünf Tage hatte er nicht einen Tropfen Wasser, um seinen Hals oder Mund zu benetzen. Sein Magen war von einer brennenden Hitze gequält, und er war fast gänzlich erschöpft. Ohne weitergehen zu können, legte er sich zur Rast auf den Sand, indem er ununterbrochen Guanyin anrief, obwohl von Qualen völlig verhärmt. Und indem er den Bodhisattva anrief, sagte er: Xuanzang erstrebt nicht Reichtümer oder weltlichen Profit, indem er diese Reise unternimmt, er begehrt auch nicht, berühmt zu werden; nur um der höchsten religiösen Wahrheit willen sehnt sich sein Herz danach, das wahre Gesetz zu finden. Ich weiß, daß der Bodhisattva alle Lebewesen liebevoll betrachtet, um sie aus der Not zu erlösen. Wird nicht meine Not, so bitter sie auch ist, ihm zur Kenntnis kommen?[36]

In der fünften Nacht weht schließlich ein kühlender Wind, der eiskalten Regen mit sich bringt. Seine fast schon erblindeten Augen können wieder sehen, und sein Pferd gewinnt Kraft, um wieder aufzustehen. Nach erholsamem Schlaf, bei dem ihn im Traum ein großes geistliches Wesen zur Fortsetzung seiner Reise auffordert, reitet er weiter und gelangt, vom Pferd instinktiv geleitet, zu einer grünen Aue, in deren Nähe sich ein Teich mit kristallklarem, süßem Wasser befindet. Nachdem er sich und sein Pferd gestärkt hat, kehren seine Lebensgeister zurück. Dazu bemerkt der Bericht: »Wir können schließen, daß dieses Wasser und dieses Gras nicht natürliche Vorräte waren, sondern daß sie zweifellos durch das liebende Erbarmen des Bodhisattva hervorgebracht waren, und es ist ein Beweis für seinen lauteren Charakter und seine geistige Macht.«[37] Nachdem Xuanzang einen Tag an diesem Ort verbracht, seinen Wasservorrat aufgefüllt und frisches Gras für sein Pferd geschnitten

8 Der Pilger Xuanzang auf seiner Reise

hat, durchquert er schließlich innerhalb von zwei Tagen den restlichen Teil der Wüste und erreicht einen Ort namens Yigu. »Die Myriaden von Gefahren und Schwierigkeiten, durch die er hindurch mußte, können in Einzelheiten nicht aufgeführt werden«,[38] bemerkt dazu der Bericht.

In Yigu macht Xuanzang bei einem Tempel halt, in dem drei Priester – unter ihnen ein alter, barfüßiger Mönch – leben. Rührend wird die Szene der Begegnung zwischen den beiden Landsleuten geschildert.

> Indem er [der Mönch] hervorkam, umarmte er den Meister des Gesetzes mit vielen Seufzern und mitleiderregenden Ausrufen, deren er sich nicht enthalten konnte. Schließlich sagte er: ›Wie konnte ich zu dieser Zeit noch gehofft haben, je wieder einen Mann aus meinem eigenen Land zu sehen?‹ Und auch der Meister des Gesetzes war zu Tränen gerührt, als er ihn sah.[39]

Die Nachricht vom Eintreffen des Xuanzang, dessen Ruhm als ›Meister des Gesetzes‹ ihm vorauseilte, erreicht auch den König von Gaochang in der Turfan-Oase, der ihn an seinen Hof einlädt. Nachdem der Pilger die Wüste innerhalb von sechs Tagen durchquert hatte, wird ihm nach zentralasiatischer Sitte in die Grenzstadt des Reiches von Gaochang ein Relais frischer Pferde entgegengesandt. Sie bringen ihn nach Gaochang, wo der König mit seiner Familie schon auf ihn wartet.

Der Herrscher veranlaßt den mit allen Ehren empfangenen Xuanzang, immer länger in Gaochang zu bleiben. Sein fester Entschluß weiterzureisen, führt zunächst zum Bruch mit dem König, der den Mönch erst entläßt, nachdem dieser in einen Hungerstreik getreten war.

DIE REISE ENTLANG DER SEIDENSTRASSE: XUANZANG

Der Regent gibt Xuanzang nicht nur eine Begleitung und frische Pferde, sondern stattet ihn großzügig mit Proviant sowie finanziellen Mitteln aus und versieht ihn mit Empfehlungsschreiben an andere Herrscher auf dem Wege nach Indien. In diesen Briefen bittet er die Könige verschiedener westlicher Länder, daß Xuanzang ihr Territorium passieren und frische Pferde erhalten möge. Die Schreiben sollten ihre Wirkung nicht verfehlen, zumal der Herrscher von Gaochang mit etlichen Königshäusern im Westen in freundschaftlicher oder verwandtschaftlicher Beziehung stand.

Tief bewegt von der Großzügigkeit des Herrschers, richtet Xuanzang eine lange Dankesrede an ihn, in der er seinen unerschütterlichen Vorsatz zum Ausdruck bringt, nach der Wahrheit im Lande des Buddha zu forschen und die heiligen Stätten einschließlich des Baumes der Erleuchtung aufzusuchen. Er schließt mit der Bemerkung:

> Ich werde dann [nach Erforschung der wahren Lehre] zu meinem eigenen Land zurückkehren und dort die Bücher übersetzen, die ich gesammelt habe. So werde ich die Kenntnis unbekannter Lehren außen [außerhalb Indiens] verbreiten. Ich werde den Knoten des Irrtums auflösen und den verführerischen Einfluß falscher Lehren zerstören. Ich werde die Unvollkommenheit der ererbten Lehre des Buddha beseitigen.[40]

Auf dem Weg nach Westen durchquert der Pilger die Oasen Karashahr und Kucha, wo er von den Herrschern freundlich aufgenommen und mit allem Nötigen versorgt wird. Als ihm eine Räuberbande begegnet, gibt er ihnen, was sie verlangen, und kann dann unbehelligt weiterziehen. In einem anderen Fall waren Kaufleute, die sich seiner Karawane angeschlossen hatten, vorausgeritten. Später entdeckte man ihre Leichen auf dem Weg; sie waren von Räubern ausgeplündert und ermordet worden.

Unterwegs findet der Pilger in Klöstern Unterkunft. Dort nimmt er am geistlichen Leben teil, belehrt die Mönche oder diskutiert mit ihnen. Sie zeigen sich schließlich von seiner großen Gelehrsamkeit beeindruckt und bezeugen ihm Respekt.

Xuanzangs Weg führt ihn über Kucha nach Bai bei Aqsu, von wo er nach Norden über den Tianshan in die Gegend des Issik-Köl reist. Er wandert dann das fruchtbare, nördlich des Tianshan liegende Tal des Chu-Flusses (oder Chui, chin. Suye) entlang zur Stadt Taras, um weiter nach Tashkent zu ziehen. Die Überquerung der Hochpässe war mit besonderen Gefahren verbunden. Zum Weg über den ›Eisigen Berg‹ (Muzart) heißt es:

> Dieser Berg ist steil und gefährlich und reicht bis hin zu den Wolken. Seit der Schöpfung hat sich der ständige Schnee, der sich hier in Haufen angesammelt hat, in Gletscher verwandelt, die weder im Winter noch im Sommer schmelzen. [Wasserdampf] von den hartgefrorenen und kalten Wassermassen erhebt sich und vermischt sich mit den Wolken. Indem man sie anschaut, erblindet das Auge von dem blendenden Licht, so daß es nicht lange darauf blicken kann. [Schnee von] den eisigen Gipfeln fällt zuweilen hinab und liegt quer über der Straße, manchmal hundert Fuß hoch oder viele Fuß weit. Deshalb ist es außerordentlich mühselig, über diesen zu klettern und gefährlich, ihn zu überqueren. Wegen des Windes, ferner des Schnees, der [von ihm] dahingetrieben und durcheinandergewirbelt wird, ist es schwierig, den Körper vor eisiger Kälte zu schützen, obwohl er in mehrere schwere, aus Fell gefertigte Gewänder gewickelt ist. Wenn man essen oder schlafen will, so gibt es keinen trockenen Platz, wo man anhalten könnte. Die einzige Möglichkeit ist die, den Kochtopf

beim Kochen aufzuhängen und die Matte auf dem Eis zum Schlafen auszubreiten. Nach sieben Tagen kamen sie über den Berg hinüber; 12 oder 14 Mann von der Reisegesellschaft waren verhungert oder erfroren, während die Zahl der Ochsen und Pferde, die zugrundegingen, noch größer war.[41]

Als die Karawane des Xuanzang die Stadt Chu (chin. Suye) erreicht, wird er vom dortigen ›Khan der Türken‹, die das Feuer verehren, freundlich aufgenommen, reich bewirtet, mit weiteren Empfehlungsschreiben ausgestattet sowie mit Kleidung und Proviant versorgt. Auch dieser Herrscher versucht, Xuanzang zunächst von seinem Vorhaben nach Indien zu reisen, abzuhalten, nicht zuletzt unter Hinweis auf die Hitze, die dort herrsche. Doch der Meister erwidert entschlossen: »Trotz alldem wünsche ich zu gehen und auf die heiligen Spuren [des Buddha] zu blicken und ernsthaft nach dem Gesetz zu suchen.«[42]

Als er das Fergana-Tal erreicht, wendet sich Xuanzang weiter nach Westen, wobei er eine Wüste durchqueren muß. »Wir gingen voran, indem wir nur geleitet wurden von dem Anblick der Knochen, die auf dem Wege liegengeblieben waren«[43], heißt es im Bericht.

Beim Eintreffen im zoroastrischen Samarkand stellt Xuanzang fest, daß die Lehre des Buddha dort nicht verbreitet ist.

> Der König und das Volk glauben nicht an das Gesetz des Buddha; ihre Religion besteht vielmehr aus dem Feueropfer. Es gibt dort zwei religiöse Gründungen, aber keine Priester wohnen darin. Wenn fremde Priester darin Zuflucht suchen, verfolgen die Barbaren sie mit brennendem Feuer und lassen sie dort nicht bleiben.[44]

9 Der Pilger Xuanzang setzt trotz einer Schlacht seine Reise unbeirrt fort

DIE REISE ENTLANG DER SEIDENSTRASSE: XUANZANG

Der König, der den Meister zunächst unhöflich empfängt, läßt sich schließlich von ihm Auskunft über die Grundlagen der buddhistischen Lehre geben und zollt ihm dann höchsten Respekt.

Xuanzang zieht nun weiter nach Westen durch die Karakum-Wüste bis zur Landschaft Chorasmien (Chwarezm). Dann wendet er sich nach Südwesten ins obere Oxus-Tal, wo er nach Kunduz gelangt. Der Herrscher, dem er sich mit einem Brief aus Gaochang vorstellt, ist über seinen Besuch hocherfreut, zumal er verwandtschaftliche Beziehungen zum Regenten von Turfan hat. Der Meister wird zum Verweilen eingeladen und reist dann weiter nach Balkh, der Hauptstadt Baktriens, wo er etwa 100 Klöster mit 3000 Mönchen findet. Sein weiterer Weg führt ihn über die Plateaus und hohen Pässe des Hindukush (s. Farbabb. 5) in das Hochtal von Bamiyan, das zu jener Zeit ein blühendes Zentrum des Buddhismus mit einigen tausend Mönchen war, die in zehn Klöstern residierten. Auf dem Weg dorthin muß er die Höhen des ›Schnee-Gebirges‹ überqueren. Dazu heißt es in Xuanzangs Bericht:

> Die Gefahren der Pässe und Pfade sind doppelt so groß wie in der Eiswüste. Ununterbrochen gibt es prasselnden Hagel und Schneestürme, die miteinander vermengt sind. Dann gibt es gewundene und krumme [Pfade] zu den Pässen. In den ebenen Teilen sodann erstreckt sich der Sumpf einige *zhang* [ein Längenmaß von zehn Fuß] weit. [...] Wehe! Wenn ich nicht entschlossen gewesen wäre, das unvergleichliche Gesetz um aller Lebewesen willen zu suchen, hätte ich hier darum gefleht, daß dieser mein von den Eltern stammender Körper auf seine letzte Reise ginge.[45]

In Bamiyan, dessen monumentale Buddha-Figuren Xuanzang beschreibt (s. Farbabb. 2), nimmt ihn der buddhistische König freundlich auf. Gelehrte Priester sind von seinem Wissen tief beeindruckt und sorgen für sein Wohlergehen. Bei der Weiterreise muß Xuanzang erneut eine Kette des Hindukush überqueren. In einem Schneesturm verliert er die Orientierung, vorbeiziehende Jäger zeigen ihm jedoch den richtigen Pfad. Über verschiedene buddhistische Zentren gelangt er, nicht ohne von Räubern behelligt zu werden, nach Kapisha (Begram) und von dort wahrscheinlich über den Khaiber-Paß nach Gandhara, in jenes Land, in dem Buddha angeblich persönlich geweilt und gewirkt hatte.

Nach mehrjährigem Aufenthalt im mittleren Ganges-Becken und einer Reise nach Süd- und Westindien kehrt Xuanzang reich beladen mit heiligen Schriften und Buddha-Statuen auf dem langen Landweg wieder nach Chang'an zurück, wo der Kaiser den Pilger persönlich begrüßt und ihm eine klösterliche Residenz zuweist. Dort übersetzt Xuanzang zahlreiche mitgebrachte Schriften ins Chinesische, unterweist die Mönche und nimmt bis zu seinem Tode im Jahre 664 seelsorgerische Aufgaben wahr.[46]

Die persönlichen Kontakte der chinesischen Buddhisten zu ihren indischen Glaubensbrüdern, wie sie Xuanzang geknüpft hatte, waren vor allem in der Tang-Zeit rege. Aus den letzten Kapiteln der Biographie Xuanzangs gewinnt man den Eindruck, daß ein regelrechter Briefkontakt mit geistlichen Zentren in Indien gepflegt wurde. Nicht alle der zahlreichen buddhistischen Pilger hinterließen einen Bericht über ihre Reise. Vom Kontakt zu den ›Westlanden‹ zeugt jedoch auch das ›Xiyuji‹,[47] ein umfangreiches Werk aus der Tang-Zeit, das auf der Basis der Beobachtungen Xuanzangs über diese ›westlichen Länder‹ einschließ-

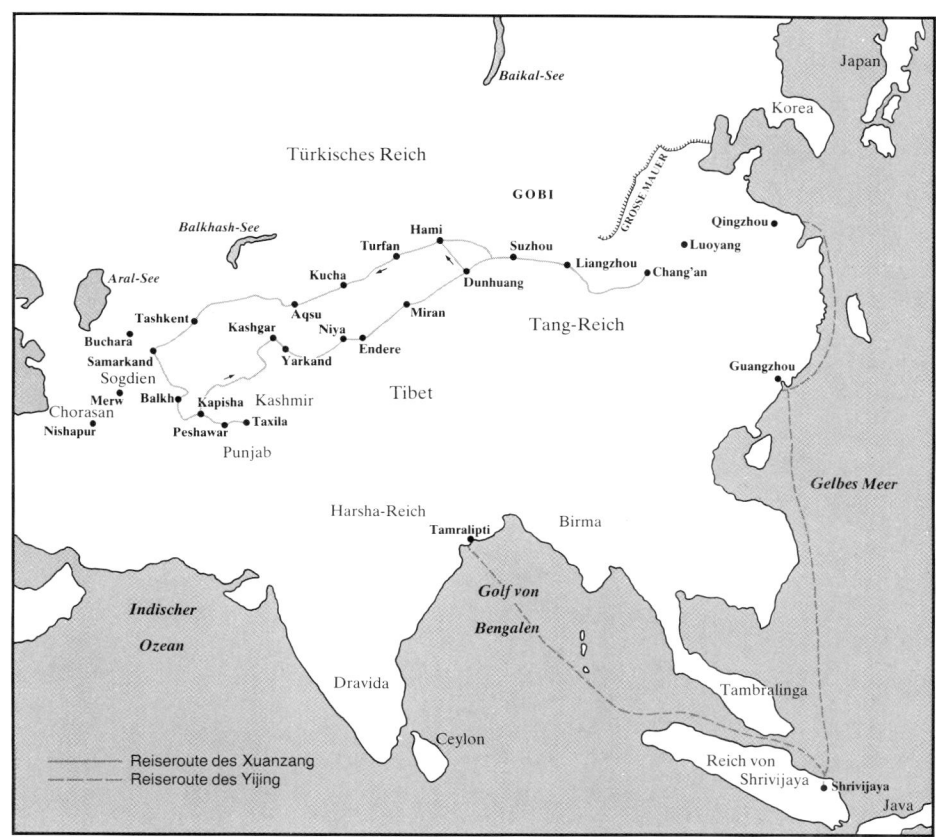

Die Reiserouten des Xuanzang und des Yijing

lich Indiens berichtet und alle wichtigen Königreiche und Gebiete auf der Route nach Indien sowie im indischen Subkontinent behandelt.

Yijing (635–713) war der nächste große Indienpilger nach Xuanzang, der von seinen Erlebnissen berichtete. Er reiste von 671–95 auf dem Seeweg über Sumatra ins Land Buddhas und kehrte auf dem gleichen Weg wieder zurück. So interessant seine Beschreibung Indonesiens und Hinterindiens ist, so wenig Informationen enthält sie über die Seidenstraße. Aufschlußreicher ist schon die Biographie des Mönches Wukong, der über Zentralasien nach Indien reiste und auf dem gleichen Weg heimkehrte. Er war von 751–90, also fast 40 Jahre, in der Fremde. Freilich ist sein Bericht weniger plastisch als der des Xuanzang. Das gilt auch für die Pilgerreise des um 700 in Korea geborenen Huichao, der, noch nicht 20jährig, nach China zog, um den Buddhismus zu studieren. Bald danach trat er seine Pilgerreise an, die ihn zu

DIE REISE ENTLANG DER SEIDENSTRASSE: HUICHAO UND JIYE

Schiff über die malayische Halbinsel nach Indien führte. Huichao verbrachte einige Zeit im mittleren Ganges-Becken und in Nordwestindien, von wo er um 729 über Land nach Korea zurückkehrte und bald nach 780 starb.

Erhalten blieb eine in Dunhuang gefundene Beschreibung seiner Reise von Mittelindien bis zur Oase Karashahr, die er Ende 727 oder Anfang 728 erreichte.[48] Huichao streute auch Nachrichten über Gebiete ein, die er nicht besucht hatte, wie etwa Nepal, Tibet, Kashmir, Beluchistan, Persien und Arabien. Sein Weg führte ihn von Gandhara über Kapisha und Bamiyan nach ›Tocharistan‹, also Nordbaktrien, das zu jener Zeit bereits unter der Herrschaft der Araber stand. Er reiste dann durch den Wakhan nach Tash-Kurgan und von dort über Kashgar nach Kucha und Karashahr.

Wertvoll sind die Aufzeichnungen Huichaos insofern, als sie genaue Angaben über die Situation des Buddhismus in den besuchten Gegenden enthalten und über Regionen, die an seinem Weg lagen, berichten. Huichao beschreibt die Herrschaftsverhältnisse, die Sitten und Gebräuche sowie nicht zuletzt das Wirtschaftsleben zahlreicher Länder. Aus seinen Ausführungen wird deutlich, daß der Buddhismus in Baktrien und Westturkestan auch unter arabischer Herrschaft weiterexistierte, sich diese Glaubensrichtung an der westlichen Seidenstraße also länger hielt, als es das Vordringen arabischer Heere suggeriert. In der westlichen Seidenstraße bestanden buddhistische Mönchsgemeinden auch unter islamischer Herrschaft weiter, allerdings wurde ihnen zunehmend die wirtschaftliche Unterstützung entzogen.

Als letzter bedeutender Pilger zog Jiye 964–74 ins heilige Land des Buddhismus. Danach war es für Pilger sinnlos, nach Indien zu reisen, da der Buddhismus in seinem Ursprungsland nach blutigen Vernichtungskampagnen unterging und zuvor schon vielfach einer hinduistischen Renaissance zum Opfer gefallen war. Während er im indischen Kernland um 1000 n. Chr. oder danach erlosch, konnte sich der Buddhismus in z. T. synkretistischen Formen in indischen Randgebieten wie in Orissa, Nepal und Kashmir noch einige Zeit halten.

In China fand während der Song-Zeit (960–1279) eine Wendung nach innen statt, die den Beziehungen zu den ›Westlanden‹ nicht förderlich war. So fand die große Zeit der Ost-West-Kontakte, die durch den Handel und den Buddhismus bewirkt wurde, um 1000 ein Ende. Gleichwohl blieben noch in der Song-Zeit Verbindungen zu buddhistischen Rückzugsgebieten wie Ceylon und sogar Nepal erhalten.[49]

Erst in der Mongolenzeit (13./14. Jh.) gewannen die Überlandwege Richtung Westen wieder an Bedeutung. Sie gestatteten Reisenden wie dem berühmten Marco Polo[50], aber auch verschiedenen katholischen Geistlichen wie Johannes von Montecorvino, Johannes von Plano Carpini und Wilhelm von Rubruk, ja sogar einem Guillaume Boucher und vielen anderen unter der *Pax Mongolica* bis in mongolische Lande und in das China der Yuan-Dynastie (1271–1368) zu gelangen.[51] Reste der katholischen Missionarstätigkeit jener Zeit in der Mongolei sind Ruinen einer Kathedrale, die man in Olon-süme fand.[52] Umgekehrt sandten die Mongolen z. T. nestorianische Missionare nach Europa, ja bis nach Frankreich. Der diplomatische und missionarische Austausch zwischen dem Abendland und Ostasien war in jener Zeit lebendig, mit dem Ende der Yuan-Dynastie erlahmte er allerdings wieder.[53]

Auch aus islamischen Landen unternahmen Kaufleute und Gelehrte wie z. B. Abu Dulaf zahlreiche Reisen nach Zentral- und Ostasien, zumal sich der Islam bis nach China ausbreitete, wo er allerdings eine Religion der Minderheit blieb. Die Berichte über jene Reisen gehören jedoch bereits einer anderen Zeit an als der hier behandelten.

Die Erforschung der Seidenstraße

Bis zum heutigen Tag ist die Erforschung der Seidenstraße noch nicht abgeschlossen. Jährlich entdecken sowjetische und chinesische Archäologen neue Funde, die unserem Bild von den Oasenstädten zwischen dem turanischen Tiefland und der östlichen Gobi-Wüste weitere Mosaiksteine hinzufügen.

Während das heutige Interesse an der Seidenstraße von planmäßiger und systematischer Arbeit gekennzeichnet ist, mutet die Geschichte der frühen Entdeckungen eher abenteuerlich an. Es waren in der Tat wagemutige Unternehmen, in jene durch weite Wüsten und hohe Gebirgsketten von der Außenwelt abgeschlossene Gebiete vorzustoßen.

Zum Teil standen die Expeditionen in diese Regionen unter politischen Vorzeichen. In dem Maße, in dem das zaristische Rußland nach Mittelasien vordrang, interessierte es sich auch für die Geschichte der eroberten Gebiete, für die dort wohnenden Völker und ihre Kulturen. So wurden seit Ende des letzten Jahrhunderts turkologische, aber auch archäologische Forschungen in Rußland gefördert, waren doch die meisten eroberten Völker türkische. St. Petersburg mit der Kaiserlichen Akademie der Wissenschaften wuchs zu einem Zentrum orientalistischer Forschung heran. Manch eine Expedition nach Zentralasien wurde von dort ausgesandt. Hier wirkten zu Anfang dieses Jahrhunderts hervorragende Indologen, Buddhologen und Turkologen wie O. Böhtlingk, S. F. Oldenburg und W. Radloff, der sich vor allem um die türkischen Sprachdenkmäler in der Mongolei und in Ostturkestan bemühte.

Nach der Oktoberrevolution 1917 wurde die kulturelle Erforschung Westturkestans und z. T. auch Ostturkestans in immer stärkerem Maße durch planmäßig durchgeführte Expeditionen fortgesetzt, eine Aufgabe, der sich nicht nur Forschungsinstitutionen in Leningrad und Moskau, sondern auch die Akademien der Sowjetrepubliken in Mittelasien widmeten und heute noch widmen.

Es soll hier jedoch nicht die innersowjetische Forschung interessieren, sondern primär jene, die im Tarim-Becken und im ›Gansu-Korridor‹ durchgeführt wurde. Die von Indien ausgehenden Forschungen waren ebensowenig wie die russischen allein von archäologischen Interessen geleitet. Die politische Situation machte es für die britischen Kolonialherren in Indien notwendig, die russischen Ambitionen in Innerasien genau zu beobachten und nach Möglichkeiten eines eigenen Einflusses in Ostturkestan zu suchen.

Die Engländer konnten sich für allgemeine Informationen auf ein Nachrichtensystem verlassen, dessen Stützpunkte die Kolonien indischer Händler im Tarim-Becken waren. So existierte ein ganzes Netz von *Aksakals*, wörtlich ›Weißbärten‹, gewöhnlich muslimisch-indischen Händlern, die in den wichtigsten Bevölkerungszentren residierten und Kontakt

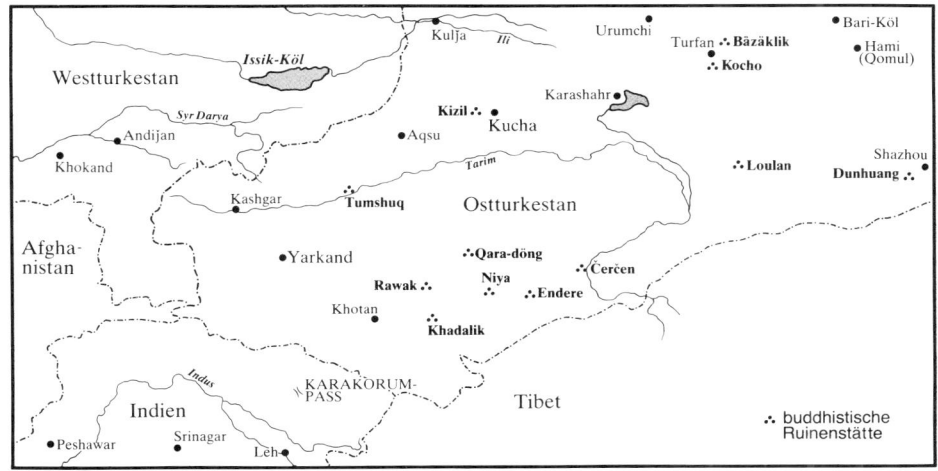

Die bedeutendsten Fundstätten in Ostturkestan vor dem Ersten Weltkrieg

miteinander wie auch mit dem britischen Konsulat in Kashgar unterhielten. Die Russen dürften ein entsprechendes System besessen haben, das sich auf türkisch-uigurische Gewährsleute stützte. Die Engländer waren auch an genauen geographischen, vor allem kartographischen Unterlagen über das Gebiet nördlich des Karakorum interessiert, die teils von englischen Beamten, aber auch von Archäologen erarbeitet wurden. Zu den großen Leistungen Sir Aurel Steins gehörte daher nicht nur die archäologische, sondern auch die kartographische Arbeit.

China, das Ostturkestan zu seinem Gebiet zählte, was westliche Wissenschaftler auch durch die Bezeichnung ›Chinesisch-Turkestan‹ anerkannten, war vor dem Ersten Weltkrieg nicht in der Lage, die ›Westlande‹ militärisch und politisch zu kontrollieren. So konnten westliche und japanische Expeditionen zahlreiche archäologische Funde einschließlich diverser Textmaterialien relativ unbehelligt in ihre Heimatländer transportieren.

Die britisch-russische Konkurrenz um Einfluß auf Ostturkestan zeigte sich nicht zuletzt darin, daß beide Länder vor dem Ersten Weltkrieg Gesandte in Kashgar hatten, die als Gegenspieler auftraten. Stein war bei den Macartneys wie zu Hause, aber auch die Deutschen, vor allem Le Coq, wurden von ihnen gastlich bewirtet.

Die Chinesen konnten ihren Einfluß auf Ostturkestan seit dem Ersten Weltkrieg stärker geltend machen. Sie untersagten nunmehr westlichen archäologischen Expeditionen die Einreise ins Land oder gestatteten sie nur unter strengen Auflagen, um dann später selbst die Erforschung ihres kulturellen Erbes in Xinjiang und Gansu zu übernehmen. Aber noch Mitte der 20er Jahre, als eine Reihe geographischer Expeditionen nach Zentralasien durchgeführt wurde, war ihnen ein Mann wie Sven Hedin ein willkommener Helfer bei der kartographischen Erschließung ihrer Westgebiete.

Die Erforschung der östlichen Seidenstraße vor dem Ersten Weltkrieg

Blenden wir zurück zu den Anfängen der kulturellen Erschließung Ostturkestans[54], denen eine lange Geschichte geographischer und naturwissenschaftlicher Forschungen vorausgeht.[55] Kennzeichnend für die Verquickung beider Forschungsrichtungen ist die Reise des russischen Botanikers und Mediziners A. Regel nach Turfan im Jahre 1878, das er vom russisch besetzten Kulja (Ili-Tal) aus aufsuchte, wo er als Arzt stationiert war. In seinem Bericht beschreibt er, was er in Gaochang (Kocho) bei Turfan sah, nämlich »eine Ruine von ungeheurem Umfang mit äußerst dicken Mauern«, die ihn an »eine altrömische Stadt« erinnerte und vermuten ließ, es handele sich um »Bauten eines altturkestanischen Kulturvolkes«.[56]

Während die Hinweise Regels in Europa relativ unbeachtet blieben, erregte es großes Aufmerksamkeit, als der englische Leutnant Bower 1889–91 nach Kucha gelangte und dort ein Manuskript erwarb, das sich als die älteste bis dahin bekannte indische Handschrift erwies. Es handelte sich um ein Werk aus dem 5. Jh., das in Sanskrit mit Brahmi-Buchstaben auf Birkenrinde geschrieben war. Außer dem ›Bower-Manuskript‹ wurde noch eine Reihe weiterer bedeutender Texte entdeckt. 1892 erwarb der Franzose J.-L. Dutreuil de Rhins in Khotan einige Manuskripte, zu denen drei längliche, in altindischer Kharoshthi-Schrift geschriebene Blätter gehörten, die sogar aus dem 2. Jh. n. Chr. stammten.

Diese und andere Funde, die teilweise durch Händler nach Indien gelangten, aber auch ihren Weg nach St. Petersburg und sogar Paris fanden, veranlaßten interessierte Wissenschaftler schon 1899, an die Regierung Englands mit der Bitte heranzutreten, weitere Materialien dieser Art durch ihre politischen Vertreter im Tarim-Becken zu beschaffen. Nachdem bereits 1888–90 die beiden russischen Brüder Grum-Grzhimailo eine erfolgreiche archäologische Entdeckungsreise nach Ostturkestan durchgeführt hatten, entstandte die Petersburger Akademie der Wissenschaften 1897 eine Expedition unter Leitung von I. Klementz in das Gebiet südlich des Tianshan, um naturwissenschaftliche Beobachtungen zu machen und archäologische Funde zu bergen. Klementz untersuchte auch buddhistische Kultstätten in der Gegend von Turfan, sammelte Manuskripte sowie diverse Altertümer und beschrieb seine Beobachtungen ausführlich.[57] Sein Bericht, dem auch Abbildungen beigegeben waren und in dessen Anhang W. Radloff ›Altuigurische Sprachproben aus Turfan‹ in Umschrift und Übersetzung beifügte, machte eine größere wissenschaftliche Öffentlichkeit auf die reichen archäologischen Schätze am Rande der Tarim-Wüste aufmerksam, die noch der Entdeckung harrten.

Schon vor Klementz hatte Sven Hedin, der u. a. bei dem Berliner Zentralasienforscher und Geographen Richthofen studiert hatte, von 1895–97 seine erste Forschungsreise durch

11 Sven Hedin und Sir Aurel Stein, zwei Pioniere der Erforschung der Seidenstraße

die Wüsten Zentralasiens durchgeführt (s. Abb. 11). Durch die packende Darstellung seiner Erlebnisse erwachte ein allgemeines Interesse an der weiteren Erforschung des Tarim-Beckens, dessen Südrand der Schwede durch kartographische Aufnahmen teilweise erschloß.[58]

Obwohl Hedin sich in erster Linie als Geograph verstand, machte er auch auf alte Ruinenstädte am Rande der Tarim-Wüste aufmerksam. Nicht zuletzt von den Berichten Hedins angeregt und von den Nachrichten über diverse Textfunde nördlich des Karakorum inspiriert, bereitete der in Indien lebende Mark Aurel Stein, der später zum englischen Ehrenritter ernannt werden sollte, seine erste Forschungsreise in das Wüstengebiet nördlich der tibetischen Hochebene vor (s. Abb. 11).[59]

Der gebürtige Ungar Stein, nur drei Jahre älter als Hedin, hatte in Tübingen Orientalistik studiert und stand nun in britischen Diensten in Indien. Er war Schulinspektor im Punjab, nahm sich jedoch Zeit, seinen historischen Studien nachzugehen. Er pflegte enge Kontakte zum Leiter des archäologischen Museums von Lahore, dem Vater des später berühmt gewordenen Schriftstellers Rudyard Kipling. Mit seiner Hilfe gelang es Stein, von der britisch-indischen Regierung Mittel für eine Zentralasienexpedition zu erhalten, die er in den Jahren 1900–01 am Südrand des Tarim-Beckens, teilweise auf den Spuren Hedins, durchführte.

Die Angaben Hedins, der noch mehrere geographische Forschungsreisen nach Zentralasien und Tibet durchführte, erwiesen sich als außerordentlich zuverlässig.[60] Ebenso sorgfältig war Steins kartographische Arbeit, wie Satellitenaufnahmen unserer Zeit erwiesen. Stein grub auch erfolgreich in und um Khotan, in Niya und an anderen Orten der Südroute, barg wertvolle Manuskripte und andere archäologische Funde und leitete damit eine 15jährige Periode bedeutender kulturgeschichtlicher Entdeckungen in Zentralasien ein. Die Ergebnisse dieser und späterer Forschungen faßte Stein in umfangreichen Publikationen zusammen, gleichzeitig gewann er europäische Wissenschaftler für die Bearbeitung der von ihm geborgenen Materialien.[61] 1902 berichtete er anläßlich des 13. Orientalistenkongresses in Hamburg über die Ergebnisse seiner Reise und weckte großes Interesse.

Die westeuropäische Orientalistik wurde jedoch schon 1899 auf die große Bedeutung der Funde in Ostturkestan aufmerksam, als auf dem 12. Internationalen Orientalistenkongreß in Rom einige Vorträge über Handschriften aus Zentralasien gehalten wurden. Zu den Rednern gehörte der deutsch-englische Indologe A. F. R. Hoernle, der lange Zeit in Kalkutta tätig gewesen war und in dessen Hände eine Reihe von Manuskripten gelangte. Radloff aus Petersburg berichtete über die Manuskriptfunde von Klementz, und E. Sénart sprach über einige zentralasiatische Texte, die ihren Weg in die Bibliothèque National in Paris gefunden hatten. Auch verwies er auf Berichte des Finnen O. Donner über dessen Reise nach Turfan.

Der erste deutsche Plan zur Durchführung einer Expedition nach Ostturkestan wurde schon 1899 gefaßt, als die Petersburger Gelehrten W. Radloff und C. Salemann sich an das Berliner Museum für Völkerkunde um finanzielle oder zumindest wissenschaftliche Hilfe bei der Erschließung neuer Materialien aus dem Tarim-Becken wandten. Sie legten einige Proben von Handschriften und Gemälden aus Turfan vor. F. W. K. Müller, der Direktor des Instituts, schrieb darauf in einem Bericht vom 17. 10. 1899: »Wenn es gelingen sollte, neue derartige Funde in Höhlentempeln zu machen, so dürfte die ganze Religions- und Culturgeschichte Centralasiens ein anderes Aussehen bekommen.«[62] Da es jedoch an Mitteln fehlte, konnte der Plan nicht sogleich verwirklicht werden.

Erst nach langjährigen Bemühungen um private Spenden konnte eine Expedition unter Leitung des Indologen Albert Grünwedel im August 1902 aufbrechen, die später die erste deutsche Turfan-Expedition genannt wurde. Die gefundenen Manuskripte trugen die Signatur T I; hinzu kamen ein Buchstabe zur Kennzeichnung des Fundortes (z. B. D für Dakianus-Shari = Kocho) und eine Fundnummer. Entsprechend wurden spätere Funde mit T II, T III usw. gekennzeichnet. Der Expedition gehörten neben dem Leiter Grünwedel der Turkologe und Mongolist G. Huth an, der nach seiner Rückkehr an den Folgen der Reisestrapazen starb. Mit dabei war auch der Museumstechniker Th. Bartus, ein ehemaliger Seemann, der sich mit seinen handwerklichen Fähigkeiten und seinem Erfindungsreichtum, nicht zuletzt auch durch seinen Mut sowie seinen Humor als unentbehrlich erwies und dessen Dienste man bei allen weiteren Expeditionen in Anspruch nahm. Er war es, der eine besondere Technik zur Ablösung der Fresken entwickelte, indem er die Bilder, die auf einer 1–2 cm dicken, mit Häcksel vermischten Lehmschicht aufgetragen waren, in Segmente zerschnitt, mit Hilfe eines Fuchsschwanzes von ihren Unterlagen löste und bruchsicher verpackte.

Die erste Expedition erforschte während ihres knapp viermonatigen Aufenthaltes in Turfan vor allem die Ruinenstadt Kocho und die Klosteranlagen in der Schlucht von Sängim. Als sie im Frühjahr 1903 mit zahlreichen Kisten voller kostbarer Kunstschätze in Berlin eintraf, begann man sofort mit der wissenschaftlichen Auswertung der Materialien. Der umfassend gebildete Philologe F. W. K. Müller veröffentlichte schon 1904 die in ›Estrangelo-Schrift‹

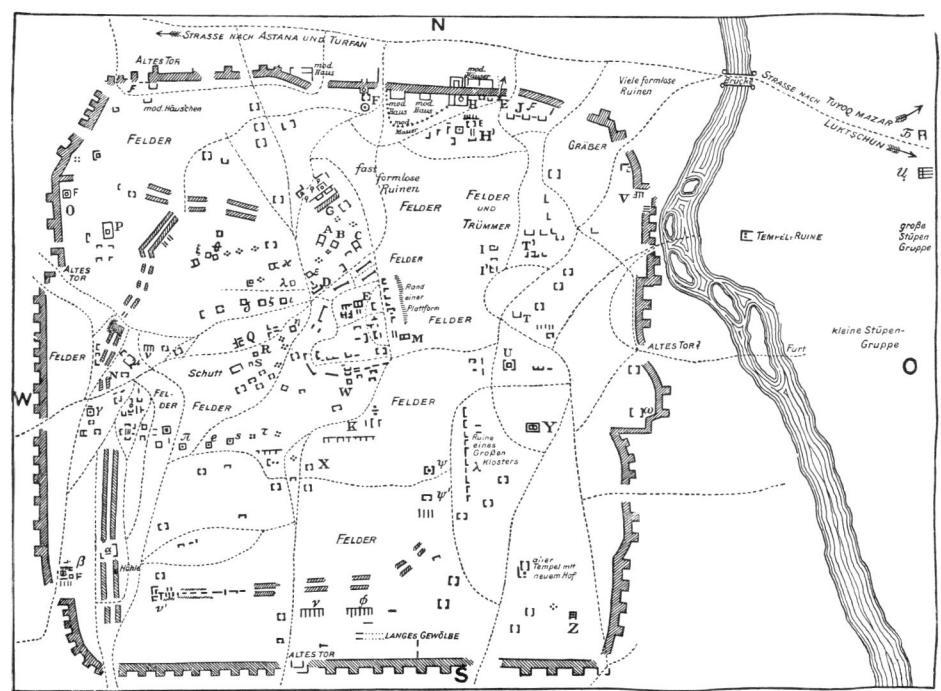

12 Skizze der Ruinenstadt Gaochang (Kocho) vor dem Ersten Weltkrieg; nach Grünwedel. Die von Albert Grünwedel dargestellten Ruinen sind heute nur noch teilweise erhalten

geschriebenen Dokumente der untergegangenen Religion des Manichäismus. Bisher waren Quellen dieser Religion, die man von den polemischen Angaben der Kirchenväter kannte, nicht gefunden worden. In Turfan fand man die ersten Originaldokumente jener gnostischen Weltreligion, die im Römischen Reich als christliche Häresie bekämpft worden war und die sich, was man nicht wußte, im Osten bis China ausgebreitet hatte. Erst in den 30er Jahren wurden in Ägypten koptische Manichaica gefunden, welche die leider vielfach bruchstückhaften zentralasiatischen Texte ergänzten.

Müller arbeitete auch an anderen Dokumenten. Er sollte später zu den ersten gehören, die das bis dahin unbekannte Sogdische entzifferten. Ferner gab er dem Studium des Uigurischen (Alttürkischen) wesentliche Impulse. Aber auch andere Forscher, Spezialisten des Sanskrit, des Iranischen und des Alttürkischen, waren an der philologischen Erschließung der in Turfan geborgenen Materialien beteiligt. Die reichen Ergebnisse dieser wissenschaftlichen Auswertung veranlaßten das Berliner Völkerkunde-Museum schon 1904, eine zweite Expedition nach Turfan zu entsenden.

13 Le Coq und Bartus mit einheimischen Mitarbeitern

Indessen hatten auch die Japaner ihr Interesse an den Funden von Zentralasien erkennen lassen. Graf Otani, der Vorsteher eines buddhistischen Ordens und einer der führenden Köpfe der berühmten ›Schule des Reinen Landes‹ (Jodo Shinshu)[63], finanzierte die erste, von 1902–03 durchgeführte japanische Expedition. Nicht zuletzt aus religiösen Gründen interessierte er sich für die buddhistische Geschichte der Seidenstraße. Die Japaner erforschten u. a. von 1908–09 den Raum Kashgar – Khotan – Kucha, also das westliche Tarim-Becken, und entdeckten als erste die Höhlenanlagen von Kizil bei Kucha, wo sie einige Wandgemälde ablösten.[64] Wegen eines Erdbebens hatten sie jedoch den Ort fluchtartig verlassen müssen und dabei ihre Unterlagen und Aufzeichnungen verloren. Eine weitere japanische Zentralasienexpedition, die ebenfalls Graf Otani finanzierte, wurde von 1910–12 durchgeführt.

Grünwedel hatte sich dagegen gesträubt, Bilder in größerem Umfang von den Wänden der Höhlenheiligtümer zu entfernen. Er sah es als seine Aufgabe an, die Malereien minutiös zu kopieren und ihren Zusammenhang zu beschreiben. Zwar würden Manuskriptreste auch unabhängig von deren Herkunftsort ihren Wert haben, aber »Fresken ohne den Zusammenhang, ohne Plan, ohne detaillierte Ortsangaben, sind fast wertlos».[65] Die äußerst gewissenhafte Vorgehensweise Grünwedels und sein großes malerisches Talent machen heute seine mit Nachzeichnungen versehenen Studien und Höhlenbeschreibungen zu einer Quelle ersten Ranges, zumal in den vergangenen über 80 Jahren manche Höhlen durch Erdbeben oder Menschenhand erheblich beschädigt wurden.

Albert von Le Coq, der ehemalige Kaufmann aus einer vornehmen Hugenottenfamilie, hatte schon einige archäologische Erfahrungen in Syrien gesammelt, als er 40jährig in den Dienst des Völkerkunde-Museums zu Berlin trat. Er widmete sich mit besonderer Hingabe der archäologischen Erforschung Ostturkestans. Le Coq trat als Turkologe hervor, indem er sich vor allem um die Edition der türkischen Manichaica aus Kocho verdient machte. Seine Identifikation mit der Arbeit, die für ihn zu einer Lebensaufgabe werden sollte, geht nicht

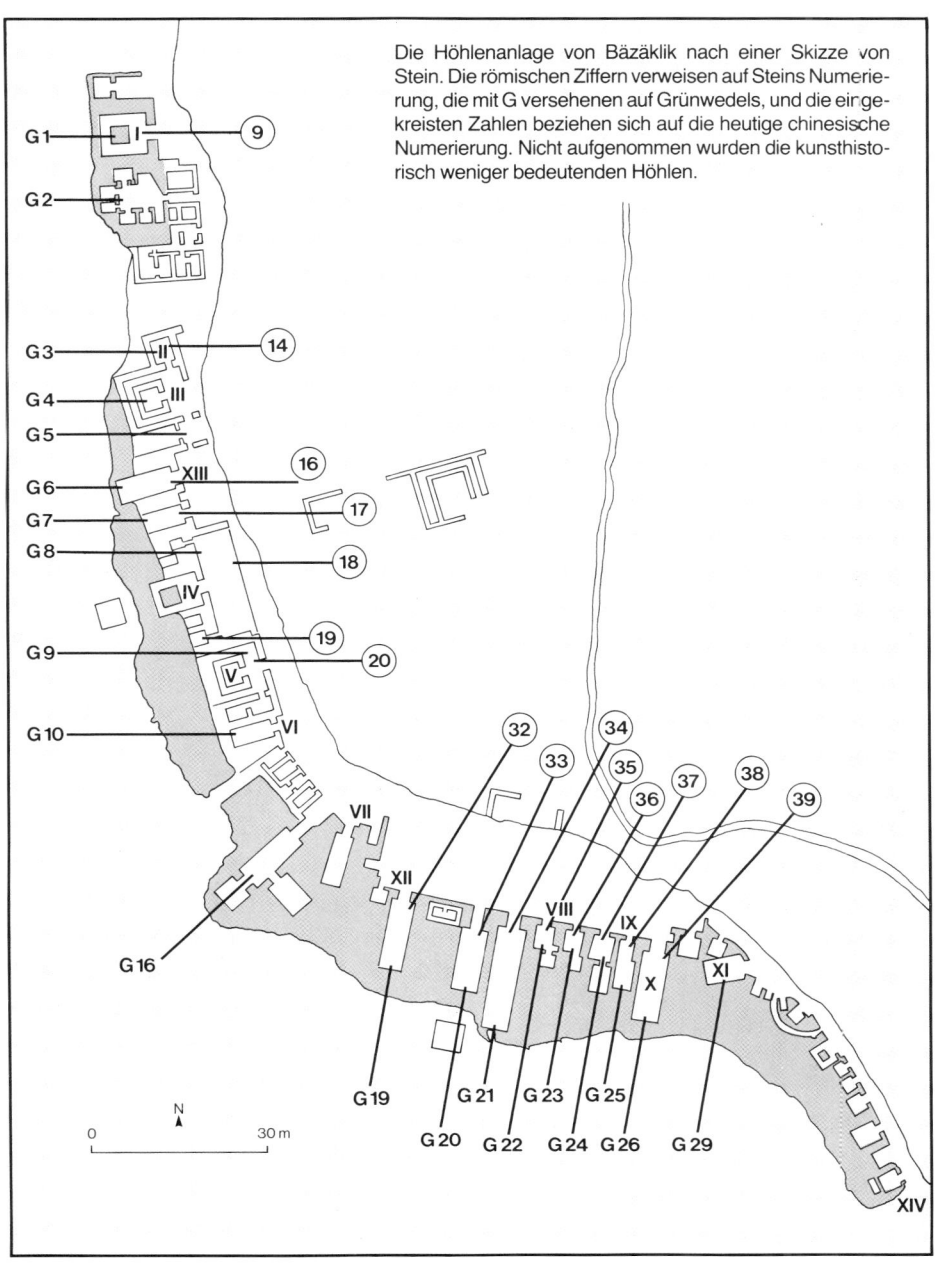

Die Höhlenanlage von Bäzäklik nach einer Skizze von Stein. Die römischen Ziffern verweisen auf Steins Numerierung, die mit G versehenen auf Grünwedels, und die eingekreisten Zahlen beziehen sich auf die heutige chinesische Numerierung. Nicht aufgenommen wurden die kunsthistorisch weniger bedeutenden Höhlen.

zuletzt daraus hervor, daß er 1913 im Orientalischen Archiv einen Aufsatz über ›Reisewege und Ergebnisse der deutschen Turfan-Expeditionen‹ unter dem Pseudonym Dr. Choros Zaturpanskij veröffentlichte. Choros ist die osttürkische (neu-uigurische) Form des neupersischen Wortes chorus (Hahn, frz. *le coq).* Daneben berichtete er später auch in allgemeinen Werken über die Abenteuer der Turfan-Expeditionen.[66]

Le Coq, der mit der Leitung der zweiten Turfan-Expedition betraut wurde, brach 1904 mit dem bewährten Museumstechniker Bartus auf. Die Forschungsreise wurde aus der Kasse des Kaisers finanziert und hieß folglich offiziell die ›Erste Königliche Preussische Turfan-Expedition‹. Le Coq war mit Bartus von Oktober 1904 bis Dezember 1905 unterwegs (s. Abb. 13). Beide arbeiteten vornehmlich in den Ruinen von Kocho sowie in den Klosteranlagen von Bäzäklik, Sängim Agiz, Toyuq und Čiqqan Kol. Im Gegensatz zu Grünwedel kam es Le Coq darauf an, möglichst viele Gemälde abzulösen und für den Transport vorzubereiten.

Als sich Le Coq mit Bartus im August 1905 in dem etwas kühleren, höher gelegenen Hami erholte, hörten sie von der Entdeckung zahlreicher alter Schriften in einer ›vermauerten Bibliothek‹ von Dunhuang. Die spätere sensationelle Ausbeute durch Stein und Pelliot wäre auch ihm geglückt, wenn sich nicht Grünwedel angesagt und ein Treffen in Kashgar verlangt hätte. Le Coq erwog, trotzdem zunächst nach Dunhuang zu reisen und sich erst dann nach Kashgar zu begeben. Er machte die Entscheidung von dem Wurf einer Münze abhängig. Aufgrund dessen brach er direkt nach Kashgar auf, wo aber Grünwedel und sein Begleiter H. Pohrt erst mit siebenwöchiger Verspätung am 15. 12. 1905 eintrafen. Le Coq hätte also genügend Zeit gehabt, die Bibliothek von Dunhuang als erster westlicher Wissenschaftler in Augenschein zu nehmen. Nicht zuletzt dieser Umstand löste manche Spannungen zwischen Grünwedel und Le Coq aus.

Mit dem Eintreffen Grünwedels in Kashgar begann die dritte deutsche Turfan-Expedition, die im Hinblick auf die Entdeckung von Wandgemälden zur erfolgreichsten werden sollte. Vier Monate, von Januar bis Mai 1906, hielt sich die deutsche Mannschaft in den Höhlenklöstern bei Kucha auf und bearbeitete nacheinander die Anlagen von Kumtura, Kizil und Kirish. Während sich Grünwedel gänzlich der Beschreibung und genauen zeichnerischen Aufnahme der freigelegten und gesäuberten Höhlen widmete, was ihm die tiefe Anerkennung Steins einbrachte[67], half Pohrt Le Coq beim Vermessen und Photographieren, während Bartus die von Grünwedel nur widerwillig erlaubte Ablösung und Verpackung von Gemälden vornahm.

Nach anschließenden Arbeiten in Shorčuk zwischen Kurla und Karashahr mußte Le Coq aus gesundheitlichen Gründen – er war von einer schweren Dysenterie befallen – die Rückreise antreten, die ihn wegen der Wirren in Rußland über das Karakorum-Gebirge nach Indien führte, nachdem er sich bei den Macartneys in Kashgar etwas erholt hatte. Von Indien kehrte Le Coq per Schiff heim.

Grünwedel, Pohrt und Bartus hielten sich zwischen Juli 1906 und April 1907 in Turfan und Umgebung auf, wo sie u. a. die Höhlenanlagen von Bäzäklik und Toyuq erforschten und teilweise ›ausräumten‹, wie es in einer Kritzelei von Bartus vom 18. 10. 1906 in Höhle 2

14 Kritzelei von Bartus in Höhle 2 von Bäzäklik

(nach Grünwedel) von Bäzäklik heißt (s. Abb. 14). Mit 118 Kisten bepackt, machte sich die Expedition im April 1907 auf den Heimweg, nachdem sie schon zuvor große Mengen von Material in Kashgar aufgegeben hatte.[68]

Während der zweiten und dritten deutschen Turfan-Expedition ergaben sich Spannungen mit russischen Forschern, vor allem den Brüdern Berezowski, die in Kucha arbeiteten. Turfan war Schwerpunkt deutscher Interessen, während Kucha Betätigungsfeld der Russen sein sollte. Grünwedel hatte mit den Petersburger Gelehrten Radloff und Salemann eine diesbezügliche Vereinbarung getroffen. Allerdings hielt sich keine Seite an die Abmachungen, und so kam es während der dritten Expedition in Kucha fast zu tätlichen Auseinandersetzungen mit den russischen Kollegen.[69]

Das russische Außenministerium hatte schon 1905 ein Komitee zur Erforschung Ost- und Zentralasiens eingesetzt und eine Expedition unter Leitung des Indologen S. F. Oldenburg nach Turfan entsandt. Diese Gruppe arbeitete, wie auch nachfolgende, neben den Deutschen an den wichtigsten Zentren der Nordroute. Die Spannungen zwischen Deutschen und Russen zeigten sich auch in der philologischen Erschließung der ›Turfan-Texte‹, als es zu wenig erfreulicher Polemik zwischen Berliner und Petersburger Gelehrten vor allem auf dem Gebiet der Turkologie kam.

Von 1906–08 war Stein auf seiner zweiten großen Forschungsreise unterwegs. Sie führte ihn kreuz und quer durch Zentralasien und sogar bis ins tibetische Hochland. Von Indien aus überquerte er das Karakorum-Gebirge und reiste dann über Khotan, Keriya und Miran nach Dunhuang. In Miran entdeckte er die ältesten im Tarim-Becken erhaltenen buddhistischen Wandgemälde, die aus dem 3.–4. Jh. stammten und einen starken westlichen, z. T. mediterranen Einfluß aufwiesen. In Dunhuang gelang es Stein, durch geschickte, z. T. schon gerissene Überredungskunst, den chinesischen Mönch Wang Yuanlu, der die Schätze der ›vermauerten Bibliothek‹ hütete, zur Herausgabe vieler Manuskripte – zunächst zum privaten Studium *(for inspection)* – zu bewegen (s. Abb. 15), nachdem er auf dessen Verehrung des

15   Manuskriptbündel aus der ›vermauerten Bibliothek‹ von Dunhuang

chinesischen Indienpilgers Xuanzang rekurrierte.[70] Er konnte dem Mönch, dem an der Restaurierung der Tempel von Dunhuang lag und der dafür Mittel benötigte, zahlreiche Schriften und Kunstwerke abkaufen und nach Indien bringen, von wo ein großer Teil in das Britische Museum nach London gelangte.

Stein kehrte nicht direkt von Dunhuang zurück, sondern reiste nach einem Abstecher ins Kuku-Nor-Gebiet auf der tibetischen Hochebene 1907 über Hami in die Turfan-Oase. In einem privaten Brief äußerte er sich entsetzt über die Art, wie die Deutschen, d. h. konkret Bartus, bei ihrer Entfernung von Wandgemälden vorgegangen waren.[71] In der Nähe von Turfan fand Stein einige Tempel in Kičig-Hassar (Kleine Burg), die den Deutschen entgangen waren und in denen er Kunstwerke sowie chinesische und türkische Manuskripte entdeckte. Sein Weg führte ihn dann über Karashahr zur Südroute nach Keriya und Khotan, wieder zur Nordroute nach Aqsu, dann nach Kashgar und über das Karakorum-Gebiet nach Indien.[72]

Im Jahre 1906 traten auch die Franzosen unter Leitung von Paul Pelliot auf den Plan (s. Abb. 17). Sie wollten zunächst in Kucha arbeiten, erfuhren bei ihrem Eintreffen in Kashgar im September 1906 jedoch, daß die Deutschen ihnen dort zuvorgekommen waren. Zunächst unternahmen sie in Tumshuq Ausgrabungen, wo sie eine Fülle von Skulpturen entdeckten, und arbeiteten dann doch von Januar bis September 1907 in der Gegend von Kucha (Duldur Aqur, Subashi, Kizil, Kumtura), wo sie zahlreiche buddhistische Kultstätten photographierten.[73]

Die französische Expedition machte sich sodann nach Dunhuang auf, wo sie die Höhlenmalereien systematisch erkundete und photographisch aufnahm. Als hervorragender Kenner des Chinesischen gewann Pelliot nicht nur rasch Kontakt zum Mönch Wang Yuanlu, sondern war auch im Gegensatz zu Stein in der Lage, relativ schnell die wertvollsten Manuskripte auszusondern und dem selbsternannten Aufseher abzukaufen. Neben chinesischen Texten erwarb er in Brahmi-Schrift geschriebene indische, tocharische sowie uigurische und tibetische Dokumente. Die Franzosen reisten über Lanzhou nach Beijing, wo sie im Oktober 1908 eintrafen. Dann kehrten sie auf dem Seeweg zurück.[74]

Im Herbst 1908 war erneut eine von Graf Otani finanzierte japanische Expedition unterwegs, deren Leiter Z. Tachibana von E. Nomura begleitet wurde. Die hastig durchgeführte Forschungsreise führte zunächst über Beijing und Dunhuang nach Turfan und von dort über Loulan zur Südroute nach Keriya, Khotan und Kashgar. Nomura, der von Turfan nach Kucha reiste, traf sich in Kashgar wieder mit seinem Kollegen. Die Engländer wie auch die Russen, die noch das Trauma der Niederlage im russisch-japanischen Krieg von 1905 empfanden, beobachteten die Reisen der beiden Japaner mit großem Mißtrauen, glaubten sie doch, in ihnen Spione aus dem fernen Inselreich zu sehen. So erkundigten sich die Briten stets über deren Aktivitäten. Ihr Verhalten ließ jedoch keine geheimdienstlichen Tätigkeiten erkennen, auch wenn die Russen die Briten informierten, es handele sich in Wirklichkeit um hohe japanische Offiziere.

Auch die dritte japanische Otani-Expedition, die unter Leitung von Z. Tachibana 1910–11 durchgeführt wurde, stand unter genauester Beobachtung. Diesmal bereisten die Japaner das gesamte Tarim-Becken, wobei sie sich vornehmlich in Dunhuang und Turfan aufhielten, aber auch bis nach Leh in Ladakh vorstießen. Wie die vorhergehenden japanischen Expeditionen war auch diese Unternehmung »durch Rastlosigkeit und Unbeständigkeit gekennzeichnet«.[75] Dennoch bargen die japanischen Forscher auf ihren verschiedenen Reisen manche Texte und Bilder, welche die in westlichen Museen aufbewahrten Materialien in wertvoller Weise ergänzen.[76]

Zwischen der zweiten und dritten japanischen Expedition waren auch die Russen erneut im Tarim-Becken archäologisch tätig. 1909–10 entsandte die russische Akademie der Wissenschaften in St. Petersburg abermals eine Expedition unter Leitung des Indologen S. F. Oldenburg in das Gebiet südlich des Tianshan. In Shorčuk bargen die Forscher zahlreiche Plastiken sowie Gemälde und begaben sich dann zu den Ruinenstätten der Turfan-Oase, wo sie vor allem in Kocho und Bäzäklik arbeiteten. Auf dem Rückweg erkundeten die Expeditionsmitglieder – allerdings nur sehr flüchtig – verschiedene Fundstätten um Kucha.

In enger Verbindung mit der russischen Erforschung Zentralasiens stand auch die von 1907–09 durchgeführte Forschungsreise des finnischen Barons Carl Gustav von Mannerheim, der vornehmlich kartographische Aufnahmen machte sowie anthropologische Studien betrieb und dabei bis nach Osttibet und Lanzhou gelangte. Mannerheim brachte auch kulturgeschichtlich interessante Funde von seiner Reise mit, die heute in Helsinki und Leningrad aufbewahrt werden.

Le Coq, begleitet von dem unverwüstlichen Bartus, leitete die vierte und letzte deutsche Turfan-Expedition (1913–14). Turfan selbst war allerdings nicht mehr als Reiseziel auserkoren, man plante aber, bis zum Südrand der Taklamakan-Wüste vorzustoßen. Gleichwohl

16　Graf Otani

17　Paul Pelliot

konzentrierte sich die Arbeit auf Kucha, wo Le Coq möglichst zahlreiche Wandgemälde bergen wollte. Bald nach dem Eintreffen in Kizil erkrankte er jedoch und mußte sich nach Kucha begeben. Bartus, der die meiste Zeit auf sich allein gestellt war, löste von Juni bis September 1913 eine Vielzahl von Gemälden in den Höhlen von Kizil ab, doch wurden die Fundorte von ihm weder beschrieben noch photographiert, so daß die Herkunft der Bilder nur dort erkennbar ist, wo Grünwedels Aufzeichnungen und Skizzen Auskunft geben.

Le Coq, der sich in Kucha allmählich erholte, machte Erkundungsritte in die Umgebung, ließ kleine Ausgrabungen vornehmen und suchte Gemälde aus, die Bartus abnehmen sollte. Vor allem in Kumtura wurde eine Reihe von chinesisch beeinflußten, also späten Bildwerken geborgen. Nach kurzer Ausgrabungstätigkeit in Tumshuq reisten Le Coq und Bartus nach Kashgar, von wo sie Anfang 1914 über Rußland zurückkehrten. Ein Großteil des nach Berlin gebrachten Materials wurde unter Einbeziehung früherer Funde in sieben prachtvoll ausgestatteten, großformatigen Bänden von Le Coq unter dem Titel ›Buddhistische Spätantike in Mittelasien‹ publiziert. 1914–15 leitete Oldenburg eine weitere russische Expedition, die bis nach Dunhuang vorstieß. Dort erwarb er zahlreiche chinesische Manuskripte, die heute in Leningrad aufbewahrt werden.[77]

Die dritte Expedition Steins (1913–15) war gleichzeitig die letzte große westliche, der Kulturgeschichte gewidmete Forschungsreise durch Zentralasien. Stein erreichte Dunhuang über die Südroute, erwarb dort abermals Bildwerke und Manuskripte und wandte sich dann der im Norden der heutigen chinesischen Provinz Gansu liegenden Ruinenstadt Chara-choto zu, die während der Mongolenzeit (13./14. Jh.) ein bedeutendes kulturelles Zentrum war. Der russische Forscher P. K. Kozlov kann als der eigentliche Entdecker dieser Ruinenstadt gelten, die er erstmals 1908, dann 1909 und schließlich noch einmal 1926 besuchte. Er transportierte zahlreiche archäologische Schätze aus der ›toten Stadt‹ nach Rußland, wo sie heute in Leningrad zu sehen sind. Insgesamt bereiste Kozlov Zentralasien sechsmal erfolgreich.[78]

Von Chara-choto reiste Stein weiter nach Turfan, wo er den Winter 1914/15 verbrachte. Beunruhigt über die mutwillige Beschädigung zahlreicher Fresken in Bäzäklik durch Einheimische seit seinem letzten Besuch im Jahre 1907, ließ er viele Gemälde abnehmen, die sich heute im Indischen Nationalmuseum von Delhi befinden.[79] Stein führte auch Grabungen in Kocho und im benachbarten Gräberfeld von Astana durch. Dort entfernte er zahlreiche Beigaben und Malereien, die heute ebenfalls zum großen Teil in Delhi lagern. Über Kucha, wo er hauptsächlich kartographische Aufnahmen machte, reiste er sodann nach Kashgar. Von dort kehrte er in einem großen, um Afghanistan herumführenden Bogen über Buchara, Chorasan (Ostiran) und Beluchistan nach Indien zurück. Obwohl schon über 80jährig, unternahm Stein seine letzte Expedition 1943 nach Afghanistan, wo er nach langen, zähen Verhandlungen einreisen durfte. Er starb noch im gleichen Jahr in Kabul, wo er auch begraben wurde.

18 Stein mit Mitgliedern seiner Expedition vor Ruinen an der südlichen Seidenstraße

Die Erforschung der östlichen Seidenstraße nach dem Ersten Weltkrieg

Einige Jahre nach dem Ersten Weltkrieg machte sich 1924 der amerikanische Forscher Langdon Warner von Beijing nach Dunhuang auf, wo er mit Hilfe eines speziell für diesen Zweck entwickelten Verfahrens eine Reihe von Wandbildern ablöste. Die noch verbliebenen Schriften der ›vermauerten Bibliothek‹ waren schon nach Beijing geschafft worden. Warner fand Dunhuang verlassen vor, so daß er die Fresken sowie eine Reihe von Skulpturen unbehelligt abtransportieren konnte.[80] Erst 1942 richtete die Kuomintang-Regierung ein Institut zum Schutz der Kulturdenkmäler von Dunhuang ein, aus dem später das ›Dunhuang Forschungsinstitut‹ hervorging.

Mitte der 20er Jahre des 12. Jh. war das chinesische Interesse an der Erforschung Ostturkestans, das es auch politisch zu sichern galt, erwacht. 1928–29 und 1930 führte der chinesische Archäologe Huang Wenbi zwei Expeditionen nach Turfan, Karashahr, Kucha, Kumtura und zu den ›Tausend-Buddha-Höhlen‹ (Ming Oi) von Kizil durch. Er arbeitete auch im westlichen Teil des Tarim-Beckens einschließlich Khotans. Einige von ihm abgelöste Wandgemälde wurden nach Hangzhou gebracht, wo sie allerdings einem japanischen Kriegsangriff zum Opfer fielen. Huang Wenbi teilte in zwei umfangreichen, auf Chinesisch verfaßten Werken die Ergebnisse seiner Forschung mit.[81]

Aus der Zeit zwischen den Weltkriegen ist nur von zwei bedeutenden westeuropäischen Reisen zu berichten. 1931 fand eine von der Automobilfirma Citroen ermöglichte transasiatische Expedition statt, an welcher der französische Archäologe J. Hackin teilnahm. Der Konzern stellte ein Raupenfahrzeug zur Verfügung, das eine von den Chinesen genau vorgeschriebene Reiseroute zu befolgen hatte. Obwohl jede Abweichung vom Weg streng untersagt war, konnte Hackin Abstecher nach Kizil, Shorčuk und Turfan machen, wo er im November des Jahres 1931 die Höhlentempel von Bäzäklik erforschte und teilweise auch photographierte.[82]

Die zweite zu erwähnende Expedition ging vom Museum für Natur-, Völker- und Handelskunde (seit 1952: Übersee-Museum) in Bremen aus, das dem Geographen und Ethnologen Emil Trinkler 1927 die finanzielle Möglichkeit verschaffte, zusammen mit einem Geologen und einem Botaniker Ladakh und das südwestliche Tarim-Becken zu erforschen. Es war dies keineswegs die einzige geographische und naturwissenschaftliche Expedition der Zeit. Im Jahre 1926 bereisten verschiedene Forscher Zentralasien, unter anderen wiederum Sven Hedin, der den *Chinese Geological Survey* bei der Ausführung topographischer und geologischer Arbeiten in Ostturkestan unterstützte. Trinkler hatte auch kunstgeschichtliche Interessen; er barg vor allem in Khotan wichtige Kulturschätze. Während Trinklers archäologische Materialien großenteils fragmentarisch sind, konnte er doch einige wertvolle Texte erwerben. G. Gropp hat die Trinkler-Sammlung in Bremen monographisch bearbeitet.[83]

Nach der Gründung der Volksrepublik China im Jahre 1949 begannen die Chinesen mit der Restauration alter Kulturstätten in Gansu und Xinjiang sowie der Erforschung ihrer Denkmäler. Auch wenn während der Kulturrevolution nicht wiedergutzumachende Schäden entstanden, blieb doch die Mehrzahl der buddhistischen Heiligtümer an der Nord- und Südroute von der Zerstörung verschont, die sich in Tibet auswirkte, wo die Klöster noch lebendige Zentren eines geistlichen Lebens waren. Provinzmuseen in Lanzhou (für Gansu) und Urumchi (für Xinjiang) stellen jüngere Funde aus und berichten neben archäologischen Forschungszentren über die Ergebnisse neuerer Grabungen. Viele lange Zeit unzugängliche Orte an der chinesischen Seidenstraße können heute wieder besucht werden.

Es ist teilweise verständlich, wenn nach den von den Chinesen als schmerzhaft empfundenen archäologischen ›Raubzügen‹ in der Zeit vor dem Ersten Weltkrieg westlichen Wissenschaftlern der Zugang zu alten und neuen Materialien erschwert wird und sie sich auf chinesische sowie japanische Publikationen stützen müssen, um ein Bild der chinesischen Kulturschätze zu gewinnen. Umfangreiche, im Westen unbekannte Materialien liegen nicht nur in den genannten Provinzmuseen, sondern auch in den Ortsmuseen von Dunhuang, Turfan, Kucha und anderen Städten.

Fast ebenso spannend wie die Geschichte der archäologischen Erforschung Zentralasiens ist die Geschichte der philologischen Erschließung der dort gefundenen Texte, die z. T. in Sprachen verfaßt wurden, von deren Existenz man zu Anfang dieses Jahrhunderts noch nicht einmal wußte. Zu diesen Sprachen zählen das Sogdische, das Tocharische, das Khotansakische und das Tangutische (Xixia). Das Alttürkische (Uigurische) war zwar grundsätzlich bekannt, gleichwohl bedurfte es noch großer Anstrengungen, um es grammatisch und lexikographisch zu erschließen, ein Prozeß, der bis heute – wie bei den anderen genannten Sprachen – noch nicht abgeschlossen ist. Hinzu kam als Schwierigkeit, daß dieselben Sprachen mit teilweise ganz unterschiedlichen Schriftformen geschrieben wurden. So wurde das Uigurische nicht nur in der sogdisch-uigurischen Kursivschrift festgehalten, sondern auch in der manichäischen, vom syrischen Alphabet abgeleiteten ›Estrangelo-Schrift‹, ferner mit klassischer syrischer Schrift (s. Abb. 19), mit indischen Brahmi-Buchstaben und sogar mit tibetischen Lettern. Umgekehrt lassen sich in uigurischer Schrift verfaßte Texte auf Syrisch, Sanskrit, Tibetisch und Chinesisch nachweisen.

Obwohl bisher nur ein Bruchteil der gefundenen Texte ediert und übersetzt vorliegt, sind doch die Grundzüge einer Kulturgeschichte der Seidenstraße schon erkennbar, und diese sollen im folgenden aufgewiesen werden.

19 *Türkisch-christlicher Hochzeitssegen in syrischen Lettern aus Kurutka bei Turfan*

Die Völker an der Seidenstraße

Die Anfänge des Hellenismus

Als Alexander d. Gr. im Jahre 330 v. Chr. die Kaspische Pforte durchschritt, rückte das westliche Zentralasien in das Licht der Geschichte. Nach Überwindung und Unterwerfung des persischen Achämenidenreiches wandte er sich jenem Gebiet von Baktrien und Transoxanien zu, das den Griechen zumindest seit Aischylos insofern ins Bewußtsein gerückt war, als ihre kriegerischen Auseinandersetzungen mit den Persern und deren Hilfstruppen sie auch mit Baktriern in Kontakt brachte. Aischylos erwähnt in seinem 472 v. Chr. verfaßten Werk ›Die Perser‹ die im östlichen Teil des damaligen Perserreiches lebenden Baktrier ausdrücklich. Weiß Herodot (IV. 127f.) von den Skythen zu berichten, so meint er das nomadische Volk nördlich und östlich des Schwarzen Meeres, das die Macht der Achämeniden immer wieder herausforderte. Sie waren vielleicht mit jenen Saken verwandt, von denen noch zu sprechen sein wird. Alexander kam auch mit dem ostiranischen Volk der Sogdier in Berührung, dessen Stammgebiet das von Oxus und Yaxartes bewässerte Zweistromland war.

Da das Gebiet der Baktrier und Sogdier zum Achämenidenreich gehörte, ist es nicht verwunderlich, daß Alexander im Zuge der Eroberung dieses Reiches bis südlich und nördlich des Oxus vorstieß, wo diese Völker ansässig waren. Aber weniger die historischen, mit dem Alexanderzug verbundenen Einzelheiten sollen uns hier interessieren[84], als die Tatsache, daß mit seinen Eroberungen und Bemühungen, die ostiranischen Völker, die Baktrier, Sogdier und auch sakische Stämme durch kriegerische und diplomatische Mittel zu gewinnen, sich die griechische Herrschaft im westlichen Zentralasien etablierte.

Im Zuge der makedonischen Machtausdehnung erfolgte eine Reihe von Städtegründungen – zahlreiche Griechen wurden veranlaßt, sich im ostiranischen Raum niederzulassen. Zu den vom Eroberer gegründeten Städten gehörten Alexandria in Areia, das heutige Herat, Alexandria Prophthasia in der Drangiana, das nicht genau lokalisiert werden kann, Alexandria in Arachosien, Alexandria im Kaukasus, das de facto am Fuße des Hindukush lag (bei Jebel Suraj am Salang-Paß) und Alexandria Eschate am Yaxartes (Syr Darya), also schon im Stammgebiet der Sogdier.

In Baktrien und Sogdien erhoben sich griechische Siedler gegen Alexander, da sie die ihnen zugewiesene neue Heimat aufgeben und nach Europa zurückkehren wollten. Und auch nach Alexanders Tod im Jahre 323 machten sich Tausende auf, um den Rückmarsch nach Griechenland anzutreten. Gleichwohl gab es weiterhin von Griechen besiedelte Städte im Ostiran und in Zentralasien, in denen sich die hellenistische Kultur auch auf die Träger der einheimischen Zivilisation auswirkte.

Vor allem in seleukidischer Zeit blieb der Einfluß des hellenistischen Geistes lebendig. Ganz besonders galt dies für jenes gräkobaktrische Reich, dessen Kern zwischen dem Hindukusch und dem Oxus lag, das sich aber bis zur Indus-Mündung ausdehnte. Als großer Staat existierte dieses Reich von 256 – ca. 75 v. Chr., doch auch nach dem Einfall der Saken in Baktrien zwischen 141 und 129 v. Chr. bestanden bis zur ersten Hälfte des 1. Jh. v. Chr. griechische Staaten, die sich bis in Regionen Nordwestindiens ausdehnten. Dort prägten griechische Kulturformen vor allem das städtische Leben und beeinflußten Kunst wie auch Literatur, wovon vornehmlich Münzen, Kleinfunde und Inschriften zeugen.

Auch im Buddhismus nordwestindischer Prägung wurden die Auswirkungen hellenistischen Geistes spürbar. Griechische Lettern, wie sie in Münzlegenden und in Inschriften überliefert sind, wurden in klassischer oder in kursiv weiterentwickelter Form auch noch von den Trägern der Nachfolgereiche verwendet. Selbst im Tarim-Becken finden wir griechische Motive, wie die ein Füllhorn haltende Tyche (s. Abb. 20).

20 *Die griechische Göttin Tyche, ein Füllhorn haltend; Muster auf einem Seidenstoff aus Keriya an der südlichen Seidenstraße*

Der parthische Einfluß

Ehe wir unseren Blick auf diese Nachfolgereiche richten, sollte die im Westen des gräkobaktrischen Reiches erstarkte parthische Macht erwähnt werden. Die Parther sahen in Arsakes, einem Ostiraner nomadischer Herkunft, den Begründer ihres Reiches. Der Anfang der Parther- oder Arsakidenzeit wird auf 247 v. Chr. datiert. Einen Höhepunkt erreichte das Partherreich unter Mithridates I., der um 150 v. Chr. die arsakidische Macht im Vorderen Orient ausbreitete und festigte. Die Parther einigten das von den Griechen zerstörte iranische Reich und wurden zu gefährlichen politischen und militärischen Gegnern der Römer.

Der östliche Teil des Partherreiches dehnte sich über das ostiranische Hochland nach Norden aus. Eine frühe Hauptstadt der herrschenden Dynastie war Nisa in der Nähe des heutigen Ashkabad im sowjetischen Turkmenistan. Die dort von sowjetischen Archäologen zutage geförderten Grabungsfunde, u. a. zahlreiche mit hellenistischen Motiven verzierte Trinkhörner, machen deutlich, daß die Parther an die hellenistische Kultur anknüpften und diese mit iranischen Formen verbanden. Vor allem die bildliche Darstellung von Gottheiten und Heroen, denen Gedächtnismäler errichtet wurden, zeigen, daß sich das griechische Formenprinzip mit einem eigenständigen ostiranischen Hang zur Darstellung göttlicher Wesen verband.

Erst unter den die Parther ablösenden Sassaniden, deren Macht 224 n. Chr. begründet wurde, trat der Vorrang des Optischen und Darstellbaren am Göttlichen zurück. Sie gestalteten nur noch solche Gottesbildnisse, die eher veranschaulichende und kommemorative denn kultische Bedeutung hatten. Menschliche Gestalten wurden aber weiterhin dargestellt, wie u. a. ein bemaltes Keramikgefäß aus dem zum parthischen Stammland gehörenden Merw des 6.–7. Jh. zeigt (s. Abb. 21).

Die von den Parthern entwickelte eigene Schriftsprache – in Nisa fand man mit Tinte beschriftete Scherben (Ostraka) – diente zunächst wirtschaftlichen Zwecken, wie ein ebenfalls in Nisa entdecktes Archiv einer Weinhandlung beweist. Obgleich die Sprache der Nisa-Dokumente heute als »eine Art stilisiertes Aramäisch mit vielen iranischen Lehnwörtern«[85] gilt, so ist doch festzustellen, daß zunehmend parthische Worte die Schriftsprache bestimmten und die aramäischen Worte als Ideogramme dienten.

Zwar blieben nur wenige parthische Texte erhalten, wir müssen aber davon ausgehen, daß die Parther eine eigene, kaum mehr erhaltene Literatur schufen. Im 3. Jh. n. Chr. sandte der aus Mesopotamien stammende Religionsstifter Mani seinen Jünger Mar Ammo in die parthischen Ostgebiete des Sassanidenreiches, da er die parthische Schrift und Sprache gekannt habe, wie wir aus einem Turfan-Text erfahren.[86] Und daß parthische Gelehrte im 2. Jh. n. Chr. zu Trägern der buddhistischen Chinamission wurden, beweist An Shigao, ein Mann arsakidischer Abstammung aus Buchara, der Mitte des 2. Jh. n. Chr. als Übersetzer in der chinesischen Hauptstadt Luoyang wirkte. Es muß also neben einer weltlichen parthischen Literatur, die wirtschaftlichen und administrativen Zwecken diente, auch eine religiöse existiert haben, wobei anzunehmen ist, daß neben zoroastrischen Werken in dieser Sprache auch buddhistische und manichäische Schriften vorlagen.

Allerdings blieben lediglich manichäische Texte erhalten – ansprechende Hymnen, die in Turfan entdeckt wurden. Diese Funde weisen auf die Bedeutung des Parthischen – jedenfalls für diese Religionsgemeinschaft – an der Seidenstraße hin. Das Parthische hatte den Rang einer Kirchensprache, wie das Lateinische im abendländischen Christentum. Man kann davon ausgehen, daß nur kleinere Gruppen von Parthern als Träger des Manichäismus aus ihrem Stammgebiet ins Transoxanische ausgewandert sind.

Der sakische Einfluß

Die Saken, ein weiteres Volk iranischer Zunge, das die Geschichte des westlichen Zentralasien maßgeblich bestimmte, wurden von den Chinesen Sai und von den Indern Shaka genannt. Es ist nicht eindeutig geklärt, ob die Skythen, die Herodot erwähnt, auch Saken waren, vieles spricht jedoch dafür.[87] Die Urheimat der Saken dürfte im frühen 1. Jahrtausend v. Chr. nördlich und südlich des Tianshan gelegen haben. Zeitweilig zogen sakische Stämme bis ins Altai-Gebiet. Mit kriegerischen, nomadischen Saken mußten sich schon die Heere

Alexanders und seiner Nachfolger auseinandersetzen, und sie machten auch dem gräkobaktrischen wie dem parthischen Reich wiederholt zu schaffen. Im Zuge von Westwanderungen gelangten sakische Stämme bis in das nach ihnen benannte Gebiet von Sakastan, das heutige Sistan in Westafghanistan.

Im 1. Jh. v. Chr. fielen sie in Indien ein. Dort konnten sie sich zeitweilig im mittleren Ganges-Becken um Mathura etablieren, wo ihre letzten Fürsten bis 62 n. Chr. regierten.[88] Das mächtigste Staatsgebilde auf indischem Boden aber schufen die Saken mit dem Staat der Kshatrapalas oder ›Westlichen Satrapen‹ in der Region von Sind, Gujarat und Maharashtra, das um ca. 130 n. Chr. gegründet wurde und erst 382 n. Chr. der Eroberung der Gupta-Dynastie zum Opfer fiel.

Spätestens Anfang des 1. Jh. n. Chr. ließen sich Saken in der Khotan-Oase im Tarim-Becken nieder, seit dem 5. Jh. in Shanshan, einem Staat im östlichen Tarim-Gebiet. Die Bevölkerung dieses Staates wurde jedoch im Jahre 542 umgebracht oder umgesiedelt. Khotan entwickelte sich zu einem kulturellen Zentrum der seßhaften Saken an der Seidenstraße. War hier seit den ersten Jahrhunderten nach der Zeitenwende die Sprache der nordwestindischen Landschaft Gandhara, das Gandhari, vor allem für buddhistische Zwecke in Gebrauch, so wurde nach 330 n. Chr. das Sakische, das auch Khotansakisch oder Khotanesisch genannt wird, zur Schriftsprache. Für deren Schreibung benutzte man die indische Brahmi-Schrift (s. Abb. 22).

Man unterscheidet ein Alt- und ein Neu-Khotanesisch, letzteres war vom 7.–10. Jh. Umgangs- und Schriftsprache, wurde jedoch danach vom Osttürkischen verdrängt. Mit der Hinwendung zum Buddhismus rezipierten die Khotan-Saken die indisch-buddhistische Kultur, die allerdings von eigenen Traditionen geprägt wurde. Als Durchgangsland war Khotan indischen, chinesischen und auch tibetischen Einflüssen gegenüber aufgeschlossen. So wurden dort vom 7.–9. Jh. Dokumente nicht nur in Sanskrit und Khotansakisch, sondern auch in Chinesisch und Tibetisch abgefaßt. Dem Islam wandten sich die Khotan-Saken erst im 10. Jh. zu, nachdem im Jahre 982 n. Chr. Harun I. Bughra Khan, der Herrscher der erst wenige Jahrzehnte zuvor islamisierten türkischen Dynastie der Kharakhaniden, die Oase von Khotan erobert hatte. Damit fand die glanzvolle buddhistische Kulturepoche der Khotan-Saken ein Ende.

21 *Keramikgefäß aus Merw aus dem 6./7. Jh., ein Beispiel früher parthischer Kunst*

22 Khotanesisches Dokument – Blätter aus dem berühmten ›Goldglanz-Sutra‹ –, in indischer Brahmi-Schrift geschrieben; der Pfeil bezeichnet die Leserichtung

Zeitweilig bewohnten sakische Adlige auch die Oasen Maralbashi und Tumshuq an der nördlichen Seidenstraße, wo sie sich für kurze Zeit dem Manichäismus, sonst aber dem Buddhismus zuwandten.[89]

Die Yuezhi

Zeitlich haben wir nun unseren Blick zurückzulenken zu jenen Baktriern, die das Gebiet zwischen Oxus und Hindukush bewohnten, sich aber auch nördlich des Stromes und südlich dieses Gebirges bis in die Indus-Ebene ausbreiteten. Fast alle zentralasiatischen Völker an der Seidenstraße erlebten ständige ethnogenetische Umbildungsprozesse, indem sie neue, zunächst fremde Volksschichten integrierten oder sich ihrerseits fremden Völkern unterordneten. Dies gilt in besonderer Weise auch für die Bewohner Baktriens, deren Gebiet wir grob mit dem heutigen Afghanistan umreißen können. In dem Land, das geographisch gleichsam einen Knotenpunkt im Verlauf der zentralasiatischen Gebirgsketten bildet, fanden Völker aus Ost und West, vor allem auch aus den Weiten Zentralasiens, Zuflucht. Sie etablierten sich als Herren oder gliederten sich als Zugewanderte in eine bestehende Ordnung ein.

Haben wir bereits den Zustrom der Griechen seit der Zeit Alexanders angesprochen, so sollten parthische, sakische und indische Einflüsse auf Baktrien nicht unerwähnt bleiben. Von entscheidender Bedeutung für das Baktrien des ausgehenden gräko-baktrischen Reiches war die Einwanderung des Nomadenstammes der Yuezhi aus der westlichen Nachbarschaft Chinas, dem heutigen Gansu. Sie wurden im 2. Jh. v. Chr. von den ebenfalls nomadisierenden Xiongnu aus ihrer angestammten Heimat vertrieben. Eine kleine Gruppe begab sich nach Süden, in Gebiete nördlich der tibetischen Hochebene, während die Mehrzahl weiter westwärts wanderte, über das Gebiet der nomadischen Wusun am Issik-Köl zum Oxus vorstieß und sich in Baktrien niederließ. Einer der fünf Stammesführer erlangte die Herrschaft und begründete die Dynastie der Kushanas, die wahrscheinlich erst im 2. Jh. n. Chr. – wenn wir der Datierung von Göbl folgen – unter Kujula Kadphises ein mächtiges Reich gründeten. In der Zeit seiner größten Ausdehnung erstreckte sich dieses Imperium bis zum Aral-See im Nordwesten, bis zum Hilment-See im Südwesten und bis ins mittlere Ganges-Becken im Osten.

Es ist fraglich, ob das Volk der Yuezhi auf seiner jahrhundertelangen Wanderung nach Westen seine ursprüngliche ethnische Eigenart bewahrt hat. Für die Chinesen war es sicherlich dasselbe Volk, da sie bald nach seiner Umsiedlung nach Baktrien Kontakt zu ihm zu gewinnen suchten, um gemeinsam mit ihm gegen die lästigen nomadischen Xiongnu an der Ostflanke ihres Reiches vorzugehen. Die abenteuerliche Reise des vom chinesischen Kaiser Liu Che (Wudi, 141–87 v. Chr.) ausgesandten Botschafters Zhang Qian, der das Reich der Mitte 139 v. Chr. verließ, um Kontakt mit den Yuezhi aufzunehmen, hatte nicht den gewünschten Erfolg, führte aber dazu, daß man in China Interesse an jenem fernen westlichen Land Baktrien gewann. Solche Kontakte über die Wüsten und Steppen Zentralasiens hinweg wurden vor allem seit der Zeit des Kaisers Liu Che gepflegt, als chinesische Militärexpeditionen bis ins Fergana-Tal vorstießen und Handelsbeziehungen mit den ›Westlanden‹ aufgenommen wurden.

Es ist nicht klar, unter welchen Umständen sich die Yuezhi in Baktrien etablierten und bis zu welchem Grad sie sich mit anderen Völkern vermischten oder verbündeten.[90] Selbst ihre ursprüngliche Sprache ist unbekannt. Manche Forscher neigen dazu, sie mit jenen indogermanischen Tocharern zu identifizieren, von denen wir wissen, daß sie im Zuge einer Westwanderung vom Gebiet des Huanghe-Bogens bis nach Baktrien gelangten, das später sogar Tocharistan hieß. Der hellenistische Geschichtsschreiber Apollodorus von Artemisia schreibt die Unterwerfung Baktriens vier Stämmen zu – den Asioi, Pasianoi, Tokharoi und Sakaraukai.[91]

Die Tocharer erscheinen in verschiedenen Gegenden zu unterschiedlichen Zeiten, und wir werden ihnen auch in den Oasen Kucha und Karashahr begegnen. Es spricht manches dafür,

23 Münze des Kushan-Herrschers Vima Kadphises. Die Vorderseite zeigt den König mit Dreizack – Symbol des indischen Gottes Shiva – und vierarmigem Leuchter – ein zoroastrisches Kultsymbol. Auf der Rückseite ist Shiva mit seinem Reittier dargestellt

die Yuezhi mit den Tocharern in Verbindung zu bringen. Wie dem auch sei, die Yuezhi gaben ihre angestammte Sprache in Baktrien bald auf, nahmen die Sprache der Baktrier an und verwendeten die griechische Schrift für deren Schreibung. Sie etablierten sich also in Baktrien als Herrenschicht, traten kulturell das Erbe des gräko-baktrischen Reiches an, zeigten sich bald regionalen Formen des Zoroastrismus aufgeschlossen und wandten sich dann nach Festigung des Kushan-Reiches zunehmend der indischen Kultur und Religion zu.

Schon die Münzen der ersten Herrscher weisen indische Symbole und Gottheiten auf, und seit der Zeit des großen Kanishka I. (nach Göbl: 232–260) wurde dem Buddhismus in besonderer Weise Förderung zuteil. Während der Kushan-Zeit entwickelte sich Baktrien zu einem ethnischen und kulturellen Schmelztiegel, wie die Münzen der Kushan-Herrscher dokumentieren (s. Abb. 23).[92] In der Vermittlung iranischer und indischer Kulturgüter, vor allem des Buddhismus, nach Zentral- und Ostasien spielte das Land eine Schlüsselrolle.

Nach Erstarkung der sassanidischen Macht im Iran gerieten die östlichen Teile des Kushan-Reiches, sodann auch das Kerngebiet, unter persische Oberhoheit. Der vom persischen Hof eingesetzte Kushan-Shah war politisch Herr des Landes. In den von ihm nicht beherrschten Teilen wie in Bamiyan regierten Lokalfürsten, z. T. unter einer lockeren Suzeränität des Kushan-Shah. Reste des Kushan-Reiches bestanden dennoch bis mindestens Ende des 4. Jh.

Die Hephthaliten

Im Zusammenhang mit der historischen Entwicklung Baktriens und seiner Nachbargebiete ist auch die Geschichte der Hephthaliten zu sehen, die in nicht-chinesischen und westlichen Quellen als weiße Hunnen bezeichnet werden. Sie lebten Mitte des 5. Jh. n. Chr. im weiten Landstrich zwischen dem Aral-See und den Flüssen Ili und Talas, zogen dann jedoch nach Baktrien und Nordwestindien, nicht ohne zuvor dem sassanidischen Heer 484 eine empfindliche Niederlage beigebracht zu haben. In Baktrien war ihr Regierungszentrum Kunduz in Badakshan nördlich von Kabul.

Nach Münzfunden zu urteilen, kamen die Hephthaliten in vier Wellen ins Land. Welche Sprache sie gesprochen haben, ist nicht bekannt; als Kanzleisprache diente ein mitteliranischer Dialekt, der in den von der griechischen Schrift abgeleiteten kushan-baktrischen Lettern geschrieben wurde, wie ebenfalls aus Münzlegenden hervorgeht. Die in Turfan gefundenen hephthalitischen Fragmente sind in einer Schrift und Sprache abgefaßt, die jener ähnlich ist. Diese aus uigurischer Zeit (850–1250) stammenden Dokumente gehören zu den letzten Ausläufern der hephthalitischen Kultur an der Seidenstraße. Der Staat der Hephthaliten, die zeitweilig auch über die Sogdier herrschten, wurde 562 von Sassaniden und Türken vernichtet. In Indien währte ihre Herrschaft von 400–527. Einen lebendigen Eindruck vom Leben hephthalitischer Adliger gewinnen wir aus dem Bericht des chinesischen Indienpilgers Songyun, der um 518 n. Chr. durch ihr Gebiet reiste.[93]

Die Sogdier

Neben den Chorasmiern, die eine eigene Kultur in Chorasmien (Chwarezm) am unteren Oxus entfalteten – also in einem Randgebiet der Seidenstraße –, leistete vor allem das ostiranische Volk der Sogdier einen wesentlichen Beitrag zum kulturellen Leben an der Seidenstraße. Die zunächst seßhaften Sogdier lebten in der nach ihnen benannten Landschaft Sogdiana. Der Vorstoß Alexanders, der bei seinem Ostfeldzug auch die Sogdiana erreichte, dürfte schon damals manche Bewohner der Region zur Auswanderung in die Oasenstädte Ostturkestans veranlaßt haben.

In geschichtlich greifbarer Zeit verfügten die Sogdier niemals über ein umfassendes Staatswesen, vielmehr gab es in ihrem Stammesgebiet eine Reihe von Stadtfürstentümern, die einen gewissen Einfluß auf das jeweilige Umland ausübten. Solche politischen und kulturellen Zentren waren Afrasiab (der Nordteil des alten Samarkand), Pendjikent (Fünfstadt) und Warachsha, wo mit Malereien geschmückte Palastbauten, Bürgerhäuser und auch Heiligtümer aus der Zeit vom 6.–8. Jh. gefunden wurden.

Aber schon wesentlich früher müssen diese Städte wichtige Handelszentren gewesen sein, die Beziehungen nicht nur mit dem Iran und Indien, sondern auch mit China unterhielten. So besitzen wir aus dem frühen 4. Jh. sogdische Briefe von einem der Wachtürme an der Großen Mauer, welche die Handelskorrespondenz von Kaufleuten mit Auftraggebern in Samarkand belegen.[94] Da im 2. Jh. n. Chr. sogdische Gelehrte an der Übersetzung buddhistischer Schriften ins Chinesische mitwirkten[95], werden jedoch auch schon früher Kontakte zu China existiert haben. Während in den Briefen noch die Treue zum Zoroastrismus deutlich wird, lassen die sonstigen Spuren der Sogdier in Ostturkestan und Gansu darauf schließen, daß sie sich seit dem 2./3. Jh. den großen Weltreligionen Buddhismus sowie Manichäismus und schließlich auch dem nestorianischen Christentum zuwandten (s. Abb. 24). In welchem Maße diese Religionen von den Sogdiern in ihrer angestammten Heimat angenommen wurden, läßt sich schwerlich sagen, zumal der Zoroastrismus in der Sogdiana im 6. Jh. wieder auflebte und in den Malereien der Heiligtümer und Paläste keine Spuren des Manichäismus und Nestorianismus erkennbar sind, auch wenn dort indisch-hinduistische Elemente auftauchen.

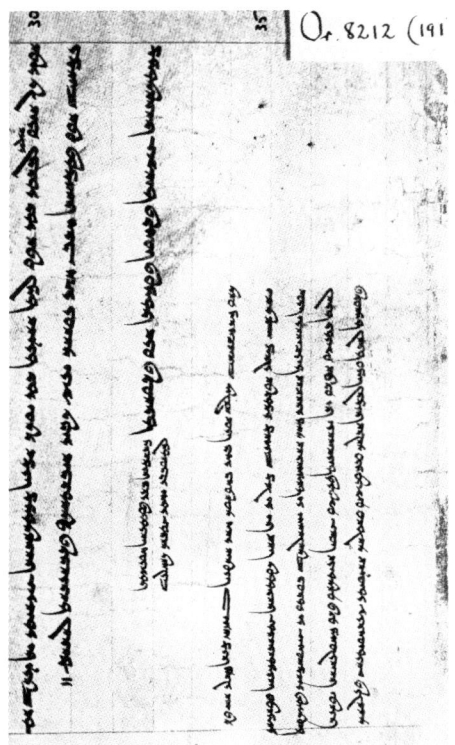

24 *Sogdisch-buddhistischer Text aus der Tang-Zeit. Er handelt von der Verwerflichkeit des Genusses berauschender Getränke und spricht von deren Auswirkungen auf das nächste Leben. Die Schrift wurde im chinesischen Luoyang im Jahre 728 aus dem Indischen ins Sogdische übersetzt*

Die Renaissance des Zoroastrismus kann allerdings manche Anhänger der Weltreligionen veranlaßt haben, nach Ostturkestan auszuwandern. Gerade diese in der Diaspora lebenden Sogdier, die sich vornehmlich dem Handel widmeten und über eine ganze Kette von Handelskolonien bis in die Mongolei und China verfügten, wurden nun zu entscheidenden Vermittlern indischer und iranischer Kultur. Bei den Türken der Steppe übernahmen sie sogar politisch einflußreiche Positionen. So leitete ein Sogdier namens Maniach im 6. Jh. eine türkische Gesandtschaft nach Byzanz. Sogdier lebten unter den Türken der Steppe, wie wir aus den türkischen Runeninschriften am Orchon erfahren, und sogdische Manichäer sind sogar in Felsbildern am Jenissei abgebildet.[96] Sogdische Inschriften begegnen uns nicht nur in der Mongolei, sondern auch in der südlichen Gobi, ja sogar am oberen Indus bei Gilgit und in Ladakh (Westtibet), wo bei Tankse neben einem nestorianischen Kreuz eine sogdische Inschrift aus dem Jahre 841 steht, die von der Durchreise eines Sogdiers aus Samarkand kündet (s. Abb. 25).[97] In Pendjikent gefundene Wandinschriften auf Sogdisch, auf Kushan-Baktrisch in hephthalitischer Schrift und auf Mittelpersisch in Parsik-Schrift belegen die Beziehungen Sogdiens zu den unterschiedlichsten Ländern an der Seidenstraße.

Mit welchen Lock- und Drohmitteln der Islam im 8. Jh. im sogdischen Stammland – nach mehrmaligem ›Rückfall‹ der Sogdier in den Zoroastrismus – eingeführt wurde, geht aus Narshakhis ›Geschichte von Buchara‹ hervor. Jenen, die beim Freitagsgebet anwesend waren, wurden zwei Dirham in Aussicht gestellt, wer sich jedoch widersetzte, erhielt strenge Strafen. Narshakhi berichtet, daß »die Spuren des Unglaubens und die Gesetze der Feueranbeter«[98] gewaltsam ausgelöscht wurden.

Die sogdischen Herrscher unterlagen den arabischen Heeren; der letzte Teilherrscher, der ›Afshin‹ namens Devastič, floh vor den islamischen Heeren in die Burg Mugh, eine Festung am Serafshan, wo er gefangengenommen und im Jahre 722 n. Chr. hingerichtet wurde.

Sogdische Dokumente, die in der Burg gefunden wurden, geben von diesen letzten Jahren Zeugnis. Die Sogdier in Ostturkestan dürften ihre Sprache zugunsten des Türkischen im 11. Jh. aufgegeben haben, als sie auch ethnisch turkisiert wurden. Reste der sogdischen Kultur sind nur noch in Tälern des Pamir-Gebirges lebendig, wo das aus der sogdischen Sprache entstandene Jagnobi noch gesprochen wird.

Die Tocharer

Die eine indogermanische Mundart sprechenden Tocharer gehören zu jenen Völkern, die schon in vorchristlicher Zeit aus der westlichen Nachbarschaft Chinas – sicherlich in mehreren Wellen – nach Westen wanderten. Auch wenn das Verhältnis der Tocharer zu den Yuezhi nicht völlig klar ist, waren es griechischen Historikern zufolge u. a. Tocharer, die schon vor der Zeitenwende südlich des Oxus siedelten, in einem Gebiet, das später Tocharistan genannt wurde.

Nicht alle Tocharer fanden jedoch den Weg bis nach Baktrien. In den Oasen Kucha und Karashahr lebten in den ersten Jahrhunderten nach der Zeitenwende bis zur Turkisierung Ostturkestans Völker, deren Sprache wir heute als ›Tocharisch A‹ bzw. ›Tocharisch B‹ bezeichnen. Zwar hat es eine wissenschaftliche Diskussion darüber gegeben, ob diese Sprachen wirklich als Tocharisch anzusehen sind, doch gibt ein bekanntes uigurisches Maitreya-Werk, die ›Maitrisimit‹, in den Kapitelkolophonen an, daß es aus dem ›Tochri‹ (bzw. ›Tughri‹) übersetzt worden sei[99], und tatsächlich fand man auch zahlreiche Blätter des Werkes auf ›Tocharisch A‹ in Turfan. Vor allem die Tocharer von Kucha hinterließen in Wandmalereien anschauliche Bilder ihrer äußeren Gestalt. In den Höhlen von Kizil bei Kucha treten sie uns als Stifter, z. T. von ihren Gattinnen begleitet, als große, hellhäutige, z. T. blauäugige und rothaarige Personen entgegen, die europäischer wirken als die ostasiati-

25 *Sogdische Inschrift neben nestorianischen Kreuzen in Tankse, Westtibet. »Im Jahre 210 [ca. 841/842 n. Chr.] ... kam der Samarkander ... Nosh Farn als Botschafter zum tibetischen Khan.«*

26 *Tocharische Musikanten aus den Höhlenmalereien von Kizil bei Kucha*

schen Typen, die uns in der Kunst von Turfan begegnen. Albert von Le Coq, einer der Entdecker der Höhlen bei Kucha, schreibt:

> Unvergeßlich wird mir der Eindruck bleiben, den die Stifterbilder der tocharischen Fürsten gewährten, als ich zum ersten Male in der Oase von Kutscha einen ihrer verschütteten Tempel öffnete und betrat. Denn während die Ritter und Fürsten, die in den Tempeln der Oase von Turfan ihre Porträtgemälde hinterlassen haben, in Gesichtszügen und Tracht durchaus ihre asiatische Abstammung und Kultur verrieten, sah man sich hier vor Bildern, die auf das lebhafteste an Darstellungen aus der europäischen Ritterzeit gemahnten.[100]

Die Tocharer im Tarim-Becken dürften den Buddhismus schon in den ersten Jahrhunderten nach der Zeitenwende angenommen haben. Ihre Kultur läßt jedoch nicht nur indisch-buddhistische, sondern auch iranisch-sassanidische und z. T. sogar hellenistische Stilelemente erkennen.

Die hohe Kultur der Tocharer von Kucha strahlte nicht zuletzt auf China aus. Manche Höhlenmalereien in Dunhuang aus der Nördlichen Wei-Zeit (386–534 n. Chr.) zeigen stilistische Eigentümlichkeiten, die der frühen kuchäischen Kunst vergleichbar sind. Vor allem die kuchäische Musik, durch zahlreiche Musikanten in den Höhlenmalereien von Kucha versinnbildlicht (s. Abb. 26), wurde auch am chinesischen Hof geschätzt. Ansonsten aber war das Gebiet der Tocharer in Kucha und Karashahr mit seinen zahlreichen Klöstern eher ein Durchgangsland für den Buddhismus auf seinem Weg nach China. Bedeutende Übersetzer buddhistischer Schriften ins Chinesische gingen aus Kucha hervor.

Die Xiongnu, Rouran und Toba

Lenken wir unseren Blick nun auf jene Völker, die in der mongolischen Steppe und im Gebiet nordwestlich Chinas wohnten und von dort aus die zeitweilige Oberhoheit über den östlichen Teil der Seidenstraße erlangten.

Zu den frühesten historisch belegten Nachbarn Chinas, die schon in den Annalen der Han-Zeit (202 v. Chr.–220 n. Chr.) erwähnt werden, gehören die nomadischen Xiongnu, welche die Yuezhi aus Gansu verdrängten.[101] Die Xiongnu, die wahrscheinlich eine altaische Sprache pflegten, ethnisch jedoch aus heterogenen Elementen bestanden, hatten bereits im 2. Jh. v. Chr. ein mächtiges Steppenimperium gegründet. Das nomadisierende Volk lebte in der nördlichen Mongolei und Gansu. Die Beigaben in ihren mutmaßlichen Fürstengräbern in Noin Ula bei Ulan Bator, die vom Ende des 1. Jh. v. Chr. stammen, weisen neben einheimischen Erzeugnissen auch manche Importgüter auf, was ihren Kontakt mit anderen Völkern, vor allem mit China, widerspiegelt. Manche lokale Kunstwerke lassen auch gräko-baktrischen Einfluß erkennen. Die Herrscher der Xiongnu, die ihre Macht von der Sonne und dem Mond ableiteten, trugen den Titel ›Shanyu‹. Wie im Westen die Skythen schon das achämenidische Reich zur Zeit des Darius wiederholt bedrohten, ohne sich einer Entscheidungsschlacht zu stellen, so nahmen auch die Xiongnu jede Gelegenheit wahr, um begehrte Kulturgüter der seßhaften Völker in China zu erbeuten, ohne dem Feind die Stirn zu bieten. Der berühmte chinesische Historiker Sima Qian (gest. um 85 v. Chr.) schreibt: »Wenn der Kampf gut für sie steht, rücken sie vor, wenn nicht, ziehen sie sich zurück, denn sie betrachten es nicht als Schmach, fortzulaufen. Ihr einziges Anliegen ist das, was ihnen selbst nützt, und sie wissen nichts von Schicklichkeit oder Gerechtigkeit.«[102] Daß die Werte dieser Nomaden in einer Familien- und Stammesethik begründet waren, die sich nicht auf Fremde erstreckte, können wir annehmen.

Die Chinesen verstanden es zeitweilig, die Xiongnu durch politische und taktische Mittel zu beschwichtigen, fernzuhalten oder Zwietracht unter ihnen zu säen. Nachdem das große Xiongnu-Reich im Jahre 48 n. Chr. zerbrochen war, begaben sich einige Stämme in die Obhut Chinas und wurden im Ordos-Gebiet angesiedelt. Diese ›südlichen Xiongnu‹ wurden zu Beginn des 4. Jh. auf den Plan gerufen, als die westliche Jin-Dynastie (265–317 n. Chr.) durch innere Kämpfe zerrissen war und eine der streitenden Parteien die ehemaligen Nomaden um Hilfe bat. Ihr Führer, der Shanyu Liu Yuan, ernannte sich zum chinesischen Kaiser, nachdem seine Truppen die Stadt Yeh zerstört hatten. Im Jahre 311 eroberten die Xiongnu auch die Hauptstadt Luoyang und brannten sie nieder. Die Stadt sollte erst 493, also fast 200 Jahre später, wieder errichtet werden.

Die Nachricht von dem Ende der westlichen Jin-Dynastie und dem Treiben der Xiongnu verbreitete sich an der Seidenstraße. Unter den sogdischen Briefen von der chinesischen Mauer findet sich einer, in dem ein Kaufmann seinem Auftraggeber in Samarkand schreibt:

> Herr, wenn ich Dir die Einzelheiten mitteilen würde darüber, wie es China erging, wäre es [eine Geschichte] von Weh und Leid. Und, Herr, der letzte Kaiser, so sagt man, floh aus Saragh [Luoyang] wegen der Hungersnot. Und seine befestigte Residenz und seine befestigte Stadt wurden niedergebrannt. [...] So besteht Saragh nicht mehr. Jene Hunnen [*xwn*], die gestern dem Kaiser gehörten, [haben nun das Land zerstört].[103]

Der Schreiber beklagt ferner, daß seit drei Jahren keine Sogdier aus dem Inneren des Landes gekommen seien und daß Inder wie Sogdier in Luoyang verhungert wären.

Die in der Steppe verbliebenen Xiongnu waren schon in der zweiten Hälfte des 1. Jh. n. Chr. in ihre Schranken gewiesen worden. Unter dem Han-Kaiser Liu Zhuang (Mingdi, 57–75 n. Chr.) und in der Zeit danach hatte China seinen Einfluß in Innerasien bis zum Kushan-Reich, vielleicht sogar bis zur Grenze des Partherreiches geltend gemacht. Das zeitweilig mit den Chinesen verbündete Nomadenvolk der Xianbi hatte der Xiongnu-Macht in der Mongolei um 155 n. Chr. ein Ende bereitet. Einige kleinere Xiongnu-Dynastien in China konnten sich nur kurz halten.[104]

Die Xianbi hinterließen nach der Zerstörung des nördlichen Xiongnu-Reiches ein Machtvakuum in der Steppe. Erst um 400 n. Chr. etablierte sich das neue nomadische Reich der Rouran. Diese verächtliche Bezeichnung bedeutet auf Chinesisch soviel wie ›kriechendes Gewürm‹. Wie sich die Rouran selbst nannten, ist nicht bekannt. Die zahlreichen chinesischen Quellen über dieses Volk sind noch lange nicht alle ausgewertet.

Die Rouran, die vielleicht mit den später in Osteuropa auftauchenden Awaren identisch sind, traten zur Zeit der Gründung des Nördlichen Wei-Reiches (386–534) in Erscheinung. Ihr Imperium erstreckte sich von den nördlichen Oasen des Tarim-Beckens bis nach Nordkorea. Immer wieder kam es zu Auseinandersetzungen zwischen den nomadischen Rouran und dem Nördlichen Wei- oder Toba-Reich. Zahlreiche Chinesen gingen in der Wüste bei der Verfolgung der Plünderer zugrunde. Auch ein Bündnis mit Feinden der Rouran im nördlichen Tarim-Becken hatte wenig Erfolg. Erst der Aufstand der Türken (chin. Tujue) unter dem Führer Bumin (chin. Tumen) gegen ihre Steppenherren führte im Jahre 552 zum Ende der Rouran-Dynastie.

Ehe wir nun zu den Türken übergehen, ist ein Wort über die Tabgač (chin. Toba) am Platz, die den Staat der Nord-Wei in China gründeten. Die Tabgač waren zunächst ein Volk altaischer Zunge, das aber mit seiner Seßhaftigkeit zunehmend sinisiert wurde. Im 5. Jh. konnten sie ihre Macht von Nordchina bis ins Tarim-Becken und in den südlichen Teil der mongolischen Steppe ausdehnen, womit sie Voraussetzungen für einen lebhaften Ost-West-Verkehr schufen. Wie viele Steppenvölker, die seßhaft wurden, gaben sie ihre schamanistische Religion zugunsten des Buddhismus auf, den ihre Herrscher förderten. Sie ließen die großartigen Höhlentempel von Yungang bei Datong in Nordostchina und von Longmen aushauen und künstlerisch gestalten. Der Staat der Toba und einige Nachfolgestaaten fanden ihr Ende Mitte des 6. Jh.

Die Türken

Die Türken traten im Jahre 552 ins Licht der Geschichte, als sie sich von der Vorherrschaft der Rouran befreiten und ein eigenes Steppenimperium gründeten. Die umfangreichen chinesischen Berichte über dieses Volk werden durch alttürkische Runeninschriften ergänzt, die vornehmlich im Gebiet der heutigen Mongolei gefunden wurden.[105]

Das früheste Reich der Türken bestand aus zwei Teilen. In der Nähe des Issik-Köl lag das Zentrum des westlichen Imperiums. Die ältesten Inschriften in dieser Region wurden auf

27 Türkische Runeninschrift auf einem Gedenkstein für Melchi Chulu

Sogdisch verfaßt. Die Heimat der Osttürken, die Inschriften in alttürkischer Sprache sowie Gedenksteine hinterließen (s. Abb. 27), erstreckte sich von der mongolischen Steppe bis zum Gelben Fluß; ihr Reichszentrum war das Ötükän-Gebirge. Dennoch wäre es falsch, von zwei Reichen zu sprechen. Die Inschriften machen deutlich, daß ein ausgeprägtes Zusammengehörigkeitsgefühl existierte. Die Urheimat jener Türken, die das erste Reich gründeten, die sog. Kök-Türken, wird von den Chinesen als der ›Goldene Berg‹ angegeben. Damit könnte entweder der Altai gemeint sein oder ein mythischer Weltmittelpunkt, da der ostasiatischen Farbsymbolik zufolge die Farbe Gold dem Zentrum zusteht. Zunehmend wurde aber das Reichszentrum im Ötükän als Mitte der Welt verstanden. Von dort sei das Reich zu regieren, betont der Verfasser einer Inschrift.[106]

Ethnisch wird der Sippenbund der Alttürken diverse Stämme umfaßt haben, die sich zunächst unter kök-türkischer Oberherrschaft zusammenschlossen. Die Alttürken waren in erster Linie nomadisierende Viehzüchter, die vermutlich in geringem Umfang auch Landwirtschaft betrieben. Einige Stammesgruppen waren mit Erzgewinnung und Metallbearbeitung beschäftigt. Wie schon ihre Vorgänger, entfalteten die Türken in der Steppe beachtliche Kräfte, was die Chinesen wiederum beunruhigen mußte.

Schon gegen Ende des 6. Jh. stießen die Türken über Termez nach Süden vor und legten den eroberten Völkern Tribut auf. Die Chinesen verstanden es, durch politische und taktische Mittel das Steppenreich zeitweilig in seine Schranken zu weisen, doch die Besinnung auf frühere Heldentaten der Väter spornte die Nomaden wiederholt an, sich zusammenzuschließen und ethnisch zu behaupten. Dabei pflegten sie weitreichende politische und kulturelle Beziehungen. Aus Inschriften erfahren wir, daß zum Gedenktag an den Tod eines ihrer Führer Abgesandte verschiedener Völker, sogar aus Byzanz, anwesend waren.[107]

Die Kontakte der Türken mit anderen Völkern gehen auch aus den Lehnwörtern hervor, die ihre Sprache enthält. Schon in früher Zeit übernahmen sie Begriffe aus iranischen Sprachen, vor allem aus dem Sogdischen, fungierten doch die Sogdier als kulturelle Lehrmeister in vielerlei Hinsicht. Es bestanden aber auch Beziehungen zu anderen Völkern mitteliranischer Zunge bis nach Transoxanien. So stammen verschiedene hohe Titel im kök-türkischen Steppenimperium aus dem Mitteliranischen. Selbst viele Grundbegriffe des Buddhismus, welche die späteren türkischen Uiguren von Kocho benutzten, stammten zunächst nicht aus dem Sanskrit, sondern aus dem Sogdischen und Tocharischen. Hinzu kamen Lehnworte aus dem Chinesischen und Indischen. Gerade diese zahlreichen Entlehnungen lassen erkennen, wie aufgeschlossen die Türken für fremde Kulturinhalte waren und auch nach ihrer Übersiedlung in die Oasenstädte blieben. Trotz aller Rezeptionsbereitschaft bewahrten die nomadischen Türken in der Steppe jedoch ihre Eigenart.

Im 8. Jh. verloren die Kök-Türken ihr Steppenreich an die Uiguren, jenen türkischen Stamm, der nun die Führung in mongolischen Landen und angrenzenden Gebieten übernahm. Als der uigurische Herrscher Bögü Khan in der Hauptstadt Luoyang manichäische Geistliche (Electi) kennenlernte, ließ er sich im Jahre 762 bekehren und erhob den Glauben zur offiziellen Religion des Steppenreiches. Davon zeugt sowohl eine dreisprachige Inschrift in Kara-Balgassun (chinesisch, sogdisch, uigurisch) wie auch ein uigurisches Turfan-Fragment (TM 276).[108] Nach der chinesischen Version der Inschrift erfolgte die Einführung des Manichäismus nicht ohne die Unterdrückung der angestammten Volksreligion. Dennoch ist fraglich, ob die ›Religion des Lichts‹, wie der Manichäismus in Ostasien genannt wurde, wirklich breite Volksschichten in der Steppe erfaßte. Das Turfan-Fragment läßt erkennen, daß offenbar sogdische Electi eine nicht unbedeutende Rolle bei der Missionierung spielten.

Im Jahre 790 kam es zu einer Erhebung gegen den König Tegin und die Manichäer, als dieser beim Thronwechsel in China einen Kriegszug gegen das Reich der Mitte vorbereitete. Der König wurde gestürzt, die ›sogdische Partei‹ verfolgt, bis 795 ein anderer Uigurenherrscher wieder zum manichäischen Glauben übertrat.

Etwa 100 Jahre nach der Gründung des Uigurenreiches wurde das Steppenimperium im Jahre 840 von den Kirgisen zerstört. Während die inschriftlich mehrfach erwähnten türkischen Karluqen, die am Ili- und Chu-Fluß einen sich bis Fergana ausdehnenden Staat errichteten, das Erbe der westlichen kök-türkischen Macht antraten, ging die politische Führung in der mongolischen Steppe mit ihrem Reichszentrum im Ötükän-Gebirge in die Hand der Kirgisen über. Schon in den Annalen der Han-Zeit erwähnt und als Chien-kun bezeichnet, werden sie dort von den Chinesen als rothaarig und blauäugig beschrieben. Es könnte sich also um ein ursprünglich indogermanisches Volk handeln, das sprachlich und ethnisch turkisiert wurde. In ihren Inschriften aus dem 7. und 8. Jh., die gefallenen Helden gewidmet sind, treten die Kirgisen bereits als ein turksprachiges Volk auf. Sie wanderten später nach Südwesten, ins Tarim-Becken und nach Westturkestan, wo eine sowjetische Republik noch heute nach ihnen benannt ist.

Nach der Zerstörung ihres Reiches flohen die Uiguren in die Oasenstädte an der nördlichen Seidenstraße, wo sie sich niederließen. Ein Teil siedelte im heutigen Gansu und gründete dort später den kleinen Staat der Ganzhou-Uiguren, der bis 1030 Bestand hatte, als die Tanguten oder Xixia in das Gebiet einfielen.[109] Eine andere Gruppe zog in die Oasen des nördlichen Tarim-Beckens, vor allem in die Turfan-Oase, wo sie das Reich Kocho mit der gleichnamigen Hauptstadt (chin. Gaochang) etablierte, das etwa von 850–1250 Bestand hatte.[110] Die Herrscher dieses Imperiums bekannten sich zunächst zum Manichäismus, wandten sich dann aber dem Buddhismus zu, der schon in den ersten Jahrhunderten nach der Zeitenwende in Turfan eingeführt gewesen sein muß.

Vor Auftreten der Uiguren in Turfan regierte dort im 6.–7. Jh. die Königsfamilie der Qu, die von den Xiongnu abstammte, jedoch bereits sinisiert war. Die Qu, die dem Buddhismus zugetan waren und ihn nach Kräften förderten, herrschten über eine heterogene Bevölkerung, zu der Chinesen, Sogdier, Tocharer und nicht-uigurische Türken zählten.

Als sich die Uiguren in Kocho niederließen, fanden sie neben Buddhisten auch schon Manichäer vor. Wann das nestorianische Christentum in Turfan heimisch wurde, ist unbekannt. Jedenfalls wandten sich die Uiguren allen drei Weltreligionen zu, vornehmlich aber dem Buddhismus, der im Laufe der Zeit die Kultur der Oase völlig prägte. Kunst und Literatur erfuhren reiche Förderung durch das Königshaus und wohlhabende Laien, wie die Wandmalereien und Handschriften bezeugen, die man in großer Zahl in Turfan fand.

Die in der Oase seßhaft gewordenen Uiguren lebten vornehmlich von der Landwirtschaft, dürften zum Teil aber auch Handel getrieben haben. Mit dem Übergang von der nomadischen zur bäuerlichen und städtischen Lebensweise gaben sie ihre angestammte Religion auf. Einen Rest nomadischer Tradition bewahrten die Führenden insofern, als sie die heiße Zeit des Jahres in der Sommerresidenz Beshbaliq nördlich des Tianshan verbrachten, wo sie Pferde züchteten.

Im Jahre 1209 unterstellten sich die Uiguren Kochos der Schutzmacht Tschinggis Khans, um der kurzen Oberherrschaft der Kara-Kitai zu entgehen. Nur so konnten sie eine relative Selbständigkeit wahren, die allerdings durch Steuerpflicht erkauft wurde.

Der Islam wurde in Turfan erst spät heimisch. Zur Zeit Marco Polos (13. Jh.) gab es dort schon eine islamische Minderheit, doch erst gegen Ende des 14. Jh. eroberte der islamische Herrscher von Mogulistan, Khizr Khoja, die Oase.

Die Tibeter und Tanguten

Im 8. Jh. drangen auch die Tibeter nach Gansu vor, wo sie Dunhuang besetzten. Die frühesten erhaltenen tibetischen Malereien stammen aus dieser Zeit. Zahlreiche tibetische Texte, die auch über die tibetische Okkupation hinaus in dieser Sprache abgefaßt wurden, fand man in Dunhuang und anderen Orten. In Turfan blieben vor allem Tibetica militärischen und wirtschaftlichen Charakters erhalten. Dagegen sind die tibetischen Materialien aus Dunhuang und Chara-choto vornehmlich buddhistische Texte, zu denen diverse nichtreligiöse Dokumente hinzukommen (s. Abb. 28).

Ein den Tibetern verwandtes Volk waren die Tanguten oder Xixia. Sie stammten aus dem Gebiet des Kuku-Nor, des nordöstlichen Teils der tibetischen Hochebene. Im 10. Jh. begründeten die Xixia ein Königreich, welches das westliche Gansu und damit auch das Gebiet um Dunhuang umfaßte. Vor ihrem Vorrücken wurden jene kostbaren, in verschiedenen Sprachen verfaßten Manuskripte in einem kleinen Raum in Dunhuang (heute Höhle Nr. 17) eingemauert, die man erst Anfang dieses Jahrhunderts entdeckte. Die Xixia, die eine nicht unbeträchtliche, allerdings wenig erforschte buddhistische Literatur hinterließen, bedienten sich zur Schreibung ihrer Sprache modifizierter chinesischer Zeichen. Auch einige Malereien stammen aus der Xixia-Zeit. Ihr Staat wurde im Jahr 1227 von den Mongolen zerstört.

Die Mongolen und ihre Nachfolger

Die Mongolen, die erst Anfang des 13. Jh. ihr riesiges, alle bisherigen Steppenimperien übertreffendes Reich unter Tschinggis Khan (geb. 1155 oder 1167) aufbauten, sind in den chinesischen Annalen seit dem 9. Jh. erwähnt. Sie nomadisierten im östlichen Teil der

28 In gediegener Kursivschrift geschriebener tibetisch-buddhistischer Text aus Chara-choto, 14. Jh. (?)

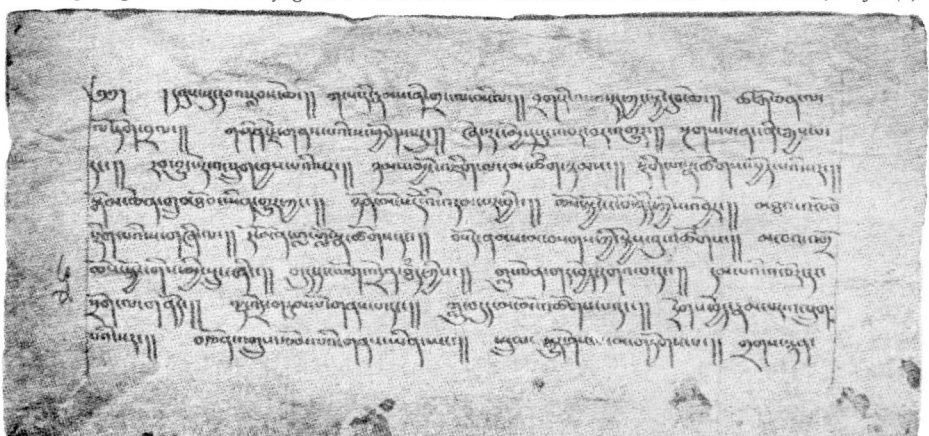

Mongolei, dehnten dann jedoch ihre Macht unter Tschinggis Khan (s. Abb. 29), der ursprünglich Temüčin hieß, weit über das einstige Heimatgebiet aus.

Der Aufstieg der Mongolen zur entscheidenden Kraft in der Steppe vollzog sich nach den Gesetzen, die dort schon immer bei Erstarken eines Nomadenreiches gegolten hatten. Ein Stammesbund unter dem Khan zwang Nachbarvölker zur Gefolgschaft und schloß Bündnisse mit fremden nomadischen Volksstämmen. Allmählich setzte sich die Sprache des herrschenden Stammes durch. Es wurde ein Mythos von dem totemistischen bzw. göttlichen Ursprung des Herrscherhauses konzipiert, in den Elemente von Mythen anderer Stämme und früherer Herrscherhäuser integriert waren, womit der ethnogenetische Prozeß der neuen Volkswerdung auch religiös untermauert wurde. Dies ist noch deutlich in der ›Geheimen Geschichte der Mongolen‹ erkennbar.[111]

29 *Mongolische Darstellung des Tschinggis Khan*

Die politischen und militärischen Ambitionen Tschinggis Khans gingen weit über die Steppe hinaus, wo das Machtzentrum in Karakorum in der nördlichen Mongolei lag. Nach Beherrschung dieses Gebietes kämpften seine Heere siegreich in Gansu, im Tarim-Becken und in Westturkestan bis hin nach Chwarezm am Aral-See. Einem Enkel Tschinggis Khans, Khubilai Khan, gelang es im Jahre 1279 auch, das südchinesische Song-Reich zu erobern, womit die chinesische Kultur Einfluß auf den mongolischen Staat gewann. Dennoch wurden auch die Mongolen der sogenannten Yuan-Zeit (1271–1368) in China niemals völlig sinisiert, sondern behielten Eigenarten ihrer Kultur einschließlich der von den Uiguren übernommenen Schrift bei. Zahlreiche Uiguren wurden in den Staatsdienst berufen, um die Verwaltung aufzubauen. Mit Qubilai, an dessen Hof Marco Polo weilte, vollzog sich auch eine Öffnung zum tibetischen Lamaismus. Dieser sollte später das religiöse Leben in der Steppe maßgeblich prägen.

Das mongolische Reich erstreckte sich jedoch auch weit in den Westen. Die mongolischen Fürsten unterwarfen Länder und Staaten bis nach Anatolien und Osteuropa. Im Jahre 1258 stürmten und verwüsteten sie Bagdad mit einer Grausamkeit, von der noch lange in der islamischen Geschichtsschreibung die Rede sein sollte. Sicherlich hat es noch Jahrzehnte gedauert, bis die durch die mongolischen Eroberungen geschlagenen Wunden vernarbten. Dennoch ermöglichte die Schaffung eines riesigen mongolischen Reiches von bisher ungekanntem geographischen Ausmaß Handel, Verkehr und Kulturaustausch zwischen dem Vorderen Orient und China in einer Weise, wie dies bisher nicht der Fall war.

Die Reisen Marco Polos und anderer Europäer, die als Missionare oder Gesandte in mongolische Lande oder nach China gelangten, wären ohne die *Pax Mongolica* unmöglich gewesen. Zwar war sie zeitlich befristet – die Mongolen verloren China 1368 –, sie ermöglichte jedoch in der Zeit ihres Bestehens einen bis dahin kaum zu verzeichnenden transkontinentalen Verkehr auf der Seidenstraße, da auch nach dem Tode Tschinggis Khans die mongolische Macht, die den eroberten Völkern ihre kulturelle und religiöse Eigenart beließ, noch einige Generationen bestehen blieb.

Als Tschinggis Khan 1227 starb, wurde sein Reich unter seinen Söhnen bzw. Enkeln aufgeteilt. Batu, ein Enkel des Reichsgründers, erhielt die westlichen Gebiete und baute dort seine Macht weiter aus. Orda herrschte in Jeti-su über die Weiße Horde, und Čaghatai fiel das Gebiet von West- und Ostturkestan einschließlich des Ili-Tales zu, wo seine Residenz in Almaliq lag, das zu dieser Zeit auch zu einem Zentrum des nestorianischen Christentums wurde. Das Gebiet um das alte Reichszentrum Karakorum fiel an Tolui. Dem Ögedei wurde schließlich das Gebiet östlich des Balkhash-Sees bis in die westliche Mongolei zugesprochen. Er wurde 1229 zum Großkhan gewählt. Sein Erbe trat Möngke an, der Sohn von Tolui, dessen jüngerer Bruder Qubilai 1259 Großkhan wurde. Im Westen herrschte seit der Mitte des 13. Jh. Hülegü über den Iran. Sein Reich wird als das der Il-Khane bezeichnet.

Eine z.T. eigenständige Entwicklung sollte das Reich Čaghatai (1227–1346) durchmachen, dessen Ausdehnung dem der westlichen Türken im 6. Jh. entsprach. Unter der mongolischen Besatzung wurde dieses Gebiet sprachlich rasch turkisiert. Zwar diente das Persische als Schriftsprache, doch entwickelte sich eine eigenständige, čaghatai-türkische Literatur. In den 30er Jahren des 14. Jh. wurde das Gebiet islamisch, als der Herrscher Tarmashirin die Religion des Propheten Mohammed annahm. Der größte Teil der čaghataischen Literatur ist folglich auch islamisch.[112]

Die weitere Geschichte der Nachfolgestaaten des mongolischen Reiches soll hier nicht skizziert werden.[113] Wohl aber haben wir einen kurzen Blick auf die Entwicklung nach der Islamisierung Westturkestans zu richten. Das Vordringen der Türken wird beispielhaft erhellt durch den 820/21 erfolgten Angriff des Stammes der Toquz Oguz auf Usrushana, einen ursprünglich sogdischen Staat in Westfergana. Neben gezielten militärischen Operationen drangen nomadisierende Türken allmählich nach Westen vor. Sie bewahrten zum Teil noch ihre kulturelle und religiöse Identität, nahmen aber auch iranische Kultur- und Glaubensformen an, wie wir bei Xuanzang erfahren.[114] So hatten iranische Lokalfürsten im späteren Westturkestan türkische Söldner in ihrem Dienst, und vom 11. Jh. an betrachteten muslimische Autoren das Tiefland von Turan als türkisch. Das Motiv des Kampfes zwischen Iran und Turan, welches das weitere Vordringen der Türkvölker nach Westen bestimmt, spielt dann auch in der zoroastrischen wie in der islamischen Literatur eine Rolle.

Mit der Annahme des Islam absorbierte das Türkentum in Westturkestan das ostiranische Element zunehmend und erhielt ein neues Gepräge. Zweifellos führte die Berührung mit dem Islam nicht zu einem völligen Bruch mit der früheren Kultur. Bis heute wurde noch nicht systematisch erforscht, wie viel altes volksreligiöses Gut im westturkestanischen Islam weiterlebt. Zweifellos war das Persische die Sprache der Gebildeten, und es erblühte eine beachtliche persische Kultur in Städten wie Samarkand, Buchara und Herat. Dies zeigen nicht zuletzt die islamische Miniaturmalerei und Buchkunst in jenen Zentren. Umgangssprachlich setzten sich jedoch türkische Dialekte – jedenfalls in Westturkestan – durch, und Hand in Hand damit ging gleichzeitig ein wachsendes Bewußtsein, zum Türkentum zu gehören.

Eine bedeutende späte Staatsgründung im westlichen Zentralasien war die des Timur-Lenk (Timur der Lahme), auch Timur Beg genannt. Dieser 1336 geborene, aus dem Stamm der turkisierten mongolischen Barlas hervorgegangene Eroberer, der mütterlicherseits von Tschinggis Khan abstammte, gründete ein Imperium, das sich als Erbe des Mongolenreiches verstand. Timur verlangte von seinem Heer, daß es weiterhin in Zelten lebe, während er selbst prächtige Paläste in seiner Hauptstadt Samarkand errichten ließ, wofür er gewaltsam Handwerker und Architekten aus verschiedenen Gebieten herbeiholte.

Timur baute sein Reich durch außerordentlich grausame Eroberungszüge auf. Er beherrschte Mogulistan (Čaghatai), Transoxanien und Chorasan und fiel mehrfach in Indien ein, um Beute zu machen. Er verstand es jedoch auch, den Ost-West-Handel in seinem Reich wieder zu beleben und damit der Seidenstraße in dieser Region einen Teil ihrer einstigen Bedeutung wiederzugeben. Nach Timurs Tod im Jahre 1405 machten seine Nachfolger, die Timuriden, Samarkand und Herat zu wichtigen Zentren islamischer Kultur. Der Gründer des indisch-islamischen Moghul-Reiches, Babur (1483–1530), der eine Autobiographie auf Mitteltürkisch hinterließ, ging aus dem Haus der Timuriden hervor.

Haben wir nun Licht auf jene Völker und Staaten geworfen, welche die ethnische und politische Landschaft Zentralasiens bis zum 14. Jh. bestimmten, so sind noch zwei Völker zu erwähnen, die durch die Seidenstraße miteinander in Berührung kamen und die ebenfalls das kulturelle Antlitz Zentralasiens wesentlich bestimmten: die Inder und die Chinesen.

Die Inder

Schon seit der Zeitenwende dürfte es indische Händler an entscheidenden Knotenpunkten der südlichen Route durch das Tarim-Becken gegeben haben. Ob indisch-buddhistische Missionare tatsächlich schon zur Zeit des Kaisers Ashoka Mitte des 3. Jh. v. Chr. in die Oase Khotan gelangten, wie es die indische Tradition will, sei dahingestellt. Eindeutig ist aber, daß vor dem Auftreten der Saken in dieser Oase indische und chinesische Einflüsse die Kultur des Landes bestimmten, was auch ein tibetischer Text zur Geschichte Khotans hervorhebt.[115]

Die Geschichte des chinesischen Buddhismus zeigt, daß Inder auf dem Land- und Seeweg schon in den ersten Jahrhunderten bis nach China gelangten. Doch die Weltreligion aus Indien wurde auch von zentralasiatischen Mönchen und parthischen Gläubigen in das Reich der Mitte gebracht.[116] Der schon zitierte sogdische Brief von einem Wachturm an der

DIE INDER UND CHINESEN

30 Indisch anmutender tocharischer Fürst in einer Hofszene. Der Sonnengott ragt segnend aus der Sonnenscheibe heraus

chinesischen Mauer verdeutlicht, daß es Anfang des 4. Jh. neben sogdischen Kaufleuten auch indische in Luoyang gab. Stützpunkte für indische Händler werden entlang der Südroute existiert haben, und gerade die archäologischen Funde aus Loulan, einem alten Reich im Südosten des Tarim-Beckens, belegen, daß neben dem chinesischen Einfluß auch die indische Kultur in diesem Gebiet Spuren hinterließ, wie nicht zuletzt Münzen u. a. mit indischen, in Kharoshthi-Schrift verfaßten Legenden erkennen lassen.[117] Auch frühe buddhistische Malereien aus Miran aus dem 3. oder 4. Jh. n. Chr. bezeugen, daß sich hier ein indischer Kultureinfluß auswirkte, ebenso wie in Kucha, wo eine Szene einen indisch anmutenden Fürsten darstellt (s. Abb. 30).

Vor allem das Kushan-Reich vermittelte indische Kultureinflüsse in den Raum von West- und Ostturkestan, hatte es sich doch bis ins Transoxanische und das Indus-Tal, zeitweilig sogar bis ins mittlere Ganges-Becken (Mathura) ausgebreitet. Der Einfluß auch des hinduistischen Indien auf die Münzprägung der Kushan-Herrscher läßt sich bis auf die ersten Großkönige zurückverfolgen. Und wenn selbst die späte sogdische Sakralkunst aus der Zeit des 7. Jh. indisch-hinduistische Formen erkennen läßt – etwa Gottesgestalten, die an den hinduistischen Shiva erinnern –, so wurde dieser Einfluß doch zunächst durch das Kushan-Reich vermittelt. Mit der Präsenz von indischen Händlern bis in die Sogdiana ist durchaus zu rechnen.

Der Einfluß Indiens auf die Seidenstraße, der mit der Ausbreitung des Buddhismus in enger Verbindung stand, war in erster Linie kultureller Art. Zwar wurde die Kharoshthi-Schrift auch für säkulare und administrative Zwecke verwendet, so im Kushan-Reich und im Reich Loulan, sie diente jedoch auch zur Schreibung von buddhistischen Prakrit-Dokumenten. Daneben wurde die aus Indien entlehnte Brahmi-Schrift, die in Zentralasien eine eigene Entwicklung durchmachte[118], nicht nur zur Schreibung buddhistischer Sanskrit-Texte benutzt, sondern auch zur Aufzeichnung khotansakischer, tocharischer und zum Teil uigurischer Werke. Zahlreiche Sanskrit-Begriffe drangen in die zentralasiatischen Sprachen als Lehnwörter ein, was vor allem für buddhistische, aber auch für medizinische und astrologische Fachtermini gilt. Ein indischer Kunst- und Lebensstil wirkte sich ferner in Kucha in der Zeit der sogenannten indo-iranischen Malerei aus.[119] Mit dem Buddhismus strömten zahlreiche indische Kulturinhalte nach Zentralasien, nicht zuletzt buddhistische Erzählungen indischen Ursprungs, zu denen Texte aus dem indischen Pañcatantra-Zyklus hinzukamen. Die vielfach in der Kunst der nördlichen Seidenstraße dargestellten Brahmanen wurden allerdings wohl nicht nach lebenden Vorbildern, sondern nach Inhalten der buddhistischen Schriften gestaltet (s. Abb. 31).

Die Chinesen

Die Chinesen leisteten einen wesentlichen Beitrag zur Kultur der Seidenstraße. Zunächst ließen sie sich im Rahmen von Militärkolonien der Han-, später der Tang-Zeit im Tarim-Becken nieder und drangen mit Vorposten bis in die Gegend des Pamir-Gebirges und des Fergana-Tals. In Oasen wie Hami und Turfan sind chinesische Siedler schon früh bezeugt. Seit der Tang-Zeit gab es auch chinesische Siedlungen bis nach Kashgar hin. Die Chinesen lebten dabei vornehmlich von der Landwirtschaft, aber auch Händler und Handwerker bewohnten oder besuchten bedeutende Knotenpunkte in Ostturkestan. Aus den frühen türkischen Inschriften am Orchon erfahren wir, daß chinesische Künstler zur Ausgestaltung des Mausoleums eines verstorbenen Khans in die Steppe gerufen wurden.[120]

Während der Einfluß Chinas auf Westturkestan gering war und nach der Niederlage von 751 gegen die Araber am Talas-Fluß fast völlig versiegte, konnten sie seit der Tang-Zeit ihre Macht im Tarim-Becken zunehmend verstärken. Die Funde von Astana bei Turfan, wo viele chinesische Gräber mit reichen Grabbeigaben zutage gefördert wurden, verdeutlichen, daß dieser Einfluß noch viel weiter zurückreichte. Chinesische Inschriften und Handschriften aus Turfan und Astana belegen darüber hinaus, daß die Chinesen in diesen fernen Regionen nicht nur buddhistischen, sondern auch angestammten taoistischen und konfuzianischen

31 Kopf eines bärtigen Brahmanen und eines Dämonen aus Duldur Aqur bei Kucha

32 Vornehmes chinesisches Paar im Stil der frühen Tang-Zeit; Malerei aus den chinesischen Gräbern von Astana

Werten verpflichtet waren. So läßt eine chinesische Tempelinschrift aus Turfan, die aus dem Jahre 469 n. Chr. stammt, die Kenntnis chinesischer Klassiker erkennen.[121] Und Texte aus den Gräbern von Astana, zu denen idealbiographische Nachrufe gehören, zeigen, daß die Maßstäbe der traditionellen chinesischen Ethik auch unter den chinesischen Siedlern im Tarim-Becken Geltung hatten.[122]

Selbstverständlich prägt der chinesische Einfluß vor allem die buddhistische Kultur der Seidenstraße, obwohl er sich auch in zahlreichen säkularen Dokumenten bekundet. Gilt dies von Anfang an für die Kulturzeugnisse Dunhuangs, die geradezu als Spiegel der künstlerischen und kulturellen Entwicklung Chinas angesehen werden können, so ist nach 640 auch in Kucha und Turfan ebenso wie an anderen Orten der nördlichen Seidenstraße der Beitrag Chinas zur kulturellen Entwicklung unübersehbar. Dies geht einerseits auf die Präsenz chinesischer Mönche und Künstler in den Zentren der Seidenstraße im Tarim-Becken zurück – so berichten chinesische Indienpilger wiederholt erfreut von der Begegnung mit geistlichen Landsleuten. Gleichzeitig finden sich nicht nur Malereien im chinesischen Stil an der Nordroute, sondern auch Abbildungen und Inschriften von chinesischen Mönchen, so z. B. besonders prominent in Bäzäklik bei Turfan (s. Abb. 33).

Andererseits dienten seit der späten Tang-Zeit chinesisch-buddhistische Texte den Uiguren als Vorlagen für ihre Übersetzungen, die zunächst aus dem Sogdischen, Tocharischen und dann aus dem Sanskrit vorgenommen wurden. Sogar die Biographie des chinesischen Indienpilgers Xuanzang wurde ins Uigurische übertragen. Die Orientierung am sinisierten Buddhismus legte sich auch deshalb nahe, weil im Laufe der Zeit nicht nur einzelne chinesische Mönche in den geistlichen Zentren im Tarim-Becken lebten, sondern sich hier ganze Klöster und Bibliotheken befanden, die von Chinesen betreut wurden. So berichtet der chinesische Gesandte Wang Yande, der das uigurische Turfan im Jahre 982 besuchte, von einer großen Bibliothek chinesisch-buddhistischer Texte in einem der 50 Klöster des Landes.[123] Auch die Funde zahlreicher chinesisch-buddhistischer Texte in Turfan werfen ein Licht auf die Bedeutung des von Chinesen getragenen Buddhismus für das religiöse und kulturelle Leben im Tarim-Becken.

Während die Chinesen in der Tang-Zeit einen Suzeränitätsanspruch auf die ›Westgebiete‹ erhoben, was sich in dem Interesse der Tang-Annalen an den Ereignissen westlich der Großen Mauer zeigt, so gab es in der Song-Zeit (960–1279) wenig Kontakte Chinas mit Turkestan, die jedoch unter der Mongolendynastie wieder zunahmen.

Der Einfluß Chinas auf die Völker des Tarim-Beckens läßt sich allerdings nicht nur in der religiösen, sondern auch in der weltlichen Kultur erkennen. Vor allem die uigurische Sprache weist zahlreiche chinesische Lehnwörter auf. Hinzu kommt, daß auch die juristische Ordnung von China inspiriert war, wie viele uigurische Rechtstexte bezeugen. Chinas Einfluß machte sich ebenso in wirtschaftlicher Hinsicht geltend, nicht nur im Handel, sondern auch durch die Einführung chinesischer Maße und Gewichte. Da unter der Regentschaft der Mongolen freier Handelsverkehr herrschte und chinesische Elemente in die Kultur der mongolischen Landesherren eindrangen, nahm die Ausstrahlungskraft Chinas in jener Zeit wieder zu.

Die Seßhaften und Nomaden

33 *Chinesische Mönche, durch uigurische und chinesische Schriftzüge namentlich ausgewiesen; Malerei aus Bäzäklik, 10. Jh. (?)*

Blicken wir zurück auf die Geschichte der Völker und Staaten, die das Leben an der Seidenstraße bestimmten, so gilt hier grundsätzlich ein Wort W. Eberhards: Das »Wechselspiel zwischen den Hirtennomaden Zentralasiens und den agrarischen Hochkulturen am Rande Asiens ist es, das den Rhythmus der Geschichte Asiens ausmacht«.[124] Immer wieder fanden sich Nomadenstämme, zumal in der Steppe nordöstlich des Tarim-Beckens, zu Stammesverbänden zusammen, um ein Steppenimperium zu gründen, das in kurzer Zeit über gewaltige militärische Macht verfügte und die agrarischen Gebiete, d. h. China, vor allem aber auch die Oasen in der Wüste bedrohte.

Diese Stammesverbände, vielfach von kraftvollen militärischen Führern ins Leben gerufen, wiesen z. T. hierarchische Strukturen auf und umfaßten auch solche Stämme,

DIE SESSHAFTEN UND NOMADEN

die mit Gewalt in den Bund inkorporiert wurden. Die Sprache und Kultur des herrschenden Stammes bestimmte das Gepräge des Steppenreiches, das zumal für die Chinesen immer wieder zu einer ernsthaften Bedrohung wurde. So unternahmen die Stammesverbände wiederholt Raubzüge ins agrarische Land mit seinen begehrten Kulturgütern. Der Bau der chinesischen Mauer zum Schutz vor derartigen Überfällen ist ein frühes Zeugnis für diesen Sachverhalt. Das Steppenreich ging jedoch auch dazu über, das Kulturland zu bedrängen oder gar zu besetzen und die Macht im Reich der Mitte oder zumindest einem Teil davon zu übernehmen, wie dies schon bei den südlichen Xiongnu (304–29), den Toba (386–550 bzw. 557) und später bei den Mongolen (1279–1368) geschah. Lange konnten sich diese Steppenreiche aber im eigenen Gebiet und erst recht in fremden Landen nicht halten.

So bietet sich das Schauspiel eines ständig wiederkehrenden ethnogenetischen und politischen Prozesses, geprägt durch plötzliches Erstarken und allmählichen Zerfall eines Nomadenreiches, das zur Zeit seiner Machtausübung auch die östliche Seidenstraße kontrollierte. Die Chinesen mußten über diese Ereignisse in der Steppe zunächst besorgt sein, denn nicht nur die seit der Han-Zeit erhobenen Ansprüche auf die ›Westlande‹ bis zum Pamir waren durch die Nomadenstaaten bedroht, sondern auch die Sicherheit des eigenen Kerngebietes. Sie verstanden es dann auch seit früher Zeit, neben militärischen auch taktische und diplomatische Maßnahmen zur Abwendung dieser Gefahr zu ergreifen.

Zwar konnten bei inneren Unruhen in China Nomaden auf den Plan gerufen werden, deren man sich so schnell nicht wieder entledigte, in Zeiten der politischen Stabilität spielte man jedoch rivalisierende Stämme gegeneinander aus, wies mit Droh- und Lockmitteln die Nomadenkonföderationen in ihre Schranken, oder schwächte sie durch inneren Zwiespalt. Kennzeichnend sind die mahnenden Worte einer alttürkischen Inschrift, die vor allzu vertrauenswürdigem Umgang mit den Chinesen warnt.

> Die Worte der Chinesen sind immer süß gewesen, und die Stoffe der Chinesen waren immer weich. Indem sie durch ihre süßen Worte und weichen Stoffe täuschen, lassen die Chinesen, so sagt man, die entfernten Völker in dieser Weise näher kommen. Nachdem ein solches Volk sich aber in ihrer Nähe niedergelassen hat, planen sie ihr Unheil, heißt es. Sie lassen wirklich weise Männer und wirklich brave Männer keinen Fortschritt machen.[125]

In der Tat mußten die Chinesen nicht nur die ethnischen, sondern auch die personellen Verhältnisse in der Steppe stets aufmerksam beobachten, um drohendem Unheil zuvorzukommen.

Die Nomadenreiche behelligten Indien und den Iran längst nicht in dem Maße wie China, das keine natürlichen Barrieren gegenüber der Steppe besaß. Indien war durch das Karakorum- und Hindukush-Gebirge sowie durch die tibetische Hochebene vor wiederholten Übergriffen auf sein Territorium geschützt, dennoch zogen mehrfach Fremdvölker in den Nordwesten des Landes, die jedoch bald absorbiert wurden. Der Iran mußte sich in seinen Ostgebieten, vor allem in jenen Teilen, die heute zu Afghanistan und Sowjetisch-Zentralasien gehören, stets nomadischer Raubzüge und einwandernder Stämme erwehren, und hier ergaben sich z. T. ähnliche Probleme wie an der chinesischen Westgrenze. Sahen sich schon

34 Vertreter verschiedener zentralasiatischer Völker als Trauernde am Sterbelager des Buddha; Malerei aus Bäzäklik

die Achämeniden von den Skythen bedroht, so wurden auch die Parther und Sassaniden von den Saken, Hephthaliten und anderen Nomadenvölkern wiederholt herausgefordert.

Die Geschichte der Nomadenreiche in Zentralasien war durch ein relativ rasches Kommen und Gehen gekennzeichnet. Aber auch die Entwicklung der Stadtstaaten an der Seidenstraße unterlag einem steten Wandel, da die Nomadenreiche auch die Oasengebiete zu kontrollieren trachteten. Diese verstanden es aber im großen und ganzen, unter wechselnder Suzeränität ein möglichst großes Maß an Unabhängigkeit zu wahren und auch im kulturellen Leben beständigere Formen zu schaffen. Die Oasen blieben Zentren des Handels, des Handwerks, der Kunst und der Gelehrsamkeit auch über Zeiten politischer Wirren hinaus. Mag das Maß ihrer Unabhängigkeit sich stets gewandelt haben und ihre Beziehung zu den Nomadenreichen wie auch zu China bzw. dem Iran oder dem Kushan-Reich von dem auf sie ausgeübten militärischen Druck abhängig gewesen sein, so zeigten sie doch eine erstaunliche politische Flexibilität, die ihnen einen gewissen Freiraum im Inneren garantierte. Nicht zuletzt ihre geographische Lage führte dazu, daß die Oasenstädte bis in islamische Zeit ihre Bedeutung als Knotenpunkte an der Seidenstraße immer wieder sichern konnten. Als Umschlagplätze für Waren und Kulturgüter waren sie Zentren einer weltaufgeschlossenen Grundhaltung, die auch in der Mehrsprachigkeit vieler Einwohner zum Ausdruck kam. Dem entsprach das Zusammenleben verschiedener Völker in den Oasen (s. Abb. 34), ehe der Prozeß der ethnischen Verschmelzung begann, der vor allem unter dem Zeichen der Turkisierung Ost- und Westturkestans stand.

Die Religionen an der Seidenstraße

Die Welt der Religionen an der Seidenstraße weist eine bunte Vielfalt auf. Dennoch lassen sich die Glaubensrichtungen in zwei klar voneinander zu scheidende Gruppen unterteilen: die Volks- und die Weltreligionen. Wenn wir von Volksreligionen sprechen, so meinen wir jene Glaubensformen, die an ihre ethnischen und nationalen Träger gebunden blieben und sich nicht wie die Weltreligionen Christentum, Manichäismus, Buddhismus und Islam über verschiedene Völker hinweg ausdehnten. Den inneren Voraussetzungen für die Verbreitung einer Weltreligion ist G. Mensching nachgegangen, der hervorhebt, daß Weltreligionen den einzelnen in seiner Individualität ansprechen, unabhängig von den angestammten ethnischen Bezügen, in denen er steht. Volksreligionen dagegen werden nicht nur von einem Volk getragen, sondern sind so eng mit den geistigen und sozialen Strukturen des Trägervolkes verbunden, daß Voraussetzungen für ihre Ausbreitung zu anderen Völkern kaum bestehen.[126]

Diese zunächst einfach erscheinende Differenzierung bietet sich trotz der komplexen, z. T. ausgesprochen synkretistischen religiösen Verhältnisse an der Seidenstraße[127] als Gliederungsprinzip für die Beschreibung der Religionen an, weil wir tatsächlich Glaubensformen begegnen, die keine missionarische Expansionskraft entfalteten – oder auch nur entfalten wollten –, während andere in hohem Maße als Missionsreligionen auftraten. Sie vor allem bestimmten das geistige Leben in den Oasenstädten der östlichen Seidenstraße (östlich des Pamir), während regionale Ausprägungen persischer Volksreligion im Ostiran, im Gebiet der Kushanas und im sogdischen Raum das religiöse Bild bis in islamische Zeit prägten. Dagegen wurden die ehemaligen Stammesreligionen jener nomadischen und halbnomadischen Völker, die aus der Steppe nördlich der Gobi-Wüste in die Oasenstädte wanderten, weitgehend zugunsten der Weltreligionen aufgegeben. Trotz zunehmender Seßhaftigkeit konnten Elemente des religiösen Erbes im Rahmen der Weltreligionen als Volksglaube weiterleben. Im Hinblick auf derartige Elemente erwies sich der Buddhismus als besonders aufnahmefähig. Tatsächlich ist das religiöse Leben an der Seidenstraße durch die besondere Bereitschaft gekennzeichnet, angestammte religiöse Inhalte teilweise zu bewahren und in die angenommene Weltreligion zu integrieren.

So gab der Volksglaube den Weltreligionen ihr jeweiliges örtliches und regionales Gepräge, auch wenn er sich vielfach eher im Motivischen als im Organischen zeigt. Gleichwohl verdeutlichen die Tendenzen zum Synkretismus im Grenzgebiet zwischen Indien, dem Iran und Zentralasien, daß es auch zur Ausbildung völlig neuer religiöser Formen kommen konnte, die dann ihrerseits auf die Weltreligionen wirkten.

Hat vor allem die iranische Religion in ihren diversen regionalen Ausformungen – verglichen mit den Stammesreligionen der Turkvölker – ein besonderes Verharrungsvermögen gezeigt, so entwickelte sie sich trotz königlicher Förderung nicht zu einer Weltreligion, obwohl der Zoroastrismus in China bis zur Tang-Zeit über eine gewisse Anhängerschaft verfügte, die sich allerdings in erster Linie aus Nicht-Chinesen rekrutiert haben dürfte.[128] Die Schriften in iranischen Sprachen, die wir aus dem Tarim-Becken und Dunhuang kennen, lassen sich fast alle den großen Weltreligionen zuordnen. Dennoch hatten gerade iranische Vorstellungen maßgeblichen Einfluß auf die Ausprägung von Manichäismus, Buddhismus und dann sicherlich auch Islam im Raum der Seidenstraße. Das Fortwirken des hellenistischen religiösen und kulturellen Erbes in Mittelasien war noch lange nach Untergang des gräko-baktrischen Reiches (ca. 256–75 v. Chr.) spürbar.[129] Seine Bedeutung für den Buddhismus wird u. a. durch das Stichwort ›Gandhara‹ gekennzeichnet, womit jene nordwestliche Provinz gemeint ist, in der sich im 2.–4. Jh. n. Chr. eine gräko-buddhistische und auch römisch inspirierte Kunst entwickelte, die noch weit nach Zentralasien ausstrahlen sollte.

Der Beitrag des Hinduismus zur Ausprägung der Religionen in Zentralasien hält sich trotz des intensiven Kontaktes zwischen Indien und dem Gebiet nördlich von Hindukush und Karakorum in Grenzen. So war das Fortleben hinduistischer Götter und religiöser Vorstellungen im Buddhismus für das religiöse Leben in Zentralasien bedeutsamer als die Religion selbst, auch wenn uns hinduistisch inspirierte Gottesgestalten unabhängig von buddhistischen Bezügen in der sogdischen Kunst begegnen.

In der Darstellung der Volksreligionen sollen zunächst die Grundzüge der Religionen ostiranischer Völker skizziert werden – unter Auslassung der Saken, die an den Zentren der Seidenstraße, zumal im Kushana-Gebiet und östlich des Pamir, früh zum Buddhismus übertraten.[130] Die Baktrier hatten ein außerordentlich wechselvolles historisches Schicksal, und folglich ist das religiöse Bild Baktriens vielgestaltig. Die Tocharer hinterließen so gut wie keine Zeugnisse ihrer vorbuddhistischen Religion, dagegen unterrichten vor allem die alttürkischen Inschriften über die Stammesreligion jener Turkvölker aus der Steppe, die sich z. T. schon vor dem 7. Jh. in den Oasenstädten des Tarim-Beckens und Gansus niedergelassen hatten. Auch die Religion der Han-Chinesen in den Oasenstädten der Seidenstraße verdiente skizziert zu werden, zumal dieses Volk neben vornehmlich säkularen Dokumenten bedeutende Zeugnisse des Grabkultes (z. B. in Astana) hinterließ. Auf diesem Gebiet ist jedoch noch manche systematische Vorarbeit notwendig.

Die Volksreligionen

Die Religionen Baktriens

In Baktrien war schon vor der Zeit Alexander d. Gr. eine regionale Form des Zoroastrismus verbreitet, die sich mit lokalen Kulten verband. Man pflegte offenbar Kontakte mit den Glaubensbrüdern im Kernland der iranischen Religion. Auch nach dem Alexandereinfall um

35 Der Gott Pharro (königlicher ›Glückglanz‹) und Orlagno, eine kushanische Form des iranischen Siegesgottes Verethraghna, auf den Rückseiten von Münzen des Kanishka und Huvishka

330 v. Chr. blieb dieser Kontakt lebendig, wovon der Kult zoroastrischer Götter wie Anahita, der Spenderin der Fruchtbarkeit, oder Tir, dessen Fest zur Regenzeit gefeiert wurde, ebenso zeugt wie der Name Oromazd (av. Ahura Mazda) auf späteren kushanischen Münzen. In hellenistischer Zeit, vor allem in der Zeit des gräko-baktrischen Reiches (256–75 v. Chr.), wurden griechische Gottheiten eingeführt, die sicherlich nicht nur die Griechen verehrten. Auch hier setzte man einheimische zoroastrische Gottheiten mit griechischen gleich und gestaltete sie nach hellenistischem Muster. Götterbilder gab es nicht nur in Tempeln, sondern auch auf Marktplätzen, und sie dienten als Vorbilder für jene Götterdarstellungen, die auf den Rückseiten der gräko-baktrischen Münzen erscheinen. Durch diese aber fand eine Verbreitung griechischer Götter auch außerhalb hellenistischer Städte statt.

Die vielfältigen kulturellen und religiösen Einflüsse, die im Kushan-Reich wirksam waren, spiegeln sich in den aus dieser Zeit stammenden Münzen wider. Sie weisen zoroastrische, indische und gräko-römische Gottheiten neben Buddha-Figuren und buddhistischen Symbolen auf. Die Namen der dargestellten Personen sind auf den Münzen in griechischen Buchstaben angegeben.[131]

Die Bezeichnungen der zoroastrischen Gottheiten erweisen sich zum großen Teil als baktrische Formen bekannter avestischer Namen. Das heißt natürlich nicht, daß sie im kushanischen Pantheon unbedingt die gleiche Bedeutung hatten oder die gleiche Rolle spielten wie im orthodox-zoroastrischen System. Immerhin stellen die zoroastrischen Gottheiten mit etwa 15 Gestalten die größte Gruppe im kushanischen Pantheon dar. Sie umfassen u. a. Ashaeikhsho (av. Asha Vahishta, ›beste Gerechtigkeit‹) und Shaoreoro (av. Khshathra Vairya, ›das erwünschte Reich‹), zwei jener sechs ›unsterblichen Heiligen‹, die im Avesta eng mit dem ›Weisen Herrn‹, Ahura Mazda, verbunden sind. Es ist verständlich, daß gerade diese vom Herrscher öffentlich angerufen wurden. Verständlich ist auch, daß der Sonnengott Miiro (av. Mithra) und der Siegesgott Orlagno (av. Verethraghna) eine besondere Rolle in der Glaubenswelt der siegreichen Dynastie spielten.

Auch daß der aus dem alten Iran bekannte königliche und zugleich göttliche ›Glücksglanz‹, hier Pharro genannt (av. Khvarenah), auf den königlichen Münzen erscheint, versteht sich aus dem offiziellen Charakter dieser Dokumente (s. Abb. 35). So überrascht es nicht, wenn die Anahita- und die Nana-Verehrung in den Münzen des 2.–4. Jh. bezeugt sind oder Loraspa (av. Druvaspa) auftritt, der göttliche Patron der Pferde, die für die Verwaltung und Armee des riesigen Reiches mit seinen geographischen Barrieren unverzichtbar waren.

Aus all dem geht hervor, daß der Zoroastrismus in dieser östlichen Ausprägung trotz des lang anhaltenden hellenistischen Einflusses in der Kushan-Zeit eine durchaus noch lebendige Kraft war. Wenn der höchste Gott des iranischen Pantheons, Ahura Mazda, selten auftaucht, so beruht das eher auf der Scheu vor seiner Abbildung als auf seiner Bedeutungslosigkeit.

Allerdings ist zu bemerken, daß die Münzen nur eine offizielle Religiosität spiegeln, ja, daß sie sogar das Religionsprogramm bestimmter Herrscher erkennen lassen. Mithra ist z. B. beschränkt auf die Münzen des Kanishka und seines Nachfolgers Huvishka, obwohl Kanishka der buddhistischen Tradition zufolge ein maßgeblicher Förderer dieses Glaubens war, während die Vorgänger und Nachfolger jener Herrscher u. a. religiöse Ideen hinduistischen Ursprungs in ihren Münzen zur Geltung brachten. So ließ der zweite Kushan-Herrscher Vima Kadphises den Hindugott Shiva (Oēšo) zusammen mit buddhistischen Symbolen auf seinen Münzen abbilden. Auch nachdem die Sassaniden das Kerngebiet des Kushan-Reiches ihrem Imperium angegliedert hatten (seit 356), blieben indische, vor allem buddhistische Einflüsse in den offiziellen kushano-sassanidischen Münzen erhalten.

In sassanidischer Zeit war das Kushan-Reich zeitweilig Schauplatz eines religiösen Konkurrenzkampfes. Meist jedoch existierten Zoroastrismus, Manichäismus und Buddhismus friedlich nebeneinander, wobei es auch zu eigentümlichen Verbindungen zwischen den in ihrer Weltanschauung völlig unterschiedlichen Religionen kommen konnte. Davon zeugen etwa Feueraltäre in buddhistischen Anlagen.

Grundsätzlich lag die Macht in dem von den Sassaniden annektierten Gebiet in der Hand des sassanidischen ›Kushan-Shah‹. Peroz I., der dieses Amt als erster bekleidete, ließ Münzen prägen, die zoroastrische Symbole neben der Buddha-Figur aufweisen. Trotz solch grundsätzlicher Offenheit können wir davon ausgehen, daß die zeitweiligen Verfolgungen von Nicht-Zoroastriern, wie sie unter dem Hohenpriester Kirder (Karter) einsetzten, auch das Kushan-Land tangierten.[132] Dennoch hielt sich der Buddhismus – zweifellos neben regionalen Formen des Zoroastrismus und eigenständigen Stammesreligionen – im ehemaligen kushanischen Stammgebiet bis in islamische Zeit.

Die Religion im sogdischen Stammland

Die zwischen Oxus und Yaxartes gefundenen sogdischen Texte, deren wichtigste die Briefe vom Berge Mugh sind, stellen in erster Linie Zeugnisse politischer Ereignisse dar. Das sogdische Schrifttum aus Xinjiang und Gansu ist den Weltreligionen Christentum, Manichäismus und Buddhismus zuzuordnen. Immerhin kann man aufgrund eines Vergleichs der Terminologie in diesen Texten ursprünglich sogdische Begriffe für Gottheiten und religiöse Vorstellungen erkennen.[133] Diese Bezeichnungen bleiben jedoch weitgehend inhaltsleer, auch wenn ihre etymologische Verbindung zu avestischen Termini aufgewiesen wird. Im Falle der Götternamen gewinnen wir aber schon ein Bild vom iranischen Charakter des sogdischen Pantheons.

DIE RELIGION IM SOGDISCHEN STAMMLAND

36 Thronende Göttin im Tempel II von Pendjikent, 6. Jh. (?)

Erst eine systematische Studie der Malereien in Städten wie Warachsha, Afrasiab, Shahristan und Pendjikent sowie ihre Interpretation vor dem Hintergrund philologischer Studien verhilft zu einem Überblick über diese z. T. durchaus eigenständige religiöse Formenwelt[134], auf deren Bedeutung für Xinjiang in vorislamischer Zeit zu Recht hingewiesen wird.[135] Obwohl die Sogdier in den Oasenstädten des Tarim-Beckens und Gansus als Anhänger der großen Weltreligionen auftraten, vermittelten sie diese Glaubensrichtungen nicht ohne einen sogdischen Hintergrund. Darüber hinaus behielten sie Bräuche und Vorbilder bei, die sie aus ihrem Stammesgebiet kannten. Wir erinnern nur an die Bedeutung des wohl ursprünglich sogdischen Neujahrsfestes (Neu-Tag) für Tocharer und Uiguren, das offenbar erst im Tarim-Becken im buddhistischen Sinn uminterpretiert wurde. Auch die sprachlichen Entlehnungen aus dem Sogdischen im Alttürkischen, die vielfach gerade der religiösen Sphäre zuzuordnen sind, verweisen auf die wichtige Vermittlerfunktion der Sogdier.[136]

Im Gegensatz zur Kushan-Kunst hatte die sogdische in ihrem Stammland keinen offiziell-dynastischen Charakter. Sie war eine höfische und bürgerliche Kunst, die sich einerseits in den Palästen von Kleinkönigen, andererseits in den Häusern wohlhabender Stadtbewohner fand. Neben zahlreichen säkularen Motiven wies sie auch religiöse Szenen auf. Als Quelle für die Religion der Sogdier kommen die archäologischen Funde in einigen Stadttempeln sowie Hauskapellen in Frage. Sie entstammen zum größten Teil dem 6. und 7. Jh., einer Zeit des Wiederaufblühens der einheimischen Religion, als der schon früh eingeführte Buddhismus weitgehend wieder verdrängt worden war und der Islam sich noch nicht durchgesetzt hatte. Vom Buddhismus blieben so gut wie keine Zeugnisse in den Wandmalereien der genannten Städte erhalten, obgleich indisch-hinduistischer Einfluß dort noch nachwirkte.

Obwohl sich noch in islamischer Zeit, im 9. Jh., Zoroastrier aus Samarkand in religiösen Fragen an ihre Glaubensbrüder im Iran wandten[137], weist die iranische Religion der Sogdier durchaus eigenständige Züge auf, auch wenn zahlreiche Gottheiten iranische Namen tragen.[138] Neben den Göttern gibt es die Kategorie der Dev genannten Dämonen mit dem sogdischen ›Teufel‹ Shimnu an der Spitze, die den Göttern dualistisch gegenübersteht. Das eigenständige Gepräge der Gottheiten zeigt sich vor allem in ihren ikonographischen Formen. Daneben existierten auch außerzoroastrische Götter wie der ›Geist der Erde‹, ferner solche Wesen, die nach indischer Manier gütige und zugleich furchterregende Züge aufwiesen – eine völlig uniranische Idee.

Das sogdische Pantheon ist durch Bilder repräsentiert. Häufig erscheinen die Gottheiten auf Thronsesseln, die von realen oder mythischen Tieren getragen werden, worin wir eine Nachwirkung indischen Einflusses erkennen können (s. Abb. 36). Die Anlage des Tempels, der ein Götterbild beherbergt *(tetrastyle temple)* läßt sich auf das Vorbild zoroastrischer Heiligtümer im Iran zurückführen.[139] Daneben sind Feuertempel bezeugt.

Zu den populären, in Tempeln verehrten Göttinnen gehörte Nana, die im parthischen Nisa eine Rolle spielte und der wir schon in der Kushan-Kunst begegnet sind. Auf einer Malerei in Pendjikent wird sie vierarmig dargestellt. In dieser Form verehrte man sie offenbar in ganz Transoxanien.[140] In manchen Darstellungen hält sie Sonne und Mond in zweien ihrer vier Hände. Nana steht u. a. mit dem Totenkult in Verbindung. Da selbst Münzen

37 Der dreiköpfige Windgott Veshparkar, dessen Köpfe vermutlich wie die des Shiva Schöpfung, Erhaltung und Zerstörung versinnbildlichen. Er wird allerdings auch als der Allschöpfer Vishvakarman gedeutet; Pendjikent, 7. Jh.

ihren Namen aufweisen, dürfte sie zu den Hauptgestalten des Pantheons der vorislamischen Sogdier gehören. Neben Nana steht eine zweiarmige Göttin, die allerdings auch vierarmig dargestellt wird und die als Flußgöttin erscheint. Sie wird offenbar mit Anahita in Verbindung gebracht.[141] Zu den männlichen Gottheiten gehörte eine Gestalt, die man mit Mithra zu identifizieren geneigt ist, ferner eine in Rüstung dargestellte dreiköpfige Figur, in der man den sogdischen Windgott Veshparkar (sogd. Wyšprkr) erkannt hat (s. Abb. 37).[142] Es ist anzunehmen, daß in Anlehnung an die shivaitische Tradition die drei Köpfe Schöpfung, Erhaltung und Zerstörung repräsentieren, der Windgott also nach indischem Vorbild kosmische Gegensätze in sich vereint.

Nehmen epische und höfische Szenen den breitesten Raum in den sogdischen Malereien ein, so finden sich neben den Götterdarstellungen auch religiöse Szenen, die Licht auf den Totenkult werfen.

Die frühe Stammesreligion der Türken Zentralasiens

Während wir über die ursprüngliche Religion der Tocharer in den Oasen von Kucha, Karashahr und Turfan kaum etwas wissen, sind wir über die Religion der Türken vor ihrer Übersiedlung in die Oasenstädte dank der alttürkischen Inschriften in der Steppe nördlich der Gobi-Wüste besser unterrichtet. Es handelt sich in erster Linie um Inschriften auf Grabmonumenten aus dem 7. und 8. Jh., die Auskunft über das Leben des Verstorbenen geben und dabei auch ein Licht auf religiöse Vorstellungen werfen. A. v. Gabain hat hervorgehoben, daß diese Inschriften z. T. eine magische Funktion erfüllten, indem sie nicht nur den Ruhm des Verstorbenen der Nachwelt kundtaten, sondern auch zur Absicherung eines positiven Jenseitsgeschicks dienten.

Über Gottesvorstellungen der Türken erfahren wir aus den Inschriften[143], daß der Himmel *(tängri)* als oberste Gottheit neben der Erde oder Erdmutter Umay (Schoß) verehrt wurde. Man kann annehmen, daß der Himmel als göttlicher Vater betrachtet wurde, obwohl wir dafür keinen eindeutigen Beleg haben. Jedenfalls wird der Himmel als der ›türkische Gott oben‹ wiederholt neben der ›türkischen heiligen Erde‹ genannt. Darüber hinaus erfahren wir von Erd- und Wassergeistern, die offenbar örtlich gebunden waren. Die späteren buddhistischen Texte auf Alttürkisch lassen vermuten, daß es eine Vielzahl von Geistern (türk. *qut vaxšiklar*) im Himmel und auf Erden gab, deren Bedeutung freilich hinter die der genannten Großgötter zurücktrat.

Der Himmel lenkt das Geschick des Volkes und seiner Herrscher. Er betraut den König mit seinem Amt, schenkt seinem Minister Weisheit und Einsicht, während die braune Erde die Menschen ernährt. Der Himmel verleiht dem türkischen Volk und seinen Soldaten Kraft, und er erweist sich gnädig in seiner Unterwerfung der Feinde. Himmel und Erde garantieren den Bestand des türkischen Reiches bzw. Staates, solange das Volk sich nicht falsch verhält. In einem solchen Fall können jedoch Himmel und Erde in Unordnung geraten, so daß es zu Aufständen kommt, und sie können Strafe senden im Fall der Abwen-

38 Eine türkische Schutzgottheit (devatā) macht dem Buddha mit einer Blumenschale ihre Aufwartung; Kocho, 10. Jh.

dung vom Khan. Allerdings sind dies gewöhnlich vorübergehende Ereignisse, denn die göttlichen Kräfte erweisen sich stets als schützende und stützende Mächte.

Der Himmel lenkt nicht nur die Geschicke des Volkes und Staates, er nimmt auch die Seele des verstorbenen Fürsten auf, der sich als ›himmelsgleich und vom Himmel geschaffen‹ bezeichnen kann. Der Schreiber der Kül-Tigin-Inschrift verleiht dem Wunsch Ausdruck, daß der verstorbene (›weggeflogene‹) Fürst im Himmel leben möge wie auf Erden. Das Jenseits ist also ein verlängertes Diesseits, und es entspricht gänzlich der Struktur auch anderweitig bekannter Stammesreligionen, wenn das Leben nach dem Tode als – freilich magisch zu sichernde[144] – Kontinuität irdischen Daseins verstanden wird, wie es Bestattungs-, Toten- und Ahnenkult verdeutlichen.[145]

Für die enge Verbindung von Volksgöttern und -stamm mit dem Herrscher an der Spitze ist es wichtig, daß dieser sein ›Charisma‹ *(qut)* vom Himmel ableitet: Es ist ihm vom Himmel verliehen.[146] Bedeutend ist ebenfalls der enge Bezug zum Land, das als ›göttlich‹ bezeichnet wird. Ihm kann der Name ›teure Frau Mutter‹ *(ögük qatun)* verliehen werden, womit in erster Linie das Ötükän-Gebirge, das Reichszentrum der Steppentürken, gemeint ist. Noch in einem in Turfan verfaßten manichäischen Text erwähnt der Schreiber den schamanistischen Geist des Ötükän-Gebirges verehrungsvoll.[147] Hier wird ausdrücklich vermerkt, daß der Schutzgeist des Ötükän-Landes *(il ötükän qutï)* dem neuen manichäischen Herrscher »Kraft zu verleihen geruht hat«.[148]

Die Bedeutung des Ötükän-Gebirges als Zentrum des Steppenimperiums wird durch Inschriften ersichtlich, die hervorheben, daß dies die Gegend sei, von der das Steppenreich regiert werden müsse.[149] Man kann verstehen, welch große religiöse Bedeutung der Verlust des heiligen Reichszentrums, der kosmologischen Mitte der Welt, für die Uiguren hatte, als ihr Steppenstaat im Jahre 840 von den Kirgisen zerschlagen wurde, auch wenn schon 762 Bögü Khan den Manichäismus zur Religion des Hofes erhoben hatte. Man wird davon ausgehen müssen, daß die Volksreligion auch im manichäischen Staat der Steppe noch lebendig blieb.

Mit der Vertreibung der uigurischen Stämme aus dem heiligen Land verlor der alte Glaube eine wesentliche Grundlage. Folglich gaben die Türken mit der Inbesitznahme neuer Wohngebiete in den Oasen der Seidenstraße ihre angestammte Religion auf und wandten sich den Weltreligionen zu, und zwar zu einem sehr geringen Teil dem Nestorianismus, aber auch dem schon in Turfan heimischen Manichäismus und in zunehmendem Maße dem Buddhismus. Manche Erinnerungen an den Volksglauben mögen freilich geblieben sein, wovon die Anrufung des Ötükän zeugt, grundsätzlich aber wurden volksreligiöse Elemente vor allem im Buddhismus integriert. Wenn noch lokale Schutzmächte angerufen wurden, so waren es die Schutzgötter der neuen Heimat wie ›der Schutzgeist des gesegneten Reiches Kocho‹. Ansonsten aber übernahmen nun nestorianische Heilige wie St. Georg, manichäische Engel *(frištilär)*, vor allem aber buddhistische Götter *(devatā)* die weltliche Schutzfunktion (s. Abb. 38), wie die Kolophone der türkischen Turfan-Texte bezeugen.[150] Der Volksglaube der Türken blieb jedoch für Elemente offen, die ursprünglich nicht unbedingt aus den Weltreligionen stammten, jedoch im Rahmen dieser Glaubensformen integriert wurden.[151]

So gedachte ein türkisch-buddhistischer Stifter der nun völlig buddhisierten Geister des Himmels und der Erde, nannte sie neben buddhistischen Göttern und wendete ihnen allen einen Anteil des Verdienstes seiner frommen Handlung zu.[152]

Die Weltreligionen

Das nestorianische Christentum

Die Ausbreitung des Christentums nach Osten setzte bereits in neutestamentlicher Zeit ein. In der Pfingstgeschichte (Apostelgeschichte 2,9ff.) erfahren wir, daß u. a. Parther, Meder und Elamiter beim Pfingstereignis in Jerusalem anwesend waren. Vom 2. Jh. an haben wir mit einer christlichen Gemeinde auf iranischem Territorium zu rechnen, die sich theologisch an syrische Zentren wie Arbela und Edessa orientierte. Als eigenständige kirchliche Institution etablierte sich die ›ostsyrische‹, offiziell ›Apostolische Kirche‹ im sassanidischen Raum im 5. Jh. Nachdem sie sich 483 von der westlichen Reichskirche trennte, bildete sie als ›Kirche des Ostens‹ eigenständige Formen im Kirchlich-Organisatorischen wie auch in der Liturgie und Dogmatik aus. Geistiges Zentrum der ›Apostolischen Kirche‹ war die persische Gelehrtenschule Nisibis.

Die syrische Sprache gewann in der ›Kirche des Ostens‹ die Rolle, die dem Lateinischen im Westen zufiel. Diese Kirchensprache sollte im riesigen Ausbreitungsgebiet bis nach China maßgebliche Bedeutung behalten, wovon nicht zuletzt syrisch beschriftete Grabsteine aus dem Siebenstromland, also dem Gebiet südlich des Balkhash-Sees, zeugen. Neben das Syrische traten Regionalsprachen wie Mittelpersisch, Sogdisch, Türkisch und Chinesisch, in denen eine eigene Literatur entstand. Obgleich sie zum großen Teil eine Übersetzungsliteratur ist, umfaßt sie auch eigenständige Werke.[153]

Bedeutende theologische Entscheidungen fielen im 5. Jh., als die nestorianische Lehre offiziell anerkannt wurde. Obwohl die Lehre des Nestorius von der Westkirche im Jahre 431 auf dem Konzil von Ephesos verdammt worden war, galt er als einer der großen griechischen Lehrer der Ostkirche. Eine eigenständige theologische Explizierung seiner Lehre erfolgte auf der Synode von Seleukia-Ktesiphon im Jahre 612, als die christologische Formel Babai des Großen (gest. 628) angenommen wurde, derzufolge Christus zwei Naturen oder Hypostasen in einer Person (gr. *prosopon*) vereinigt. In Anlehnung an Nestorius wurde der menschlichen Natur Christi in besonderer Weise Rechnung getragen. Diese Hochschätzung der Leiblichkeit Jesu implizierte aber auch die Leibhaftigkeit seiner Auferstehung. So steht vor allem der auferstandene Christus im Mittelpunkt des Glaubens der nestorianischen Christen auch an der Seidenstraße, wie diverse Dokumente bezeugen.[154] Auf den Auferstandenen verweist auch das nestorianische Kreuz, das Kreuz des Erhöhten (s. Abb. 39). Dieses Symbol begegnet uns überall dort, wo die Nestorianer ihre Spuren hinterließen, vor allem im Siebenstromland, im Tarim-Becken, in China und sogar in Ladakh (Westtibet).

DAS NESTORIANISCHE CHRISTENTUM

39 Ein Glaubensbote zu Pferd, einen Stab mit nestorianischem Kreuz haltend

Die Hervorhebung der Auferstehung Jesu, der in der Ostkirche verehrten Märtyrer und Heiligen, schließlich auch eines jeden Gläubigen, ist ein Leitthema der syrisch-nestorianischen Literatur, die an der Seidenstraße gefunden wurde, und es ist verständlich, daß im Rahmen des Kirchenjahres dem Osterfest besondere Bedeutung zukam. Daß die Idee der Auferstehung ein besonderer Stein des Anstoßes für Buddhisten war, erfahren wir aus einem sogdisch-nestorianischen Text aus Turfan (Fragment Cl), wo die buddhistischen Widersacher des hl. Georg ihm den Vorwurf machen: »[Dämonen]-ähnliche Menschen bringt er vor uns hervor und sagt uns: ›Ich habe die Toten auferstehen lassen.‹«[155]

Es verwundert nicht, daß jener Buddhismus, der die Überwindung des Leiblichen und Weltlichen zugunsten eines höheren, überirdischen Seins anstrebte, in radikalen Gegensatz zu diesem Nestorianismus geriet, der allerdings auch mönchische und asketische Ideale hervorkehrte und Klöster gründete. Dennoch setzten sich die Christen z. T. kritisch vom Buddhismus ab, ebenso von jenem Manichäismus, der die Scheinleiblichkeit Jesu betonte. Selbst Kritik am buddhistischen Kult wird deutlich, wenn der ›Geist‹ (*dev*) in einer buddhistischen Mahakala-Figur aufgefordert wird, sich bis zum Gerichtstag ins Innere der Erde zu begeben und er veranlaßt wird zu bekennen: »Der Heidengott bin ich nicht, aber einer von den Bösen [Helfern] des Teufels bin ich.«[156]

In ähnlicher Weise hatte sich das Nestorianertum in Persien von der Feuerverehrung der Zoroastrier abgegrenzt. So heißt es in einem sogdischen Text aus Turfan: »Und er gab uns die heilige Taufe, damit wir nicht mehr [zum Feuer] kommen und nicht mehr das brennende Feuer sehen.«[157] In einer türkischen Erzählung von der Reise der drei Magier aus dem Morgenland nach Bethlehem wird dargelegt, wie die Feueranbetung auf einem Irrtum beruht.[158] Diese Abgrenzung kommt auch in der Tatsache zum Ausdruck, daß sich die Nestorianer in Turfan räumlich von den Zentren des Manichäismus und Buddhismus trennten, obgleich sie zeitweilig über eine Kirche in der manichäisch-buddhistischen Stadt Kocho verfügten.

Erst in China war das Nestorianertum bemüht, sich eng an den Buddhismus anzulehnen, was in der Buddhisierung der übersetzten Texte ebenso deutlich wird wie in der Abfassung von Werken mit Titeln wie etwa ›Das Jesus-Messias-Sutra‹.[159] In China waren allerdings

Bedingungen für eine innere Angleichung gegeben, da dort Mönche das nestorianische Christentum trugen, die frühe Tendenz zur Weltabwendung, die auf iranischem Boden zurückgedrängt wurde, wieder zur Geltung kam.

Voraussetzung des Kontaktes mit anderen Religionen war die bemerkenswerte missionarische Tätigkeit der ›Kirche des Ostens‹, die im Gegensatz zur Westkirche von keinem Staat begünstigt oder gefördert wurde.[160] Ihr kam die kirchliche Organisationsform entgegen, die den Metropolien der ›äußeren Kirchenprovinzen‹ relative Freiheit einräumte. Sie mußten nur in brieflicher Form Kontakt mit dem Zentrum der Kirche aufrechterhalten. Dies war zunächst Seleukia-Ktesiphon am Tigris, Sitz des ›Katholikos-Patriarchen‹, seit dem 8. Jh. Bagdad.

Unter dem Katholikos Timotheus I. (780–823), der die Missionstätigkeit in besonderer Weise förderte, wurden selbst die Bischöfe von der Pflicht entbunden, sich in ihren Ämtern vom Katholikos persönlich bestätigen zu lassen. So wußten sich zwar die östlichen Metropolien und Bistümer mit dem Kirchenzentrum verbunden, sie verfügten jedoch über ein so großes Maß an Autonomie, daß sie bei der Verbreitung des christlichen Glaubens auf jeweils vorgegebene ethnische und kulturelle Bedingungen gebührend Rücksicht nehmen konnten. Zur Ausbreitung des Nestorianertums auf den Handelsstraßen nach Ostasien trug auch bei, daß das Priesteramt die Ehe nicht ausschloß und die Grenzen zwischen dem geistlichen und dem weltlichen Stand durchlässiger wurden. So konnten reisende Kaufleute missionarische Aufgaben wahrnehmen, während umgekehrt geweihte Priester auch weltliche Berufe ausübten, um ihren Lebensunterhalt zu sichern. Erst in China etablierte sich ein Christentum, dessen Stützpunkte Klöster waren.

Schon im 5. Jh. hatte sich der Nestorianismus bis in den ostiranischen Kulturraum ausgebreitet. Es gab Bistümer in Rayy, Sistan, Merw und Herat. Ein sogdischer kirchengeschichtlicher Text nennt eine ganze Reihe weiterer Stützpunkte zwischen den Kirchenprovinzen

Die Verbreitung der nestorianischen Kirche

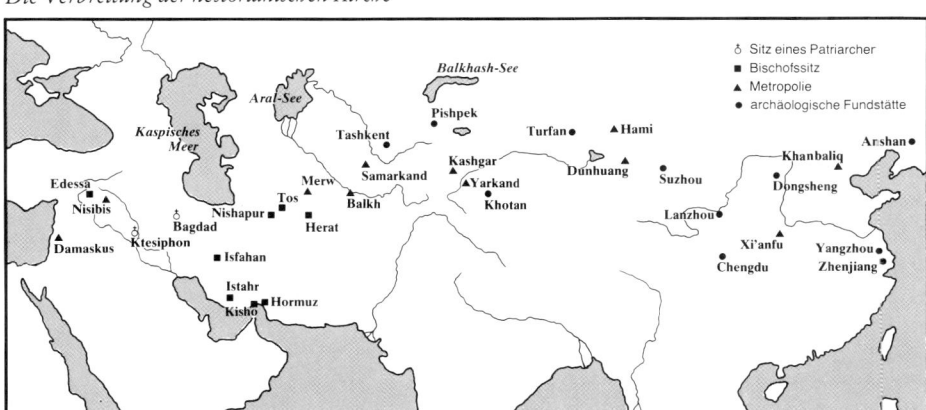

DAS NESTORIANISCHE CHRISTENTUM / DER MANICHÄISMUS

Persis (Fars) und Balkh, die zur Zeit des tatkräftigen Bischofs Barshabba ausgebaut wurden.[161] Nachdem Merw und Herat im 6. Jh. zu Metropolien wurden, dienten sie als Ausgangspunkte einer erfolgreichen Zentralasienmission, in deren Folge wohl nach dem 8. Jh. eine Metropolie in Samarkand entstand. Dies geschah vielleicht schon zur Zeit des Timotheus I., der in einem Brief von Christen »bei den Indern und Chinesen, den Tibetern und den Türken und in allen Bezirken, die diesem patriarchalischen Thron unterstehen«, spricht und darüber hinaus betont, daß auch »ein König der Türken« bekehrt worden sei.[162]

Bis in islamische Zeit gab es in Westturkestan christliche Gemeinden, u. a. in Buchara, Otrar und Talas. Unter manchen turk-tartarischen Völkern hielt sich das nestorianische Christentum bis ins 14. Jh., um erst durch den fanatischen Moslem Timur-Lenk ausgemerzt zu werden. Aber noch im 13. Jh. konnte das alte Zentrum Merw am Oberlauf des Oxus wieder aufblühen.

Wie früh das nestorianische Christentum im Tarim-Becken Fuß faßte, läßt sich nicht sagen. Dortige Gemeinden gingen auf eine erste Missionierungswelle zurück, die ebenso von einer zweiten, erst im 11. Jh. einsetzenden zu unterscheiden ist wie die in der Mongolenzeit (13. Jh.) aufblühende Ausbreitung. In die Zeit der ersten Verbreitung fällt zweifellos eine in Tankse (Ladakh) gefundene sogdische Inschrift aus dem 8. Jh.

Neben Dunhuang ist die Turfan-Oase ein bedeutender archäologischer Fundort, wo in Kocho Reste einer christlichen Kirche und in Bulayik zahlreiche Handschriften gefunden wurden. Sie setzen sich vornehmlich aus syrischen und sogdischen Dokumenten zusammen, wobei die sogdischen Texte vielfach auf syrische, z. T. auch auf mittelpersische Vorlagen zurückgehen. Daneben existieren zweisprachige Dokumente, in denen auf einen syrischen Satz die sogdische Übersetzung folgt. Auch einige türkisch-christliche Texte wurden dort gefunden. Dieses Material belegt, daß Sogdier tragende Gemeindemitglieder waren. Aber auch Perser scheinen eine führende Rolle gespielt zu haben, während die türkischen Nestorianer offenbar eine Minderheit in der Gemeinde waren.

Südlich des Tianshan-Gebirges wurden Spuren christlicher Präsenz an zahlreichen Orten der südlichen und nördlichen Handelsroute zwischen Kashgar und Dunhuang entdeckt. Nördlich dieser großen natürlichen Barriere findet man archäologische Reste bei Navekath am Issik-Köl (seit dem 10. Jh.) und im Gebiet der im 9. Jh. teilweise bekehrten Karluqen und Kara Kitai (südlich des Balkhash-Sees und des Issik-Köl). Die zahlreichen nestorianischen Grabsteine mit syrischen und türkischen Inschriften in der Region des Siebenstromlandes sowie aus Almaliq im Ili-Tal, der Residenz der čaghataischen Khane des 13. und 14. Jh., sind der Zeit vom 9.–14. Jh. zuzuordnen.[163] Im 13./14. Jh. traten auch Gläubige anderer christlicher Konfessionen, u. a. die ersten katholischen Missionare, die sich auf dem Weg zum Hofe des Mongolenfürsten nach China befanden, im Gebiet der Seidenstraße auf. Über ihre Erlebnisse berichten einige von ihnen in anschaulichen Reisebeschreibungen, so z. B. Johannes von Plano Carpini und Wilhelm von Rubruk.[164]

Das mönchisch geprägte Kirchenwesen der Nestorianer in China, dessen Aufbau mit dem Eintreffen des Mönches Aluoben in der Reichsstadt Chang'an im Jahre 635 einsetzte – die berühmte, 781 errichtete Stele von Xi'anfu (Chang'an) berichtet davon –, unterlag den religionspolitischen Tendenzen, die jeweils im Reich der Mitte vorherrschten. Nach einem Anwachsen der Gemeinde im 7. und 8. Jh. wandte sich ein Edikt im Jahre 845 gegen alle Fremdreligionen, was das Nestorianertum schwer traf. Das ostsyrische Christentum war in der zweiten Hälfte des 10. Jh. in China praktisch schon erloschen, blühte erst in der Mongolenzeit erneut auf und verschwand mit dem Ende der mongolischen Yuan-Dynastie (1271–1368) wieder.

Trotz der rechtgläubigen Tendenzen, die uns im christlichen Schrifttum der Seidenstraße entgegentreten, konnte es nicht ausbleiben, daß die religiöse, vom Buddhismus geprägte Umwelt ihre Spuren in dieser Literatur hinterließ. So finden wir im Kolophon eines christlichen Textes eine Zuwendung religiöser Verdienste des Schreibers an das Herrscherhaus[165], wie es in Nachworten zu buddhistischen Schriften üblich war.

Der Manichäismus

Der Religionsstifter Mani (216–76) trat um 240 n. Chr. im Zweistromland mit einer gnostischen Lehre hervor, die sich als Zusammenfassung und Überhöhung des Christentums, des Zoroastrismus und des Buddhismus verstand. Mani, der in der judenchristlichen Täufersekte der Elchasaiten aufgewachsen war, wie wir aus einem in Ägypten gefundenen griechischen Kodex wissen[166], verstand sich dabei als ›Apostel Jesu Christi‹ und als der in den Evangelien verheißene Paraklet. Anknüpfend an Paulus, entfaltete er nach seinem Austritt aus der Täufersekte eine rege missionarische Tätigkeit, um sein gnostisches Verständnis der Evangelien zu verkünden und eine eigene Kirche zu gründen.

Manis Missionsreisen führten ihn nicht nur in verschiedene Teile des Zweistromlandes und des Irans, sondern auch nach Indien und an den Hof des sassanidischen Königs Shapuhr I., dem er eine Schrift in mittelpersischer Sprache, das ›Šābuhragān‹, widmete, von dem Reste aus Turfan auf uns gekommen sind. Von Shapuhr I. erhielt er die Erlaubnis, seine Lehre im ganzen Reich zu verkünden. Der Manichäismus empfahl sich dem Herrscher des sassanidischen Vielvölkerstaates, weil er die im Reich vertretenen Religionen zu einer neuen Einheit zusammenzufassen suchte. Obwohl Shapuhrs Einstellung zur neuen Religion von Interesse und Toleranz geprägt war, gewannen Manis religiöse Gegenspieler, die Vertreter der zoroastrischen Staatskirche, allen voran der Oberpriester Kirder (Karter), zunehmend Einfluß auf die Religionspolitik des Hofes, so daß Mani unter Bahram I. im Jahre 276 eingekerkert wurde. An den Folgen dieser Haft verstarb er.

Manis verschiedenenorts aufblühende Gemeinde erlitt Verfolgung und Not und verlagerte ihren Schwerpunkt in das Zweistromland und die nordöstlichen Gebiete der iranischen Hochebene sowie das angrenzende turanische Tiefland. In diesem Raum war der Mani-Jünger und Ostmissionar Mar Ammo erfolgreich tätig. Aus Turfan-Texten erfahren wir, daß er zahlreiche Anhänger unter Reichen und Adligen gewann und in Abarshahr, Merw sowie im Gebiet des ehemaligen Kushan-Reiches für die neue Religion warb.[167]

Trotz der Verfolgungen, welche die manichäische Gemeinde im sassanidischen Reich erlebte, breitete sie sich innerhalb weniger Jahrhunderte bis in das Römische Reich und weit nach Zentralasien aus.[168] Die Westmission konnte bereits unter Leitung des Mani-Jüngers Mar Adda zu Lebzeiten des Stifters beachtliche Erfolge aufweisen. Es entstanden manichäische Gemeinden im syrisch-palästinensischen Raum ebenso wie in Ägypten, das im 4. Jh. zu einer Hochburg der manichäischen Lehre wurde. Der ägyptische Wüstensand bewahrte uns nicht nur den griechischen Mani-Kodex, sondern auch umfangreiche koptische Texte, die ursprünglich auf Syrisch abgefaßt waren und in die Zeit der ersten Jüngergeneration zurückreichen. Sie ergänzen in besonders wertvoller Weise die bedeutenden manichäischen Textfunde von Turfan und Dunhuang (s. Abb. 40).

Das Schicksal der Mani-Religion im Römischen Reich war es, daß sie trotz ihrer zahlreichen Anhänger in den Ländern um das Mittelmeer einschließlich Nordafrikas, Spaniens und Italiens als christliche Häresie von Staat und Kirche verfolgt wurde. Zu den stärksten Gegnern der Lehre zählte der Kirchenvater Augustinus, der selbst neun

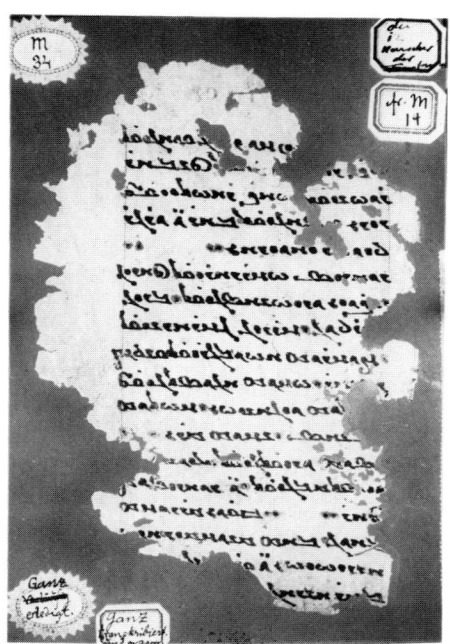

40 *Fragment eines parthisch-manichäischen Textes aus Turfan (M 34), der vom neuen und alten Menschen handelt*

Jahre der manichäischen Gemeinde angehörte. Als der Manichäismus im 6. Jh. im Römischen Reich unterging, hinterließ er nur noch Spuren in der Polemik christlicher Kirchenväter. Um so wichtiger sind neben den ägyptischen Funden die manichäischen Originaldokumente von der Seidenstraße, die uns einen Einblick in die Lehre, aber auch in die lebendige Frömmigkeit der Manichäer vermitteln.[169]

Im Osten fiel neben den parthischen Anhängern der Religion den Sogdiern eine wesentliche Rolle bei der Ausbreitung der ›Religion des Lichts‹ bis nach China zu. Es ist anzunehmen, daß sich in den Handelskolonien der Sogdier neben Buddhisten und Christen zahlreiche Anhänger des manichäischen Glaubens zusammenfanden. Manichäisch-sogdische Spuren finden wir in Felsinschriften am oberen Indus, in türkischen Runeninschriften in der Mongolei und in Felsbildern im sibirischen Jenissei-Tal.

Für Tibet ist die Kenntnis des Manichäismus und Nestorianismus in der Literatur des 8.–10. Jh. bezeugt.[170] In China könnte die Religion Manis schon vor dem Auftreten eines hohen manichäischen Lehrers aus ›Tocharistan‹, also aus dem Gebiet des ehemaligen Baktrien, am Hofe im Jahre 694 vertreten gewesen sein. Jedenfalls war die Existenz einer manichäischen Gemeinde in China, die wohl vornehmlich von Sogdiern getragen wurde, von weitreichender Bedeutung für Zentralasien. Denn als der Herrscher des uigurischen Steppenreiches, Bögü Khan, im Jahre 762 manichäische Geistliche (Electi) in der Reichshauptstadt Luoyang traf, ließ er sich zu ihrem Glauben bekehren und erhob ihn zur Religion seines Hofes. Ob der offiziell angenommene Glaube wirklich auch das Volk erfaßte, läßt sich schwer feststellen.

Als das uigurische Reich im Jahre 840 von den Kirgisen zerschlagen wurde, wanderten zahlreiche Uiguren in das Tarim-Becken und das Gebiet der heutigen Provinz Gansu, um sich in den Oasenstädten wie Turfan und Dunhuang niederzulassen. Während die Gansu-Uiguren bald ihre Stammesreligion und den Manichäismus zugunsten des Buddhismus aufgaben, bewahrten viele Manichäer in Turfan, wo sie Glaubensbrüder vorfanden, die in der Steppe angenommene gnostische Religion.

In der Zeit des türkischen Königreiches von Kocho (850–1250) waren etliche Herrscher Förderer des Manichäismus. Welche Könige sich zu ihm bekannten oder aber den Buddhismus annahmen, der zunehmend das Bild der Oase prägte, läßt sich schwer sagen. Nach einer Zeit königlicher Begünstigung der Lichtreligion, aus der wertvolle manichäische Texte und Malereien in Turfan stammen, gewannen die Buddhisten die Oberhand, obwohl offenbar beide Religionen lange friedlich nebeneinander existierten. Der Manichäismus dürfte in Turfan erst in der Mongolenzeit (13. Jh.) untergegangen sein. In Dunhuang starb diese Glaubensrichtung vermutlich schon im 11. Jh. zur Zeit des Einfalls der Tanguten aus. In China wurde sie schwer durch die Verfolgung fremder Religionen im Jahre 845 getroffen, konnte aber noch in der südlichen Küstenprovinz Fujian bis ins 16. Jh. überdauern.[171]

Die zahlreichen, leider vielfach bruchstückhaft erhaltenen manichäischen Dokumente, welche die Preussischen Turfan-Expeditionen in Zentralasien entdeckten, umfassen Texte in iranischen Sprachen (Mittelpersisch, Parthisch, Sogdisch) und auf Türkisch. Manche von ihnen gehen auf die früheste manichäische Zeit zurück und sind Übersetzungen von Schriften Manis sowie seiner Schüler, u. a. auch des Ostmissionars Mar Ammo. Den größten Teil der Literatur stellt die literarische Produktion der iranischen und zentralasiatischen Gemeinde dar. Sie umfaßt neben Lehrtraktaten, Homilien, Parabeltexten und Werken kirchengeschichtlichen Inhalts viele liturgische Texte. Zu diesen zählen zahlreiche Hymnen und Gebete, aber auch Bußtexte, die für Geistliche sowie Laien konzipiert waren. Zu den beliebtesten Bußtexten gehörte ein Laienbeichtspiegel, ›Xuāstvānīft‹ genannt. Fragmente von mehr als 20 Manuskripten mit diesem Text, die in Turfan und Dunhuang gefunden wurden, zeugen von seiner großen Bedeutung. Vor allem die Hymnen und Gebete vermitteln einen Eindruck von der lebendigen Religiosität, die die Jünger Manis an der Seidenstraße beseelte.[172]

Die großen philologischen Schwierigkeiten, die sich der Erschließung dieses Textgutes in den Weg stellten, sind dafür verantwortlich, daß bis heute, 80 Jahre nach deren Auffindung, nur ein Teil der nach Deutschland gelangten Dokumente veröffentlicht wurde. Während die bisher unbearbeiteten türkischen Manichaica erst vor kurzem publiziert wurden[173], verspricht die jüngst wiederaufgenommene Erforschung der iranischen Materialien, wesentliche neue Erkenntnisse über den Inhalt des östlichen Manichäismus zu liefern.[174]

DER MANICHÄISMUS

41 Wandmalerei aus Kocho (Ruinengruppe K), die Mani in Überlebensgröße im Kreis seiner männlichen und weiblichen ›Auserwählten‹ (Electi und Electae) zeigt; am rechten Rand sind Laien in gemusterten Gewändern abgebildet

Ergänzt werden die schriftlichen Zeugnisse aus Turfan durch bildliche, die in der Form von Miniaturmalereien und Fresken (s. Abb. 41) auf uns gekommen sind.[175] Obwohl z. T. nur fragmentarisch erhalten, werfen sie Licht auf das bedeutende künstlerische Schaffen der Manichäer, das selbst ihre Feinde in Ost und West bewunderten. Die Malereien aus Turfan sind praktisch die einzigen existierenden Zeugnisse für das Kunstschaffen der untergegangenen Weltreligion (s. Farbabb. 25).

Wesentlich vollständiger erhalten als die Turfan-Dokumente sind die chinesisch-manichäischen Texte aus Dunhuang.[176] Zu ihnen zählen eine lange Hymnenrolle, ein umfangreiches Lehrtraktat (Traktat Pelliot) und ein Kompendium der Lehren Manis. Die chinesischen Texte, zu denen parthische und türkische Parallelen gefunden wurden, sind von entscheidender Bedeutung für die literarische und sachliche Einordnung der vielen z. T. freilich kleinen manichäischen Turfan-Fragmente, deren Zahl über 10 000 beträgt.

Obwohl wir immer noch nicht klar erkennen können, was genau die ursprüngliche Lehre des Religionsstifters beinhaltet, lassen sich die wesentlichen Grundgedanken der manichäischen Lehre, wie sie an der Seidenstraße lebendig war, skizzieren.[177] Zusammengefaßt wird die Lehre in der Formel von den ›zwei Prinzipien und drei Zeiten‹. Sie besagt, daß sich im Uranfang zwei Prinzipien gegenüberstanden, das Licht und die Finsternis, die sich in zwei scharf voneinander abgegrenzten ›Reichen‹ verkörpern. Im ›Reich des Lichts‹ herrscht der Lichtvater, umgeben von Gottheiten, die aus ihm ›hervorgerufen‹ wurden und gleichsam seine Repräsentation darstellen. Demgegenüber herrscht im Reich der Finsternis der Teufel

Ahriman, der an der Spitze bestialischer Dämonen steht. Sie leben in ständigem Unfrieden, da sie von Gier und anderen Leidenschaften angetrieben sind. Während Ruhe, Harmonie, Frieden, Schönheit und Wohlgeruch Kennzeichen des Lichtreiches sind, herrschen im Reich des Ahriman Unruhe und Streit, Lärm und Gestank. Die zwei Prinzipien sind stofflich gedacht: Im Lichtreich ist alles wohlgestaltet, während die Ungestalt den Wesen der Finsternis zukommt.

Der radikale Dualismus der Manichäer bestimmte nicht nur ihr religiöses Verhalten und ihre Lebensführung, sondern prägte auch ihr kalligraphisches und künstlerisches Schaffen. In der klaren, vollendeten Formgebung von Schrift und Bild spiegelt sich die Ordnung der Seele wider, die sich dem Lichtreich zugehörig weiß (s. Farbabb. 26). Das Ideal einer unbefleckten Reinheit leitet dieses künstlerische Schaffen auch von innen.[178] »Nichts«, sagt H. C. Puech, »kann besser die geistige Atmosphäre des Manichäismus vor uns entstehen lassen als die Miniaturen, die sich in Turfan erhalten haben, mit ihren sauber umrissenen Gestalten, ihren feinen Zügen, ihren klaren und reinen Farben.«[179] Ergänzt wird diese Beobachtung durch die Bedeutung der Symbole für Reinheit, die uns in den Texten begegnen: der klare Mond, die kostbare Perle, das strahlende Himmelsgewand. Wenn in der Kunst auch die Lotosblüte – ein buddhistisches Symbol, das unbefleckte Reinheit versinnbildlicht –, häufig verwendet wird, so verweist dies auf die innere Voraussetzung für die Anlehnung an buddhistische Formen, die wir in Kunst und Literatur beobachten. Sie beruht auf dem Ideal einer Reinheit, welche die Welt transzendiert, so wie die Lotosblüte aus dem Sumpf der Welt herausragt.

Der Buddhismus

Das Ziel des historischen Buddha Shakyamuni war es, zunächst sich selbst und dann andere aus jenem Kreislauf der Wiedergeburten zu erlösen, der mit dem indischen Begriff Samsara gekennzeichnet ist. Er beinhaltet nicht nur die Notwendigkeit einer immer neuen Wiedergeburt, sondern grundsätzlich die Verstrickung in diese Welt der Vergänglichkeit mit ihrem Leiden, das u. a. in Krankheit, Alter und Tod zum Ausdruck kommt.

In der Lehre von den ›vier edlen Wahrheiten‹ wird weltliches Dasein als ›Leiden‹ diagnostiziert, dessen Aufhebung durch die Befolgung des von ihm gewiesenen ›achtfachen Pfades‹ gewährleistet ist. Dieser hat zum Ziel, daß man sich frei macht vom Haften an der weltlichen Wirklichkeit – die letztlich trügerische Illusion ist – daß man sich von allem löst, auch von einem vermeintlichen Ich. Man solle danach streben, herauszugelangen aus dem ehernen Karma-Gesetz, das jede Tat mit einer Folge in diesem oder im nächsten Leben verknüpft und das dem Samsara seinen Schreckenscharakter verleiht. Nicht nur von den Gestaltungen des Samsara solle man sich lösen, sondern auch von allen Anschauungen, Bildern und sogar Begriffen, welche die vermeintliche Wirklichkeit spiegeln.

Man solle also hinausgelangen über alle Erscheinungen und alle Denkformen und aufsteigen zu jenem Absoluten, dem Nirvana, das dem Samsara enthoben ist und das sich als endgültige Erlösung darstellt. Auch wenn das Nirvana nicht durch positive Aussagen cha-

42 Buddha verläßt auf seinem Reittier Kanthaka das Haus. Die Szene der Weltflucht ist im Zentrum einer Kuppelrosette dargestellt, deren größter Teil von einer vielblättrigen Lotosblume – Symbol der Reinheit – gebildet wird; Tempel 6 von Sängim bei Turfan, 9. Jh.

rakterisiert ist, so ist es doch dadurch gekennzeichnet, daß es als Ruhezustand dem Strom des Leidens und den Wogen der Illusion und des Irrtums gegenübersteht und insofern ein *summum bonum* darstellt. Es kann nur noch angedeutet, selbst aber nicht mehr abgebildet werden. Wenn die Kuppeln der zentralasiatischen Felsenheiligtümer vielfach ornamentale Muster zeigen, in deren Mittelpunkt der Kreis steht, so ist das schon ein Verweis auf die Transzendierung weltlicher Formen. Der Sachverhalt wird unterstrichen, wenn inmitten einer ornamentalen Kuppelrosette der das Haus, Symbol der Welt, verlassende Buddha auf seinem Leibroß Kanthaka abgebildet wird (s. Abb. 42).

Ist das endgültige Nirvana erst nach dem Tod erreichbar, so kann es doch schon hier erfahren werden, indem der Meditierende von Stufe zu Stufe aufsteigt, sich schrittweise aus der phänomenalen Welt zurückzieht und zur höchsten Erleuchtung gelangt. Auf diesem Stufenweg allerdings spielen bestimmte Bildgestaltungen und Begriffe noch eine Rolle, die aber auf der höchsten Stufe überwunden werden. Das religiöse Ideal des frühen Buddhismus, der an der Seidenstraße verschiedenen Ortes vertreten war, ist das des Arhat, des ›Heiligen‹, der in der Meditation das Nirvana erfahren hat und aus dieser Erfahrung heraus, der Welt innerlich entrückt, lebt.

Die schroffe Gegenüberstellung von leidvoller Erscheinungswelt und glückseliger, welttranszendierender Ruhe, von Samsara und Nirvana, die den frühen Buddhismus kennzeichnet, weicht im Laufe der Entwicklung einer Anschauung, wonach die Leerheit (Shunyata) das höchste Prinzip darstellt, das alles umspannt, die Welt der Erscheinungen wie das transzendente Nirvana.

Hatte schon Buddha davon gesprochen, daß alle Erscheinungen, auch das vermeintliche Ich, leer seien, so stellt die Bildung des Abstraktums Leerheit einen entscheidenden Schritt auf dem Weg zur Ausbildung jenes ›Großen Fahrzeugs‹ dar, dem dann verächtlich der frühe Buddhismus als ›Kleines Fahrzeug‹, als Hinayana, gegenübergestellt wurde.

Eingeleitet wurde diese Entwicklung durch die ›Mittlere Lehre‹ des Nagarjuna und seiner Nachfolger, die implizierte, daß die höchste Wirklichkeit, die alles umspannt, eben die Leerheit, der Welt nicht ausschließlich gegenübersteht, sondern in ihren Bezügen erfahren werden kann. Die Wirklichkeit hat zwei Seiten, die in innerer Wechselbeziehung stehen, die phänomenale und jene, die jenseits aller Erscheinungen steht. Ist die Verhältnisbestimmung dieser Seiten zueinander Gegenstand philosophischer Reflexion, die in verschiedenen Schulen unterschiedlich beschrieben wurde, so ist doch wesentlich, daß das Absolute als letzte Wirklichkeit sich in der Erscheinungswelt zu manifestieren vermag. Diese ist einerseits leer, andererseits aber auch Hinweis auf das eigentlich Wirkliche, das allem Seienden zugrunde liegt. Dieses wird im Zuge der Entwicklung aber auch positiv qualifiziert als die Soheit (Tathata), als das Buddha-Wesen (Buddhata) oder die Buddha-Natur. Sie durchdringt alles; als transzendenter Kern in allen Lebewesen einschließlich der Menschen muß sie verwirklicht, d. h. von den Schlacken des Samsara gereinigt werden.

In dialektischem Verhältnis zueinander stehen die Lehren von der Nichtigkeit der Welt und der Leerheit bzw. Soheit des Absoluten, das sich in ihr offenbart. Hier ist der Ansatz zu einer neuen Weltzuwendung gegeben – gleichsam von einem Punkt jenseits der phänomenalen Gestaltungen selbst her –, der erst in Ostasien zum Tragen kam. Aber der Wandel läßt sich schon an der buddhistischen Kunst der Seidenstraße ablesen und zeigt sich etwa in der Landschaftsmalerei, die das Verhältnis zur Welt sichtbar macht.[180]

Ist in der frühen indisch-buddhistischen Kunst die Landschaft nur angedeutet, etwa durch natürliche Gegebenheiten wie einen Baum oder einen Fluß, die nur den Ort des Geschehens

43   Meditierender Buddha in einer Berglandschaft; Kizil bei Kucha, 7. Jh.

markieren sollen, so gewinnt die Landschaft in Kucha und Turfan wie auch im frühen Dunhuang kulissenhafte Funktion. Vor ihrem Hintergrund, z.T. schon in sie eingefügt, erscheinen Darstellungen von Buddhas oder Szenen aus der buddhistischen Erzählliteratur (s. Abb. 43).

Im Dunhuang der Tang-Zeit aber kann die Landschaft einen Eigenwert gewinnen, der zunächst insofern abgeleitet ist, als sie zum Schauplatz religiöser Szenen und somit durch diese legitimiert wird. Von hier aus ist es nur noch ein kleiner Schritt zur reinen Landschaftsdarstellung. Sie hat dabei dennoch vielfach einen Verweischarakter, indem sie einen leeren Grund sichtbar werden läßt, der nicht wirklich hinter den Dingen, sondern in ihnen erscheint.[181]

Die Entwicklung vom frühen zum Mahayana-Buddhismus läßt sich ebenfalls an der Darstellung der Buddhas und anderer Heilsgestalten ablesen. Schon Buddha hatte nicht beansprucht, der einzige Erleuchtete zu sein. Seiner Ansicht nach besaßen auch frühere Weltalter ihre Buddhas. Schon in früher Zeit setzten Spekulationen über jene Vorgänger des Erleuchteten ein, deren Gestalt ebenso mythologisiert wurde, wie man die des historischen Buddha mit einem Legendenkranz umrankte. Einer frühen Epoche dürfte die Herausstellung von zunächst sechs Vorgängern des Buddha zuzurechnen sein, deren Zahl dann auf 12, 15 und 24 erhöht wurde.

44 Das Rad der Lehre auf einem fünfbeinigen Ständer, von Himmelswesen mit Glocken in den Händen begrüßt und von Gazellen verehrt – ein Hinweis auf die erste Predigt des Buddha im Gazellenhain von Benares. Ein Stifterpaar flankiert das Kultbild, auf das ein späterer Pilger die Worte gekritzelt hat: »Dies ist das Bild des vom göttlichen Buddha gedrehten Rades [der Lehre].« Das Bild befand sich unterhalb einer zentralen Buddha-Figur in Höhle 12 (nach Grünwedel) von Bäzäklik bei Turfan, 9./10. Jh.

Die Mythologisierung und zugleich Vergöttlichung des Stifters tritt uns bereits in den Skulpturen von Sañci und Bharhut in Indien entgegen. Sie erscheinen auf den Steinzäunen und Torbögen, die den Stupa umgeben, jenen monumentalisierten Reliquienschrein, der selbst ein anikonisches Symbol des ins Nirvana eingegangenen Buddha ist und der dann zunehmend zu einem Symbol der Lehre (des Dharma) und des Kosmos wird. Damals wurde der Erleuchtete selbst noch nicht bildlich dargestellt, sondern nur durch charakteristische Symbole angedeutet, so etwa durch den leeren Sitz unter dem Baum der Erleuchtung, durch die Fußspuren des ›So-Gegangenen‹ oder durch das Rad der Lehre, das an der Seidenstraße ein Grundsymbol des Buddhismus bleibt (s. Abb. 44).

Erst um die Zeitenwende setzte sich, zugleich im indischen Mathura und im indisch-iranischen Grenzgebiet, in Gandhara und in dem sich zunehmend ausdehnenden Kushan-Reich, jenes Formprinzip durch, das die Darstellung des Buddha als menschliche Figur gestattet und das Anlaß für eine reiche künstlerische Illustration der Buddha-Legende bietet. Die Darstellung der leiblichen Gestalt des Buddha steht überhaupt im Zusammenhang mit jener Zuwendung zum Phänomenalen, in dem und hinter dem ein absolut Gültiges sichtbar wird. Künstlerisch findet diese Idee durch verschiedene Mittel Ausdruck, etwa durch die weltüberlegene Ruhe (s. Farbabb. 10), die dem vielfach als ruhendem Pol aus dem Gewirr der ihn umgebenden Gestalten herausragenden Buddha zu eigen ist.

45 Der Bodhisattva Maitreya, umgeben von anderen Bodhisattvas und Göttern im Tushita-Himmel; Malerei aus Kizil bei Kucha, 7. Jh.

Die Entwicklung der buddhistischen Kunst hängt eng mit der Entfaltung des Mahayana-Buddhismus zusammen, wobei bemerkenswert ist, daß selbst hinayanistische Schulen wie die Sarvastivadin und die Sautrantikas das Gestaltprinzip für die Darstellung des Buddha übernehmen. Während wesentliche Impulse zu dieser Entwicklung zweifellos vom hellenistischen Erbe Baktriens und dem parthischen Erbe Ostirans ausgingen, macht sich wiederum indischer Einfluß in der Monumentalisierung der Plastik geltend. Der Buddha wird in riesigen Ausmaßen, stehend oder liegend, in Bamiyan (4.–5. Jh.) und Kara-Tepe (2.–4. Jh.) dargestellt. Dies hängt zweifellos mit der Tendenz zur Vergöttlichung des Stifters, mit seiner Erhöhung zu einem übermenschlichen Wesen, zusammen.

Nach der Zeitenwende setzt auch jene Entwicklung ein, die dem historischen Buddha diverse mythische Buddhas in fernen Paradiesen an die Seite stellt, unter denen Gestalten wie Amitabha, der Buddha des unendlichen Lichts, und Vairocana, der ›Sonnenhafte‹, herausragen. Die klassischen Texte des Amitabha-Buddhismus, die von Sukhavati, dem reinen Land oder westlichen Paradies dieses Buddhas des Lichtes, sprechen, wurden in den ersten Jahrhunderten unserer Zeitrechnung in Nordindien verfaßt. Von diesen Werken, welche die Kunst Dunhuangs mit ihren zahlreichen Darstellungen des glücklichen Landes in besonderer Weise inspirierten, wurde das ›Große Sukhāvatīvyūha-Sutra‹ bereits 252 n. Chr. ins Chinesische übersetzt.

Die ›mystischen Buddhas‹ spielen neben den Vorgängern des historischen Buddha Shakyamuni eine entscheidende Rolle in der buddhistischen Kunst und Literatur der Seidenstraße. Auch die Gestalt des zukünftigen Buddha Maitreya, der am Ende der Reihe ›geschichtlich‹ auftretender Buddhas steht und bis zur Zeit seines Erscheinens auf Erden im Tushita-Himmel weilt (s. Abb. 45), dürfte sich im indisch-iranischen Grenzgebiet nach der Zeitenwende herausgebildet haben.[182]

Eine wesentliche Neuerung des Mahayana-Buddhismus, der selbstverständlich auch maßgeblich von hinduistischen Einflüssen geprägt war, bestand darin, daß die Gestalt des Bodhisattva, des ›Erleuchtungswesens‹, eine Mittlerrolle zwischen dem sich in einem Buddha verkörpernden Absoluten und den erlösungsbedürftigen Wesen übernahm. Der Bodhisattva ist ein zukünftiger Buddha, der aus Mitleid mit den leidenden Wesen in der Welt das Gelübde abgelegt hat, auf das Eingehen ins Nirvana zu verzichten, bis das letzte Lebewesen, das auf ihn vertraut, erlöst ist.

Zwar kannte schon der alte Buddhismus den Begriff des Bodhisattva, er beschränkte ihn aber auf den historischen Buddha vor seiner Erleuchtung und auf seine früheren Existenzen in einem der Himmel oder auf Erden. Nun aber verkörpert sich das altruistische Ideal des Bodhisattva, das dem alten Ideal des Arhat gegenübergestellt wird, in zahlreichen Einzelgestalten, so daß nicht mehr von ›dem‹ Bodhisattva, nämlich Shakyamuni, gesprochen wird, sondern von ›einem‹ Bodhisattva. Zu den Bodhisattvas, die sich gnädig und hilfreich dem Erlösungsbedürftigen zuwenden, ihn aber auch aus konkreten Notsituationen erlösen, zählt vornehmlich Avalokiteshvara, der ›Herr, der gnädig herabblickt‹, der an der Seidenstraße in verschiedenen ikonographischen Formen dargestellt wurde (s. Farbabb. 9) – unter chinesischem Einfluß auch als weiblich-anmutige Guanyin –, was von seiner großen Beliebtheit zeugt.

In der Kunst erscheint der Bodhisattva gewöhnlich mit reichlichem Schmuck verziert; Bodhisattvas flankieren entweder eine zentrale Buddha-Gestalt oder erscheinen allein, sich dem Menschen liebevoll zuneigend (s. Abb. 46). Die unerschöpfliche Hilfs- und Opferbereitschaft eines Bodhisattva, der Äonen lang zum Wohle aller Le-

46 *Reich geschmückter Bodhisattva aus Kizil bei Kucha; zwei Brahmanen blicken zu ihm auf. Das Geschmeide des Erleuchtungswesens entspricht dem der Könige von Kucha*

DER BUDDHISMUS

47 Schwebende und musizierende Götter über dem verstorbenen Buddha; Kizil bei Kucha, 7. Jh. (?)

bewesen wirkt, gab im Glaubensdenken zu einer umfassenden Theologie Anlaß, die von den sechs bzw. zehn Stufen der Vollkommenheit (Paramita) spricht, die ein Erleuchtungswesen durchläuft.[183] Im Volksglauben hat der Bodhisattva etwa die Funktion gewonnen, die den Heiligen in der christlichen Kirche zukommt. Dennoch ist das Bodhisattva-Ideal insofern wesentlich umfassender, als sich im Mahayana jeder Fromme, der sich dem Streben nach Erleuchtung zuwendet und dies etwa durch Zuwendungen zur Gemeinde zum Ausdruck bringt, auf den Bodhisattva-Pfad begibt.

Die großen überirdischen Bodhisattvas sind bestimmten Buddhas zugeordnet, indem sie ihre Weisheit und Gnadenmacht verkörpern, so daß sie ebenfalls Personifikationen des Absoluten darstellen, »wiewohl in jeweils besonderer Variante und mit spezifischen Funktionen«.[184] Gleichzeitig fungieren sie als echte Mittlergestalten, da sie einerseits der höchsten Erleuchtung zustreben, andererseits aber alle Lebewesen zum Heil führen. Die Kunst hatte die schwierige Aufgabe, »diese doppelte Natur in ihrer inneren Einheit zum Ausdruck zu bringen«[185], was sie gewöhnlich meisterhaft gelöst hat, freilich in regional unterschiedlicher Weise.

Zu den Bodhisattvas treten im Mahayana jene ›Wissenskönige‹ (Vidyarajas) und die aus dem Hinduismus übernommenen Götterwesen (Devas) hinzu, die ebenfalls eine Mittlerfunktion zwischen den Menschen und der Verkörperung des Absoluten einnehmen können. Auch sie werden in Not um Schutz und um Hilfe angerufen, und Stifter an der Seidenstraße wenden ihnen nicht selten einen Teil des von ihnen durch eine fromme Handlung erworbenen Verdienstes zu.[186] Dennoch wird wiederholt betont, daß die menschliche Existenz insofern noch vorzüglicher als die der Götter ist, als allein auf menschlicher Ebene die Lehre des Buddha vollinhaltlich erfaßt werden kann, während die Götter zu wonnetrunken sind, um das Leid des Daseins zu erkennen. Diese Hochschätzung der menschlichen Existenz verleiht dem Menschen eine besondere Würde, erlegt ihm aber auch eine besondere Verantwortung auf. Auch er hat der Buddha-Würde zuzustreben, indem er sich auf den Bodhisattva-Pfad begibt, der ihn Stufe um Stufe höher führt und von den Banden des Samsara befreit.

Mögen die besten Voraussetzungen für die befreiende Erkenntnis von der Leerheit bzw. Soheit in allen Dingen und für die Verwirklichung der eigenen Buddha-Natur erst im Mönchsstand gegeben sein, so kann doch schon der Laie durch die Hinwendung zu den ›drei Juwelen‹ – Buddha, Lehre (Dharma) und Gemeinde (Samgha) – Grundbedingungen dafür schaffen, daß er jenem Ziel entgegenstrebt. Die Zuflucht beinhaltet die gläubige Verehrung des Buddha, das Hören und Beherzigen der Lehre und die Unterstützung der Gemeinde, die dafür die Aufgabe geistlicher Führung übernimmt. Die Zeugnisse ihres von Laien unterstützten Wirkens in der kulturellen Gestaltung des Lebens an der Seidenstraße bestimmen vornehmlich das Bild der faszinierenden Kultur, die uns in den Oasen zwischen Persien und China entgegentritt. Ihre Ausbreitung wird im Zuge der Darstellung der einzelnen Kulturbereiche an der Seidenstraße erörtert.[187]

Die schwindende Unterstützung der buddhistischen Mönchsgemeinde, die mit dem Vordringen des Islam einherging, führte zum Zerfall der buddhistischen Kultstätten an der Seidenstraße. Mag der Islam im Tarim-Becken endgültig erst im 15. Jh. den Sieg davongetragen haben, so blieben doch die buddhistischen Kultstätten in Dunhuang und dem chinesischen Herzland von seiner Überlagerung verschont.

Der Islam

Der Untergang des Buddhismus in den Oasenstädten West- und Ostturkestans hing eng mit der Verbreitung der islamischen Lehre des Propheten Mohammed zusammen, die sich etappenweise und nicht ohne Rückschläge für den Islam vollzog. Ziel der Anhänger des arabischen Propheten war die Etablierung einer koranisch begründeten göttlichen Ordnung im weltlichen Bereich. Dabei kam es nicht unbedingt darauf an, die unterworfenen Völker insgesamt zum Islam zu bekehren, sondern, daß sie die Oberhoheit der islamisch-staatlichen Autorität anerkannten. De facto führte aber die Unterprivilegierung der Nicht-Muslime, die u. a. dadurch zum Ausdruck kam, daß sie eine Kopfsteuer zu entrichten hatten, sowie die dann einsetzende mangelnde weltliche Unterstützung der nicht-islamischen Religionen zur Aushöhlung ihres Bestandes.

Für den Raum des ehemaligen iranisch-sassanidischen Reiches zeigte M. Boyce die zunehmenden Erschwernisse, denen sich die allmählich schwindende, aber nie ganz untergegangene zoroastrische Gemeinde nach den arabischen Eroberungen ausgesetzt sah. Grundsätzlich haben wir mit einem ähnlichen Prozeß im iranischen Sogdien und im buddhistischen Baktrien zu rechnen. Lange bestanden dort noch Islam und lokaler Zoroastrismus bzw. Buddhismus nebeneinander, und die Islamisierung verlief nicht immer so gewaltsam, wie dies die militärische Ausbreitung arabischer Macht über den Oxus hinweg im 7. und 8. Jh. vermuten lassen würde. Auch festigte sich diese Macht erst im Zuge einer Fülle von Einzel-

aktionen, wobei unter den islamischen politischen und militärischen Führern keineswegs immer Einigkeit herrschte und sie sich bisweilen heftig befehdeten.[188]

Die Niederlage des letzten Sassanidenherrschers Yazdegird III. im Jahre 642 war die Voraussetzung für die Ausbreitung arabisch-islamischer Macht nach Zentralasien. Den arabischen Heeren stand nun der Weg zu den Oasenstädten der Seidenstraße offen.[189] Auch nach der Festigung der islamischen Position, die sich schrittweise vollzog, blühte der Buddhismus noch weiter. Die Mönche waren keineswegs immer den blutigen Metzeleien ausgeliefert, die ihre Glaubensbrüder in Indien erleben mußten. Die Klöster verloren nur allmählich ihre weltliche Unterstützung und wurden nach und nach aufgegeben, um der Vergessenheit anheim zu fallen. So wissen wir, daß der Herrscher von Bamiyan sich im 8. Jh. zum Islam bekehrte, daß aber die dortigen Klöster 100 Jahre lang weiterbestanden und daß um 870 n. Chr. ›Götzenbilder‹ aus Bamiyan entführt und nach Bagdad geschickt wurden.[190]

Sicherlich wurde der Buddhismus nicht überall als ›Götzendienst‹ gebrandmarkt und verboten. Haben wir doch Zeugnisse dafür, daß Klöster und Buddha-Figuren z. T. dieselbe Schonung erfuhren wie die heiligen Stätten der Christen und Zoroastrier.[191] Im Laufe der Zeit, als sich die Bevölkerung eroberter Gebiete zunehmend dem Islam zuwandte, verloren die Zentren der Buddha-Lehre jedoch die Förderung durch Laien, die sie benötigten. Von al-Biruni, der um 1000 n. Chr. schreibt, erfahren wir, daß buddhistische Klöster im Grenzgebiet von Chorasan und Indien nur noch in Überresten zu sehen seien.[192]

Im sogdischen Raum, wo sich ein wieder erstarkter Zoroastrismus vor Einbruch des Islam im 7./8. Jh. geltend gemacht hatte, hielt die Bevölkerung besonders zäh an ihrem angestammten Glauben fest. Hier war das religiöse Leben nicht von wirtschaftlich abhängigen Klöstern getragen. Dieses Festhalten an der traditionellen Religionsausübung einerseits und die zeitweilige Brutalität der Islamisierung andererseits kommt deutlich in Narshakhis ›Geschichte von Buchara‹ zum Ausdruck, wo wir erfahren, daß der islamische Feldherr Qutaiba ibn Muslim erst nach dreimaliger Bekehrung der Einwohner und ihrer mehrmaligen Rückwendung zum Feuerkult den Islam endgültig einführte.[193]

Buddhismus und Zoroastrismus bestanden dennoch eine ganze Weile neben dem immer mächtiger werdenden Islam in Westturkestan und Baktrien, das nun als ›Tocharistan‹ bekannt wurde. Im 13. Jh., also zur Zeit des Mongoleneinfalls, erfuhr der Buddhismus sogar eine kurzweilige Renaissance in Merw. Das Fortbestehen der Buddha-Lehre, die abgesehen von jener Erneuerung um 1000 n. Chr. westlich des Pamir untergegangen war, blieb nicht ohne Auswirkung auf den Islam.

Noch im 14. Jh. wurden buddhistische Texte von einem muslimischen Autor ins Persische übersetzt. Wir können annehmen, daß zumal die islamische Mystik Anregungen vom Buddhismus wie auch vom Manichäismus erfuhr. Shiitische Vorstellungen scheinen von der manichäischen Gnosis und anderen altiranischen Ideen mitgeprägt zu sein. Die manichäische Kunst lebte offenbar weiter in der persisch-islamischen Miniaturmalerei. In Zentral-

◁ 48 *Im sandelholzfarbenen Palast von Buchara; Darstellung aus dem Jahre 1553*

asien setzte sich allerdings die sunnitische Richtung des Islam durch. Aber auch sie dürfte nicht ohne die Spuren der an der Seidenstraße vom Islam überlagerten Religionen geblieben sein. Immerhin scheint es klar zu sein, daß die Anlage der islamisch-theologischen Schule (Medrese) das buddhistische Kloster zum Vorbild hatte.

Auch im Tarim-Becken vollzog sich die Islamisierung meist nicht friedlich. So klingen in der buddhistischen Literatur schon vor der Verbreitung des Islam deutliche Stimmen der Besorgnis an. Man hofft auf das Erscheinen des zukünftigen Buddha Maitreya und auf die Bekehrung oder Unterwerfung der Fremdgläubigen.[194] Schon im 8. Jh. waren buddhistische Mönche in Khotan von den militärischen Erfolgen der Araber in Westturkestan so beunruhigt, daß einige von ihnen nach Tibet flohen.

Nachdem Khotan 982 von den Qarakhaniden erobert worden war, dürfte das buddhistische Klosterleben hier um 1000 n. Chr. ein Ende gefunden haben. Der Buddhismus am nördlichen Zweig der Seidenstraße hat sich wesentlich länger halten können. Zwar mußten die Mönche auf Anweisung der chinesischen Regierung (Edikt von 845 n. Chr.) in den Laienstand treten, doch blühte der Buddhismus in Turfan in der Mongolenzeit (13./14. Jh.) wieder auf.

Khizr Khoja (1389–1399), der Herrscher des islamischen Reiches Mogulistan (ein Nachfolgestaat von Čaghatai), eroberte Turfan, das von nun an zum Reich des Islam gezählt wurde. Eine Gesandtschaft des Timuridenherrschers Shah Rukh (1405–47) aus dem Jahre 1420 berichtet jedoch, daß die meisten Einwohner Turfans noch Götzendiener, d. h. Buddhisten, seien. In der Folgezeit dürfte die blühende buddhistische Kultur mehr oder weniger rasch untergegangen sein. Die Oase Hami wurde wohl unter dem einheimischen Herrscher Dawadashiri (1439–57) islamisch, da dieser den Ming-Annalen zufolge auch den Namen Ali Sultan trug. Dunhuang jedoch, das ›Tor nach China‹, blieb unter chinesischer Herrschaft und damit vor islamischer Bilderstürmerei verschont.

Freilich trat der Islam nicht nur als kulturzerstörende Macht auf den Plan.[195] Er brachte eine beachtliche Kultur hervor, die nicht nur an arabischen Formen orientiert war, sondern auch von persischem und türkischem Geist inspiriert wurde und sich auch der Sprachen dieser Völker bediente.[196] Buchara und Samarkand wurden zu bedeutenden Zentren persisch-islamischer Kunst und Literatur (s. Abb. 48). Es entstand darüber hinaus eine umfangreiche türkisch-islamische Literatur in Zentralasien, die bis heute nur in Ansätzen erforscht ist.

Die Kulturräume der westlichen Seidenstraße

Der Einfluß Griechenlands auf den Ostiran und Baktrien

Im Jahre 334 v. Chr. fiel Alexander d. Gr. in Kleinasien ein, schlug das Heer des persisch-achämenidischen Königs Darius III. und brachte in den folgenden sieben Jahren praktisch das ganze achämenidische Reich unter seine Kontrolle. Dann stieß er bis nach Baktrien vor, jener Gegend, die in etwa mit dem heutigen Afghanistan und dem Gebiet nördlich des Oxus (Amu Darya) zusammenfällt. Alexander drang bis ins sogdische Zentralasien vor, in das vom Yaxartes (Syr Darya) bewässerte Gebiet. Beide großen Flüsse des mittelasiatischen Zweistromlandes wurden später unter ihrem griechischen Namen im Abendland bekannt. Alexander verbrachte über drei Jahre (330–27 v. Chr.) in Mittelasien, d. h. in den Regionen Baktrien und Sogdien, die sich seiner Herrschaft besonders hartnäckig widersetzten. 327–25 v. Chr. fiel er in Indien ein, vernichtete das Heer des indischen Königs Porus und etablierte seine Macht auch im Indus-Tal.[197]

Die Eroberungen Alexanders brachten vor allem im Kerngebiet des achämenidischen Reiches Vernichtung und Zerstörung größten Ausmaßes mit sich. Ein Zeugnis dafür sind die Ruinen von Persepolis, der alten achämenidischen Königsstadt, deren Größe und Glanz die aller anderen Hauptstädte jener Zeit übertraf. Nicht nur wurden Paläste, Tempel und Heiligtümer zerstört, auch zahlreiche Priester – Träger der lebendigen Tradition – fanden bei der Verteidigung ihrer Heiligtümer den Tod. Dies wird sicherlich z. T. auch für die Ostgebiete des achämenidischen Reiches, für Baktrien und Sogdien, gegolten haben.

Unter den Nachfolgern Alexanders setzte jener Prozeß der Hellenisierung ein, der sich nachhaltig auf die Kulturgeschichte des östlichen Iran, des westlichen Zentralasien und des buddhistischen Nordwestindien auswirken sollte. Alexander regierte im Osten nur sieben Jahre, nach seinem Tode stritten sich seine Generäle um die Vorherrschaft. Erst 312/11 v. Chr. gelang es Seleukos, seine Herrschaft über einen großen Teil des ehemaligen achämenidischen Reiches auszubreiten, wobei er von Seleukia am Tigris regierte.

Schon Alexander hat zahlreiche griechische Städte bis zum Hindukush gegründet, wo er Soldaten und Siedler zur Seßhaftwerdung veranlaßte. Dort bildeten sich griechische Kulturformen aus. Wir sagen bewußt Kulturformen, da sich vor allem das griechische Formprinzip in Schrift, Kultur und Kunst immer stärker durchsetzte. Im Iran wurde es erst in sassanidischer Zeit (ab 224 n. Chr.) zurückgedrängt. In Indien und Zentralasien entfaltete das griechische Formprinzip noch lange darüber hinaus seine Wirkung, was sich sowohl in der buddhistischen Kunst von Gandhara zeigt wie auch in der Rezeption griechischer Schrift, griechisch gestalteter Götterbilder und griechischer Begriffe und Denkmuster in Baktrien sowie

HELLENISTISCHER EINFLUSS AUF DEN OSTIRAN UND BAKTRIEN

Zentralasien.[198] So ging z. B. der griechische Begriff *nomos*, der zunächst das (heilige) Gesetz der Polis, der griechischen Stadt, kennzeichnet, als *nom* auch ins Sogdische ein, um von dort aus ins Türkische und Mongolische zu gelangen. Es kennzeichnet in diesen Sprachen allerdings nicht mehr das Gesetz der Stadt, sondern die religiöse Satzung, ja die Religion schlechthin.

Eine wesentliche Voraussetzung für die Verquickung ostiranischer, baktrischer und hellenistischer Formen lag darin, daß schon die Makedonier nach ihren Eroberungen die politischen Strukturen des achämenidischen Reiches übernahmen und den Provinzgouverneuren weiterhin ein hohes Maß an Eigenständigkeit beließen. Stärker noch als im Politischen schritt die kulturelle Eigenentwicklung der Ostprovinzen fort, was vor allem für Baktrien gilt, wiewohl gerade hier eine besonders starke griechische Präsenz spürbar war. Gleichsam als Erbe der Zeit der achämenidischen Einheit bestanden aber weiterhin brüderliche Bande zwischen den Trägern der Kultur in verschiedenen Teilen der iranischen Welt, was nicht zuletzt darin seinen Ausdruck fand, daß weitgehend dieselben Gottheiten verehrt und allenthalben Feuertempel unterhalten wurden. Der Hellenismus wirkte nun trotz regionaler Differenzierungen im kulturellen Leben als einigendes Band, indem überall die klare griechische Schrift eingeführt wurde und an die Seite der altiranischen Lettern trat. Vor allem aber ging man dazu über, Herrscher und Götter in griechischem Stil darzustellen, mit der dem Griechentum eigenen profilierten Individualität.

Was für die Herrscher- und Götterbilder gilt, trifft auch auf die gesamtkulturelle Situation in hellenistischer Zeit zu. Die Betonung der Gestalt spiegelt eine Hochschätzung der Person und des Daseins in der Welt mit ihren sicht- und abtastbaren Formen wider. Das Heil ist im innerweltlichen Leben gegeben, und die Götter gehören grundsätzlich diesem Lebensganzen an. Sie sind nicht Repräsentanten eines fernen Lichtreiches wie in der Spätantike, wo die Welt zur Stätte der Finsternis wird und der Kosmos von dämonischen Mächten beherrscht ist. Zweifellos gab es solche Vorstellungen im seleukidisch beherrschten Iran, und gerade das Aufkommen der Apokalyptik, der Hoffnung auf eine endzeitliche Welterneuerung und -verklärung, ein altiranisches Motiv, ist in seleukidischer Zeit zu vermuten.

In griechisch beherrschten Städten und Gebieten aber setzte sich die griechische Daseinshaltung durch, was sich nicht zuletzt in der Hochschätzung des irdischen Lichtes zeigt, in der die Gestalten der Welt und auch der Götter klar umrissene, feste Formen aufweisen. Hier finden wir in der Kunst noch keine Spuren jener dämonisierten Welt, in der tierhafte Formen überwiegen, um die grausamen Beherrscher des Kosmos zu kennzeichnen, wie wir sie aus der klassischen Spätantike kennen.[199]

Das hellenistische Baktrien öffnete sich folglich nur sehr zögernd dem Buddhismus, der von der Leidhaftigkeit des Daseins spricht und der Welt als Samsara, als Stätte des Zwangs zu immer neuer Wiedergeburt, das jenseitige Nirvana gegenüberstellt. Zwar haben wir im buddhistischen Pali-Kanon ein bedeutendes Zeugnis für das Interesse eines griechischen Herrschers an der Lehre des Buddha: König Menandros (reg. 165–130 v. Chr.), der Pali Milinda genannt wird und der sich in dem Werk ›Gespräche des Milinda‹ *(Milinda-Pañha)* von einem buddhistischen Mönch u. a. über die Wesenlosigkeit der Individualität belehren läßt. Aber dabei dürfte es sich eher um die persönliche Fragestellung des Menandros handeln als um eine grundsätzliche Zuwendung der gräzisierten Baktrier zur Buddha-Lehre.

Wie nachhaltig Baktrien von griechischem Geist erfaßt wurde, geht aus dem Umstand hervor, daß von 256–75 v. Chr. ein griechisch-baktrisches Reich bestand, dessen Gründer König Diodotos I. (256–248), seine Selbständigkeit gegenüber der seleukidischen Herrschaft durchsetzte. Dieses Reich, dessen Kerngebiet mit der Hauptstadt Baktra zunächst nördlich des Hindukush lag, dehnte sich zeitweilig bis zum Yaxartes im Norden und bis zur Indus-Mündung im Süden aus. Eine eigenständige Dynastie war das ›Haus des Eukratides‹, jenes Königs Eukratides I., der 171–155 v. Chr. regierte und ein indo-griechisches Reich gründete, das sich von den Nordhängen des Hindukush bis ins nördliche Indus-Tal erstreckte. Es ging erst 55 v. Chr. unter, als es sich den nomadischen Saken unterwerfen mußte.

Eine Voraussetzung für die Verwurzelung des Hellenismus in Baktrien war die Politik Alexander d. Gr. und seiner Nachfolger. Baktrien leistete Alexander in besonderer Weise Widerstand. Die Provinz war aufgrund ihrer geographischen Lage zwischen dem iranischen Kerngebiet, Indien und dem sogdischen Zentralasien von hoher strategischer Bedeutung. Alexander unterstellte sie einem griechischen Gouverneur; nicht zuletzt aus politischen Gründen nahmen er und seine Generäle vornehme baktrische Frauen zu Gattinnen – Alexander selbst erwählte die ebenso kluge wie schöne Roxana.

Auch Seleukos, sein Nachfolger, heiratete eine baktrische Kriegsgefangene, Apama, die Tochter eines Rebellenführers. Sie gebar ihm seinen Nachfolger Antiochus I., der das Seleukidenreich von 280–260 v. Chr. regierte. Somit hatten die Seleukiden selbst iranisch-baktrisches Blut in ihren Adern, und in ihrem Gebiet entstand eine griechisch-iranische Mischbevölkerung. Dennoch blieben die Kulturen der Iraner und Griechen bei aller Übernahme griechischer Elemente grundsätzlich getrennt; in den neuen Siedlungen blühte die griechische Kultur, während in den alten Städten und Dörfern iranische bzw. baktrische Lebensformen bewahrt wurden.[200]

Der Regionalismus unter den Seleukiden führte dazu, daß die einzelnen Provinzen des ehemaligen Achämenidenreiches ihre eigenen kulturellen Formen ausbildeten. Dies galt für die Kunst ebenso wie für die Sprache und Schrift. So wurden die schriftlichen Dokumente und Inschriften, die aus nachachämenidischer Zeit auf uns gekommen sind, auf Medisch, Mittelpersisch, Parthisch, Chwarezmisch und Sogdisch abgefaßt. In Baktrien allerdings gewann das Griechische eine Vorrangstellung. Es war hier offenbar verpönt, Dokumente in der baktrischen Sprache des Volkes niederzuschreiben. Solche blieben erst aus der Zeit eines wiedererwachenden Nationalismus in der Kushan-Periode erhalten, als man sich allerdings noch immer des griechischen Alphabets bediente.

Die archäologischen und künstlerischen Zeugnisse aus gräko-baktrischer Zeit entstammen vornehmlich den griechischen Siedlungen. Zunächst sind jene gräko-baktrischen Münzen zu nennen, die schon im 18. Jh. die Aufmerksamkeit westlicher Forscher auf sich lenkten. Seit dem letzten Jahrhundert wurde eine große Zahl von ihnen bekannt. Sie zeigen auf der Kopfseite das Porträt eines Herrschers im Rechtsprofil, wobei seine Individualität in

HELLENISTISCHER EINFLUSS AUF DEN OSTIRAN UND BAKTRIEN

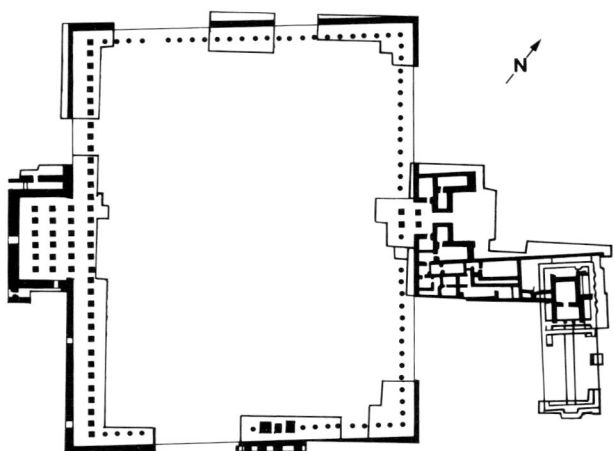

Grundriß des Palastkomplexes von Ai Khanum

markanten Zügen hervortritt. Auf der Rückseite sind gewöhnlich Schutzgottheiten nebst einer griechischen Legende dargestellt. Als Gottheiten tauchen Zeus, Herakles und andere griechische Götter auf. Eine so profilierte Physiognomie, wie sie hier sichtbar wird, ist später nie wieder in der Kunst der Seidenstraße anzutreffen. Nur allmählich drangen orientalische Elemente ein, so der strahlende Nimbus des iranischen Sonnengottes Mithra, der das Haupt des Herakles auf einer Münze Demetrios I. (200–185 v. Chr.) umgibt.

Der Fund derartiger Münzen spornte zur weiteren Erforschung der griechisch-baktrischen Kultur an. Zahlreiche griechische Götterfiguren und Gebrauchsgegenstände ebenso wie Werke der Kleinkunst wurden auf afghanischem Boden zutage gefördert, ja ganze Siedlungen aus hellenistischer Zeit freigelegt wie etwa Ai Khanum am südlichen Ufer des Oxus und Saksanochur nördlich des Flusses.

In Ai Khanum fanden französische Archäologen diverse Bauwerke einschließlich eines Palastes, der nach griechischen Vorbildern errichtet worden war.[201] Es handelt sich dabei um eine Königsstadt mit Festungsmauern, Türmen und Toren, die öffentliche Gebäude und Wohngebäude, ein Heroon (Mausoleum), ein Theater, ein Gymnasium und einen zentral gelegenen, dem Zeus gewidmeten Tempel beherbergte. Daß die Stadt noch Verbindungen zu Griechenland pflegte, zeigt eine griechische Inschrift im Heroon, dem Mausoleum des Stadtgründers oder eines reichen Bürgers, in der wir erfahren, daß der Autor der Inschrift, Klearchos, eine Reise nach Delphi unternahm, um das heilige Orakel zu befragen. Auch die Statuen und kleineren Funde, das architektonische Dekor, die Löwenmäuler, Delphinköpfe und Theatermasken zeugen ebenso wie eine griechische Widmungsinschrift an Hermes und Herakles im Gymnasium von der Verbindung zum griechischen Mutterland. Gleiches gilt für die Funde von Saksanochur, die von russischen Archäologen unter B. A. Litvinski 1966–67 freigelegt wurden.[202] Sie zeigen, daß Ai Khanum keineswegs einzigartig, wenn auch sicherlich in seiner Monumentalität herausragend war.

Neben griechische Formen, die in beachtlicher Reinheit in der Kunst und Architektur des gräko-baktrischen Reiches auftreten, gesellen sich babylonische Stilelemente und Inhalte sowie iranische und einheimische Motive, die allerdings nur zögernd aufgenommen werden. Die Synthese dieser griechischen Kunst mit orientalischen, d. h. iranischen, baktrischen und indisch-buddhistischen Elementen, setzte erst in der Zeit nach dem Untergang des gräko-baktrischen Reiches ein.

Vermutlich aus der Periode des gräko-baktrischen Reiches stammt auch jener bedeutsame Fund, der als ›Oxus-Schatz‹ bekannt wurde und der sich heute im Besitz des Britischen Museums in London befindet.[203] Es handelt sich dabei um eine außergewöhnliche Sammlung von kultischen und künstlerischen Objekten, die kurz vor 1880 von Händlern im trockenen Flußbett des Oxus gefunden wurden. Ein britischer Archäologe in Indien kaufte einen Großteil der Gegenstände und vermachte sie dem Londoner Museum.

Das Fehlen von Informationen über die genauen Fundumstände führte zu verschiedenen Theorien über den Ursprung des ›Oxus-Schatzes‹. Manche meinen, die kostbaren Objekte seien zur Zeit politischer Unruhen, vielleicht schon bei der Invasion Alexander d. Gr. (334–332 v. Chr.) oder später zur Zeit des Herrschers Euthydemos I. (235–200 v. Chr.), vergraben worden. Es könnte sich hierbei um einen aus Votivgaben bestehenden Tempelschatz handeln, denn tatsächlich brachte man in Baktrien wie im Iran Heiligtümern aus Dank für göttliche Hilfe oder in der Hoffnung darauf derartige Gaben dar. Diese Deutung wird durch die vielen Goldplaketten unterstützt, die zum Fund gehören; gerade sie zählten zu den beliebtesten Stiftungen an einen Schrein oder Tempel.

Die Vielzahl der unterschiedlichen religiösen Symbole, die im Oxus-Fund vertreten sind, und die Tatsache, daß sowohl Krieger wie auch weibliche Gestalten auf den Plaketten Darstellung fanden, sprechen dafür, daß es sich um den Schatz eines Tempels der Göttin Anahita – der Göttin der Fruchtbarkeit und des Krieges – handelt, von der wir wissen, daß ihr ein wichtiger Tempel in Baktrien geweiht war. Auch wenn die Gegenstände in diesem Tempel in hellenistischer Zeit gesammelt wurden, stammt der größte Teil der Funde aus der Achämenidenzeit, speziell aus der Zeit zwischen 550 und 330 v. Chr. Die Objekte wurden vermutlich von persischen Handwerkern an einem iranischen Hof hergestellt. Zum ›Oxus-Schatz‹ gehörende Schmuckstücke wie goldene Armreifen und Halsbänder wurden häufig von achämenidischen Herrschern an verdiente Untertanen vergeben.

Manche Gegenstände aus dem ›Oxus-Schatz‹ dürften sogar vorachämenidisch sein, da ihr Stil dem der medischen Kunst entspricht und sie Elemente enthalten, die auf mesopotamische Vorbilder zurückgehen (s. Farbabb. 6). Andere Werke stammen aus parthischer Zeit und wurden nach 200 v. Chr. angefertigt. In diesen späteren Werken erkennen wir z. T. schon hellenistische Einflüsse. Eine kleine Gruppe von Objekten schließlich weist auch einen eigenen, eher ›skythisch‹ zu nennenden Stil auf, der den Einfluß innerasiatischer Nomadenvölker zu erkennen gibt (s. Farbabb. 7).

Bestimmten im hellenistischen Baktrien griechische Formen die Kultur der herrschenden Schicht, so macht der ›Oxus-Schatz‹ auf die Vielfalt der Kultureinflüsse aufmerksam, die im Oxus-Tal in vor-kushanischer Zeit wirksam waren. Es wird vor allem die Verbindung zu anderen Teilen des iranischen Kulturgebietes sichtbar, das seine Impulse nicht zuletzt aus dem babylonischen Zweistromland erhielt. Diese Einflüsse wirken sogar noch in babylonisch inspirierten Rollsiegeln des ›Oxus-Schatzes‹ nach.

Die parthische Kultur im Ostiran und im westlichen Zentralasien

Die von Mesopotamien aus herrschenden Seleukiden erhoben zwar auf ganz Iran bis zum Indus und zum Yaxartes Ansprüche, aber schon zu Zeiten des Seleukos und seines Sohnes Antiochus I. nahm ihre faktische Macht ab, je weiter man nach Osten voranschritt.

Das gräko-baktrische Reich, das sich im Gebiet des heutigen Afghanistan etablierte, erklärte 246 seine Eigenständigkeit. Etwa gleichzeitig erhoben sich die ostiranischen Parther in einer Revolte gegen die seleukidische Macht. Der griechische Gouverneur wurde von einem gewissen Arsakes beseitigt, der die arsakidische oder parthische Dynastie begründete. Seine Vorfahren entstammten einem eingewanderten zentralasiatischen Nomadenstamm, dessen Name Strabo (XIX, 515) als ›Parni‹ angibt, die Verwandten der Skythen seien. Die Parni nahmen Sprache und Glaube der zoroastrischen Parther an, in deren Gebiet sie sich niederließen und in dem Arsakes aufwuchs.

Nachdem sich die arsakidische Macht in Parthien gefestigt hatte, dehnte sie sich weiter nach Westen aus. Einige Jahrzehnte nach der Reichsgründung marschierte der Arsakide Mithridates I. (ca. 171–138 v. Chr.) nach Westen und eroberte 141 die seleukidische Hauptstadt Seleukia am Tigris. Unter Mithridates II. (ca. 123–87 v. Chr.) breiteten die Arsakiden ihre Macht bis zum Indus-Tal im Osten, bis zu den westlichen Grenzen Mesopotamiens im Westen und weit in die turanische Tiefebene im Norden aus. Erst 224 n. Chr. lösten die Sassaniden die Parther in der Vorherrschaft über diese Region ab. Obwohl schriftliche Nachrichten über die Kultur und Religion der Parther spärlich sind, kann heute mit Recht angenommen werden, daß sich dieses Volk dem Zoroastrismus verbunden fühlte, wobei es allerdings diverse regionale Ausprägungen gab.[204]

Die Parther, deren Herrschaft fast 500 Jahre währte und damit länger andauerte als die der glanzvollen Achämeniden, verwalteten ihr Reich nie so zentral wie jene. Die arsakidischen Herrscher regierten über Vasallenkönige und Fürsten, die eine relativ große Autonomie besaßen. So setzte sich der Regionalismus der Seleukiden unter ihrer Herrschaft im politischen und kulturellen Leben fort. In religiöser Hinsicht spielte zwar die parthische Priesterschaft eine führende Rolle, sie erstrebte aber nie Konformität in allen Dingen.

Unter parthischer Suzeränität konnten die griechischen Städte weiter blühen, zumal die frühen parthischen Herrscher ausgesprochen griechenfreundlich waren. Mithridates II. nannte sich auf seinen Münzen nicht nur ›König der Könige, gerecht und tugendhaft‹ – was einem griechischen Ideal entsprach –, sondern geradezu einen ›Philhellenen‹. Manche parthische Herrscher waren der griechischen Sprache kundig und kannten die griechische Literatur.

Seit der Zeit Mithridates I. prägten parthische Könige ihre eigenen Münzen, die von griechischen Handwerkern gefertigt wurden. Anstelle der alten Symbole auf den achämenidischen Münzen traten nun Darstellungen zoroastrischer Götter (Yazatas) in anthropomorpher, hellenistischer Manier, wiewohl die Herrscherprofile auf der Vorderseite orientalische Züge trugen. Wie in ihrer Heimat pflegten die orientalischen Griechen den Brauch, in ihren Städten, d. h. auf den Märkten und Plätzen, bildliche Darstellungen ihrer Götter aufzustellen, wobei sie die griechischen Gottheiten mit lokalen identifizierten. Damit war ein Vorbild für eine zoroastrische Ikonographie gegeben, welche die Parther ebenso wie die Baktrier nicht zuletzt durch ihre Münzen verbreiteten. So wurden u. a. Zeus und Apollo dargestellt, um Ahura Mazda und Mithra zu repräsentieren; der ›siegreiche Herakles‹ (Herakles Kallinikos) verkörperte den iranischen Siegesgott Verethraghna, Nike und Demeter stellten die zoroastrische Glücksgöttin Ashi und die ›unsterbliche Heilige‹ Armaiti dar.

Vermutlich waren es eher Könige und Prinzen als orthodoxe Priester, die eine solche Hellenisierung förderten. Sie nahmen nach hellenistischem Vorbild auch göttliche Ehren für sich in Anspruch, indem sie sich mit Titeln wie *theos* (Gott) oder *theopator* (Gott [ist] Vater [des Königs]) schmückten, ein dem Zoroastrismus fremder, ja häretischer Gedanke.

Bei aller Anpassung an den Hellenismus besaßen die Parther ihre Feuertempel im ganzen Land, die von wohlhabenden Laien reich mit Gaben und Spenden bedacht wurden. In der Tat stammen nicht nur die ältesten Beschreibungen des Feuerkultes aus parthischer Zeit, auch die ältesten identifizierbaren Ruinen derartiger Heiligtümer gehen auf die parthische Epoche zurück. Ein solcher Feuertempel befand sich im Südosten Irans, in Sistan, dem alten Drangiana. Auf dem Kuh-i Khwaja, dem ›Hügel des Meisters‹, in der Nähe des Hamun

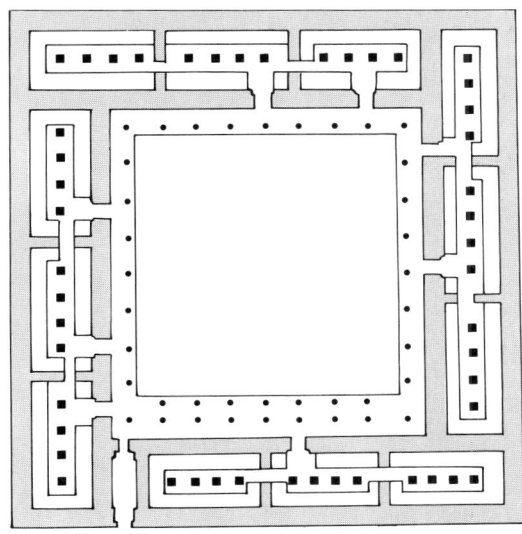

Grundriß der ›Viereckigen Halle‹ von Alt-Nisa, 2.–1. Jh. v. Chr. (?)

49 Rekonstruktion des Tempels in Neu-Nisa aus dem 3.–1. Jh. v. Chr.

(Kasaoya)-Sees, wo der zoroastrische Messias Saoshyant erwartet wurde, förderte man sogar zwei Heiligtümer zutage, zu denen sich in sassanidischer Zeit ein drittes gesellte. In dem in der Stadt Arsak gelegenen Feuerheiligtum, wo Arsakes zum König proklamiert wurde, befand sich ein ewig brennendes Feuer – vermutlich das Dynastenheiligtum der Arsakidenherrscher. Die verschiedenen Vasallenkönige durften ihre eigenen dynastischen Feuer unterhalten.

Neben Feuertempeln kennen wir aus parthischer Zeit auch Bagin genannte Kultstätten, in denen man Götterbilder aufstellte. Hier wurden iranische Gottheiten in bildlicher Form verehrt und teilweise mit griechischen Göttern gleichgesetzt. In dieses Bild paßt es, wenn auch im königlichen Nisa, im parthischen Tiefland nördlich der iranischen Hochebene gelegen – einem Gebiet, das schon zum eigentlichen Zentralasien zählt –, Tempel mit Kultstatuen gefunden wurden.[205] In den zahlreichen, in Nisa zutage geförderten, mit parthischen Inschriften versehenen Ostraka werden diese Tempel *Ayazan*, Orte der Verehrung, genannt.

Nisa in der Nähe des heutigen Ashkabad in der Sowjetrepublik Turkmenistan war die älteste Hauptstadt der Arsakiden. Hier wurden Häuser, Burgen und Tempel ausgegraben. Sowjetische Forscher legten auch einen befestigten ›verbotenen Bezirk‹ der parthischen Herrscher frei, in dem eine Totengedenkstätte oder Schatzkammer und diverse Tempel gefunden wurden.[206] Der Zutritt zu dem Bezirk, den entweder Mithridates I. oder Mithridates II. anlegte, war normalen Sterblichen untersagt. Erst gegen Ende der parthischen Zeit wurde die königliche Festung gestürmt und geplündert.

Die in Nisa gefundenen Ostraka, an die 2500 beschriftete Tonscherben aus der Zeit von 100–29 v. Chr., sind in erster Linie Wirtschaftsdokumente, die Weinlieferungen usw. bezeugen.[207] Das Weingewächs und die Weinranke sind in der Kunst mehrfach dargestellt, war doch das parthische Tiefland ebenso wie Sogdien seit früher Zeit ein Weinbaugebiet. Der Genuß des Weines ist ein Kennzeichen der städtischen Oasenkultur der ostiranischen Völker Zentralasiens bis in islamische Zeit hinein. Er steht im Gegensatz zum von Nomaden bevorzugten Bier, das als minderwertiges Gebräu galt. Von Parthien und Sogdien gelangte die Weinkultur in die Oasenstädte Xinjiangs und nach China.[208]

Die Ostraka von Nisa enthalten auch einige interessante Angaben über religiöse Verhältnisse. So ist z. B. die Rede vom ›Tempel (Ayazan) der Nana‹, womit ein Kultschrein der aus Mesopotamien stammenden Gottheit gemeint ist, deren Verehrung sich mit jener der beliebten zoroastrischen Göttin Anahita – im Osten Göttin der Fruchtbarkeit und der Gewässer –, verband, die von den Griechen mit Aphrodite und Artemis identifiziert wurde. Ein anderes Ostrakon spricht vom ›Tempel des Frahat‹. Frahat (gr. Phraates) war der Name eines parthischen Königs, und so liegt vermutlich ein Verweis auf einen Tempel vor, in dem ein heiliges Feuer für die Seele des verstorbenen Herrschers unterhalten wurde. Solche ›Seelenfeuer‹, die man ebenso wie ihre Priester reich mit Zuwendungen bedachte, sind in späterer sassanidischer Zeit bezeugt.

Die Gräber der frühen arsakidischen Könige sollen in der Nähe von Nisa liegen. Sie wurden jedoch bisher nicht gefunden. Während die Könige an einem alten, aus achämenidischer Zeit stammenden Grabkult festhielten, pflegte das Volk den zoroastrischen Brauch der Totenaussetzung. Wie in Persien legte man im östlichen Iran die Leichen Hunden und Vögeln zum Fraß vor. Die Schriftbegründung dafür findet sich im zoroastrischen Werk ›Vendidad‹ (III, 4 u. IV, 4). Anschließend wurden die Knochen eingesammelt und in einem Behälter oder einer Urne, einem Ossuarium, beigesetzt. Manche dieser Ossuarien sind auch mit Inschriften versehen, die den Toten kommemorieren und seiner Seele gedenken. Hinter der Aufbewahrung der Knochen steht die altzoroastrische Vorstellung, daß bei der Auferstehung der Toten die Gebeine neu mit Fleisch bekleidet und durch einen Prozeß göttlicher Neuschöpfung von der indessen entwichenen Seele belebt würden.

Der parthische Totenkult war insofern auch von den Griechen inspiriert, als man nach ihrem Vorbild Gedenkfiguren von herausragenden Verstorbenen anfertigte.[209] Diese Kultverehrung trat nun in Verbindung mit dem Kult der Fravashis, der großen Verschiedenen. In Nisa fand man zwei stattliche Gebäude, von denen man annimmt, daß sie dem Totenkult gewidmet waren. Da ist zunächst die im ›verbotenen Bezirk‹ liegende, mit Säulen versehene ›Viereckige Halle‹ (Quadrathaus), die wahrscheinlich im 2. Jh. v. Chr. errichtet und später erneuert wurde. Während einige Archäologen das geschlossene Bauwerk mit fensterlosen Mauern, Lagerräumen und einem großen Innenhof für ein königliches Schatzhaus halten, sind andere eher geneigt, darin einen Kultort für Verstorbene zu sehen, da in den Nischen der Mauern Statuen standen. Einige sind aus Marmor gefertigt, viele sind bemalte Tonfiguren von Gestalten in parthischer Gewandung. Während manche dieser Figuren kleinere Ausmaße aufweisen, haben andere überlebensgroße Dimensionen. Sie stellen, wie M. Boyce vermutet[210], verstorbene Edelleute und Könige dar, denen Opfergaben dargebracht wurden. In anderen parthischen Orten der turanischen Tiefebene fand man neben den kostbaren Statuen von vornehmen Verstorbenen auch kleinere, stilisierte Terrakotta-Figuren, die vornehmlich von Leuten aus dem Volk stammten und die vermutlich auch dem Erinnerungskult dienten.

Zu den bemerkenswertesten Bauwerken in Neu-Nisa, dem etwas später erbauten zentralen Teil der alten Partherstadt, gehört auch ein Gebäude mit umlaufendem Treppenaufgang, das vermutlich als Tempel diente (s. Abb. 49).[211]

Zu den in Nisa gefundenen Kunstgegenständen, die vor allem aus der ›Viereckigen Halle‹ stammen, zählen neben Statuen auch Siegel mit Darstellungen griechischer Götter und zahlreiche Importstücke aus entfernten Ländern. So tauchen Münzen aus den antiken Schwarzmeerstädten auf. Ein Bronzespiegel, dessen Rückseite von einem Hirschrelief geschmückt ist, erinnert an den skythischen Tierstil. Auch ein verzierter Rundschild und eine eiserne Streitaxt könnten sich von nomadischen Prototypen herleiten. Dagegen verweisen die künstlerisch bemerkenswerten Rhytonen, konisch zulaufende Trinkgefäße, die am geschwungenen Ausgangsende mit Tierdarstellungen geschmückt sind und deren Oberrand Friese mit griechischen Motiven verzieren, auf orientalisch-hellenistische, vielleicht baktrische Ursprünge.

Ein weiteres bedeutendes Zentrum des nordöstlichen Parthien war Merw, die Hauptstadt der Provinz Margiana.[212] Es gewann Bedeutung, nachdem im Jahre 12 n. Chr. Artaben III. aus einer Seitenlinie der Arsakiden, der zunächst über Medien herrschte, durch einen Staatsstreich an die Macht kam und die neue Dynastie der jüngeren Arsakiden begründete. Nach dieser Zeit wuchs der Einfluß des parthischen Adels im ganzen Land. In Merw entstand ein halbunabhängiger parthischer Staat, der wohl auch seinen Einfluß auf Nisa geltend machte.

Die quasi-selbständige Stellung des Herrschers kommt in seinen Münzen zum Ausdruck. Er nennt sich fast anmaßend ›der große Sanbar, König der Könige‹, ein Titel, der nicht nur auf Griechisch, sondern auch auf Parthisch erscheint. Die Herrscher von Merw pflegten Beziehungen zum Kushan-Reich, zu Indien und zu zentralasiatischen Oasenstaaten. Die Münzen wie auch andere archäologische Funde lassen erkennen, daß nun griechische Elemente zunehmend mit orientalischen verschmolzen.

Vielleicht schon im 2. Jh. machte sich in Merw auch der Buddhismus bemerkbar, wie eine buddhistische Kultstätte mit Buddha-Statue bezeugt.[213] Der Einfluß des Buddhismus scheint auf der Beziehung Merws zum Kushan-Reich und zu Indien zu beruhen. Parther waren schon im 2. Jh. n. Chr. an der Übersetzung heiliger buddhistischer Schriften ins

1 In der Nähe von Turfan; Ruinen der Stadt Jiaohe ▷

2 Das Bamiyan-Tal im Hindukush, Kulthöhlen mit Buddha-Figuren ▷▷

3 BAND-I-AMIR   Seenplatte im Hindukush
4 Chinesischer Feuerturm bei Dunhuang

5 BAND-I-AMIR ▷

6 Goldenes Amulett mit gehörnten Greifen aus dem ›Oxus-Schatz‹, 5.–4. Jh. v. Chr.
7 Goldener Haarschmuck aus dem ›Oxus-Schatz‹, 5.–2. Jh. v. Chr.

8 Vergoldeter Buddha-Kopf aus Tumshuq, 5.–6. Jh. n. Chr.

10 Sitzender Buddha aus Holz, Tumshuq, 5. Jh. n. Chr.
9 Maitreya, der kommende Buddha, mit Ambrosiaflasche, oder der Bodhisattva Avalokiteshvara mit blauer Lotosblume, Malerei auf Holz aus Fondukistan, 7. Jh. n. Chr.

11 TURFAN-OASE   Ruinen eines buddhistischen Klosters mit Stupa

12 TURFAN-OASE   Reste eines buddhistischen Stupa

13 Turfan Islamische Moschee

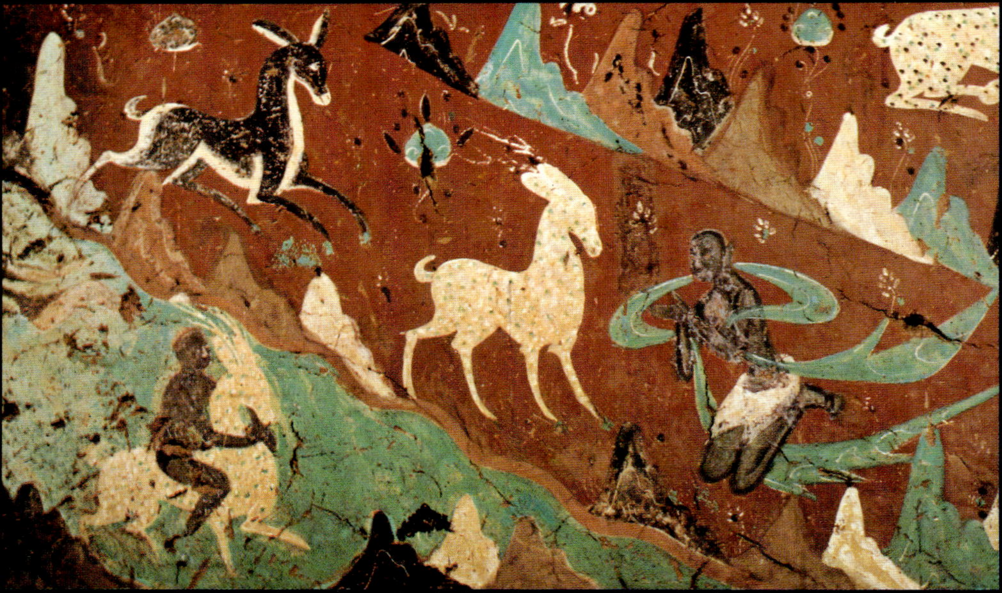

14 DUNHUANG Höhle 257, Darstellung einer buddhistischen Erzählung (Jātaka): der Buddha als Bodhisattva in Gestalt eines Hirschkönigs

15 DUNHUANG Höhle 45, reisende Kaufleute, von Räubern bedroht

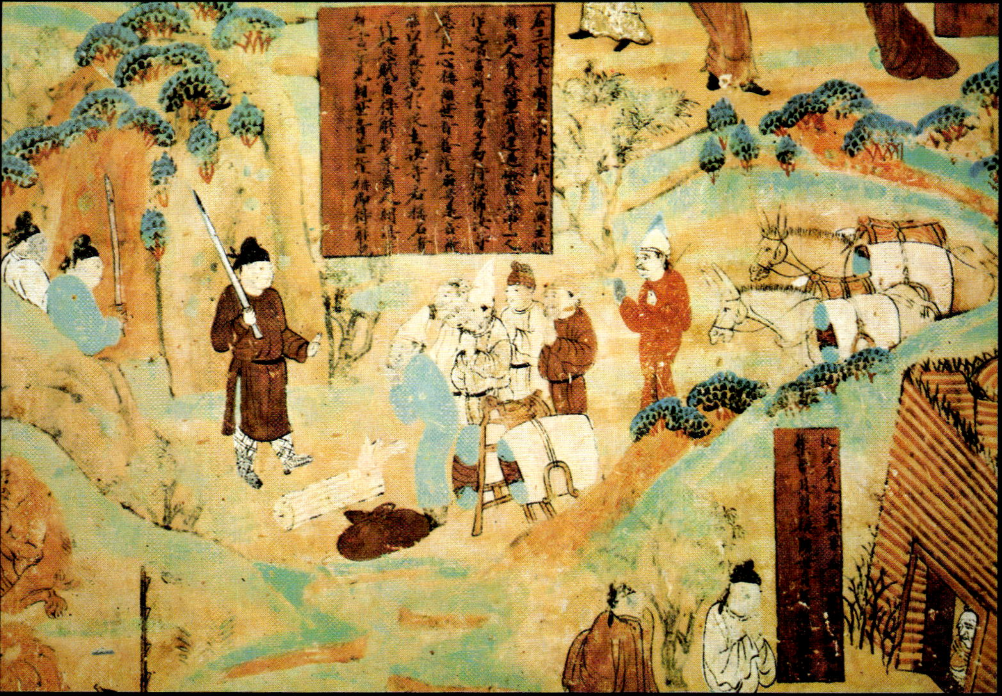

16 DUNHUANG Höhle 465, buddhistischer Schutzgott in Vereinigung mit seiner Partnerin ▷

18 DUNHUANG Höhle 328, Buddha mit der Geste der Lehre und der Erdberührung, flankiert von Jüngern und Bodhisattvas

◁ 17 DUNHUANG Höhle 285, Buddha als Kultfigur, flankiert von zwei Jüngern und umgeben von verehrenden Gestalten

19 DUNHUANG Höhle 419, Buddha mit der Geste der Furchtlosigkeit und Wunschgewährung

21 Die Oase Dunhuang, von Sanddünen umgeben

◁ 20 DUNHUANG Höhle 158, Trauernde am Sarg des verstorbenen Buddha, karikierende Darstellung der Völker an der Seidenstraße

22 Die Höhlen von Bäzäklik bei Turfan ▷
23 LUOYANG Wächter vor den Kulthöhlen ▷

24 Kocho   Fragment einer manichäischen Miniaturmalerei mit Darstellung von Hindu-Gottheiten aus dem 8./9. Jh. n. Chr.
25 Kocho   Fragment einer manichäischen Miniaturmalerei mit Darstellung des manichäischen Abendmahls (Bema-Fest) aus dem 8./9. Jh. n. Chr.

26 Turfan   Manichäische Miniatur aus dem 9./10. Jh. n. Chr. ▷

27 BÄZÄKLIK Manichäische Miniatur, eingeklebt in eine sogdische Schriftrolle aus dem 8./9. Jh. n. Chr.

Chinesische beteiligt. Der herausragendste unter ihnen war der aus Buchara stammende parthische Prinz An Shigao, der 148 in der chinesischen Hauptstadt Luoyang eintraf und dort eine bemerkenswerte Übersetzungstätigkeit entfaltete. Es muß eine parthisch-buddhistische Literatur entstanden sein, da die parthisch-manichäischen Texte viele parthisch-buddhistische Lehnwörter aufweisen. Eine Münze des sassanidischen Ostgouverneurs Peroz, der 242–252 in Merw residierte, zeigt auf der Rückseite die Verehrung des Buddha durch den Herrscher.[214]

Im 3. Jh. war Merw erfolgreiches Ziel manichäischer Mission, wie wir aus manichäischen kirchengeschichtlichen Texten erfahren. Im 5./6. Jh. machten auch nestorianische Christen den Ort zu einem Stützpunkt für ihre Ostmission. Alle drei Weltreligionen dürften mit wechselndem Schicksal neben dem angestammten Zoroastrismus mit seinen lokalen Gottheiten bis zur Islamisierung im 7./8. Jh. vertreten gewesen sein, auch wenn der Buddhismus wahrscheinlich früher das Feld räumen mußte.

Die Oase Merw empfahl sich den Weltreligionen deshalb als Stützpunkt auf dem Weg nach Osten, weil sie lange Zeit ihre relative Unabhängigkeit bewahrte, wie nicht zuletzt aus den sich ausbildenden eigenständigen Kunstformen hervorgeht. Zwar wurde die Oase im 3. Jh. dem sassanidischen Reich fest eingefügt und zum Sitz des iranischen Kushan-Shah gemacht, der die eroberten Kushan-Territorien beherrschte. Aber sie konnte dennoch als nordöstlicher Vorposten der Sassaniden einen gewissen Grad an Autonomie bewahren und als Drehscheibe wirtschaftlicher und kultureller Beziehungen zwischen Iran, Indien und Zentralasien fungieren.

Das Kushan-Reich und seine Nachfolgereiche in Zentralasien

Gegen Ende des 2. Jh. v. Chr. fiel in Baktrien ein nomadisches Volk ein, das den Chinesen als Yuezhi bekannt war.[215] Es zerstörte das gräko-baktrische Reich, übernahm jedoch viele Elemente seiner Kultur, vor allem auch die baktrische Sprache, die später in einer vom griechischen Alphabet abgeleiteten Schriftform wiedergegeben wurde. Aber auch die rein griechischen Buchstaben blieben in Gebrauch.

Die Yuezhi nahmen in Baktrien z. T. die höhere städtische Kultur der Gräko-Baktrier an. Das Volk soll an die 400 000 Mitglieder gezählt haben, die in fünf Stämme zerfielen, jeweils von einem Stammeshaupt angeführt. Etwa zwei Jahrhunderte nach der Seßhaftwerdung – vielleicht auch schon früher – konnte sich einer der Führer, dessen Name im Chinesischen mit Guishuang angegeben wird, gegenüber den anderen durchsetzen und sich zum König über das damalige Baktrien erheben. Der Name seines Stammes, Kushan, wurde nun zum Namen der neuen Dynastie, die noch unter ihrem Gründer den östlichen Teil Parthiens, Gebiete südlich des Hindukush und vielleicht auch das Swat-Tal in Nordwestindien eroberte. Die Chronologie der Kushanas ist bis heute umstritten. Wir folgen Göbl, der die Ereignisse in das 2. Jh. n. Chr. verlegt.[216]

DAS KUSHAN-REICH UND SEINE NACHFOLGESTAATEN

50 Statue des Kushan-Herrschers Kanishka aus Mathura, 2. Jh.

Nach dem Tode des Reichsgründers setzte Kujula Kadphises dessen Werk fort. In den von ihm geprägten Münzen knüpfte er an die Münztradition der gräko-baktrischen Herrscher an, bildete griechische Götter wie Herakles mit griechischen Legenden ab und ergänzte sie durch Legenden in der indischen Kharoshthi-Schrift. Neben griechischen Titeln (wie *basileus soter,* ›der König-Heiland‹) tauchen bereits indische Kennzeichnungen auf. So nennt sich Kujala Kadphises ›standfest im Gesetz‹ oder ›standfest im wahren Gesetz‹, wobei unklar ist, welches Gesetz gemeint ist.[217] Vermutlich handelt es sich um das göttlich sanktionierte religiöse Gesetz des Staates im Sinne des griechischen *nomos*. Die griechischen Götter blieben zu seiner Zeit lebendig, aber auch iranische, parthische und baktrisch-zoroastrische Formen waren vertreten. Das kultur- und religionsgeschichtliche Programm dieses Herrschers wie auch das der folgenden läßt sich geradezu an den Münzen ablesen.[218]

Buddhistische Elemente sind in den frühen Münzen noch nicht zu finden, es sei denn, daß das ›wahre Gesetz‹ sich auf die buddhistische Lehre bezieht, was aber wenig wahrscheinlich ist. Allerdings beherrschten die Kushanas schon bald das Gebiet jenes indo-parthischen Königreiches, das sich zur Zeit seiner größten Ausdehnung vom nördlichen Indus-Tal bis zur Indus-Mündung erstreckte.

Nachfolger des Kujula Kadphises war Vima Kadphises, der chinesischen Quellen zufolge in Indien einfiel. Vima gab in Anknüpfung an einige gräko-baktrische Könige repräsentative Goldmünzen heraus. Das edle Metall verlieh seiner Währung Prestige und zeugte von der wirtschaftlichen Macht seines Reiches. Auch künstlerisch und heraldisch sind die Darstellungen auf seinen Münzen eindrucksvoll. In ihnen drückt sich die Beziehung Vimas zu Rom aus, da seine *aurei* dem Standardgewicht entsprachen, das die Münzen des Titus aufwiesen. Vermutlich stammte ein Großteil des Goldes, das in diesen Münzen verarbeitet wurde, aus Rom, das für östliche Waren z. T. mit Goldmünzen zahlte.

Eine wesentliche Grundlage der wirtschaftlichen Blüte des Kushan-Reiches zu jener Zeit und auch danach war der Handel zwischen China und dem Westen, der das Gebiet der Kushan-Herrscher passieren mußte. Waren aus China wurden vom Tarim-Becken durch Baktrien und den Iran nach Westen befördert, oder aber von Zentralasien über das Hindukush-Gebirge nach Nordwestindien gebracht, wo sie zu Schiff auf dem Indus die Küstenstädte Westindiens erreichten. Von dort wurden sie auf dem Seeweg nach Mesopotamien oder zu Häfen am Roten Meer befördert, um dann nach Ägypten, Syrien und Rom zu gelangen. Das Kushan-Reich importierte auch Waren aus dem Westen, wie die archäologischen Schätze von Begram (Kapisha) in Afghanistan zeigen, wo bemaltes syrisches Glas, hellenistische Bronzefiguren, aber auch Vasen und andere westasiatische Gegenstände gefunden wurden.

Der bedeutendste Herrscher des Kushan-Reiches war zweifellos Kanishka I. (Datierung nach Göbl: 232–260 n. Chr.), der Vima auf den Thron folgte. Er blieb dem Buddhismus als besonderer Förderer der Buddha-Lehre in Erinnerung, ja wurde als ein zweiter Ashoka gefeiert. Ashoka (273–232 v. Chr.) war jener indische Herrscher, der sich nach grausamen Eroberungszügen der Lehre des Buddha zuwandte und buddhistische Sendboten nach Ceylon, Nordwestindien (Gandhara) und vielleicht sogar bis nach Khotan entsandte. Er legte seinen Untertanen die buddhistische Moral nahe, und zwar in auf Stein gemeißelten Edikten, die an verschiedenen Orten seines Reiches aufgestellt wurden.[219] Man fand sie sogar auf afghanischem Boden, dort z. T. auf Aramäisch und Griechisch abgefaßt.[220]

Grundriß des Dynastenheiligtums von Surkh Khotal aus dem 2. Jh. 1 Haupttheiligtum 2 Nebenheiligtum 3 Peribolos 4 Äußere Umfassungsmauer 5 Statuen 6 Terrassen 7 Inschrift 8 Peribolos 9 Brunnen

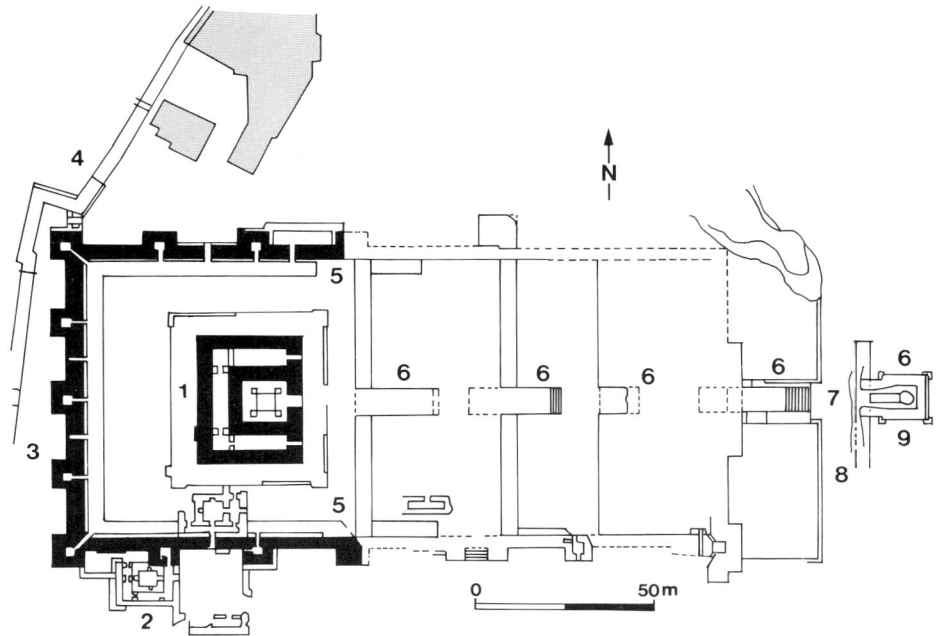

51 Tonfigur aus Chalčajan

Ob sich Kanishka selbst als zweiter Ashoka verstand, ist zu bezweifeln. Er scheint den Buddhismus eher aus politischen denn religiösen Gründen gefördert zu haben, war diese Glaubensrichtung doch ein wesentlicher Kulturträger in den von ihm eroberten indischen Gebieten. Mit der Verlagerung des Schwerpunktes seiner Macht nach Peshawar (dem alten Purushapura) in Gandhara sah er sich einer vornehmlich buddhistischen Bevölkerung gegenüber. Für Kanishkas eigene Haltung spricht jedoch, daß buddhistische Symbole auf seinen Münzen weniger häufig auftreten. Die Errichtung eines großen zoroastrischen Dynastenheiligtums in Surkh Khotal wie auch die diversen iranischen Gottheiten, die seine Münzen schmücken, machen deutlich, daß Kanishka sich keineswegs vom baktrischen Zoroastrismus abwandte. Dennoch zählten die Buddhisten ihn zu den Gläubigen.[221]

Die späteren buddhistischen Legenden um Kanishka konnten nicht zuletzt deshalb wuchern, weil so wenig über das Leben des großen Herrschers bekannt war, mit dessen Regierungsantritt eine neue Jahreszählung einsetzte, nach der die Daten späterer Könige berechnet sind. Daß es sich um eine hoheitsvolle, energische Persönlichkeit gehandelt haben muß, geht aus der in Mathura gefundenen Statue des Kanishka hervor, auch wenn der Kopf nicht erhalten blieb (s. Abb. 50).

Zur Zeit des Kanishka erstreckte sich das Reich von Baktrien bis ins mittlere Ganges-Tal. Die nördlich davon bis Chwarezm und Sogdien reichenden Gebiete unterstanden vermutlich seiner lockeren Oberhoheit; mit wirklicher Einverleibung in das Reich ist höchstens zeitweilig zu rechnen. Gleichwohl gehörten sie ebenso wie das westliche Tarim-Becken einschließlich Khotan zu den politischen Einflußsphären des Kushan-Reiches.

Zu den bedeutendsten Bauwerken aus der Zeit des Kanishka zählt ein großes, auf einem Berg liegendes Dynastenheiligtum, das von französischen Archäologen unter Leitung D. Schlumbergers in Surkh Khotal freigelegt wurde.[222] Aus der baktrischen Inschrift des Tempels geht eindeutig hervor, daß Kanishka das Heiligtum errichtete. Die auf einer Anhöhe liegende Kultstätte war durch einen großen, 55 m langen Treppenaufgang vom davorliegenden Tal erreichbar. Eine Lehmziegelmauer umgab das Allerheiligste, zu dem man durch mehrere terrassenartige Vorräume gelangte. Es wies eine Cella mit einer zentralen Plattform auf, die vielleicht dem Feuerkult diente. Wie auch bei anderen iranischen Heiligtümern führte eine Wandelhalle auf drei Seiten um die Cella herum.

Etwa 1,5 km östlich des Aufgangs zum Hauptheiligtum befand sich ein kleiner, vielleicht dazugehöriger Tempel mit drei großen, leider schwer beschädigten Figuren, die vermutlich buddhistischer Provenienz waren. Innerhalb des Dynastenheiligtums wurden Statuen von fürstlichen Personen gefunden, vergleichbar der in Mathura zutage geförderten Statue des Kanishka. Wie die Gestalten auf den Münzen wiesen sie zum Teil flammende Schultern auf, ein Motiv, das mehrfach in der kushanischen Kunst begegnet und wahrscheinlich auf mesopotamische Vorbilder zurückgeht. Später wurde es zum Kennzeichen mancher Buddha-Figuren in Gandhara und an der Seidenstraße. Erhalten sind ferner Fragmente von göttlichen (?) Figuren in Stuck, architektonische Ornamente, drei Versionen einer langen baktrischen Inschrift in Kushan-Kursive, Fragmente einer großen Inschrift in griechischen Majuskeln, die bis heute noch nicht entziffert werden konnte, Teile eines weiteren Epigraphs in Kursivschrift, Reste von Kultinstrumenten, Schmuck und einige Münzen.

Von den Inschriften ist jene von größter Bedeutung, die rechts vor dem Treppenaufgang zum Heiligtum angebracht war. Obwohl der baktrische Text bisher noch nicht in seiner Gesamtheit übersetzt werden konnte, ist sein Grundtenor klar. Der Bearbeitung von W. B. Henning zufolge ist u. a. die Rede von ›dieser Akropolis des Kanishka-Nikator-Heiligtums, das errichtet wurde mit dem Namen des Herrn, des Königs Kanishka‹.[223] Wir erfahren, daß das Heiligtum nach seiner Errichtung verfiel und aufgegeben wurde, da der natürliche Wasserzufluß versiegt war.

Im Regierungsjahr 31 (263 n. Chr.?), also zur Zeit Huvishkas (260–292), erneuerte ein gewisser Nokozonko, ein hoher Beamter (›Herr der Märsche‹), gemeinsam mit drei anderen Notablen den Tempel, grub einen Brunnen und legte einen Aquädukt oder Kanal an. Nokozonko verband seine Aufbauarbeit mit dem Wunsch: »Mögen sich die Götter nun nicht von ihren Sitzen zurückziehen, und möge ihre Akropolis nicht [wieder] verlassen werden.«[224] Die Götter weilen also nur dort, wo das lebensnotwendige Wasser fließt. Es wäre reizvoll, genauere religionsgeschichtliche Reflexionen daran anzuknüpfen, doch die lapidare Kürze dieser Mitteilung verbietet weiterreichende Folgerungen. Gleichwohl ist häufig in kushanischen Inschriften vom Versiegen des Wassers, dem Brunnenbau und der Restaurierung von Tempeln die Rede.[225]

Das Basrelief einer unvollendeten Investiturszene wurde in einem Turm im Umfassungswall gefunden. Wo es ursprünglich im Heiligtum stand, ist fraglich. Es verweist jedoch ebenso wie die Gesamtanlage darauf, daß es sich bei dem Sanktuarium tatsächlich um ein Dynastenheiligtum handelte, so unklar auch das Ritual ist, das dort befolgt wurde. Manches spricht dafür, daß hier dem heiligen Feuerkult gehuldigt wurde. Ein Nebenaltar (in Heiligtum 2 des Grundrisses, vgl. S. 139) wies tatsächlich noch Reste von Asche auf.

Ein weiteres Dynastenheiligtum aus kushanischer Zeit fand sich in Chalčajan, im Tal des Surchan Darya zwischen Termez und Dushanbe. Hier wurde ein reich geschmücktes Prunkgebäude entdeckt, dessen Skulpturen und Malereireste von einer nordbaktrischen Verschmelzung alter hellenistischer, kushanischer und ostzentralasiatischer Elemente zeugen.[226] Diese dynastische Kultstätte diente vielleicht auch als Feuertempel. In dem Gebäude fanden sich Fresken, die allerdings zum Flächigen neigen und die Tiefendimension helleni-

stischer Kunst zugunsten einer ornamentalen Zweidimensionalität aufgeben, wie etwa fließend angeordnete Pflanzenmotive bezeugen.

Dagegen kommt in den Skulpturen, die im zentralen Festsaal und in einem Nebenraum gefunden wurden, der Wille zur plastischen Gestaltung noch deutlich zum Ausdruck (vgl. Abb. 51). Die hellenistische Bemühung um Gestaltung der Individualität verband sich also mit einheimischen Stilelementen. Vermutlich stand der zum Gott erhobene Fürst im Mittelpunkt des Rituals, sei es, daß er noch als Lebender oder erst als Verstorbener verehrt wurde.

Die Bauten und Denkmäler von Chalčajan gehören zu den frühesten Zeugnissen der dynastischen Kultur der Kushanas. Insofern verwundert das Weiterwirken hellenistischer Traditionen hier nicht. Zweifellos ist auch der Herrscherkult ein Erbe aus der hellenistischen Zeit.

Die Nachfolger des Huvishka orientierten sich kulturell in zunehmendem Maße an Indien. Mit Vasudeva I. (292–312 ?) setzte der Verfall des Kushan-Reiches ein. Während oder nach seiner Regentschaft scheint sich das Reich in zwei Teile gespalten zu haben. Diverse Hinweise auf eine krisenhafte Situation liefern gandharische, afghanische und mittelasiatische Funde (s. Abb. 52). Ausgelöst wurden die Unruhen sicherlich dadurch, daß die junge iranisch-sassanidische Dynastie seit Mitte des 3. Jh. große Teile des Imperiums beherrschte. Die eroberten Gebiete wurden dem sassanidischen Kushan-Shah, der in Merw residierte, unterstellt. Die äußere Krise dürfte auch dazu beigetragen haben, daß sich der Buddhismus weiter ausbreitete, gewann er doch vielfach – bis nach China – gerade in Krisenzeiten an Boden, als man sich seiner Botschaft von der Leidhaftigkeit der Welt öffnete. Aber auch der Shivaismus, der von der zerstörerischen Kraft des Schöpfergottes sprach und die kreative, erhaltende und zerstörende Funktion Shivas durch seine Dreiköpfigkeit zum Ausdruck brachte, konnte Anhänger gewinnen, wie z. B. Münzen Vasudevas I. zeigen.

52 Eine baktrische, wahrscheinlich in spätkushanischer Zeit entstandene Jagdszene; Darstellung auf einer Elfenbeintruhe. Die grobe Ausführung steht in auffälligem Gegensatz zur feinen Schnitzkunst der frühen Zeit

Die einzelnen Entwicklungslinien der späten Kushan-Zeit im Gebiet südlich des Hindukush und in Indien lassen sich schwer nachzeichnen. Nicht einmal die Abfolge der Herrscher ist klar. Spätestens gegen Ende des 4. Jh. ging die Kushan-Macht in Indien unter. Schon lange zuvor konnten Lokalfürsten, zumal im Hindukush und in angrenzenden Gebieten wie in Bamiyan, eigenständige kleine Reiche etablieren.

Die Sassaniden hatten die westlichen und nördlichen Teile des Kushan-Reiches erobert, wobei allerdings unklar ist, wie weit ihre Herrschaft reichte und wie lange sie andauerte. Wesentlich für die Kultur der Seidenstraße war, daß nun sassanidische Motive zunehmend die Kunst bestimmten, was sich von Bamiyan bis Ostturkestan verfolgen läßt. Dort übernahmen nicht nur die Buddhisten, sondern auch Anhänger der chinesischen Volksreligion in der Grabkunst von Astana sassanidische Motive, z.B. in einen Perlenkranz eingefaßte Tiersymbole: Löwen, Vögel, eine Perlenkette im Schnabel haltend, Eberköpfe (der Eber ist ursprünglich Symbol des iranischen Siegesgottes Verethraghna) usw. Solche Standardmotive lassen sich von Baktrien über Sogdien, Kucha und Turfan bis nach China, ja sogar bis nach Japan nachweisen (s. Abb. 53). Der Beitrag der sassanidischen Kunst ist naturgemäß vornehmlich in Baktrien, Sogdien und Ostturkestan ausgeprägt. Wir werden davon ausgehen müssen, daß dem sassanidischen Einfluß auf die Kunst bisher noch unzulänglich erforschte geistige Impulse entsprachen, die sich auch im Tarim-Becken geltend machten, und zwar bis zum 7. Jh., als man in stärkerem Maße chinesische Formen rezipierte.

Zweifellos boten die instabilen Verhältnisse in jenen Teilen des ehemaligen Kushan-Gebietes, die nicht fest in das Sassanidenreich einverleibt wurden, Anlaß für die nun kraftvoll einsetzende Ausbreitung des Buddhismus. Fand man auf afghanischem Boden bedeutende buddhistische Heiligtümer vor allem in jenen Gebieten, die der Oberaufsicht des Kushan-Shah nicht direkt unterstanden, so zeugt dies von der geistigen Situation, auch wenn

DAS KUSHAN-REICH UND SEINE NACHFOLGESTAATEN

53 Sassanidischen Mustern nachempfundener japanischer Seidenstoff aus Nara, 8. Jh.

die buddhistische Lehre schon früh – in den ersten Jahrhunderten nach der Zeitenwende – Stützpunkte in Parthien und Nordbaktrien besaß.

Der Buddhismus konnte jedoch auch dort Fuß fassen, wo sich Kleinstaaten und geographisch begrenzte Fürstentümer etablierten, zumal er es vor allem in seiner Mahayana-Form verstand, das Königtum zu legitimieren. Der König wurde als Bodhisattva, als Anwärter auf die Buddha-Würde, verstanden, als einer, der zum Wohle seiner Untertanen die äußeren Voraussetzungen für ihren Heilserwerb schafft. Umgekehrt wurde der Bodhisattva schon in Gandhara mit Fürstengewandung und Fürstenschmuck dargestellt.

Vor allem der Mahayana-Buddhismus sprach der Welt auch insofern wieder eine höhere Bedeutung zu, als für ihn das Absolute, die Soheit, Diesseits und Jenseits umgreift und somit auch in der Diesseitigkeit erfahrbar ist. Weitreichende Konsequenzen aus diesem indischen Ansatz zogen zwar erst die chinesischen und japanischen Buddhisten, aber Tendenzen in dieser Richtung sind auch schon in der gandharischen, kushanischen und nach-kushanischen Form des Buddhismus erkennbar. Sinnfälligste Symbole für diesen Sachverhalt sind die Kultbauten. Die buddhistische Kulthöhle, Zeichen des Rückzugs aus der Welt, wie wir sie in Bamiyan und Kara-Tepe am Oxus finden, wird ergänzt durch das freistehende Kloster (*Saṃghārāma*) und vor allem durch den Stupa mit seiner vielschichtigen kosmologischen Symbolik. Beide Bauformen, die Höhle und der Freibau, blieben noch lange nebeneinander erhalten, so wie Vertreter des ›Kleinen‹ und des ›Großen Fahrzeugs‹ nebeneinander an unterschiedlichen Zentren der Seidenstraße lebten.

Die stärkere Weltzuwendung ist augenfällig in der Kunst Gandharas (2.–4. Jh.), wo der Stupa wie in Peshawar monumentale Formen annehmen kann, wo aber auch die darstellende Kunst, vor allem Hochreliefs mit ihren hellenistischen Stilelementen, das neue Verhältnis zum Irdischen zum Ausdruck bringt. Der Buddha erscheint nicht nur als meditierende Gestalt mit geschlossenen Augen, sondern als handelnde Person, die in die Welt hineinschreitet. Auch ist bemerkenswert, daß man sich nun nicht mehr scheut, seine Geburt, sein Hervortreten aus der Hüfte seiner Mutter, künstlerisch darzustellen, womit das Element der Menschwerdung, der Inkarnation, unterstrichen wird. Später, in der Kunst von Kucha, kann gerade diese Szene wieder ganz anders erscheinen, indem nicht ein Kind, sondern eine Lichterscheinung aus der Seite der Mutter hervortritt, womit der doketische Charakter des Buddha-Leibes wieder betont wird. Daß neben dem weltzugewandten Zug also auch weiterhin eine weltabgewandte Tendenz existiert ist deutlich, und geht nicht nur aus schriftlichen Zeugnissen, sondern gerade auch aus den architektonischen Anlagen hervor.

Auf afghanischem Gebiet verdienen zunächst die buddhistischen Kultanlagen von Hadda Erwähnung, das vom 2.–7. Jh. eine Blütezeit erlebte.[227] In den Viharas (Klöstern) von Hadda und Umgebung lebten Tausende von Mönchen, wie wir vom chinesischen Indienpilger Xuanzang (Buch II) wissen. Auch zahlreiche Pilger aus fernen Ländern wurden von den dortigen Schreinen und Reliquien angezogen. Die Kunstwerke von Hadda stehen der gandharischen Kunst zeitlich und inhaltlich nahe, wobei hier die hellenistischen und sogar römischen Formen noch stärker in Erscheinung treten als dort (s. Abb. 54). Daß schon mahayanistische Ideen Fuß gefaßt hatten, zeigt eine Kharoshthi-Inschrift auf einem Reliquiar. Dort ist von der Stiftung einer Bodhisattva-Reliquie die Rede; das Verdienst für die Stiftung wird einem ungenannten König zugewendet.[228] Auch wenn der zentrale Stupa von Hadda ebenso wie der des benachbarten Bimaran die kosmologische Bedeutung dieses buddhistischen Bauwerks erkennen läßt, fehlt es doch nicht an Hinweisen auf die weltflüchtige Tendenz, wenn die Geschichte vom großen Auszug des Buddha ›aus der Heimat in die Heimatlosigkeit‹ in einem Steinrelief gestaltet wird.

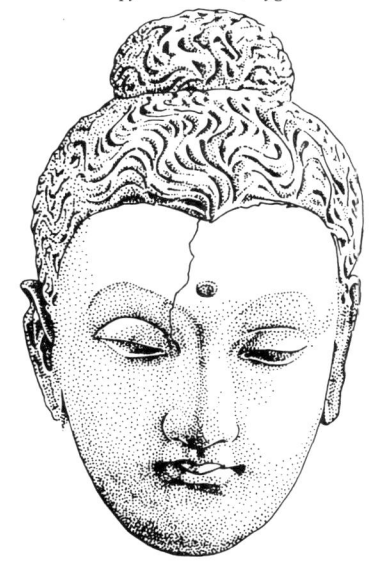

54 *Buddha-Kopf aus Hadda, Afghanistan*

Aus Kapisha (Begram), einem der politischen Zentren der Kushanas, und aus seiner Umgebung blieben neben hellenistischen sowie indischen Zeugnissen religiösen und weltlichen Handwerks auch zahlreiche sakrale Skulpturen erhalten, die in die erste Hälfte des 2. Jh. n. Chr. datiert werden und unter denen vor allem Stifterbilder herausragen. Die teils kushanisch, teils indisch gekleideten Stifter aus Shotorak flankieren z. B. die

Gestalt des Maitreya, des Buddha der Zukunft. War Shotorak ein buddhistisches Kultzentrum der lokalen kushanischen Aristokratie, so wird dies auch für das in der Nähe gelegene Paitava gegolten haben. Dort blieb eine eindrucksvolle Darstellung des wunderwirkenden Buddha erhalten, aus dessen Schultern Flammen hervorgehen und von dessen Füßen Wasserströme fließen.

Von besonderer Bedeutung für Verkehr und Transport auf der Seidenstraße war das in einem Hochtal des Hindukush gelegene Bamiyan, über das vermutlich schon in den ersten nachchristlichen Jahrhunderten ein Kleinkönig herrschte.[229] Bamiyan war Zwischenstation von Kapisha und dem Kabul-Tal auf dem Weg in Gebiete nördlich des Hindukush. Erst in sassanidischer Zeit dürfte das relativ selbständige Bamiyan zu einem bedeutenden Zentrum des Buddhismus geworden sein. Davon zeugen die auffallenden sassanidischen Motive in seiner Malerei, die sich mit Elementen der indischen Gupta-Kunst verbinden (s. Abb. 55).

55 *Der Bodhisattva Maitreya mit Schleifen und Bändern inmitten eines kosmischen Diagramms; Wandmalerei in Bamiyan, 6.–7. Jh.*

In der buddhistischen Spätzeit entwickelten sich hier schon jene Formen in der Kunst, die für den esoterischen Buddhismus Tibets von so großer Bedeutung werden sollten: mandalaartige, d. h. den Kosmos repräsentierende Diagramme von Buddhas, die um eine Zentralfigur angeordnet sind. Im 7. Jh. besuchte Xuanzang auf seinem Weg nach Indien das idyllische, aber nur unter Mühen erreichbare Hochtal von Bamiyan, wo er über zehn Klöster mit mehreren Tausend Hinayana-Mönchen vorfand.[230] Noch im 8. Jh. soll es zahlreiche buddhistische Geistliche in Bamiyan gegeben haben. Im 9. Jh. jedoch setzte der Untergang der Buddha-Lehre ein, als sich der Herrscher des Tales dem Islam zuwandte.

Die bedeutendsten Zeugnisse buddhistischer Kunst in Bamiyan sind heute noch zu bewundern, zwei monumentale, in den Sandstein gehauene Buddha-Figuren (s. Farbabb. 2), von denen die größere an die 53 m hoch ist, die kleinere 35 m emporragt. Ein in den Fels getriebener Treppenaufgang ermöglicht den Aufstieg zum Kopf der großen Statue, die ursprünglich teils vergoldet und reich bemalt war. Erhalten blieben Reste der aus dem 7. Jh. stammenden, sassanidisch wirkenden Malereien in den Nischen hinter den Häuptern der Kolossalfiguren. Sie sind ein Zeugnis für den Prozeß, der nur unangemessen mit dem Wort ›Deifizierung‹ des Stifters umschrieben wird, und verweisen grundsätzlich auf jenen Zug zur Monumentalisierung seiner Gestalt, die schon in den Texten der ersten Jahrhunderte nach der Zeitenwende greifbar wird. Dazu paßt auch die solare Symbolik um den Buddha. Auf einer Malerei hinter der kleineren Buddha-Figur erscheint der in einer Quadriga daherfahrende Sonnengott, der durch seine Stellung in der Nische hinter dem Kopf des Erleuchteten zu ihm in Bezug gesetzt wird.

Die heute noch in Bamiyan sichtbaren zahlreichen Grotten waren ursprünglich durch ein Netz von Wegen miteinander verbunden. Unter den in den Fels geschlagenen Pfaden gab es auch solche, die eine rituelle Umwandlung der Köpfe der Buddha-Figuren gestatteten. Die Wände und Decken der Höhlen wurden wie bei anderen vergleichbaren Sanktuarien an der Seidenstraße mit einer aus Häcksel vermischten Lehmschicht überdeckt, geglättet und anschließend künstlerisch ausgestaltet, wobei neben Flachbildern auch Hochreliefs vertreten sind.

Bamiyan war zweifellos in seiner Monumentalität einzigartig. Von Xuanzang erfahren wir, daß es aber auch zahlreiche kleinere buddhistische Zentren südlich und nördlich des Hindukush, u. a. in Balkh, gab. Erhalten blieben Reste der klösterlichen Kunst von Fondukistan auf der alten Karawanenroute von Kabul nach Bamiyan. In einem monastischen Zentrum auf einem steilkonischen Hügel wurde u. a. ein rechteckiges Sanktuarium ausgegraben, in dessen Mitte ein kleiner Stupa stand. In den zwölf Nischen der Umfassungsmauer – zwölf ist die mystische Zahl des kosmischen Mandala – standen Statuen vor dem Hintergrund leuchtend gemalter religiöser Motive. Wie in Bamiyan wurde hier reichlich Gebrauch gemacht von architektonischen Einheiten wie Arkaden und Kolumnen mit pseudokorinthischen Kapitellen.

Das Heiligtum stellte ein Abbild des himmlischen Kosmos dar, eines Buddha-Landes, als welches auch die meisten buddhistischen Heiligtümer an der Seidenstraße anzusehen sind. Das sowohl einheimische als auch sassanidische und indische Elemente umfassende Bildrepertoire spiegelt eine Spätphase der ruhigen, abgeklärten, aber auch schon flächig wirkenden buddhistischen Kunst in Afghanistan wider. So verrät die lange zierliche Gestalt des Buddha Maitreya, Lotosblume – eigentlich Kennzeichen des Avalokiteshvara – und Gefäß mit Ambrosia (Skr. Amrita) in der Hand haltend (s. Farbabb. 9), schon die verhaltene Hoffnung auf Erneuerung der Religion durch den Buddha der Zukunft – befand sich doch der Buddhismus in Nordwestindien zu jener Zeit schon im Prozeß des Verfalls. Auch die Plastik von Fondukistan zeigt zwar ruhige

56 *Wagen des Sonnengottes in der Nische des zweiten großen, 35 m hohen Buddha in Bamiyan*

Gelassenheit und Zierlichkeit, ihr mangelt es aber an der Vitalität, die noch die Gandhara-Figuren auszeichnete.

Im nördlichen Baktrien, dem Gebiet jenseits des Oxus, legten sowjetische Archäologen buddhistische Heiligtümer frei, die noch in die Früh- und Blütezeit des Kushan-Reiches fallen.[231] Es ist bemerkenswert, daß diese weiter nördlich gefundenen Zeugnisse buddhistischer Kultur wesentlich früher anzusetzen sind als die Heiligtümer in Bamiyan und Fondukistan.

Zu den bedeutendsten archäologischen Funden nördlich des Oxus zählen zunächst die Reste eines buddhistischen Heiligtums in Airtam im Süden des heutigen Usbekistan, 13 km von Termez entfernt.[232] Bereits 1932 wurden hier im Amu Darya zwei Teile eines größeren Steinreliefs gefunden. Von diesen Funden angeregt, führte M. E. Masson 1953 archäologische Ausgrabungen in einem in der Nähe gelegenen Hügel durch und entdeckte dort die Reste eines buddhistischen Heiligtums, dessen Eingangstor ursprünglich von acht Reliefszenen geschmückt war. Das massive Mauerwerk, welches das Heiligtum umgab, erinnert an die Architektur von Ai Khanum. Auch wenn wir bis heute noch keine klare Vorstellung vom Grundriß des Sanktuariums haben, weisen die Reliefs auf die Eigenart der buddhistischen Kunst Nordbaktriens in den ersten Jahrhunderten nach der Zeitenwende hin. Von den 14 Figuren in den Reliefs, die auf dem Hintergrund von üppig blühendem Akanthuslaub dargestellt sind, zeigen fünf Musikanten mit den unterschiedlichsten Musikinstrumenten. Sie verkörpern die ›fünf Klänge‹ des klassischen Indien, die auch in den buddhistischen Texten als Inbegriff jener Harmonie genannt werden, die bei großen Heilsereignissen herrscht.

In Airtam legte man auch Reste eines kleinen Stupa mit nach den vier Himmelsrichtungen ausgerichtetem viereckigen Fundament frei, wie wir es aus Gandhara kennen. Ein grundsätzlich ebenso gestalteter monumentaler Stupa (Basis 22 × 16 m) wurde bei Alt-Termez entdeckt.[233] Er ist unter dem Namen ›Turm des Zarmal‹ bekannt. Der zylindrische Bau, der sich auf dem rechteckigen Stylobat erhob und von einer kugelförmigen Kuppel bekrönt war, hatte einen Durchmesser von 14,5 m. Für die Errichtung des gesamten Stupa wurden etwa 1 200 000 Ziegelquader verwendet. Der Sockel war mit weißem Kalkstein verklinkert, Zylinder und Kuppel farbig – vielleicht rot – geschmückt. Die Stupa-Spitze mit ihren diversen Schirmen war sicherlich vergoldet. Diese kosmische Farbsymbolik ist aufgrund von Farbspuren und eines Vergleichs mit anderen bekannten Stupas recht wahrscheinlich.

Zu den buddhistischen Fundorten nördlich des Oxus zählt neben Airtam die buddhistische Anlage von Kara-Tepe bei Termez.[234] In der hufeisenförmigen Südspitze des Hügels von Kara-Tepe fand man acht Gruppen von Höhlenräumen. Vermutlich beherbergte der äußere Ring der Südspitze ursprünglich 20–25 Anlagen dieser Art, die den ersten Jahrhunderten nach der Zeitenwende (Kanishka-Zeit) zugeordnet werden.

Die Verbindung von unterirdischen Gängen und Zellen, von offenen Höfen und überirdischen Anlagen ist für Kara-Tepe charakteristisch (s. Abb. 57). Die baulichen Gegebenheiten ermöglichen eine rituelle Umwandlung der Heiligtümer und der in ihnen aufgestellten Buddha-Figuren. Die Umwandlung (Skr. *pradakṣina-pātha*) erfolgte im Uhrzeigersinn, der

57 Mittlerer Hof der ersten Raumgruppe von Kara-Tepe

Weg versinnbildlicht das meditative Umkreisen des Heilsziels. Ebenso wie die Wandflächen und Decken der Gewölbe mit geometrischen Figuren dekoriert waren, die über die Welt der äußeren Erscheinungen hinausweisen, waren auch jene kleinen unterirdischen Zellen ausgeschmückt, die zum Heiligtum gehörten und die in eindrucksvoller architektonischer Weise die buddhistische Versenkung verkörpern. Vielstufige Treppen führten vom Hof zu diesen Zellen, durch deren Betreten man die Welt der Formenvielfalt hinter sich ließ.

Baktrische Mönche aus Kara-Tepe, die das Indische wie auch das Baktrische beherrschten, wie zweisprachige Schenkungsurkunden belegen, waren auch außerhalb ihres Heimatgebiets tätig und trugen wesentlich zur Verbreitung buddhistischer Literatur bis nach China bei. Wir können davon ausgehen, daß sich auch ausländische Mönche in Kara-Tepe aufhielten. Von der kultischen Bedeutung des Ortes zeugen neben den Skulpturen und Malereien nicht zuletzt Kultgegenstände und Tonleuchter, die in den Ruinen gefunden wurden. Daneben entdeckte man in Kara-Tepe auch Zeugnisse profanen, vor allem höfischen Kunsthandwerks.

Eine späte buddhistische Kultstätte im Suzeränitätsgebiet des ehemaligen Kushan-Reiches ist schließlich das Kloster von Adzhina-Tepe (Teufelshügel) im Süden der heutigen Tadschikischen Sowjetrepublik.[235] Es erlebte eine Blütezeit im 7. und 8. Jh. und zeigt, daß der Buddhismus ›Tocharistans‹, des ehemaligen Nordbaktrien, und Westturkestans auch noch kurz vor der Islamisierung über wichtige Zentren verfügte.[236] In den Korridoren und Kulträumen der weitläufigen Klosteranlage wurden polychrome Wandmalereien und zahlreiche Tonstatuen gefunden, die Buddhas, Bodhisattvas, Mönche und Asketen verkörpern. Zu den bedeutendsten Funden gehört die Figur eines 12 m langen liegenden – also ins Parinirvana

DAS KUSHAN-REICH UND SEINE NACHFOLGESTAATEN

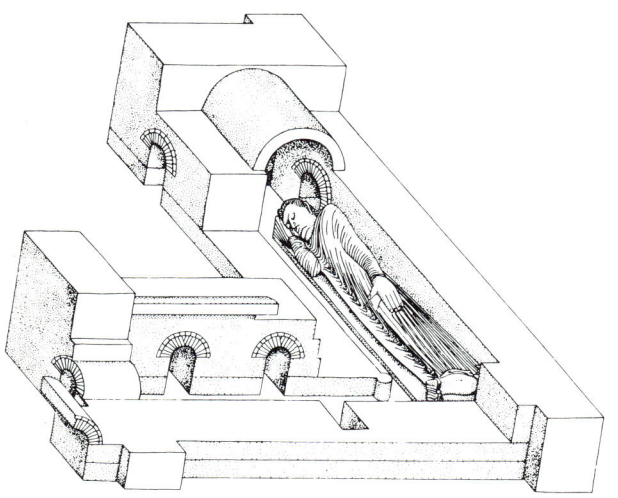

58 Sterbender, 12 m langer Buddha aus Ton; Figur im Kloster von Adzhina-Tepe

eingehenden – Buddha, die sich in einer rechtwinkligen, teils tonnenartig überwölbten Anlage befand (s. Abb. 58).

Nicht nur die Kultstätten, sondern auch die zahlreichen Figuren von Heilsgestalten, Mönchen und Stiftern, die nördlich des Oxus entdeckt wurden, zeugen von der Lebendigkeit einer nordbaktrischen, allgemein westturkestanischen buddhistischen Tradition in der Kushan-Zeit und noch lange danach. Diese vielfach aus Lehm gefertigten bemalten, jedoch leider meist schlecht erhaltenen Figuren lassen ebenso wie die Großstatuen, wie man sie in den Bauten von Termez und in Delverzin-Tepe (zwischen Termez und Dushanbe) fand, eine Skulpturkunst erkennen, die zwar hellenistisch inspiriert und indisch beeinflußt war, die aber dennoch diese diversen Elemente mit eigenständigen zu einer neuen Einheit verband. Das bezeugen auch steinerne Reliefs mit Darstellungen von Buddhas und Mönchen, die in dem buddhistischen Kloster von Fajas-Tepe (2.–4. Jh.) entdeckt wurden.[237] Dort blieben neben diversen anderen Buddha- und Bodhisattva-Figuren auch Skulpturen und Malereien von vornehmen und adligen Stiftern erhalten. Die Figuren, die vor den Wänden der Korridore aufgestellt waren, sind in unterschiedlicher Größe, dem Rang entsprechend, dargestellt. Sie strahlen im Gegensatz zu den Figuren von Chalčajan eine Ruhe aus, die nur aus dem buddhistischen Geist der Kunstwerke zu verstehen ist.

Einen ersten Einblick in die Kultur des Kushan-Reiches vermitteln die Münzen jener Zeit im Britischen Museum und im Museum von Kabul, wo zudem andere archäologische Funde von Götter- und Buddha-Figuren aber auch Inschriften aufbewahrt werden. In Surkh-Khotal sind noch die Reste des bedeutenden Dynastenheiligtums mit seinen Nebengebäuden zu sehen. Auch die Grundmauern des Dynastensanktuariums von Chalčajan nördlich des Oxus können noch in Augenschein genommen werden.

Die bedeutendsten Zeugnisse des Buddhismus finden sich zunächst südlich des Hindukush in Bimaran, Paitava und vor allem Hadda, wo relativ gut erhaltene Stupas und Klosteranlagen zu sehen sind. Sie zeugen von der Verbindung zum gandharischen Buddhismus, wie er vor allem in Taxila belegt ist, wo die Grundmauern eines großen mönchischen Zentrums heute noch besichtigt werden können und wesentliche architektonische Funde im Ortsmuseum aufbewahrt werden.

Im Hindukush legt vor allem Bamiyan von der großen buddhistischen Vergangenheit Zeugnis ab. Hier sind noch die beiden großen Buddha-Statuen (53 m und 35 m hoch) zu sehen. Sie wurden aus einem Steilfels mit zahlreichen Höhlen herausgehauen, die den Mönchen zu Wohn- und Kultzwecken gedient haben. Einige von ihnen lassen noch Stuckdekorationen erkennen. Malereien finden sich in den Kuppeln über den Köpfen der großen Buddha-Figuren. Im nördlichen Baktrien jenseits des Oxus geben die archäologischen Fundorte in Kara-Tepe, Adzhina-Tepe, Termez, Delverzin-Tepe und Fajas-Tepe mit ihren Stupas und Klosteranlagen einen Einblick in die buddhistische Vergangenheit.

Chorasmien – die Kultur an der Oxus-Mündung

Inmitten der Steppen und Wüsten, die den Oberlauf des Oxus flankieren, liegt das von Oasen durchzogene und dank künstlicher Bewässerung fruchtbare Siedlungsgebiet Chorasmien, in dem ein ostiranisches Volk ansässig war.[238] Aufgrund seiner abgeschiedenen Lage konnte das Land lange Zeit eine relative Selbständigkeit wahren und eine eigenständige

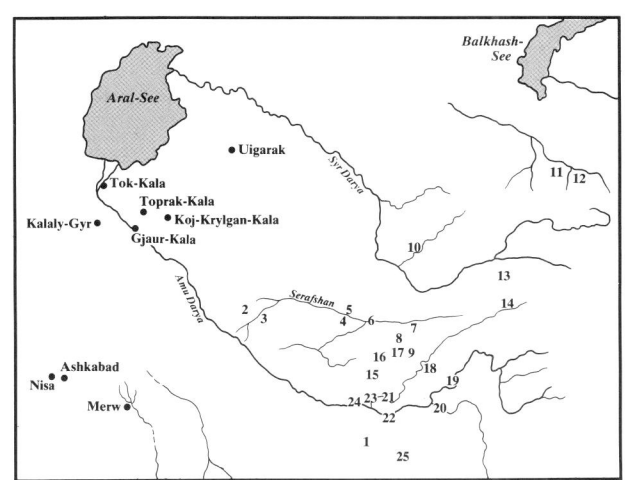

Die bedeutendsten Fundorte in Chorasmien
1 *Baktra (Balkh)*
2 *Warachsha* 3 *Buchara*
4 *Samarkand* 5 *Afrasiab*
6 *Pendjikent* 7 *Mug-Tepe*
8 *Madm* 9 *Duschanbe*
10 *Tashkent* 11 *Frunse*
12 *Ak Beshim* 13 *Kuwa*
14 *Chant*
15 *Delverzin-Tepe*
16 *Chalčajan*
17 *Shachrinau*
18 *Adzhina-Tepe*
19 *Saksanochur*
20 *Ai Khanum* 21 *Tulcha*
22 *›Oxus-Schatz‹*
23 *Termez* 24 *Airtam*
25 *Surkh-Khotal*

CHORASMIEN: DIE KULTUR AN DER OXUS-MÜNDUNG

Kultur entfalten. Schon vor den Feldzügen Alexander d. Gr. gliederte es sich aus dem Bereich achämenidischer Herrschaft aus. Zur Zeit Alexanders gelang es dem chorasmischen König Farasman, ein Freundschaftsbündnis mit dem makedonischen Eroberer zu schließen und damit die politische Unabhängigkeit zu erhalten. Zwar blieb Chorasmien von den Auseinandersetzungen in der Folgezeit nicht verschont, seine Kontakte zu anderen Teilen Mittelasiens wie zu den Steppengebieten im Norden erlaubten jedoch immer wieder ein geschicktes Taktieren.

Die Eigenständigkeit des stets von nomadischen Eindringlingen bedrohten Chorasmien spiegelt sich in seiner Kunst wider. Herausragendstes Beispiel der Architektur ist die Wehrburg, die dem Angriff feindlicher Mächte trotzt. Das Motiv ist auf diversen Silberschalen aus Chorasmien wie auch aus dem benachbarten Sogdien dargestellt. Ein Zeugnis für die entschlossene Verteidigungsbereitschaft Chorasmiens ist die Burg von Koj-Krylgan-Kala, eine kreisrunde, vermauerte Verteidigungs- und Wohnanlage mit vorgeschobenem Vorhof (s. Abb. 59).[239] Inmitten der ebenfalls kreisrund angelegten Stadt mit ihren aufragenden Wehrtürmen befand sich eine runde Festung, ein zylindrisches, zweistöckiges Gebäude. Während manche Gelehrte annehmen, daß es sich bei diesem zentralen Bau um die Grabstätte chorasmischer Herrscher handelt, so vermuten andere, daß wir es hier mit einer Kultstätte zu tun haben, die dem vergöttlichten König geweiht war.

Im Gegensatz zur Architektur zeigt das Kunsthandwerk Chorasmiens durchaus altpersische und griechische Einflüsse, auch wenn diese mit eigenen Formen gestaltet sind. So gehören zu den frühesten Funden irdenes Geschirr, Krüge und Statuetten aus Terrakotta, die ihre Parallelen in den entsprechenden achämenidischen und parthischen Objekten

59 *Burgartig befestigte Siedlung von Koj-Krylgan-Kala, 4. Jh. n. Chr.*

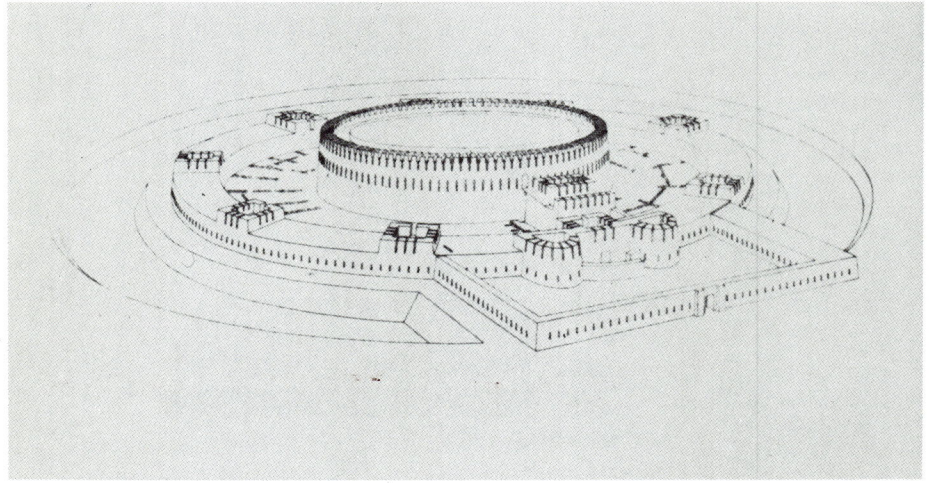

haben. Sie wirken allerdings provinzieller als jene aus dem parthischen Nisa. Häufig sind tragbare Gefäße oder Behälter, wie sie z. B. bei der Weinlese verwendet wurden. Auf einem dieser Behälter ist die Weinernte dargestellt. Vielfach tauchen auf den Gefäßreliefs auch nomadisch wirkende Reiter auf, wie sie in der Steppe des chorasmischen Siedlungsgebietes anzutreffen waren. Aber auch diverse Fabeltiere polymorpher Gestalt sind abgebildet, und wir können davon ausgehen, daß sie mythologische Bedeutung hatten.

In der Nähe von Koj-Krylgan-Kala wurden auch Urnen aus Keramik gefunden, die der Aufbewahrung sterblicher Überreste von Verstorbenen dienten. Eine Urne aus dem 4.–3. Jh. v. Chr. hat die Gestalt eines sitzenden Mannes, wobei seine Arme als Henkel fungierten. Die Verwendung derartiger Ossuarien, die auch in anderen Teilen West- und sogar Ostturkestans gefunden wurden, war zumal unter iranischen Völkern weit verbreitet.

Grundsätzlich läßt sich zu den frühen Zeugnissen der chorasmischen Kultur sagen, daß sich in ihnen iranischer, baktrisch-hellenistischer, aber auch nomadischer Einfluß aus der Steppe bemerkbar macht. So liegt die Annahme nahe, daß bei allen Gegensätzen zwischen Nomaden und Seßhaften diverse Formen des geregelten Verkehrs existierten, was auch allgemein für alle sedentären Gebiete an der Seidenstraße gilt.

Vom 1. Jh. v. Chr. – 1. Jh. n. Chr. setzte ein Niedergang der chorasmischen Kultur ein, wie es u. a. archäologische Funde von Koj-Krylgan-Kala bezeugen. Fremde Nomadenstämme gewannen größeren politischen Einfluß, was sich auch ethnisch ausgewirkt haben muß. Unbekannt ist, in welchem Maße das Land an der Oxus-Mündung dem Kushan-Reich politisch unterstand. Deutlich erkennbar hingegen ist der südliche, d. h. vom parthischen und baktro-kushanischen Gebiet ausgehende Einfluß auf Kunst und Handwerk im 1.–3. Jh. Um 240 gliederte der Sassanide Shapuhr I. das Land seinem Reich an.[240] Wann es wieder größere Eigenständigkeit erlangte, ist ungeklärt. Zur Zeit der Kushan und der Sassaniden pflegte das Land jedoch weitläufige kulturelle Kontakte, wie die Funde fremder Importware beweisen. In verschiedenen Siedlungsorten wurden z. B. Perlen aus ägyptischer Fayence entdeckt, die aus der Gegend des östlichen Mittelmeeres und der nördlichen Schwarzmeerküste stammen. Auch die Terrakottastatuen aus der oberen Schicht von Koj-Krylgan-Kala verweisen auf weiträumige Beziehungen mit dem Süden.

Schließlich geben die Münzen der chorasmischen Könige jener Zeit Aufschluß über kulturelle Tendenzen in der herrschenden Schicht. Eine frühe Silbermünze aus dem 1. Jh. n. Chr. zeigt auf der Vorderseite das Konterfei eines anonymen chorasmischen Herrschers mit kunstvoller Kopfbedeckung. Ein Nimbus vor seinem Gesicht verweist auf seinen besonderen, vielleicht göttlichen Rang (s. Abb. 60). Hinter ihm schwebt eine kleine Nike-Figur, die ihm den Ruhmeskranz überreicht. Auf der Rückseite ist ein Reiter zu Pferd dargestellt. Die in verderbter griechischer Schrift gehaltene Münzinschrift verdeutlicht den Versuch, an alte baktrische Vorbilder anzuknüpfen. Wenig später versah ein anderer chorasmischer Herrscher, Wasamar, seine Münzen mit einer chorasmischen Inschrift, die Titel und Name des Königs bekanntgab.

In zunehmendem Maße finden nun chorasmische Lettern, die schon auf Keramiken aus der frühesten Schicht von Koj-Krylgan-Kala, aus dem 4.–2. Jh. v. Chr., bezeugt sind und

CHORASMIEN: DIE KULTUR AN DER OXUS-MÜNDUNG

60 Frühe chorasmische Silbermünze mit einem Herrscherportrait auf der Vorderseite und einem ›chorasmischen Reiter‹ auf der Rückseite

die wie die parthische und sogdische Schrift aramäischen Ursprung haben, Verwendung auf Münzen wie auch auf anderen Zeugnissen der Schreibkultur.[241] Das Chorasmische entwickelte sich zu einer Kultursprache, und wir wissen, daß es, über Auf- und Inschriften hinaus, eine chorasmische Literatur gab, die relativ viele Zeugnisse umfaßt. Noch im 9. Jh., also lange nach der Islamisierung, waren chorasmische Lettern in Gebrauch, ehe sie von der mit Zusatzbuchstaben ergänzten arabischen Schrift abgelöst wurden, mit der eine nicht unbedeutende Literatur geschrieben wurde.[242]

In den ersten Jahrhunderten nach der Zeitenwende zeigt auch die Architektur Chorasmiens wieder eigenständige Formen, die an alte Traditionen anknüpfen. Zu den bemerkenswerten Denkmälern dieser Zeit zählt der Festsaal der Siedlungsanlage von Gjaur-Kala.[243] Er war Teil einer militärischen Anlage, die der Verteidigung gegen die von Norden einfallenden Nomaden diente. Gjaur-Kala lag am rechten Ufer des Oxus in der heutigen Karakalpakischen Sowjetrepublik. Der geräumige Hauptsaal eines mehrere Räume umfassenden, 64 × 24 m großen Gebäudes diente vermutlich zur Abhaltung offizieller Zeremonien. Auf einem Podest vor der Mitte der Westwand brannte wahrscheinlich ein Altarfeuer vor einer bogenförmig gestalteten Nische. In weiteren stufenförmig eingelassenen, rechteckigen Nischen waren farbige Wandmalereien angebracht, von denen leider nur kärgliche Reste erhalten blieben. Eine Lichtluke in der Mitte der Decke erhellte die mit Gantsch verputzten Wände und Nischen. Die hier gefundenen Skulpturen zeigen das Bemühen, die ethnische Eigentümlichkeit einer dargestellten Person ebenso zum Ausdruck zu bringen wie ihre Individualität.

Zu den bekanntesten Fundorten Chorasmiens gehört aber zweifellos die Siedlung von Toprak-Kala am rechten Ufer des Oxus[244], die kurz nach 300 n. Chr., wenn nicht schon beim Einfall Shapuhrs I. um 240, aufgegeben wurde. In einem hier ausgegrabenen ›dreitürmigen Schloß‹ wurden Zeugnisse der dekorativen Kunst, des Handwerks, der Keramik und andere Gegenstände einschließlich Waffen und Münzen zutage gefördert. Bedeutend ist der Fund eines Dokumentenarchivs mit auf Leder und Holz geschriebenen Texten in chorasmischer Sprache und Schrift, die z. T. auch datiert sind, wobei die zeitlich zu fixierenden Objekte in die Periode 165–189 n. Chr. fallen.[245]

Das ›dreitürmige Schloß‹ war die ständige Residenz des chorasmischen Königs, die sich in einem 350 × 400 m großen Palastbezirk am Rande der rechteckig angelegten Siedlung von Toprak-Kala (s. Abb. 61) befand. Zu den Gebäuden des Bezirks zählten diverse locker gruppierte Monumentalbauten, die mit Malereien und Reliefs geschmückt waren. Vermutlich hatte das ›dreitürmige Schloß‹ insofern sakrale Bedeutung, als hier die Könige an bestimmten Feiertagen religiöse Riten vollzogen.[246] Das zentrale Gebäude der Anlage befand sich auf einer erdbebensicheren, stumpfen Pyramide, deren Grundfläche nahezu 1 ha bedeckte und die mehr als 14 m hoch war. Turmähnliche Vorsprünge gestatteten eine Erweiterung der Grundfläche des Gebäudes. Der gesamte Bau, obwohl sicherlich keine Verteidigungsanlage, hatte dennoch den Charakter einer Festung.

Im Schloß von Toprak-Kala befanden sich mehr als 150 Räume, die nach Gruppen geordnet und durch dicke Mauern voneinander abgegrenzt waren. Eine besondere Stellung nahm jener 280 m² große Saal ein, der dem dynastischen Kult der chorasmischen Könige diente und in dem sich ursprünglich ein Altar befand. Seine Wände waren mit vielfältigen Gemälden und Flachreliefs verziert, wobei vor allem florale Motive wie Lilien und Girlanden aus Blumen und Früchten dargestellt waren. In diesem Raum befand sich auch eine Galerie von Skulpturen chorasmischer Herrscher und ihrer Angehörigen. Zwar sind die meisten übernatürlich großen Figuren schlecht erhalten, doch legen die auch aus den Münzen bekannten Kopfbedeckungen nahe, daß es sich tatsächlich um königliche Personen handelt. Nicht ausgeschlossen ist, daß die Aufstellung dieser recht individuell gestalteten Figuren mit der Deifizierung der herrschenden Dynastie verbunden war.

Neben diesem ›Königssaal‹ und einem ›Thronsaal‹, in dem der Herrschersitz der chorasmischen Könige gestanden haben könnte, wurde auch ein Festsaal ausgegraben, der Basreliefs aus Ton mit Darstellungen von tanzenden Paaren enthielt und in dessen Mitte ein Feueraltar stand. Auch er dürfte kultischen Zwecken gedient haben, zumal sich in seinen großen Nischen Gottheiten wie die sterbende und wiederauferstehende Vegetationsgöttin Mina befanden. Bemerkenswert war die Ausgestaltung des ›Zimmers der Herzdamen‹, dessen Wände ein großes Netz von Ornamenten überzog, zu denen Akanthuslaub, Rosetten und rot gemalte Herzen gehörten. Musizierende Gestalten, mit kräftigen Umrissen gemalt, schmückten diesen Saal.

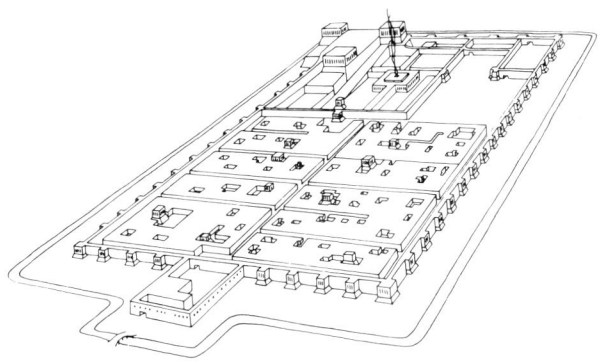

61 Die Siedlung von Toprak-Kala, 3./4. Jh.

CHORASMIEN: DIE KULTUR AN DER OXUS-MÜNDUNG

62   *Malerei auf einem Ossuarium aus Gips – Vorderseite und Deckel –; Toprak-Kala, 7./8. Jh.*

Während Chorasmien im 4./5. Jh. eine erneute Welle von nomadischen Einfällen erlebte, knüpfte die danach wiederauflebende Kultur an frühere Vorbilder an und zeitigte vom 6.–8. Jh. n. Chr. eine Blüte, die erst der vordringende Islam beendete, teilweise aber auch transformierte. Handels- und Kulturbeziehungen mit dem Iran und sogar mit Byzanz, dem Wolgaraum und Uralgebiet, mit Baktrien (jetzt Tocharistan) und Sogdien wie mit anderen zentralasiatischen Kulturräumen lassen sich anhand der archäologischen Funde belegen.

Zwar sind die Städte aus jener Zeit noch weitgehend unerforscht, bekannt sind aber wehrhafte Burganlagen wie die von Berkut-Kala, wo sich in einem Oasenstreifen von 17 km Länge und 2–3 km Breite zahlreiche Burgen befanden, oder die Burg von Tesik-Kala aus dem 7.–8. Jh., die das architektonische Prinzip des vermauerten Forts auf einem stumpfen Pyramidenkegel erkennen läßt. Neben einem Hauptgebäude, das Wohn- und Wirtschaftsräume und einen repräsentativen Festsaal enthielt, befanden sich hier weitere kleinere, ebenso erdbebensicher gebaute Wohnanlagen, die umgeben waren von hohen rechteckigen Umwallungen.

Die im Festsaal gefundenen Reliefs zeugen von der Vorliebe für ornamentale Rosetten und Palmetten, die den spät-chorasmischen Stil prägten. Daß über das Ornamentale hinaus aber auch Darstellungen wirklichkeitsnaher Themen nicht in den Hintergrund rückten, zeigen die Szenen auf Gefäßen und Silberschalen, die mit ihren vielfältigen Kampfmotiven an das Leben der Chorasmier erinnern, hat man doch im Hinblick auf Chorasmien zu Recht von einer Burgzivilisation am Oxus gesprochen.

Zu den religiösen Kulturzeugnissen Chorasmiens im 5.–8. Jh. zählen jene Ossuarien, welche die alte Tradition der Herstellung von Behältern für die Gebeine Verstorbener fortsetzen. Während die Ossuarien in den ersten Jahrhunderten nach der Zeitenwende die Form von hohlen, z. T. überlebensgroßen Tonstatuetten annahmen, handelt es sich nun bei den Reliquienbehältern meist um rechteckige Kästen, vielfach aus Gips angefertigt, die mit einem rundlichen, an der Oberfläche abgeflachten Deckel versehen waren.

Zahlreiche Ossuarien, wie die aus Tok-Kala, einer Siedlung mit Nekropole im Deltagebiet des Oxus, wiesen Malereien und z. T. auch Inschriften auf, die Auskunft über den Namen des Verstorbenen und z. T. auch über sein Todesdatum geben. Die Malereien auf dem Deckel und der Vorderwand der Ossuarien stellen vielfach Totenklageszenen dar. So zeigt eine eher volkstümliche Ossuarienmalerei aus Tok-Kala die Gestalt des hingestreckten Sterbenden, der von sich kasteienden Klagenden umgeben ist (s. Abb. 62). Im Deckelgemälde befindet sich hinter der Bahre mit dem Verstorbenen eine Tür, die von einem Halbmond, einer (Sonnen-?)Scheibe und zwei Blattornamenten geschmückt ist, sicherlich ein Verweis auf das Weiterleben nach dem Tode.

Klageszenen findet man mehrfach an der Seidenstraße, so im zoroastrischen Sogdien und sogar im buddhistischen Kucha. Die chorasmischen Jenseitsvorstellungen waren sicherlich von der regionalen Form des Zoroastrismus und einheimischen Elementen des Volksglaubens geprägt. Dazu gehörte offenbar neben der Vorstellung von einer körperlichen Auferstehung auch die Konzeption von einer den Leib verlassenden Seele. Heißt es doch in einer chorasmischen Ossuarieninschrift: »Diese Truhe ist der Besitz der Seele des Sraw-yok, des Sohnes von Tisch-yan. Mögen ihre Seelen im ewigen Paradies ruhen.«[247]

Nach der Zwangsislamisierung Chorasmiens im 7./8. Jh. wurde zwar die eigenständige chorasmische Literatur bis ins 9. Jh. weitergepflegt, doch war die vorislamische Tradition langfristig zum Untergang bestimmt. Dafür gingen aus Chorasmien jedoch islamische Gelehrte ersten Ranges hervor. Al-Biruni (973–1048), der bekannteste unter ihnen, schreibt nicht ohne Wehmut:

> Und so hat Qutaiba [der arabische Feldherr, der Chorasmien 712 eroberte] die Menschen vernichtet, die die chorasmische Schrift gut kannten, von ihren Überlieferungen wußten und die bei den Chorasmiern bestehenden [Wissenschaften] lernten. Er verfolgte sie, und so wurden [diese Überlieferungen und Wissenschaften] so verborgen, daß man bereits nicht mehr genau weiß, was [mit den Chorasmiern] nach der Erstarkung des Islam geschehen ist.[248]

In Chorasmien sind heute noch die Reste der runden Burg von Koj-Krylgan-Kala zu sehen, ebenso die Grundmauern der Siedlungen von Gjaur-Kala und Toprak-Kala mit seinem ›dreitürmigen Schloß‹ und seinen zahlreichen, z. T. mit Malereien geschmückten Räumen. Beispiele der chorasmischen Wehrarchitektur bieten heute die Burganlagen von Berkut-Kala und Tesik-Kala. Eine typisch altchorasmische Stadt mit Nekropole ist die Siedlung Tok-Kala im Mündungsgebiet des Oxus.

Sogdien – die Kultur eines untergegangenen Vermittlervolkes

Das Volk der ostiranischen Sogdier gehört zu den interessantesten und zugleich geheimnisvollsten in Zentralasien. Es besaß niemals ein großes Reich, sondern war seit achämenidischer Zeit entweder Nachbarimperien unterstellt oder in zahlreiche kleine Königtümer aufgespalten. Deren Status schwankte im Laufe der Zeit zwischen völliger Unabhängigkeit und der Position von Vasallenstaaten. Dennoch verstanden es die Sogdier mit außergewöhnlichem Geschick und allen politischen Widrigkeiten zum Trotz, das Beste aus der jeweiligen Situation zu machen und kulturell sowie wirtschaftlich ein großes Maß an Eigenständigkeit zu bewahren. Erst im 8. Jh. wurde ihr Land – das mittelasiatische Zweistromland zwischen Oxus (Amu Darya), Yaxartes (Syr Darya) und nördlich dieses Flusses – durch die fortschreitende Islamisierung und die schon vorher einsetzende Westwanderung der Turkvölker, die dem späteren Westturkestan dann ihren Namen gaben, kulturell aber auch ethnisch überfremdet.

Sogdien war über ein Jahrtausend lang eine wirtschaftliche und kulturelle Drehscheibe in Innerasien. Schon vor Alexander d. Gr. war es Teil des achämenidischen Reiches, was auch darin zum Ausdruck kommt, daß unter den diversen Ethnien, die in Persepolis Darstellung fanden, auch tributbringende Sogdier abgebildet sind. Seit jener Zeit pflegten die Sogdier kulturelle Beziehungen zum Iran und zum Vorderen Orient.

Die weitreichenden Verbindungen zwischen Ost und West, welche die iranischen Reiche unterhielten, hatten zur Folge, daß zunächst Wirtschafts- und Kulturgüter vom Vorderen Orient und Persien nach Sogdien gelangten. So wurde der Weinbau von Chorasmiern und Sogdiern aus dem Westen eingeführt und später nach Zentral- und Ostasien vermittelt.[249] Arrian (IV, 21,10) weiß zu berichten, daß der sogdische Herrscher Chorienes, der sich Alexander d. Gr. unterwerfen mußte, jedem Mitglied seiner Armee eine stattliche Portion

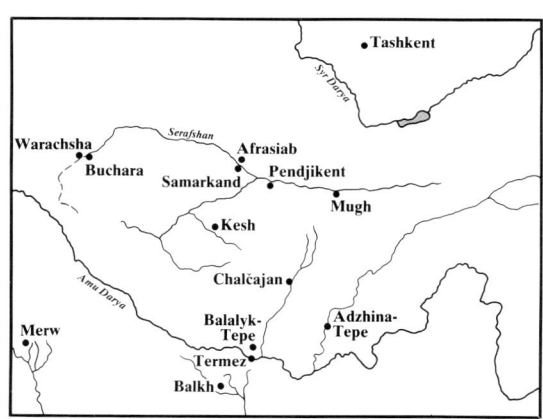

Die bedeutendsten Fundorte in Sogdien

Wein zukommen ließ und danach noch zehnmal soviel Wein in seinem Keller hatte. Neben dem Wein übernahm Sogdien vom Iran bzw. dem Vorderen Orient die Schrift und das Kalenderwesen und verbreitete beides nach Osten.[250] Die kursive, vom Aramäischen abgeleitete Schrift, von welcher der Iranist W. B. Henning wegen ihrer schweren Lesbarkeit sagte, sie müsse von Ahriman, dem iranischen Teufel, erfunden worden sein,[251] wurde von den Türken des Tarim-Beckens übernommen und nach chinesischem Vorbild nicht mehr von rechts nach links, sondern von oben nach unten geschrieben. Die Türken vermittelten die Lettern an die Mongolen, die wiederum ihr durch Zusatzbuchstaben ergänztes Alphabet den Manchu weitergaben. Schon die alttürkische Runenschrift, die im 7. und 8. Jh. verwendet wurde, geht vermutlich auf sogdische Vorbilder zurück.

Nicht nur Wirtschafts- und Kulturgüter, sondern auch Menschen aus allen Teilen und Grenzlanden der großen iranischen Reiche erreichten die Region zwischen Oxus und Yaxartes. Umsiedlungen großen Stils im achämenidischen Perserreich brachten neben Iranern auch Syrer, Mesopotamier, Griechen und sogar Ägypter in das Gebiet jenseits des Oxus. Damit wurde der Weg für die Rezeption des Hellenismus bereitet, der in seleukidischer Zeit so fruchtbaren Boden in Mittelasien finden sollte.

Der östliche Einfluß Sogdiens geht auf die Zeit Alexander d. Gr. zurück. Als der makedonische Feldherr die sogdischen Stammgebiete besetzte, flohen viele Sogdier in die Oasenstädte östlich des Pamir. Es entstanden sogdische Kolonien entlang der Seidenstraße bis in die mongolische Steppe und nach China.[252] Sogdische Siedlungen in diesen Ländern sind allerdings erst im 6./7. Jh. schriftlich bezeugt. Der transkontinentale Handelsverkehr bis in das Reich der Mitte wurde lange Zeit von sogdischen Kaufleuten beherrscht, die ihre Sprache zur *lingua franca* an der Seidenstraße machten, bis das Türkische, das Chinesische und das Arabische diese Funktion übernahmen. Darstellungen von sogdischen Kaufleuten in ihrer typischen Tracht sind aus dem buddhistischen Zentrum Bäzäklik bei Turfan überliefert (s. Abb. 64). Noch Anfang des 4. Jh. muß ein Teil der ›Auslandssogdier‹ ihrem angestammten Glauben treu geblieben sein, wie die von Aurel Stein an der chinesischen Mauer bei Dunhuang gefundenen sogdischen Briefe zeigen.[253] Aber zu dieser Zeit hatte sich bereits ein Teil der Sogdier dem Buddhismus zugewandt, arbeiteten doch schon in den ersten nachchristlichen Jahrhunderten Sogdier neben Baktriern und Parthern als Übersetzer indisch-buddhistischer Schriften ins Chinesische.[254] Seit dem 4. Jh. gewann auch der Manichäismus Anhänger unter den Sogdiern, welche die gnostische Weltreligion bis nach China und in die mongolische Steppe trugen. Vermutlich vom 5. Jh. an öffneten sich Sogdier auch dem nestorianischen Christentum und schufen eine sogdisch-christliche Literatur, die auf syrischen Vorlagen beruhte.[255] Die Zeugnisse der Sogdier aus dem Tarim-Becken und Dunhuang sind bis auf die erwähnten sogdischen Briefe sämtlich diesen drei Weltreligionen zuzuordnen, während das sogdische Stammland eine regionale zoroastrische Kultur, von indischen, iranischen und anderen Einflüssen bereichert, bewahrte.

Die Sogdier, die zu Lehrmeistern der nomadischen Völker in Zentralasien wurden, fungierten jedoch nicht nur als die großen Religionsvermittler, sondern auch als Träger und Vermittler einer verfeinerten städtischen Kultur. Neben der Schriftkultur wurde z. B. der

SOGDIEN: DIE KULTUR EINES UNTERGEGANGENEN VERMITTLERVOLKES

Städtebau unter den Türken der Steppe von den Sogdiern inspiriert, stammt eines der türkischen Worte für Stadt, *känt*, ursprünglich aus dem Sogdischen. Die Anwesenheit von kulturell hochstehenden Sogdiern unter den Türken der Steppe, die sogar offizielle Texte (z. B. die Bugut-Inschrift) auf Sogdisch abfaßten, war den Chinesen ein Dorn im Auge. In einer chinesischen Quelle heißt es: »Die Türken (Tujue) sind eigentlich schlicht und unkompliziert, und man kann Zwietracht zwischen ihnen stiften; leider leben unter ihnen viele Sogdier [Hu] ..., die boshaft und gerissen sind und die sie belehren und leiten.«[256]

Die ›Gerissenheit‹ der Sogdier zeigte sich auch in ihrer Überlebenskunst in ihrem Stammland. Selbst zur Zeit der Herrschaft der Hephthaliten oder Weißen Hunnen im 5./6. Jh. blieb das kulturelle und wirtschaftliche Leben in Sogdien rege und blühte nach dieser Zeit noch weiter.

Erst der Einmarsch islamischer Heere und ihre brutale Vernichtung sogdischer Machtzentren und Kultstätten, von denen selbst islamische Quellen berichten,[257] leitete den Untergang der sogdischen Kultur ein. Aus dieser Zeit, der zweiten Hälfte des 8. Jh., blieben wertvolle säkulare Dokumente erhalten: die Briefe eines sogdischen Königs von Pendjikent, Devastič, der sich an einem großen Aufstand gegen die arabischen Invasoren beteiligt hatte und nach dem Scheitern seines Unternehmens in die Burg Mugh flüchtete, wo seine Korrespondenz nebst einem arabischen Brief und drei chinesischen Texten gefunden wurde.[258]

Das Vordringen der islamischen Heere wurde dadurch erleichtert, daß Sogdien im 7. Jh. in zahlreiche kleine Fürstentümer zerfiel, die untereinander um die Vormacht kämpften. Diese Kleinkönige prägten ihre eigenen Münzen und nahmen göttliche Ehren für sich in

63 Königliche Gestalten unter einem Sonnendach; Wandmalerei in Pendjikent, 8. Jh.

64 Sogdische Kaufleute bringen dem Buddha Gaben dar; nach einem Gemälde in Höhle 9 (nach Grünwedel) von Bäzäklik, 10. Jh.

Anspruch.[259] Die Buchara-Oase allein zerfiel in zwei Staaten. Vor allem in gebirgigen Gegenden hatte fast jedes Tal seinen eigenen Herrscher, der z. T. sogar diplomatische Beziehungen zu China unterhielt.

Noch im 7./8. Jh. verfügte Sogdien trotz seiner Zersplitterung über weitreichende diplomatische und wirtschaftliche Kontakte – nicht nur nach Persien und China, sondern auch nach Baktrien (nun Tocharistan) und Indien im Süden sowie zu den Völkern Osteuropas und des Ural im Norden. Nicht zu Unrecht hat man die Sogdier mit den Phöniziern verglichen. Der kosmopolitische Charakter des Landes zu jener Zeit kommt u. a. darin zum Ausdruck, daß sich im alten Kushanija zwischen dem heutigen Samarkand und Buchara ein Bauwerk mit einer bemerkenswerten Malerei befand. Ein chinesischer Chronist berichtet, es seien dort auf der Nordwand »mit Farbe die Kaiser des Reiches der Mitte [Chinas], auf der Ostwand die türkischen Khane und indischen Herrscher und auf der Westwand die Herrscher Persiens und Roms dargestellt«.[260]

Die eindrucksvollsten archäologischen Funde aus Sogdien stammen aus der letzten Blütezeit der sogdischen Kultur im 7./8. Jh., also kurz vor der Islamisierung. In dieser Periode erlebte der regionale Zoroastrismus eine Renaissance auf Kosten anderer Religionen einschließlich des Buddhismus, von dem wir nun so gut wie keine Spuren mehr im eigentlichen Sogdien finden. Aber nicht nur die religiöse, auch die säkulare Kultur entfaltete sich in einer letzten Blüte, so daß neben Tempeln und Privatkapellen vor allem Königshöfe und reiche Kaufmannshäuser einen Einblick in das sogdische Leben vermitteln. Die erhaltenen Zeugnisse dokumentieren folglich in erster Linie das höfische Leben, sodann das wohlhabender Bürger, aber auch die eher ärmlichen Verhältnisse niedriger sozialer Schichten.

Zu den bekanntesten archäologischen Zentren Sogdiens zählt zunächst Pendjikent (Fünfstadt), etwa 70 km östlich von Samarkand im Tal des Serafshan-Flusses gelegen. Pendjikent, die Haupstadt des Königs Devastič, wurde zwischen 770 und 780 verlassen und nie wieder aufgebaut. Dieser Umstand war für die archäologische Forschung insofern besonders günstig, als keine späteren Bauten über den alten Ruinen errichtet wurden, wie dies sonst vielfach in zentralasiatischen Städten der Fall war.

Mit Pendjikent blieb eine typische sogdische Kleinkönigsstadt erhalten, die zugleich ein wichtiges Handelszentrum auf dem Weg nach China war. Die Fläche der von einer Festungsmauer umgebenen ›eigentlichen Stadt‹ war nicht sehr groß. Zusammen mit der Zitadelle machte sie kaum mehr als 14 ha aus. Der gesamte Stadtkomplex mit Vorstadt und Nekropole bedeckte ganze 19 ha. Die Funde von Pendjikent gliedern sich um vier Bereiche: die Zitadelle, die ›eigentliche Wohnstadt‹, die Vorstadt und die Nekropole.

Die Zitadelle, Wohnort des Königs, weist Malereien mit höfischen Szenen auf, wie etwa die Darstellung königlicher Gestalten unter einem Sonnendach oder das Bild von Adligen bei einem Umtrunk (s. Abb. 63). Breiten Raum nehmen Szenen mit bewaffneten Kämpfern ein, die großflächig, aber doch mit liebevoll ausgearbeiteten Details gestaltet sind. Die Themen entstammen ostiranischen Epen und Sagen, die von dem Kampf eines Helden gegen menschliche Widersacher und tierische Ungeheuer berichten.

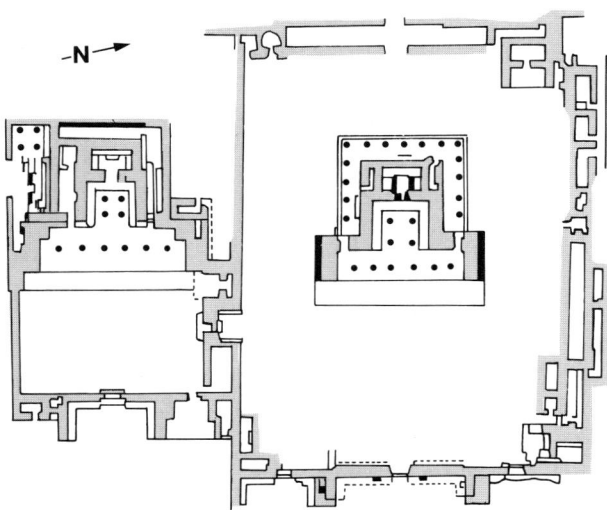

Grundriß der Tempel von Pendjikent, 6.–8. Jh.

65 Rekonstruktion der Vorderseite eines sogdischen Ossuariums, 6. Jh.

Ein epischer Erzählzyklus um den Helden Rustam war noch in islamischer Zeit lebendig und ist im iranischen Nationalepos ›Shah-Name‹ verkörpert. Daß es auch eine vorislamische sogdische Erzählung um Rustam in schriftlicher Form gab, beweisen Fragmente aus Dunhuang.[261] Forscher meinen, verschiedene Szenen mit der späteren Rustam-Erzählung in Firdausis Werk in Verbindung bringen zu können. Aber längst nicht alle Kampfszenen entstammen der Rustam-Sage. So finden sich hier auch Bilder von bewaffneten Amazonen, die gegen Krieger kämpfen und die vielleicht auf hellenistische Erzählstoffe zurückgehen. Auf hellenistische Vorbilder verweisen die dargestellten Fabeln des Äsop oder die Geschichte von der Gans, die goldene Eier legt und die von einem Törichten geschlachtet wird. Hervorzuheben ist auch das indische Element, das sich etwa in Szenen aus dem Erzählzyklus des ›Pañcatantra‹ dokumentiert.

Weist die Zitadelle von Pendjikent in erster Linie höfische und erzählerische Motive auf, so spiegeln die Häuser wohlhabender Bürger in der Wohnstadt vielfach das Leben gut situierter Kaufleute wider. Die Privathäuser besaßen Innenhöfe und Festsäle, auf deren Wänden Sujetmalereien wie auch Friesschmuck gefunden wurden. Eine Reihe verkohlter Holzstatuen von langgestreckten menschlichen Figuren gehört ebenfalls zu den Funden.

Auf der Stirnseite der Innenhöfe ist entweder eine Gottheit oder eine Ahnenfigur dargestellt, vielfach auf einem Fabelwesen reitend und von flankierenden Gestalten, Gabenbringern oder Stiftern, verehrt. Die Seitenwände weisen Kampfszenen oder Szenen aus dem täglichen Leben auf. So erkennen wir mit Rüstung versehene Ritter zu Pferd in einer Schlachtreihe gegen ebenfalls berittene Gegner mit langen Lanzen. Vornehme Kaufleute und Adlige sitzen im Gespräch auf dem Boden oder speisen an einer festlichen Tafel. Aber auch religiöse Szenen tauchen auf, wie etwa die Opferung eines Widders und die Darbietung anderer Gaben vor kultischen Feuerbehältern oder die Gestalt einer in verschiedenen Variationen repräsentierten, ursprünglich indischen Göttin mit vier Armen, an deren Stelle aber auch eine zweiarmige, auf einem mythischen Tier thronende weibliche Gottheit treten kann.[262] Vertreten ist auch der dreiköpfige sogdische Windgott Veshparkar (vgl. Abb. 37). Daß ein und dieselbe Gottheit gütige und furchterregende Züge in sich vereinigt, wie im Falle des Windgottes, ist eine völlig uniranische Idee. Die Hauskapellen beherbergten z. T. auch Feueraltäre, die dem Kult zoroastrischer und einheimischer Götter geweiht waren.[263]

In der Wohnstadt befanden sich auch die wichtigsten Tempel. Ein aus zwei getrennten Heiligtümern bestehender Tempelkomplex war so angelegt, daß jeder Tempelbezirk aus einem großen rechteckigen Hof bestand, der von einer Mauer und verschiedenen Räumlichkeiten umgeben war.[264] Im Zentrum des Hofes befand sich auf einer erhöhten Plattform die Cella, der eine Vorhalle vorgelagert war. Offene Korridore und von Säulen getragene Gewölbe umgaben die zentralen Anlagen. Malereien, die größtenteils ostiranische religiöse Motive aufwiesen, schmückten die Wände.

Das bemerkenswerteste Beispiel bildnerischer Ausstattung ist die ›Trauerszene‹. Sie zeigt einen in einem mit Torbogen versehenen Mausoleum liegenden Gott oder Helden, der von klagenden und sich kasteienden Gestalten beweint wird. In der linken Bildhälfte sind größer gestaltete Gottheiten dargestellt, die an der Trauer Anteil nehmen. Wie schon in dem Kapitel über die Religionen Sogdiens ausgeführt, handelt es sich bei dem Toten vermutlich um den sterbenden und wiederauferstehenden Gott Siyavush, der mit dem jahreszeitlichen Zyklus in Beziehung steht.[265] Gerade diese Szene macht eindrucksvoll deutlich, wie es sogdische Künstler bei aller Typisierung der Gestalten verstanden, innerste Regungen anschaulich zum Ausdruck zu bringen.

Neben der Zitadelle und der Wohnstadt gehörte zu der typisch zentralasiatischen Stadtanlage, wie sie in Pendjikent erhalten blieb, auch eine Vorstadt, in der Angehörige niederer sozialer Schichten und Fremde, Handwerker und Sklaven wohnten. Hier findet man erwartungsgemäß eine Volkskunst, die sich in zahlreichen Tonplastiken dokumentiert.

66 *Königlicher Held in einer Kampfszene, Reste einer Malerei aus dem ›Roten Saal‹ der Burg von Warachsha*

Schließlich ist die Nekropole zu nennen, der Bestattungsort von Toten, die, wie im alten Ägypten, in der Wüste lag, am Rande des fruchtbaren Siedlungsgebietes. Wie in Chorasmien fand man auch hier reich geschmückte Reliquienbehälter, die verschiedene kosmologische und eschatologische Motive aufweisen. Ein Ossuarium aus Bija-Najmana, das mit denen von Pendjikent verglichen werden kann, weist vier Arkadenbögen auf, unter denen fürstlich erscheinende Figuren stehen, die wahrscheinlich die vier heiligen Elemente des Zoroastrismus verkörpern: Feuer, Wasser, Erde und Luft (s. Abb. 65).[266]

Die Freilegung weiterer sogdischer Städte aus vorislamischer Zeit zeigt, daß Pendjikent zwar ein herausragendes, aber keineswegs das einzige Zentrum blühender sogdischer Kultur war. Wandmalereien in einem weiteren Königspalast, dem Sitz des Herrschers von Afrasiab – dem alten Samarkand – werden neben denen von Pendjikent zu den bedeutendsten Zeugnissen der spätsogdischen Kulturepoche gezählt.[267] In den festlichen Räumlichkeiten der Herrscher von Afrasiab, von denen einige namentlich bekannt sind,[268] befanden sich neben narrativen Szenen, die sogar sogdische Inschriften aufweisen, auch eindrucksvolle Darstellungen des Lebens am Hof. In einem Saal von 10 m Länge und 10 m Breite kam das Bild eines feierlichen Empfanges zutage, an dem Vornehme und Adlige in prächtigen Festgewändern teilnehmen. Auf der Südwand des Saales finden wir eine Prozession: vier Männer in reich geschmückten Kaftanen empfangen Reiter auf Pferden, Elefanten und Kamelen. Hinter den Reitern erscheinen vier weiße Sträuße, die wahrscheinlich als deren Geschenke anzusehen sind. An der Westwand des Saales ist der Empfang einer Delegation durch den Herrscher Afrasiabs dargestellt. Die fünf Gesandten, die in sassanidisch gemusterten Gewändern erscheinen und Geschenke darbringen, sind laut sogdischer Beischrift Hunnen, die dem König ihre Tributpflicht zollen. Der Anführer stellt sich der Inschrift zufolge als Leiter der Kanzlei des chaganianischen Reichs Turanč vor, der die Geschenke und Ehrfurchtsbezeugungen des Hunnenherrschers überbringt.

Ähnliche Malereien fand man auch in der Residenz eines Herrschers von Buchara, in der Siedlung Warachsha, und im vom Feuer zerstörten Palast des Königs von Usrushana in Shahristan.[269] In Shahristan wurde das Bild einer stehenden Wölfin entdeckt, die zwei Knaben säugt. Das Motiv, das uns auch in Pendjikent begegnet, ist römischen Ursprungs. Als Vorbild für die zentralasiatischen Darstellungen dienten vermutlich byzantinische Münzen.

Warachsha, ein bedeutendes Kulturzentrum 30 km nordwestlich von Buchara, bewahrte ebenfalls beachtliche Zeugnisse der Kunst mit Darstellungen des höfischen Lebens.[270] Seine Bedeutung als alte Königsstadt ist in der Geschichte Bucharas überliefert, die der islamische Schriftsteller Narshakhi im 10. Jh. niederschrieb.[271] Er berichtet, daß Warachsha mit seiner Königsresidenz einst so groß war wie Buchara. Archäologische Funde belegen, daß die Stadt zwischen dem 5. und 10. Jh. eine Blütezeit erlebte. Die 1937 entdeckte Stätte befand sich früher in einer fast 500 km² großen Oase, die zunehmend vom Wüstensand überdeckt und schließlich im 11./12. Jh. aufgegeben wurde.

Der zentrale Ruinenhügel von Warachsha, der heute noch 19 m hochragt, umfaßte neben der Wohnstadt auch eine Burg. Die Zitadelle bot mit ihren gewaltigen Mauern und gezack-

SOGDIEN: DIE KULTUR EINES UNTERGEGANGENEN VERMITTLERVOLKES

67 Junge Frauen bedienen speisende Gäste; Ausschnitt einer Wandmalerei aus Balalyk-Tepe, 5.–6. Jh. n. Chr.

ten Türmen das Bild einer wahren Trutzburg und erinnert an Chorasmien. Ausgrabungen brachten Malereien in drei Sälen zum Vorschein. Zu den berühmtesten zählen die Gemälde des ›Roten Saales‹ (12 × 9 m), dessen Bilder auf rotem Grund gemalt sind. Hier wird mehrfach der Kampf zwischen einem Helden und wilden Tieren thematisiert. Wir sehen den Helden mit königlichem Schmuck auf einem Elefanten reiten: Er muß sich der Angriffe von Tigern, Leoparden, Schneeleoparden, Löwen und Greifen erwehren. Im ›Thronsaal‹ von Warachsha fand man Schnitzwerke und Tonskulpturen von Göttern oder vergöttlichten Personen, ferner Darstellungen von Tieren, Pflanzen und diversen geometrischen Mustern. Die stark beschädigten Reste der Wandmalereien des ›Thronsaales‹ zeigen neben Kampfdarstellungen auch eine Feuerverehrungsszene.

Ist die Trutzburg ein besonderes Merkmal Chorasmiens, so gilt dies auch für das südliche Sogdien, wo befestigte Zitadellen, aus Stampferde und Ziegeln errichtet, nicht nur dem Herrscher, sondern auch dem Volk in Zeiten der Belagerung Schutz boten. Eine relativ gut erhaltene südsogdische Burganlage ist die von Balalyk-Tepe, 15 km von Termez entfernt. Der Komplex, der auf das 5.–7. Jh. zu datieren ist, erscheint bemerkenswert, da sich hier die sonst vielfach zerstörten Wandmalereien in relativ gutem Zustand präsentieren. In einem zentralen Empfangssaal mit polychromen Fresken sind 47 Personen bei einem Bankett dargestellt. Mädchen bedienen die tafelnden Gäste, die reiche Gewänder mit sassanidischen Motiven tragen (s. Abb. 67).

Der nordöstliche Raum des heutigen sowjetischen Mittelasien, Shash (das heutige Tashkent), das Fergana-Tal, der Zugang zu Ostturkestan und das Siebenstromland befanden sich im 6.–8. Jh. noch unter sogdischem Kultureinfluß, auch wenn hier eine frühere eigenständige, allerdings eher provinziell wirkende Kultur deutlich wird.[272] Chinesische Militärexpeditionen drangen seit der späten Han-Zeit (23–220 n. Chr.) immer wieder bis ins Fergana-Tal vor. Hier beschafften sich die Chinesen jene begehrten Pferde, die Vorbild für manche anmutigen Pferdeskulpturen von der Han- bis zur Tang-Zeit wurden.

Neben den Sogdiern und zeitweilig auch den Chinesen übten seit dem 6. Jh. zunehmend nach Westen vordringende Turkvölker einen ethnischen und kulturellen Einfluß auf das Gebiet aus. Mit ihrer Herrschaft verband sich eine Besiedlung durch Turkstämme, wovon einige Runeninschriften in Fergana sowie türkische Grabhügel im Siebenstromland zeugen. Das Gebiet war eine Durchgangsregion für den Ost-West-Verkehr, in der neben sogdischen Kaufleuten und türkischen Khanen auch Händler, Pilger sowie Diplomaten aus dem Raum zwischen China und Byzanz ihre Spuren hinterließen.

Zu den bedeutendsten Bauten aus der Zeit des 6.–8. Jh. gehört der an die sogdische Architektur erinnernde, aber auch andere fremde und einheimische Elemente umfassende buddhistische Tempel von Ak Beshim (s. Abb. 68). Er zeigt, daß die indische Religion am Rande Sogdiens zu jener Zeit noch lebendig war. Diverse Beispiele des Kunsthandwerks aus den drei genannten Gebieten zeugen von den unterschiedlichen Kulturelementen, die auch hier zu einer eigenen, neuen Einheit verschmolzen.[273]

Das Siebenstromland sollte zum Refugium jener syrisch-nestorianischen Christen werden, die in Zeiten der Verfolgung aus dem sassanidisch beherrschten Iran nach Osten flohen. Zumal unter den Mongolen (13./14. Jh.) fand der Nestorianismus hier auch Anhänger bei der türkischen Bevölkerung, wovon zahlreiche Grabsteine mit syrischen und türkischen Inschriften zeugen, die Auskunft über Leben und Todesdatum der dort Bestatteten geben.[274] Ähnliche Grabsteine fand man auch in Almaliq im Ili-Tal (heute VR China), das in mongolischer Zeit ebenso wie das benachbarte Navekath am Issik-Köl zu einer nestorianischen Metropole erhoben wurde.

Zu den wichtigsten Fundorten in Sogdien, die heute noch besichtigt werden können, zählt zunächst Pendjikent bei Samarkand mit seiner Wohn- und Vorstadt sowie der Nekropole.

Grundriß des buddhistischen Tempels von Ak Beshim

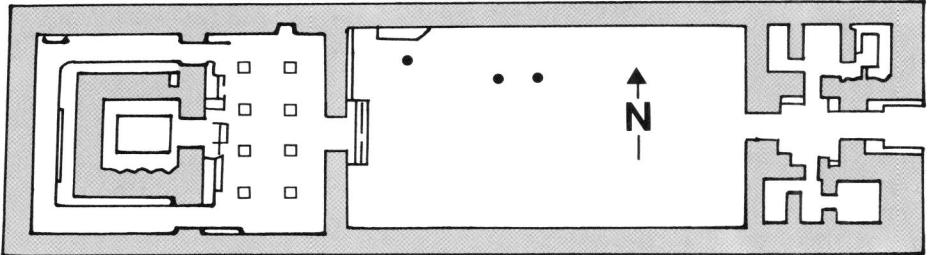

SOGDIEN: DIE KULTUR EINES UNTERGEGANGENEN VERMITTLERVOLKES

68 Rekonstruktion des buddhistischen Tempels von Ak Beshim

Sowohl in der Zitadelle des Königs wie auch in den Tempeln und Privathäusern der Stadt sind Reste alter Malerei und Skulpturkunst zu bewundern. Aber auch Afrasiab im alten Samarkand weist noch bedeutende Zeugnisse sogdischer Architektur und Malerei auf. Gleiches gilt für Warachsha. Die heute bedeutendsten Städte im ursprünglich sogdischen Gebiet – Samarkand und Buchara – beherbergen vor allem Baudenkmäler islamischer Zeit. Die Ortsmuseen dagegen geben einen Einblick in die vorislamische Geschichte. Der Buddhismus hinterließ im sogdischen Stammland kaum Spuren. Im benachbarten Fergana-Tal allerdings blieben Reste des bedeutenden Klosters von Ak Beshim erhalten.

Die Kulturräume der östlichen Seidenstraße

Die Zentren am südlichen Handelsweg

Von Sogdien und dem Fergana-Tal führte die Seidenstraße über die Pässe zwischen Alai-Gebirge und Tianshan in das trockene Tarim-Becken. Die erste größere Stadt, die nach Osten Reisende am Rande der Taklamakan-Wüste erreichten, war Kashgar. Von dort führte eine ältere Route über Yarkand und Khotan nach Miran und Loulan, also in das Reich Shanshan, das den von Oasen durchzogenen südöstlichen Teil des Tarim-Beckens umfaßte. Von Loulan wanderte man ostwärts nach Dunhuang, dem westlichen Außenposten Chinas.

Die südliche Route wurde in ihrem östlichen Teil im 4./5. Jh. aufgrund von Austrocknung zunehmend unpassierbar, da sie durch jene Oasen führte, die vom Schmelzwasser des Pamir, des Karakorum und des Altyn-Tag lebten. Gleichwohl behielt Khotan seine Bedeutung als südlicher Knotenpunkt und Zentrum buddhistischer Kunst und Gelehrsamkeit. Von dort gab es einen Weg über das Karakorum-Gebirge nach Indien, mit dem Khotan ebenso verbunden blieb wie mit China. Reisende, welche die nördliche, von Kashgar über Kucha und Turfan nach Dunhuang führende Route benutzten und damit die Oasen südlich des Tianshan passierten, berührten zwar Yarkand und Khotan nicht, es gab jedoch auch einen Pfad von Khotan quer durch die Taklamakan-Wüste zu Orten wie Aqsu an der Nordstraße, wie wir u. a. von Faxian wissen, der den Weg um das Jahr 400 in entgegengesetzter Richtung beschritt.

Chinareisende, die von Sogdien nach Osten zogen, bevorzugten jedoch seit dem 5. Jh. weitgehend die Nordroute, so daß Khotan für sie gleichsam in einem ›toten Winkel‹ lag. Diese isolierte Lage ermöglichte das Aufblühen einer eigenständigen khotanesischen Kultur, die anfänglich von Indien und China inspiriert war, jedoch zunehmend von sakischen Elementen geprägt wurde. Die westlich von Khotan gelegenen Orte Kashgar und Yarkand waren wie Khotan selbst seit Anfang unserer Zeitrechnung von der buddhistischen Kultur bestimmt, wie Manuskriptfunde aus Kashgar bezeugen. Zu den Kashgar-Manuskripten zählt eine der ältesten bisher bekannten Versionen des berühmten ›Lotos-Sutra‹ *(Saddharmapuṇḍarīka-Sutra)*.[275] Neben Münzen, Inschriften, weiteren Textfragmenten, Kultobjekten und Gegenständen des täglichen Lebens blieb jedoch vom vorislamischen Kashgar und Yarkand nicht viel erhalten, was den Kulturzeugnissen des benachbarten Khotan vergleichbar wäre.[276] Allerdings erfahren wir von Xuanzang, daß es im 7. Jh. zwischen Kashgar und Khotan bedeutende buddhistische Zentren mit Tausenden von Schriften gab.

Heute sind Yarkand und Kashgar rein islamische Städte, die äußerlich nichts mehr von der buddhistischen Vergangenheit erkennen lassen. Die in westlichen Museen (einschließlich

DIE ZENTREN AN DER SÜDLICHEN SEIDENSTRASSE: KHOTAN

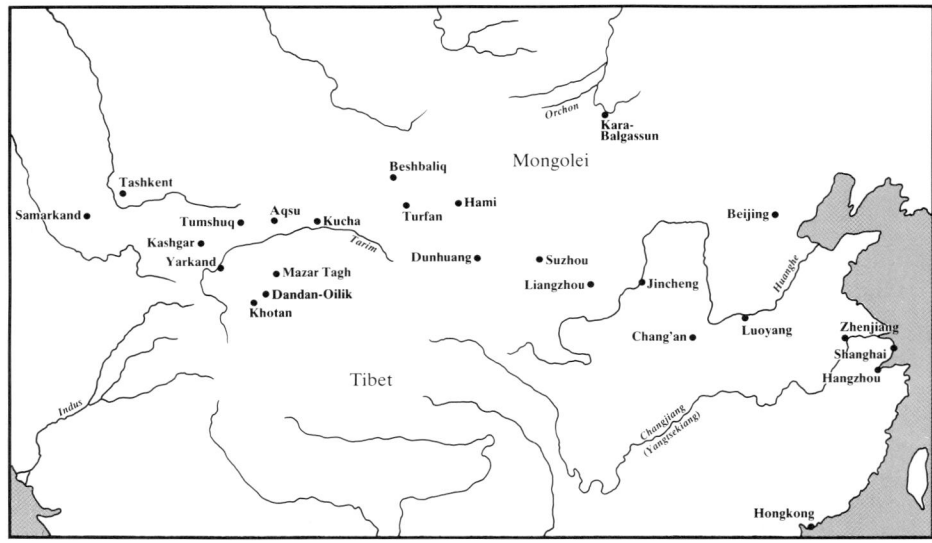

Die bedeutendsten Fundorte

der Eremitage in Leningrad) aufbewahrten Manuskripte, Münzen und Kleinfunde zeugen jedoch von der Kultur der vorislamischen Zeit. Auch finden sich manche Exponate aus jener Periode in den Ortsmuseen und im Museum von Urumchi.

Khotan

Die Oase Khotan war vor der Islamisierung Ostturkestans zweifellos das bedeutendste Zentrum buddhistischer Kultur an der Südroute.[277] Wann sich die iranischen Saken in der Oase am Südrand der Taklamakan-Wüste niederließen, ist unbekannt. Sie scheinen sich erst um die Zeitenwende oder danach in Khotan festgesetzt zu haben, auch wenn nomadisierende iranische Stämme, die Vorläufer der Saken, schon im 1. Jt. v. Chr. südlich und nördlich des Tianshan umherschweiften.

Chinesischen und tibetischen Quellen zufolge ließen sich Inder und Chinesen zuerst aufgrund eines Übereinkommens in Khotan nieder.[278] Da die indische Kolonie mit einer buddhistischen Mission des Kaisers Ashoka in Verbindung gebracht wird, könnte die Gründung Khotans im 3. Jh. v. Chr. stattgefunden haben. Auch wenn die Quellen, die davon sprechen – u. a. die tibetische ›Prophezeiung über das Land Li (Khotan)‹ und die Angaben des chinesischen Indienpilgers Xuanzang – erst aus dem 7. Jh. n. Chr. stammen, also 1000 Jahre später anzusetzen sind, scheint die Gründung Khotans tatsächlich in vorchristlicher Zeit erfolgt zu sein.[279]

Archäologisch belegt ist die Tatsache, daß in den ersten Jahrhunderten nach der Zeitenwende Chinesen neben Indern in und um Khotan lebten. Münzen aus dieser Zeit tragen chinesische Legenden auf der Vorderseite und Prakrit-Legenden in indischer Kharoshthi-Schrift auf der Rückseite. Das gandharische Prakrit war im 2. und 3. Jh. n. Chr. Verwaltungssprache des weiter östlich gelegenen Reiches von Shanshan, zu dem Khotan natürlich enge Kontakte unterhielt. So enthält ein Dokument aus Endere im Shanshan-Reich (Nr. 661) einen Hinweis auf den khotanesischen Herrscher Vijaya Sinha, der im 3. Jh. n. Chr. regierte und als ›großer König von Khotan, König der Könige‹ apostrophiert wird. Der Name des Herrschers ist indisch, was darauf hinweist, daß die ersten Könige von Khotan aus der indischen Kolonie hervorgingen.

Auch der alte indische Name der Oase, Gostana (Kuh-Brust), belegt die Bedeutung der Inder für die Frühgeschichte des kleinen Reiches.[280] Ob die Kushan im 2. Jh. eine Hegemonie über Khotan ausgeübt haben, ist fraglich. Nach Unterwerfung ihres Reiches durch die Sassaniden im Jahre 356 machte sich der Oasenstaat jedoch unabhängig. Seit 265 erkannte Khotan ebenso wie das benachbarte Shanshan die Oberherrschaft der chinesischen Dynastie West-Jin (265–317) an. Aber schon vor dieser Zeit und erst recht danach war das politische Geschick der Oase, aus der das Reich der Mitte seine kostbarste Jade bezog, immer wieder mit dem Chinas verbunden.

Die chinesische Präsenz in Khotan seit der Gründung erklärt auch, daß chinesische Geschichtswerke seit der frühen Han-Dynastie von dem kleinen Reich im fernen Westen berichten.[281] In den Annalen des 1. Jh. v. Chr. wird Khotan als relativ kleine Oase beschrieben, doch schon die späteren Han-Werke (1./2. Jh. n. Chr.) zeigen, daß der Oasenstaat einen beachtlichen Machtzuwachs erlebte. Wir erfahren, daß Mitte des 1. Jh. König Yunlin vom Herrscher des benachbarten Yarkand unterworfen wurde. Doch von 58–79 n. Chr. konnte ein khotanesischer General sich gegen Yarkand erheben und sich zum Herrscher von Khotan ernennen. Nach seinem Tode übernahm sein älterer Bruder Guangde die Macht, zerstörte Yarkand und begründete ein Reich, das 13 Kleinstaaten umfaßte und bis nach Kashgar reichte. Khotan und Shanshan beherrschten nun die südliche Route. Zwar konnten die Chinesen schon im letzten Viertel des 1. Jh. ihre Macht im gesamten Tarim-Becken ausüben, doch war ihr Einfluß in den folgenden Zeiten äußerst wechselhaft.

Als der chinesische Mönch Faxian Khotan um das Jahr 400 besuchte, fand er hier »ein angenehmes und blühendes Reich mit einer großen und gedeihenden Bevölkerung« vor.[282] Zum religiösen Leben schreibt er:

> Die Einwohner bekennen sich alle zu unserem Gesetz, und sie nehmen gemeinsam an den religiösen Veranstaltungen teil. Die Zahl der Mönche beläuft sich auf einige Zehntausend. Die meisten von ihnen sind Anhänger des Mahayana. Sie alle erhalten ihre Speisen von einer gemeinsamen Vorratskammer. Im ganzen Land stehen die Häuser der Menschen weit voneinander getrennt, wie die Sterne, und jede Familie hat einen kleinen Stupa vor der Haustür. [In den Klöstern] halten sie [die Khotanesen] Zimmer für Geistliche aus allen Gegenden bereit; sie können in Anspruch genommen werden von reisenden Mönchen, wenn sie ankommen. Diese werden dann mit allem versorgt, was sie benötigen.[283]

DIE ZENTREN AN DER SÜDLICHEN SEIDENSTRASSE: KHOTAN

Aus den Angaben Faxians können wir entnehmen, daß Pilger und Mönche, die von Ost nach West wanderten oder umgekehrt von Indien bzw. den westlichen Ländern nach China unterwegs waren, freundliche Aufnahme bei ihren buddhistischen Glaubensbrüdern in Khotan fanden und daß man in der Oase auf durchreisende Pilger eingestellt war. Es scheint sich hier das Gefühl einer buddhistischen Ökumene ausgebildet zu haben.

Zur Zeit Faxians war die Prakrit-Sprache durch das einheimische Khotansakische und durch das buddhistische Sanskrit ersetzt worden. Gleichwohl können wir davon ausgehen, daß Khotan immer noch eine vielsprachige Oase war, in der u. a. Chinesisch wie auch Gandhari gesprochen und verstanden wurde. Vermittelte Khotan dem Osten primär indisch-buddhistische Inhalte, so kamen auch Chinesen in die Oase, um hier buddhistische Schriften zu erwerben. Wir wissen z. B., daß eine Gruppe chinesischer Mönche Mitte des 5. Jh. buddhistische Erzählungen in Khotan sammelte, um sie in Turfan in ihre Muttersprache zu übersetzen. Aus dieser Sammlung ging der bekannte buddhistische Legendenkranz ›Der Weise und der Tor‹ hervor, der auch ins Tibetische übersetzt wurde.[284] Vom chinesischen Pilger Xuanzang erfahren wir, daß es im 7. Jh. an die 100 Klöster mit etwa 5000 Mönchen in Khotan gab, zu denen auch Ausländer zählten.[285]

Während im 3. und 4. Jh. noch das nordwestindische Prakrit (Gandhari) als Sprache der königlichen Erlasse und der Verwaltung diente, war in jener Zeit das Alt-Khotanesische schon als Umgangssprache verbreitet. Es entwickelte sich im 4.–6. Jh. zu einer Schriftsprache, in der wichtige buddhistische Werke wie das ›Goldglanz-Sutra‹ und das in verschiedenen Handschriften vorliegende ›Buch des Zambasta‹, ein einheimisches buddhistisches Lehrwerk, abgefaßt wurden.[286]

Erst im 7. Jh. ging aus dieser Sprache das Neu-Khotanesische hervor, in dem die meisten der zwischen dem 7. und 10. Jh. geschriebenen buddhistischen Texte, die man nicht nur in Khotan, sondern auch in Dunhuang fand, verfaßt wurden. Der größte Teil der khotanesischen Schriften ist eine Übersetzungsliteratur, doch existieren auch einheimische religiöse Werke auf Khotansakisch und säkulare Zeugnisse wie z. B. medizinische Texte.[287] Zu den nicht-buddhistischen religiösen Schriften gehören die Erzählungen über den mythischen indischen König Rama. Ist damit der Kontakt Khotans auch zum hinduistischen Indien bezeugt, so legen türkisch-khotanesische und chinesisch-khotanesische Bilinguen Zeugnis von den Verbindungen zu den Oasen Turfan und Dunhuang ab.[288]

Die Förderung des Khotanesischen als Verwaltungs- und Gelehrtensprache wurde durch ein khotan-sakisches Königtum ermöglicht, das sich der Religion verpflichtet sah und insbesondere die buddhistische Gemeinde unterstützte. Trotz der wechselhaften Geschicke des Landes wußten die khotanesischen Herrscher eine relative Selbständigkeit zu wahren, auch wenn sie die Suzeränität fremder Mächte anerkennen mußten.

Es war natürlich immer wieder China, das seinen Einfluß in der Oase geltend machte, und so verwundert es nicht, daß eine eindrucksvolle Malerei des khotanesischen Herrschers aus dem chinesischen Dunhuang erhalten blieb (s. Abb. 69). Faxian hinterließ auch eine lebendige Beschreibung des khotanesischen Herrschers als *defensor fidei*. Er berichtet, wie der König selbst für seine Unterkunft im großen, 3000 Mönche beherbergenden Gomati-Klo-

69 Darstellung eines khotanesischen Königs in Dunhuang, Höhle 98, aus der Zeit der Fünf Dynastien (907–979)

DIE ZENTREN AN DER SÜDLICHEN SEIDENSTRASSE: KHOTAN

ster sorgte, wo der Pilger sich von der dort herrschenden Ordnung und Ruhe beeindruckt zeigt. Zum Leben in diesem vom König unterstützten Kloster schreibt er:

> Wenn sie [die Mönche] den Speisesaal betreten, ist ihr Verhalten von einem ehrfurchtsvollen Ernst gekennzeichnet. Sie nehmen ihre Sitze in regelmäßiger Ordnung ein, und es herrscht eine vollkommene Ruhe. Man hört keinen Laut von ihren Bettelschalen oder Speiseutensilien. Wenn irgendeiner dieser reinen Männer Speisen benötigt, darf er nicht danach rufen, sondern darf nur Zeichen mit seiner Hand geben.[289]

Daß der Herrscher die Mönchsgemeinde förderte, zeigt sich nicht nur in der zentralen wirtschaftlichen Verwaltung der khotanesischen Klöster, sondern auch darin, daß der König sich an hohen Festen symbolisch der geistlichen Autorität unterstellte. In Faxians Bericht über das hohe Fest des ›Umzugs der Buddha-Figuren‹ erfahren wir, daß sich der Herrscher, begleitet von zahlreichen Höflingen, mit entblößtem Haupt der zentralen Buddha-Figur näherte, sich ihr zu Füßen warf und sie anschließend mit Blumen und Weihrauch ehrte.[290]

Trotz der Unterwerfung Khotans unter die Herrschaft verschiedener Fremdvölker, so der Hephthaliten in den Jahren 502–556 und der westlichen Türken ca. 565–631, behielt der König seinen Rang als regionaler Monarch und Beschützer der Gemeinde. Als Xuanzang die Oase auf seinem Heimweg nach China im 7. Jh. besuchte und dort einige Monate verbrachte, war sie ein kulturelles und religiöses Zentrum von weitreichender Bedeutung.[291]

In der Tang-Zeit gewannen die Chinesen vor allem nach ihrem Vorstoß nach Ostturkestan im Jahre 640 zunehmend Einfluß auf Khotan wie auch auf andere Stadtstaaten im Tarim-Becken. Die Tang-Annalen geben detailliert Auskunft über die politischen und sozialen Verhältnisse in Khotan im 7. und 8. Jh. Seit 759 jedoch besetzten die Tibeter die Zugangswege von China nach Turkestan, das die chinesischen Protektorate Anxi mit der Hauptstadt Kucha und Beiting mit der Hauptstadt Beshbaliq umfaßte. Erst um 865 konnte der uigurische Herrscher Pugujun, der in nomineller Allianz mit den Chinesen stand, die Tibeter aus dem nördlichen Teil des heutigen Xinjiang vertreiben.

Die Trennung Khotans von China wurde erst durch die Vertreibung der Tibeter aus Ostturkestan im ausgehenden 9. Jh. vollzogen. Die vor 912 abgefaßte tibetische Chronik ›Prophezeiung über das Land Li‹ wirft Licht auf die Verhältnisse in der Oase im 8. und 9. Jh. Nach dem Ende der tibetischen Vorherrschaft konnten die Kontakte zu China erneuert werden, und nun erwähnten chinesische Quellen Khotan wieder häufiger. Sie bezeugen, daß die Oase im 10. Jh. eine Zeit relativer Aktivität entfaltete. Freilich waren die Einbrüche der Fremdvölker nicht spurlos am Leben der Oasenbewohner vorbeigegangen. Ein unbekannter Dichter der Spätzeit beklagt, daß Tibeter, Hunnen, Chinesen und andere Ausländer »unserem khotanesischen Land«[292] geschadet hätten.

In der letzten Periode buddhistisch-sakischer Kultur, deren Ende die Eroberung Khotans durch den Kharakhaniden-Fürsten Harun Bughra Khan im Jahre 982 markiert, gewannen erneut indische Elemente Einfluß auf das kulturelle Leben. Im religiösen Leben zeigt sich dies im Aufkommen jenes Tantrismus oder Vajrayana, der für die Spätphase des indischen Buddhismus kennzeichnend ist und der mit seinen erotischen Elementen und furchterregenden Gottheiten den tibetischen Buddhismus maßgeblich prägen sollte. In der Literatur wird diese späte Schicht in vajrayanistischen Versen auf Khotanesisch greifbar.

Aber auch klassische Formen des Buddhismus erleben nun eine erneute Blüte. Kennzeichnend dafür ist ein Werk mit dem Titel ›Jataka-stava‹ (Preis der früheren Geburten [des Buddha]), das weniger eine Übersetzung als eine eigenständige Zusammenfassung von 51 Jataka-Geschichten ist.[293] Auch diverse literarische Werke, die neben der umfangreichen Übersetzungsliteratur auf Khotanesisch verfaßt wurden, zeugen von der relativen Eigenständigkeit des khotanesischen Buddhismus, der über rein religiöse Texte hinaus auch Dokumente von großer geschichtlicher Bedeutung hervorbrachte.[294]

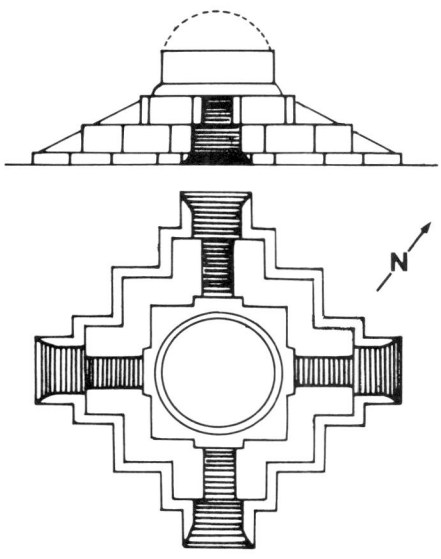

Grund- und Aufriß des Stupas von Rawak bei Khotan

Die meisten khotanesischen Dokumente entstammen der berühmten vermauerten Bibliothek von Dunhuang, doch fand man auch Texte sowie Textfragmente in einigen ehemaligen Klöstern und Heiligtümern in Khotan und der weiteren Umgebung. Zu den bedeutendsten Fundorten zählen Yotkan, das alte Khotan selbst, aber auch die weiter im Osten und Nordosten liegenden Orte Balawaste, Dandan-Oilik, Domoko, Khadalik, Mazar Tagh und Kaduk Köl.

Zu den wichtigsten Architekturformen des alten Khotan gehören zunächst Stupas, deren Form von einer schlichten, auf mehreren übereinanderliegenden Sockeln ruhenden Halbkugel bis zu eindrucksvollen Monumentalbauten reicht. Ein solcher wurde in Rawak ausgegraben. Dort erhebt sich ein überkuppelter Zylinder auf einer dreistufigen Basis. Treppen führen von vier Richtungen zu jener obersten Plattform, die eine rituelle Umwandlung des Zylinders ermöglicht. Daß die z. T. hochgestreckten, viele Ehrenschirme aufweisenden Stupas reich mit Bannern und Fahnen geschmückt waren, können wir den Malereien von Khotan entnehmen.

Neben Stupas wurden auch diverse Statuentempel gefunden, die Bildnisse von Buddhas, Bodhisattvas sowie Himmelswesen beherbergten, ferner Klöster, Wohnhäuser, Festungen und Stadtmauern.[295] Auffallend ist das Fehlen von Höhlenheiligtümern und in den Fels geschlagenen Wohnzellen in Khotan, was einerseits mit den örtlichen geologischen Verhältnissen zusammenhängen mag, andererseits aber sicherlich auch seinen Grund darin hatte, daß der Mahayana-Buddhismus in Khotan dem Weltlichen offener gegenüberstand als in

DIE ZENTREN AN DER SÜDLICHEN SEIDENSTRASSE: KHOTAN

70 Mit kosmologischen und soteriologischen Symbolen versehene Gestalt des Buddha

jenen Orten an der Nordroute, wo die Höhle, das typische Symbol der Weltentsagung, neben dem Freibau allerorts anzutreffen ist.

Die bemerkenswertesten Malereien von Khotan, die größtenteils in das 6.–8. Jh. datiert werden, entstammen vornehmlich den Orten Balawaste und Dandan-Oilik.[296] In Balawaste blieb die sehr flächig wirkende Darstellung eines Buddha erhalten, dessen Körper mit verschiedenen kosmologischen und soteriologischen Symbolen bedeckt ist (s. Abb. 70).[297] Die Symbolik, z. B. der doppelte Vajra (Donnerkeil), ist z. T. schon tantrisch. Eindeutig tantrisch ist eine wohl als Mahakala anzusehende dreiköpfige Gottheit mit erigiertem Phallus, deren zentrales Haupt von einem Totenschädel bekrönt wird. Sie hält die Symbole von Sonne und Mond in den Händen. Tritt hier neben das erotische das furchterregende Element in den Vordergrund, so sind uns aus Dandan-Oilik eher gefälligere Formen überliefert. Auf einem hölzernen Votivtäfelchen ist z. B. jene ›Seidenprinzessin‹ dargestellt, die das chinesische Seidenmonopol brach, indem sie in ihrer Frisur versteckte Seidenkokons nach Khotan schmuggelte und damit die Seidenraupenzucht in der Oase begründete. Eine in das Bild hineinragende Hand verweist auf den Kopfschmuck, in dem die kostbare Ware versteckt gehalten wird, während der im Hintergrund thronende vierarmige Gott vermutlich der Schutzgott der Seidenweber ist. Diese göttliche Gestalt erscheint auch auf einem anderen Votivtäfelchen mit ähnlichen Symbolen; wohl zu Unrecht hat man sie als ›iranischen Bodhisattva‹ bezeichnet. Weitere Motive auf anderen hölzernen Votivtäfelchen spielen auf örtliche oder regionale Legenden an, die literarisch nicht mehr greifbar sind. In ihnen drückt sich der einheimische und eigenständige khotanesische Stil am sinnfälligsten aus.

Obwohl die khotanesische Kultur um 1000 n. Chr. unterging und von der türkisch-islamischen überlagert wurde, übte Khotan auf das benachbarte Hochland von Tibet einen nicht zu übersehenden Einfluß aus. Schon im 8. und 9. Jh. waren khotanesische Mönche, von den militärischen Erfolgen der islamischen Heere in Westturkestan beunruhigt, in die tibetischen Berge geflohen. Im tibetischen Geschichtswerk ›rGyal-rab‹ erfahren wir dann auch von Übersetzermönchen und Malern aus Khotan, die in der ersten Hälfte des 9. Jh. im Schneeland wirkten. Aus der Zeit vor 1200 wurden auch Werke der Kunst in ›khotanesischem Stil‹ (tib. *li-lugs*) geschaffen, und es ist zu vermuten, daß die Nachwirkungen dieser khotanesischen Kunst sich auch über jene Zeit hinaus bemerkbar machten.[298]

Die Oase Khotan ist heute von der islamischen Kultur geprägt. Diverse Museen beherbergen jedoch Funde aus vorislamischer Zeit, vor allem aus den Nachbarorten Yotkan, Balawaste, Dandan-Oilik und Rawak, wo noch Reste buddhistischer Klosterbauten und Stupas zu sehen sind. Vor allem der eindrucksvolle Stupa von Rawak zeugt von der Eigenart buddhistischer Architektur an der östlichen Südroute der Seidenstraße. Zahlreiche beschriftete Holztäfelchen aus der Gegend um Khotan werden auch im Museum von Urumchi aufbewahrt.

71 *Tantrische buddhistische Gottheit mit drei Köpfen, von einem Totenschädel bekrönt. Im oberen Händepaar hält die Gottheit die Symbole von Sonne und Mond*

DIE ZENTREN AN DER SÜDLICHEN SEIDENSTRASSE: MIRAN UND SHANSHAN

Miran und das Reich Shanshan

Zu den bemerkenswertesten Zeugnissen früher Malerei aus dem östlichen Tarim-Becken, die Sir Aurel Stein auf seinen Expeditionen zutage förderte, zählen jene Wandmalereien aus Miran[299] im alten Reich Shanshan, die inhaltlich zwar zumeist buddhistische Stoffe thematisieren, ihrem Stil nach jedoch indisch-hellenistische, ja sogar iranische und mediterrane Elemente verraten. Diese Malereien, die im 3. und 4. Jh. n. Chr. entstanden, gehören zu den frühesten in Ostturkestan gefundenen. Der hellenistische und sogar römische Einfluß ergibt sich nicht nur aus der spezifischen Formenwelt dieser Kunst, sondern ist auch dadurch belegt, daß sich ein Künstler namens Tita, worin man den römischen Namen Titus wiedererkennen will, auf einem Jataka-Bild verewigt hat.

Im Reich Shanshan, in dem Miran lag, lebte eine Mischbevölkerung. Neben angestammten Einheimischen, deren Sprache Verwandtschaft mit dem Tocharischen von Kucha und Karashahr erkennen läßt[300], gab es indische und chinesische Siedlungen im kleinen Wüstenstaat. Schon in den ersten nachchristlichen Jahrhunderten machte sich auch der Einfluß der Stämme der nordöstlichen tibetischen Hochebene geltend. Ebenfalls nicht zu übersehen ist der Einfluß des benachbarten Khotan auf Sprache und Kultur des Reiches von Shanshan, das die Chinesen stets als ihr Suzeränitätsgebiet betrachteten, auch wenn sich ein ausgeprägter indischer Kultureinfluß in Orten wie Endere und Niya auswirkte. In Miran zeigte er sich am auffälligsten in der Rezeption eines westlich geprägten Buddhismus, der schon kurz nach der Zeitenwende eingeführt worden sein muß. Die buddhistischen Malereien von Miran zeugen folglich von einer vielschichtigen Tradition.

Zu den herausragenden Kunstwerken Mirans zählt eine an Gandhara erinnernde Darstellung des Buddha, dem eine Schar kahlgeschorener Mönche folgt. Der im Dreiviertelprofil dargestellte Erleuchtete hebt die Rechte in der Geste der Furchtabwehr (Skr. *abhaya-mudrā*) und schaut mit großen, weit geöffneten Augen in die Richtung des Betrachters. Diese offene Zuwendung zur Welt, der die meditative, in sich gekehrte Haltung mancher anderer Buddha-Darstellungen gegenübersteht, ist schon für viele Werke der Gandhara-Kunst kennzeichnend und fällt in Miran besonders auf. Die Form der Gesichter mit ihren scharf konturierten Linien erinnert jedoch nicht nur an das hellenistische Indien, sondern auch an die römisch beeinflußte koptische Kunst. Der meisterhafte Gebrauch des Kontrastes von hell und dunkel, der uns auch in anderen Bildern in Miran begegnet, läßt das Licht als eine Dimension erscheinen, welche die irdische Wirklichkeit erhellt und nicht nur Hinweise auf eine ferne Erleuchtung ist (s. Abb. 72).

In ähnlichem Stil gemalt, wenn auch stärker indisch geprägt, ist eine Königsszene. Sie zeigt einen thronenden, indisch gewandeten Herrscher, vor dem ein Höfling oder Gast mit zusammengelegten Händen sitzt. In den Fluchtlinien wird der Versuch erkennbar, eine Tiefenperspektive anzudeuten, die in dieser Weise jedoch weniger in der indischen als in der hellenistischen Kunst ihr Vorbild hat. Es ist anzunehmen, daß hier nicht nur ein rein sakrales Motiv Darstellung fand, sondern der Inhalt einer buddhistischen Erzählung wiedergegeben wird. Dennoch vermittelt die Szene einen Einblick in das höfische Leben des Reiches von

72 Buddha im Kreise seiner Jünger; Wandmalerei aus Miran, 3. Jh.

Shanshan. Daß selbst die so koptisch wirkenden Beterfiguren im Rahmen des buddhistischen Kultes stehen, zeigen die zum indischen Gebetsgestus erhobenen Hände. Auch die Gestalten in einem Girlandenfries lassen mediterrane Vorbilder erkennen. Das iranische Element in der Kunst von Miran kommt deutlich in jenen geflügelten Wesen zum Ausdruck, die eher an westliche Engelsdarstellungen als an indisch-buddhistische Gottheiten erinnern.[301]

Die auffallend westlichen Elemente in der buddhistischen Kunst von Miran gehen darauf zurück, daß in der Mischkultur des Reiches von Shanshan verschiedene nationale Traditionen nebeneinander existierten, ohne daß das ausgeprägte Bemühen erkennbar wäre, Fremdes in einheimische Gewande zu kleiden, wie dies in Indien der Fall war. Hat doch Ostturkestan im Gegensatz zu Süd- und Ostasien unterschiedliche Stile der Kunst und auch der Lebensführung nebeneinander bestehen lassen, ohne diese gleich zu einer neuen Einheit zu verschmelzen, was sich auch deutlich in dem Gebrauch diverser Schriftarten widerspiegelt.[302] Jene fremden Einflüsse, die sicherlich auch auf das frühe Indien in den ersten nachchristlichen Jahrhunderten gewirkt haben, liegen hier also viel offener zutage als auf dem Subkontinent. Daß sich allerdings im Laufe der Zeit bestimmte Richtungen durchsetzten, verwundert grundsätzlich nicht. So etablierte sich in der Shanshan-Hauptstadt Loulan der indische Hinayana-Buddhismus, wie wir aus dem Bericht des chinesischen Indienpilgers Faxian entnehmen, der um das Jahr 400 die Stadt südlich des Lob-Nor besuchte.

DIE ZENTREN AN DER SÜDLICHEN SEIDENSTRASSE: MIRAN UND SHANSHAN

Der König dieses Landes ehrt das Gesetz [des Buddha]. Es gibt an die 4000 Priester [Mönche], die alle dem Glauben des Kleinen Fahrzeugs zugeneigt sind. Die Laien und die Shramanas [Mönche] dieses Landes praktizieren alle die Religion Indiens, nur sind einige gebildet und einige roh [in ihren Observanzen]. Wenn man von hier aus [d. h. von Loulan] weiter nach Westen vorstößt, so zeigt sich, daß alle Länder, die man durchquert, in dieser Hinsicht ähnlich sind, nur daß die Menschen sich in ihren Sprachen unterscheiden. Die erklärten Jünger des Buddha aber benutzen alle indische Bücher und die indische Sprache.[303]

Die ältesten Nachrichten über das Reich von Shanshan finden sich in den frühen Han-Annalen und im chinesischen Geschichtswerk Weiluo.[304] Sie beschreiben das Gebiet als sandig und salzig, von nur spärlicher Vegetation gesegnet, und die Bewohner als halbnomadische, nur teilweise vom Ackerbau lebende Menschen. Ferner berichten sie von der wechselvollen Geschichte des Wüstenstaates, die von den machtpolitischen Rivalitäten zwischen China und dem Reich der nomadischen Xiongnu bestimmt war. Nachdem die Nomaden zurückgedrängt worden waren, konnte sich das Reich geographisch ausdehnen. Um 120 n. Chr. etablierte sich eine chinesische Macht in der Stadt Loulan, nun auch Kroraina genannt, die bis zur ersten Hälfte des 4. Jh. bestand und die das nach der Hauptstadt genannte Reich militärisch weitgehend kontrollierte.

Mit F. W. Thomas[305] können wir die verschiedenen Bezeichnungen für das Reich im südöstlichen Tarim-Becken aufgrund der geschichtlichen Entwicklung folgendermaßen

73 Darstellung von Gestalten in einem Girlandenfries, offenbar von der mediterranen Kunst beeinflußt; Miran, 3. Jh.

voneinander abgrenzen: 1. Loulan ist der chinesische Name für den ursprünglichen Staat mit gleichnamiger Hauptstadt. 2. Mit Shanshan wird das erweiterte Reich nach 60 n. Chr. bezeichnet. 3. Kroraina ist die Bezeichnung für die chinesische Militärkolonie in der Stadt Loulan, die kurz nach 120 n. Chr. gegründet wurde. In der Sekundärliteratur werden alle drei Bezeichnungen z. T. ohne Unterscheidung benutzt.

Von ca. 445–670 beanspruchten die Chinesen zwar die Oberhoheit über Shanshan, in dieser Zeit jedoch war es *de facto* ein Anhängsel des tibetischen Tuyukhun-Reiches, dessen Zentrum am Kuku-Nor in der nordöstlichen tibetischen Hochebene lag. Von 670–842 gehörte das Gebiet dem Großtibetischen Reich als Provinz an, was die zahlreichen tibetischen Textfunde in dieser Region erklärt. Als die Tanguten (Xixia) den ›Gansu-Korridor‹ besetzten (ca. 1035–1226), gliederten sie das ehemalige Shanshan ihrem Imperium ein. Die Tanguten wurden ihrerseits von den Mongolen überwältigt, die das Land kontrollierten, als Marco Polo es bereiste. Er fand hier nur eine ›große Stadt‹ vor, offenbar das moderne Čarkalik, dessen Bewohner bereits Moslems waren.

Licht auf die frühen Verhältnisse vor dem 5. Jh., als das Gebiet noch von Handelsreisenden und Pilgern, Kaufleuten und Militärs durchquert wurde, werfen vor allem die archäologischen Funde.[306] Sie belegen, daß die chinesische Kolonie in Loulan zwar Handel und Politik bestimmte, aber auch einheimische Beamte und Fremde, zumal Inder, im Reich lebten. Außerhalb der Hauptstadt waren die Chinesen durch Händler und Beamte sowie Militärs vertreten. Man bediente sich jedoch auch im Reich jener nordwestindischen Prakrit-Sprache, die ursprünglich in Gandhara gesprochen wurde; in religiösen Kreisen gewann das Sanskrit immer größere Bedeutung.

Am aufschlußreichsten sind die schriftlichen Funde von Loulan/Kroraina. Es handelt sich zum größten Teil um beschriftete Holztafeln, Lederstücke, Seidenstoffe und Papierblätter. Einige in Loulan entdeckte Manuskriptreste, mit Löchern versehene Einzelblätter, die durch Schnüre zusammengehalten wurden, sind in der indischen Pothi-Form gehalten. Die meisten der von M. A. Stein in der Hauptstadt gefundenen schriftlichen Materialien (etwa 1000 Stück) sind chinesische Dokumente: Briefe, Kalender, Militärpässe usw., zu denen spätere tibetische Schriftstücke vornehmlich säkularen Charakters hinzukommen. Die wenigen indischen Dokumente aus Loulan beinhalten vor allem in der altindischen Kharoshthi-Schrift geschriebene Zeugnisse des Handels.

Im weiter westlich gelegenen Niya, wo ebenfalls eine Vielzahl von Dokumenten entdeckt wurde, war das Verhältnis der chinesischen Schriftstücke zu den indischen umgekehrt. Hier kamen neben einigen wenigen chinesischen vornehmlich indische Dokumente zutage. Die indischen Funde, in erster Linie Münzen, Briefe, Listen, Abrechnungen und Vertragsurkunden, spiegeln das soziale, wirtschaftliche und administrative Leben in einem Raum wider, der kulturell stark von Nordwestindien geprägt war.[307] So folgt die rechtliche und briefliche Terminologie idiomatisch der indischen. Die Verwendung indischer Schrift und indischer Sprache vor allem in der Zeit von ca. 150–350 n. Chr.[308] kann mit dem Einfluß indischer Kultur auf Indochina verglichen werden, auch wenn in Niya maßgebliche religiöse Zeugnisse fehlen.

Wenn die frühen chinesischen Quellen über Shanshan weder den indischen noch den buddhistischen Einfluß erwähnen, so spiegelt sich darin eher die offizielle Sicht aus der Perspektive des Reiches der Mitte. Der Herrscher von Shanshan wird als ›Vasallen-Chef, Träger des Staates‹, benannt. Bezeichnend ist, daß der zweite Titel, nicht jedoch der erste, in den indischen Dokumenten auftaucht. Die chinesische Perspektive war vom chinesischen Selbstverständnis geprägt. China sah sich trotz des großen indischen Einflusses im Kulturellen als Ordnungshüter und Garant der politischen Stabilität, was es zweifellos in vortibetischer Zeit auch war. Nichts ist für das chinesische Selbstverständnis treffender als die eigene Bezeichnung eines ›kaiserlichen Abgesandten‹, der einen Brief hinterließ, in dem er sich als ›Friedensstifter‹ und ›Stabilisator der westlichen Gegenden‹ bezeichnet.[309]

Heute sind die bedeutendsten Malereien von Miran im indischen Nationalmuseum in Delhi zu sehen, das auch zahlreiche Kleinfunde einschließlich Münzen und beschrifteter Holztäfelchen aus dem Reich Shanshan beherbergt, sofern diese nicht 1947 ins Britische Museum ausgelagert wurden. Neuere Funde dieser Art werden im Museum von Urumchi aufbewahrt. Die Orte Miran, Endere, Niya und Loulan weisen noch Reste alter Siedlungen auf.

Die Zentren am nördlichen Handelsweg

Die beiden bedeutendsten Zentren an der nördlichen Route der durch das Tarim-Becken führenden Seidenstraße waren zweifellos Kucha und Turfan. Während sich in Kucha jener indogermanische Stamm niedergelassen hatte, dessen Sprache wir heute ›Kuchäisch‹ oder ›Tocharisch B‹ nennen, bewohnte ein Bruderstamm, der das ›Tocharisch A‹ sprach, die Oase Karashahr zwischen Kucha und Turfan. Bis in die Tang-Zeit müssen jedoch auch Tocharer neben Sogdiern, Chinesen und Türken in der Turfan-Oase gelebt haben.

Die herausragende Bedeutung von Kucha und Turfan darf nicht darüber hinwegtäuschen, daß es weitere, wenn auch kleinere Zentren eines vornehmlich vom Buddhismus geprägten kulturellen Lebens an der nördlichen Route gab, die Reisende passieren mußten, wenn sie, von Kashgar kommend, südlich des Tianshan nach Osten zogen.

Zunächst ist Tumshuq zu nennen, ein Ort, in dem eine sakische, also iranische Bevölkerung lebte, ehe die Oase vom 7./8. Jh. an zunehmend turkisiert wurde. Tumshuq dürfte sich schon in den ersten nachchristlichen Jahrhunderten, spätestens im 4. oder 5. Jh., zu einem buddhistisch geprägten Ort entwickelt haben. Uns ist ein Text aus Tumshuq erhalten, der die feierliche Zeremonialformel für die Ordination von Mönchen enthält.[310] Sprachlich steht er dem Khotansakischen so nahe, daß beide Mundarten als Dialekte der einen Sprache betrachtet werden können.

Auch diverse Werke buddhistischer Kunst wurden in Tumshuq gefunden, u. a. ein aus Holz gefertigter, vergoldeter Buddha-Kopf (s. Farbabb. 8), der noch den Einfluß von Gandhara erkennen läßt und der von dem hohen Rang der örtlichen Skulpturkunst zeugt. Von den diversen Holzstatuetten, die in Tumshuq erhalten blieben, verdient auch ein Bildnis des in Meditation sitzenden Buddha Erwähnung, der mit seinem leicht nach vorn gebeugten Körper jene innere Ruhe versinnbildlicht, die das Ziel des buddhistischen Heilsweges verkörpert (s. Farbabb. 10). Neben solchen Bildwerken, die eine weltüberlegene Gelassenheit und in sich ruhende Geistigkeit zeigen, finden sich allerdings auch künstlerische Zeugnisse, die einen eher manieristischen Stil aufweisen und an die Kunst von Fondukistan und Adzhina-Tepe erinnern.[311]

Unweit von Tumshuq liegt Maralbashi, auch Barčuq genannt, wo ebenfalls eine sakische Bevölkerung neben Sogdiern und Türken lebte. Laut W. B. Henning gehörte die sakische Adelsschicht um 700 einer von Sogdiern organisierten und geleiteten manichäischen Gemeinde an.[312] Diese Oberschicht war kulturell vom Osten, also von Kucha und Karashahr, abhängig. Neben einigen Fragmenten mit religiöser Thematik wurden in Maralbashi hauptsächlich Geschäftsurkunden gefunden.[313]

Zwischen Tumshuq und Kucha liegen die Orte Aqsu und Bai, von denen wir wissen, daß sie ebenfalls buddhistisch geprägt waren. Dort lebten jedoch auch zeitweilig Anhänger anderer Religionen. So waren in Bai auch Nestorianer, in Aqsu Nestorianer und Manichäer vertreten, auch wenn ihre Präsenz befristet gewesen sein muß.[314] Aqsu war insofern ein Verkehrsknotenpunkt, als von dort eine Route quer durch die Taklamakan-Wüste zum südöstlich gelegenen Khotan führte, während andererseits ein Gebirgspfad die Oase mit dem Weg verband, der nördlich des Tianshan verlief.

Zwischen Kucha und Turfan lag Karashahr, Sitz eines tocharischen Ortsfürsten. Karashahr (schwarze Stadt), das den Indern als Agnidesha, den Iranern als Ark und den Türken als Solmi bekannt war, gehörte zum ›Vier-Tugar-Land‹ (Tugar = tocharisch), das auch Kocho in der Turfan-Oase, Beshbaliq nördlich des Tianshan sowie Kucha umfaßte und das noch im 8. Jh. als politische Einheit angesehen wurde.[315] In Karashahr, das Sitz eines hohen manichäischen Geistlichen war, lebten wie in anderen Städten des ›Vier-Tugar-Landes‹ im 8. und 9. Jh. neben Buddhisten, die das kulturelle Leben maßgeblich bestimmten, auch Manichäer. Hier befand sich auch ein manichäisches Kloster, wie wir aus den Turfan-Texten wissen. In einem manichäischen Hymnus aus Turfan wird dem religiösen Führer »des berühmten glücklichen und gedeihenden Landes von Ark (= Karashahr)«[316] Respekt gezollt.

74 Tonplastik eines Brahmanen; Shorčuk, 7./8. Jh.

Schließlich ist als weitere Station auf dem Wege von Kucha nach Turfan auch die kleine Oase Shorčuk bei Kurla zu nennen, wo die Preußischen Turfan-Expeditionen ebenso wie in Karashahr Reste buddhistischer Kunst bargen. Es handelt sich in erster Linie um bemalte Tonplastiken von Buddha-Figuren, Gottheiten, Brahmanen, buddhistischen Laien und Dämonen.[317] Bei den Brahmanen fällt der fast karikaturistische Zug auf. Ähnliches finden wir in Turfan, galten die Brahmanen doch als die religiösen Gegner des Buddha, die nicht selten von Buddhisten beschämt wurden (s. Abb. 74).

Kucha als Zentrum tocharischer Kultur

Der Bedeutung Khotans an der Südroute entspricht durchaus die Rolle Kuchas als eigenständigem kulturellen Zentrum an der Nordroute. Während aber Khotan vom 5. Jh. an in einem ›toten Winkel‹ auf dem Weg nach China lag, blieb Kucha bis in die Mongolenzeit ein pulsierender Umschlagplatz wirtschaftlichen und kulturellen Lebens. Das Kulturgebiet von Kucha erstreckte sich weit über die Stadt hinaus und umfaßte auch Zentren buddhistischer Gelehrsamkeit in der Umgebung wie Kumtura im Süden, Duldur Aqur und Kizil im Westen sowie Subashi, Simsin und Kirish im Nordosten.

In diesen Orten wurden vor fast 1500 Jahren Höhlentempel und Mönchszellen angelegt, die wegen ihrer Vielzahl die ›Tausend Höhlen‹, Ming Oi, genannt wurden. Vor allem die Ming Oi von Kizil erweisen sich künstlerisch und thematisch als außerordentlich vielgestaltig und reichhaltig. Ein Großteil der von der Preußischen Turfan-Expedition in Kucha geborgenen archäologischen Schätze entstammt diesem Fundort, wiewohl auch die anderen Orte in den Funden repräsentiert sind, die heute im Museum für Indische Kunst von Berlin aufbewahrt werden. Neben den großartigen Malereien von Kucha, von denen Albert Grünwedel zahlreiche in seinen für die Forschung wertvollen Skizzen festhielt[318], stehen als Quellen ersten Ranges jene indischen und tocharischen Texte, die in und um Kucha gefunden wurden. Vor allem die indischen Sanskrit-Texte stellen insofern einen besonderen Wert dar, als sie teilweise einem verlorengegangenen buddhistischen Sanskrit-Kanon entstammen.[319]

Neben den deutschen Expeditionsleitern Albert Grünwedel und Albert von Le Coq arbeitete auch der französische Sinologe Paul Pelliot in Kucha und barg zahlreiche, zum großen Teil noch unerschlossene tocharische Materialien, die heute in Paris lagern. In jüngster Zeit konnte auch die chinesische Forschung beachtliche archäologische Erfolge verbuchen, deren Ergebnisse teilweise in Japan veröffentlicht wurden.[320]

Im Gegensatz zur Erforschung der Funde an der südlichen Seidenstraße sind die Materialien aus Kucha z. T. schon systematisch erschlossen. So publizierte Ernst Waldschmidt eine stilkundliche Untersuchung der Malereien von Kucha und Turfan[321], legte M. Maillard eine Analyse der Kultbauten von Kucha vor[322], und H. G. Franz ordnete die Kunst Kuchas in den größeren Rahmen der ostturkestanischen Kunst ein.[323] Auch Sinologen konnten Licht auf das Verhältnis Kuchas zum Reich der Mitte werfen.[324] W. Thomas schließlich gab einen knappen Überblick über die bisher edierte und bearbeitete tocharische Literatur, die vor-

75 Darstellung einer schwebenden Gottheit; Kucha, 7. Jh. (?)

nehmlich Übersetzungen aus dem Sanskrit umfaßt, zu der aber auch Beispiele einheimischer Dichtung, magische Texte sowie Geschäftsurkunden aus dem 6.–8. Jh. zählen.[325]

In der buddhistischen Literatur nehmen die Legenden von den früheren Existenzen des Buddha, Dramentexte und alte Erzählungen breiten Raum ein. Sie waren vielfach die Vorbilder für jene Erzählungen, die in so überreichem Maße in den Höhlenmalereien von Kizil repräsentiert sind. Vornehmlich Jataka-Texte, Erzählungen von den früheren Existenzen des Buddha, inspirierten zahlreiche Künstler bei ihrer Arbeit. Die Texte, die das Ordensleben betreffen, wurden weitgehend auf Sanskrit studiert und überliefert. Wie umfangreich die tocharisch-buddhistische Literatur war, läßt sich beim heutigen Forschungsstand noch nicht absehen. Die Übersetzung ins Tocharische war dadurch erschwert, daß diese Sprache – wie auch die anderen zentralasiatischen Mundarten – zunächst nicht über Fachbegriffe verfügte, um die differenzierten buddhistischen Gedankengänge auszudrücken. Im Nachwort zu einem tocharischen Text bittet der Übersetzer angesichts der Schwierigkeit seiner Aufgabe um Nachsicht bei der Beurteilung seines Werkes.[326]

Die Geschichte Kuchas wird durch örtliche Funde und durch chinesische Quellen erhellt. Ohne das wechselvolle Geschick des Stadtstaates zu skizzieren, sei grundsätzlich festgestellt, daß dieser – wie andere Oasenstädte auch – den sich ständig ändernden Machtverhältnissen im Tarim-Becken ausgesetzt war. Die Rivalitäten zwischen den Nomadenstaaten und China mußten auch das kleine Königreich Kucha berühren. Obwohl die Herrscher von Kucha immer wieder gezwungen waren, sich den politischen Realitäten unterzuordnen, verstanden sie – wie auch die Könige anderer Stadtstaaten – eine relative Unabhängigkeit bei allen Suzeränitätsverhältnissen zu wahren.

Seit der Zeit der Xiongnu, unter deren Kontrolle Kucha schon in vorchristlicher Zeit geriet, versuchten fremde Herrscher oder Nachbarstaaten immer wieder, eine Oberhoheit auszuüben, wobei die Chinesen vielfach als natürliche Verbündete erschienen. Zeiten positiven Kontaktes zum Reich der Mitte waren durch die Entsendung von Tributgesandtschaften an den chinesischen Hof gekennzeichnet. Schon früh gab es kulturelle Bande zwischen dem kleinen Reich am Tianshan und dem mächtigen chinesischen Hof. Es ist verständlich, daß

DIE ZENTREN AN DER NÖRDLICHEN SEIDENSTRASSE: KUCHA

76 Der Herrscher von Kucha mit seiner Gattin, im Gespräch mit Mönchen; Kizil bei Kucha, 7. Jh.

der Buddhismus ein wesentliches Element in dieser Beziehung war. Diverse Übersetzer indisch-buddhistischer Schriften, die im polyglotten Kucha aufgewachsen waren, wirkten im Reich der Mitte. Der bekannteste unter ihnen, Kumarajiva, wurde 383 sogar mit Waffengewalt gezwungen, nach China zu reisen.

Am chinesischen Hof schätzte man besonders die kuchäische Musik, die auch im buddhistischen Kult der Oase eine Rolle spielte, wie zahlreiche Musikszenen in den Wandmalereien von Kizil zeigen. Unter den Nord-Qi (550–577) erfuhr die Musik von Kucha kaiserliche Förderung, und auch in der anschließenden Sui- und Tang-Zeit (581–618 bzw. 618–907) hielten sich zahlreiche Musiker aus Kucha am chinesischen Hof auf.

Während der Tang-Zeit stärkten sich die politischen Beziehungen zwischen Kucha und dem Reich der Mitte, das um 640 einen militärischen Vorstoß nach Zentralasien unternahm. Kucha wurde nun wieder zum Zentrum einer Militärverwaltung, ohne daß seine innenpolitische Struktur eine wesentliche Veränderung erfuhr. Der Einschnitt im Jahre 640 zeigt sich auch in der künstlerischen Entwicklung. In zunehmendem Maße treten nun chinesische

Formen in den Vordergrund, während die indischen und iranischen Elemente zurückweichen. Manche Bilder aus der Spätzeit zeigen die leichte Beschwingtheit der Kunst Dunhuangs während der Tang-Zeit, wobei auch Übergänge zwischen der indo-iranisch ausgerichteten und der chinesisch orientierten Malweise sichtbar werden (s. Abb. 75).

Die meisten Einwohner Kuchas dürften Tocharer gewesen sein. Es ist jedoch damit zu rechnen, daß seit früher Zeit auch andere Bevölkerungsgruppen, u. a. Sogdier und Chinesen, in der Oase lebten, fand man doch zahlreiche chinesische Dokumente aus der Tang-Zeit in Kucha. Neben der bäuerlichen Bevölkerung gab es einen vornehmen tocharischen Ritterstand mit einem König an der Spitze. Hinzu kam eine große Zahl von Mönchen und Nonnen, die sich aus allen Ständen rekrutierte. Da die Klöster Träger allgemeiner Bildung waren, widmeten junge Adlige sich zeitweilig dem geistlichen Leben, um anschließend wieder weltlichen Tätigkeiten nachzugehen. Sowohl die Ritter wie auch die Mönche treten uns in den Malereien von Kucha eindrucksvoll entgegen; es sind große, z. T. rothaarige und blauäugige Gestalten, deren ethnische Zugehörigkeit zur indogermanischen Rasse um so auffälliger ist, als sie glühende Anhänger des Buddhismus waren, wobei ihre weltliche Kultur in starkem Maße von iranischen Elementen geprägt war. In einer Inschrift wird sogar ein Künstler aus Syrien (Rumakama) als Maler eines buddhistischen Bildes genannt.

Der König an der Spitze der kuchäischen Gesellschaft war, wie auch in Khotan, Förderer und Beschützer der Mönchsgemeinde. In einem Sanskrit-Text erfahren wir, daß sich König und Königin entschlossen hatten, die Mönche des Ordens eigenhändig mit Speisen zu erfreuen.[327] Ein in Kizil dargestellter Fürst erscheint neben seiner Gattin und im Gespräch mit Mönchen, denen er Respekt zollt (s. Abb. 76). Einer chinesischen Quelle aus dem 4. Jh. zufolge glich das königliche Schloß einem buddhistischen Kloster, da es nicht nur mit Malereien und Schnitzwerken ausgestattet war, sondern auch stattliche Buddha-Bilder aufwies. Eine andere Quelle vom Anfang des 6. Jh. berichtet, daß sich innerhalb der Burg zahlreiche Stupas und Klöster befanden.[328] Wir können beide Aussagen als Hinweis auf die enge Verbindung von Königtum und Mönchsgemeinde in Kucha werten.

Der ausgeprägte indische und iranische Einfluß, den die Malereien in Kucha zeigen, wird durch die frühe Orientierung an China ergänzt. So wissen wir, daß schon 65 v. Chr. der kuchäische König Jiangbin persönlich ins Reich der Mitte reiste und anschließend einen chinesischen Lebensstil einführte, ja sogar Pagoden nach chinesischem Vorbild errichten ließ. Eine chinesische Inschrift aus Kucha aus dem Jahre 158 n. Chr. teilt mit, daß neben Militärkolonisten auch Handwerker und Künstler als Vermittler chinesischer Kultur nach Kucha kamen.[329] Und vom chinesischen General Lü Guang wissen wir, daß er 384 n. Chr. die Burg des Königs betrat und von deren königlicher Residenz tief beeindruckt war.

Dem König von Kucha stand ein Beamtenapparat zur Seite, in dem das Militär eine wesentliche Rolle spielte. So unterstand dem Fürsten ein Generalkommandant, der die Funktion eines Kanzlers innehatte und Vorsitzender einer Art von Kronrat war. Auffällig ist, daß im gesamten Beamtenapparat die Verteidigungsfunktion überwog, worin die ständige Bedrohung des Oasenstaates durch umherschweifende Nomaden und neidische Nachbarn sichtbar wird.

DIE ZENTREN AN DER NÖRDLICHEN SEIDENSTRASSE: KUCHA

77 *Darstellung von klagenden und sich verstümmelnden Fürsten und Fürstinnen bei der Verbrennung der Leiche des Buddha; Kizil bei Kucha, 7. Jh.*

Ackerbau und Viehzucht waren die Grundlage des Lebens. Hinzu kam das Handwerk, zu dem auch die Kunst der Waffenherstellung gehörte. Erze und Mineralien wurden in der Nähe von Kucha gefördert, Geräte zur Herstellung von Eisenwaren fand man in der Umgebung.[330] Vor allem aber der Handel und der Zoll brachten Kucha in Friedenszeiten Reichtum. Man erhob von durchreisenden Karawanen einträgliche Abgaben, wobei mit Naturalien, z. B. Seidenballen oder Baumwolleinheiten, aber auch mit Münzen gezahlt werden konnte.

Über die Sitten und Gebräuche in Kucha erfahren wir aus den chinesischen Annalen der Jin-Zeit (265–420), daß die Ackerbau und Viehzucht betreibenden Kuchäer bodenständig waren und in festen Häusern wohnten. Ihre Hochzeitsriten entsprächen teilweise denen in China, doch unterschieden sich die Begräbnissitten von denen des Reiches der Mitte, da die Toten verbrannt und danach sieben Tage lang betrauert würden.[331] Eindrucksvolle, freilich buddhistisch geprägte Trauerszenen blieben erhalten (s. Abb. 77).

Da man auch im buddhistischen Kucha Ossuarien fand, wie wir sie aus Chorasmien und Sogdien kennen, könnte sich hier ein ostiranischer Einfluß geltend gemacht haben. Iranisch beeinflußt ist jedenfalls das Neujahrsfest, bei dem sieben Tage lang Tierkämpfe stattfanden, von deren Ausgang man das Geschick im kommenden Jahr ableitete. Ein heiliges Drama, bei dem die Spieler Tiermasken trugen, sangen und tanzten, gehörte zu den wichtigsten Aufführungen während des Festes.

Die Kuchäer scheinen bei ihrem buddhistischen Glauben ein dem Leben zugewandtes, fröhliches Volk gewesen zu sein. Zwar widmeten sich Geistliche der meditativen Beschauung und dem Studium heiliger Schriften, die Tatsache aber, daß die Musik im Kult eine große

Rolle spielte, läßt deutlich werden, daß selbst die buddhistische Botschaft vom leidvollen Charakter des Daseins von anderen, positiven Kontrapunkten qualifiziert wurde. Auch wissen wir, daß es Ehen zwischen hohen Geistlichen und adligen Damen gab. Selbst wenn dies nicht die Regel gewesen sein mag, ging doch der große Übersetzer Kumarajiva aus der Verbindung zwischen dem geistlichen ›Staatslehrer‹ von Kucha und einer Frau königlichen Geblüts hervor.

Den Genüssen und Freuden der Welt war man in Kucha durchaus zugetan und zwar in einer Weise, die bei Chinesen als anstößig empfunden wurde. Einem konfuzianischen Chronisten aus dem 4. Jh. zufolge war das Leben der Oasenbewohner verschwenderisch und genußsüchtig. In einer Quelle heißt es: »In den Häusern lagen 180000 Liter Wein, der auch nach zehn Jahren nicht schlecht wird.«[332] Wir erfahren, daß der chinesische General Lü Guang große Schwierigkeiten mit seinen Soldaten hatte, die sich in den Kellern von Kucha maßlos berauschten.

Trotz alledem prägte der Buddhismus das kulturelle Leben in Kucha maßgeblich. Davon zeugen nicht nur die zahlreichen Höhlenheiligtümer mit ihren prachtvollen Skulpturen und Malereien, sondern auch die in der Oase Kucha gefundenen Sanskrit-Texte, die durch die tocharische Literatur ergänzt werden.

Wann der Buddhismus in Kucha eingeführt wurde, ist umstritten.[333] Es erscheint realistisch anzunehmen, daß die Oase in den ersten nachchristlichen Jahrhunderten mit der indischen Lehre näher vertraut wurde, obwohl manche Indizien auch für eine frühere Rezeption sprechen. Sowohl der Hinayana- als auch der Mahayana-Buddhismus dürften im Kucha des 3. Jh. n. Chr. fest verwurzelt gewesen sein. In einer 266 ins Chinesische übersetz-

DIE ZENTREN AN DER NÖRDLICHEN SEIDENSTRASSE: KUCHA

ten Schrift wird Kucha eindeutig zu den buddhistischen Ländern gezählt.[334] Im 3. und 4. Jh. gab es eine ganze Reihe von Übersetzer-Mönchen aus Kucha, die indische Sutras im Reich der Mitte ins Chinesische übertrugen. Zu den herausragendsten unter ihnen zählte Kumarajiva, der in Kashgar und Yarkand den Hinayana- wie auch den Mahayana-Buddhismus neben den weltlichen indischen Wissenschaften studiert hatte und sich nach seiner Rückkehr aus der Fremde vor allem für die Verbreitung des ›Großen Fahrzeugs‹ einsetzte. Im Jahre 403 wurde er in die Hauptstadt Chang'an berufen, wo er als hoch geehrter Staatslehrer bis zu seinem Tode 413 lebte und vornehmlich Mahayana-Schriften übersetzte. Obwohl er selbst seine Übersetzungen als ungenügend empfand, erhielten viele seiner Übertragungen kanonischen Rang.

Obwohl Kumarajiva sich vor allem für die Verbreitung des Mahayana einsetzte, wurden offenbar das ›Große‹ und das ›Kleine Fahrzeug‹ als gegenseitige Ergänzungen betrachtet.[335] Das ›Kleine Fahrzeug‹ ging also in Kucha keineswegs unter. Die meisten Kunstwerke in den Höhlen von Kizil sind sogar von den Anschauungen der Sarvastivadin inspiriert, die eine Schule des Hinayana bildeten. Neben den beiden ›Fahrzeugen‹ faßten auch spätere Richtungen des indischen Buddhismus in der Oase Fuß. So waren Zaubersprüche und -praktiken, die sich schon in den Mahayana-Sutras finden und die im Vajrayana-Buddhismus eine zentrale Rolle erhielten, seit dem 4. Jh. in Kucha bekannt.

Wir wissen von diversen kuchäischen Mönchen, daß sie in dieser Zeit magische Lehren in China verbreiteten und als Kenner von Omenpraktiken und Geisterbeschwörungen auftraten. Die kuchäische Literatur enthält auch aus dem Sanskrit übersetzte magische Texte, die zeitlich zwischen 500 und 1000 n. Chr. einzuordnen sind. Das tantrische Element tritt allerdings in der Kunst Kuchas nicht in den Vordergrund. Schließlich hatte auch der Meditations-Buddhismus, der in China unter dem Namen Chan (von Skr. *dhyāna*) und später in Japan als Zen weite Verbreitung finden sollte, seine Anhänger unter den Buddhisten von Kucha.

Geistliche Zentren Kuchas waren die freistehenden Viharas (Klöster) ebenso wie die Höhlenheiligtümer. Von ersteren blieben keine erhalten. Wir wissen aber aus chinesischen Berichten, daß es eine überaus große Zahl von Klöstern mit eigenem Stupa gab und daß in diesen Zentren strenge Bräuche herrschten. Die Bedeutung der Ordensvorschriften geht aus zahlreichen entsprechenden textlichen Funden hervor.[336]

Die Eigenart der buddhistischen Kunst von Kucha zeigt sich vor allem in jenen Höhlenmalereien, die zwischen dem 5. und 9. Jh. in Kumtura und Kizil entstanden. Kumtura liegt am Unterlauf des Muzart-Flusses, der durch eine enge Schlucht des sich im Norden von Kucha in ostwestlicher Richtung hinziehenden Gebirges fließt. Etwa 30 km nordwestlich dieses Ortes liegen die ›Tausend Höhlen‹ von Kizil, die in die Steilhänge oberhalb des Flußtales hineingehauen wurden und sich über etwa 3,2 km erstrecken. Der häufigste Höhlentyp ist der sogenannte zentrale Pfeiler- oder Stupa-Tempel, dem ein aus dem Fels gehauener oder angebauter Vorraum vorgelagert sein kann. Der Kern des Heiligtums besteht aus einer rechteckigen, tonnengewölbten Cella, in deren hinterem Teil sich ein Stupa-Pfeiler befindet. Er symbolisiert den Weltenberg Meru, den Mittelpunkt des Kosmos. Enge ton-

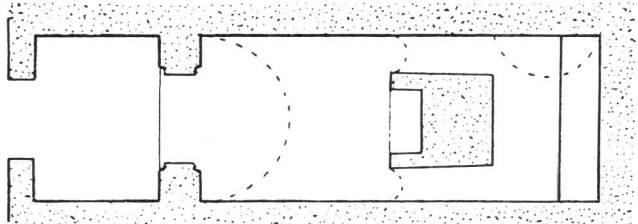

Grundriß der sogenannten Maya-Höhle von Kizil bei Kucha

nengewölbte Korridore führen um den Stupa herum und gestatten eine Umwandlung des Pfeilers, vor dem sich oftmals eine zentrale Buddha-Figur in der Haltung der Lehre befindet. Während die Celladecken häufig mit Berglandschaften ausgeschmückt sind, in die man Szenen aus den früheren Existenzen des Buddha in formelhafter Kürze einfügte, zeigen die Seitenwände Predigtszenen (s. Abb. 78).

Dem Stupa gegenüber auf der Vorderwand der Cella sind adlige Stifter und Bodhisattvas abgebildet, während in der Lünette oberhalb des Eingangs vielfach der zukünftige Buddha Maitreya mit himmlischem Gefolge erscheint. Auf der Rückwand der Cella hinter dem Stupa-Pfeiler wird der verscheidende, ins höchste Nirvana eingehende Buddha vergegenwärtigt, und zwar entweder in einer Malerei oder in einer in Lehm modellierten Figur, die auf einem länglichen Sockel ruht.[337]

Daß der sterbende und dabei vielfach sanft lächelnde Buddha in den Mittelpunkt der künstlerischen Ausgestaltung der Wände der Cella rückt, die selbst ein ›Buddha-Land‹ verkörpern, hängt mit der großen Bedeutung zusammen, die dem Tod in den Oasenstädten zugeschrieben wurde. Dabei bildete sich wie in Ägypten ein markantes Todesbewußtsein heraus, das im ruhigen, weltüberlegenen Verscheiden des Erleuchteten Trost fand, so sehr auch die Trauer über sein Dahingehen lebhaften Ausdruck in den Gestalten der Klagenden findet.

Zu den Themen der Wandmalereien gehören zunächst Predigtszenen, die den lehrenden Buddha inmitten einer vielköpfigen Schar von Mönchen, Nonnen, Adoranten und himmlischen Musikanten zeigen. Sie werden durch die Bodhisattva- und Stifterbilder ergänzt, die sich auf der Eingangsseite befinden. Hinzu kommen zahlreiche Darstellungen aus dem Schatz der erbaulichen Erzählungen um den historischen Buddha, vor allem in seinen früheren Existenzen. Literarisch werden derartige Themen von der umfangreichen Avadana- und Jataka-Literatur der Buddhisten aufgegriffen. In den Höhlen von Kizil etwa sind 80 verschiedene ›Vorgeburtsgeschichten‹ dargestellt, von denen mehr als 60 sicher identifiziert werden konnten.[338]

Auffallend ist die Prägnanz der Darstellung, die sich mit einer charakteristischen Szene aus der Erzählung begnügt und den gemeinten Geschehensablauf gleichsam chiffrenartig wiedergibt. Dabei können zahlreiche einzelbildliche Erzählchiffren eng nebeneinander gezeigt werden, vielfach in eine kulissenhafte Landschaft hineinkomponiert. Spiegeln die frühen Darstellungen noch eine heitere Glaubenshaltung wider, so treten in den späteren

DIE ZENTREN AN DER NÖRDLICHEN SEIDENSTRASSE: KUCHA

78 Predigender Buddha, von Adoranten und Gottheiten umgeben; Kumtura bei Kucha, 7. Jh.

Bildern grausame Aufopferungsszenen in den Vordergrund, wobei blutige Selbstverstümmelungen und Entleibungen wesentliche Elemente sind. Dem Betrachter treten hier Beispiele eines Glaubensheroismus vor Augen, der durch zahlreiche Wiederholungen unterstrichen wird. Grundsätzlich ist diese Darstellungsform im Gegensatz zur mahayanistischen Kunst Turfans von Idealen des ›Kleinen Fahrzeugs‹ geleitet.

Die in einer Tempera-Technik auf die verputzten Wände gemalten Bilder von Kizil und Kumtura lassen sich laut E. Waldschmidt drei Stilperioden zuordnen.[339] Im ersten Stil (1. indo-iranischer Stil, 500–600 n. Chr.) überwiegen indische Elemente, während die iranischen eher im Detail erscheinen, etwa in der Darstellung der profanen Figuren mit iranisch anmutenden Trachten, in den sassanidischen Medaillons mit Entenfiguren und Eberköpfen, aber auch im Schmuck der Bodhisattvas und Gottheiten. Zu diesem Stil gehört z. B. eine Szene aus der Erzählung um den König Rudrayana, zu dessen Lautenspiel seine Gattin Candraprabha tanzt.[340]

In der zweiten Stilphase (2. indo-iranischer Stil, 600–700 n. Chr.)[341], in der weiterhin indische und iranische Elemente miteinander verwoben sind, ist eine stärkere dekorative Wirkung der Motive unübersehbar. Es werden lebhaft kontrastierende Farben verwendet, wobei sich die Maler auch nicht davor scheuen, Haare und Haut in grellen leuchtenden Farben darzustellen. Zu den interessantesten Bildern des zweiten Stils gehört die Darstellung der ›Ajatashatru-Legende‹ in der ›Maya-Höhle‹ von Kizil. Um dem für seine grenzenlose Verehrung des Buddha bekannten König Ajatashatru die Nachricht vom Verscheiden des Erhabenen schonend beizubringen, hält der königliche Minister Varshakara ihm ein Tuch hin, auf dem die vier großen Begebenheiten im Leben des Buddha dargestellt sind: Geburt, Versuchung durch die Heere des Bösen, des Mara, die erste Predigt und das Parinirvana, das Eingehen des Buddha ins höchste Nirvana. Die vier Szenen sind in einem Stil gezeichnet, der weit früher anzusetzen ist als die übrigen Teile des Gemäldes. Es zeigt rechts unten den Zusammenbruch des Kosmos beim Tode des Erhabenen und die Aufrichtung des Königs rechts oben, der in einen Behälter mit Sandelholzpuder plaziert wird, um wieder zu sich zu kommen.

Die dritte von chinesischen Elementen geprägte Stilepoche in Kucha ist vor allem durch Malereien in Kumtura aus der Zeit von 750–950 n. Chr. repräsentiert. Gegenüber den z. T. schablonenhaft wirkenden Gestalten des zweiten Stils mit seiner Neigung zur Typisierung herrscht hier eine freiere, geradezu beschwingte Linienführung vor, die den dargestellten Figuren auch größere Lebendigkeit verleiht. Beispielhaft für diese Stilepoche ist ein eher sinisiert wirkender Bodhisattva mit seinen fließenden Gewändern und Schleifen. Die stärksten Anlehnungen an die chinesischen Formen der Tang-Zeit, wie sie in Dunhuang zu beobachten sind, finden sich in jenen späten Werken, die keinerlei Spuren indischen oder iranischen Einflusses mehr erkennen lassen. Götterfiguren und Himmelsfeen mit graziös fließenden langen Gewändern gehören zu den unverkennbar chinesisch inspirierten Motiven der Spätzeit (s. Abb. 79). Die letzten Ausläufer der buddhistischen Kunst von Kucha vor der Islamisierung sind allerdings kaum noch erhalten, so daß es sich verbietet, von vornherein von Erstarrung und Verfall zu sprechen.

Zu den sehenswertesten archäologischen Stätten in der Nähe von Kucha zählen die ›Tausend-Buddha-Höhlen‹ von Kizil und Kumtura. Zahlreiche in den Fels gehauene Wohn- und Kulthöhlen, z. T. erst in den letzten Jahrzehnten entdeckt oder erschlossen, weisen noch gut erhaltene Malereien auf, die stilistisch von der ersten indo-iranischen Periode bis zum Vor-

79 Himmelsfee in einer späten, chinesisch beeinflußten Malerei; Kizil bei Kucha, 8./9. Jh.

abend der Islamisierung reichen. Die Höhlenheiligtümer mit ihren Zellen, Vorbauten und Zugängen dürfen allerdings nicht darüber hinwegtäuschen, daß es in Kucha auch zahlreiche buddhistische Freibauten gab, die heute nicht mehr erhalten sind. Reste solcher aus Lehm gefertigten Bauten können z. B. in dem westlich von Kucha liegenden Subashi besichtigt werden. Einen lebendigen Eindruck der Malerei und Sakralarchitektur von Kucha vermitteln das Ortsmuseum sowie das Museum für Indische Kunst in Berlin.

Turfan als kulturelle Drehscheibe

Kaum eine andere Oase ist in ihrer kulturellen Physiognomie so vielfältig wie Turfan. Am Knotenpunkt zwischen einer West-Ost-Route, die über Hami in die mongolische Steppe und nach Dunhuang führte, und einer Nord-Süd-Verbindung, die Loulan und das südöstliche Tarim-Becken mit dem Zweig der Seidenstraße verband, der nördlich des Tianshan verlief, wurde es in besonderer Weise zum Ort der Begegnung zwischen verschiedenen Kulturen des Orients.

Sichtbaren Ausdruck findet das bunte Bild der Völker, die sich hier trafen, in der Darstellung der Trauernden um den verstorbenen Buddha in den Höhlen von Bäzäklik in den Vorbergen Turfans (vgl. Abb. 34). Wenn die Vertreter der nicht-türkischen Ethnien hier in ihrer Trauer fast karikaturhaft gezeigt werden, so ist doch deutlich, daß der Künstler ein offenes Auge für die ethnischen Charakteristika hatte, die in großer Auffälligkeit wiedergegeben werden.

Ergänzt wird das Bild von der Pluralität der Völker, die sich hier teils aus wirtschaftlichen Interessen, teils im Zeichen Buddhas zusammenfanden, durch den Umstand, daß aus Turfan Dokumente in 16 verschiedenen Sprachen überliefert sind, die in 24 Schriftformen verfaßt wurden. Sie reichen von einer griechischen Kursivschrift, wie sie die Hephthaliten (Weiße Hunnen) verwendeten, über das Syrische bis zum Chinesischen. Für die heiligen indischen Texte wurde zumeist die indische Brahmi-Schrift verwendet, die in verschiedenen Formen repräsentiert ist.[342]

Turfan glich kulturell einem Schwamm, der geistige Inhalte und Schriftformen aus allen Richtungen aufnahm, ohne diese unbedingt zu vereinheitlichen und zu harmonisieren. Sicherlich setzten sich bestimmte kulturelle Tendenzen als dominant durch, vor allem jene, die durch den chinesischen und den türkisch-uigurischen Geist bestimmt waren, dennoch fällt auf, wie international, ja kosmopolitisch die Tradition der Oase war.

In den in Turfan gefundenen Schriften sind nicht nur die großen Weltreligionen Buddhismus, Christentum, Manichäismus und später auch Islam vertreten, sondern z. T. auch die Volksreligionen der Nachbarländer, wiewohl diese keinen nachhaltigen Einfluß ausübten. So ist die Kenntnis der konfuzianischen und taoistischen Klassiker durch Inschriften und Grabfunde bezeugt.[343] Einige Elemente des Hinduismus gelangten durch die buddhistische Mission nach Turfan. Dazu zählen jene Hindu-Götter, die einen festen Platz im buddhistischen Pantheon erhielten und die auch in der manichäischen Kunst vertreten sind (s. Farbabb. 24). Auch indische Erzählungen weltlichen und religiösen Charakters wie die Märchen aus dem Schatz der indischen Pañcatantra-Literatur und die Legenden um den mythischen König Rama sind belegt.[344]

Auch wenn keine zoroastrischen Schriften in Turfan erhalten blieben, können wir davon ausgehen, daß der Zoroastrismus (Mazdaismus) zumindest durch reisende iranische Kaufleute vertreten war, die bis nach China gelangten.[345] Aus der Zeit der tibetischen Besetzung des Tarim-Beckens im 7./8. Jh. sind nicht nur tibetisch-buddhistische Texte bezeugt, sondern auch solche, die der alttibetischen Bon-Religion zuzuordnen sind.[346]

Daß auch Syrer bis nach Turfan gelangten, versteht sich aus der christlichen und manichäischen Missionstätigkeit, die ihren Niederschlag in zahlreichen Dokumenten auf Syrisch und Sogdisch gefunden hat. Zwar blieben keine vorderorientalischen, volksreligiösen Texte erhalten, wohl aber solche von kultureller Bedeutung. Ein pharmazeutischer Text auf Syrisch – ein Rezept gegen Haarausfall – geht auf eine griechische medizinische Tradition zurück.[347] Wenn selbst griechische Erzählungen wie die Fabeln des Äsop oder manichäische Werke wie das ›Gigantenbuch‹, das von der jüdischen Henoch-Literatur abhängig ist[348], vertreten sind, so verdanken wir das den Manichäern, die überhaupt die großen Vermittler literarischen Gutes zwischen Ost und West waren.[349] Auf den Beitrag der Weltreligionen zur Ausgestaltung der Kultur der Oase wird noch einzugehen sein. Zunächst soll der Blick auf die historischen und sozialpolitischen Verhältnisse in dem über 50 000 km² großen Turfan-Becken gelenkt werden.

Zu den frühesten Völkern, die in den wüstenumsäumten Lebensräumen südlich des Tianshan wohnten, zählten iranische und andere indo-germanische Stämme. Sie sind im ersten vorchristlichen Jahrtausend bezeugt, also in vorgeschichtlicher Zeit, aus der zahlreiche Utensilien und Waffen erhalten blieben.[350] Zwei in Hami gefundene, wahrscheinlich aus dieser Zeit stammende Mumien weisen blonde Haare auf![351]

Zu den ersten iranischen Völkern, die schon in vorchristlicher Zeit um Turfan nomadisierten und vielleicht dort auch seßhaft waren, zählen vermutlich die Vorväter der Saken, die sich später weiter westlich in den Oasen Khotan, Maralbashi und Tumshuq, vor allem in ›Sakastan‹, dem südlichen iranisch-afghanischen Grenzgebiet, aber auch im nordwestlichen Indien niederließen. Vermutlich schon in den ersten Jahrhunderten nach der Zeitenwende gab es eine Kolonie der ostiranischen Sogdier in der Oase, die einen wesentlichen Beitrag zur städtischen Kultur der Türken leisteten. Von ihnen übernahmen die Uiguren die Rohrfeder wie auch die Schrift, und bei ihnen lernten sie schon in der Steppe verfeinerte Formen städtischen Lebens kennen. Zweifellos waren auch Tocharer seit früher Zeit in der Turfan-Oase ansässig, ehe sie in die Nachbaroasen Kucha und Karashahr abwanderten, nicht ohne literarische Spuren in Turfan zu hinterlassen.

Vor allem bestimmten jedoch die Chinesen das kulturelle Bild des frühen Turfan. Schon in der östlichen Han-Zeit (23–220 n. Chr.) waren chinesische Soldaten – sie übernahmen auch Aufgaben in der Landwirtschaft – in jener Stadt stationiert, die sich auf einem festungsähnlichen Plateau erhob, das von tiefen Flußtälern 30 m emporragte und etwa 10 km westlich des heutigen Turfan liegt. Die Ansiedlung ist den Chinesen als Jiaohe und den Türken als Yar-Khoto bekannt (s. Farbabb. 1). Bis in die Tang-Zeit wuchs die Stadt stetig, wobei neben

DIE ZENTREN AN DER NÖRDLICHEN SEIDENSTRASSE: TURFAN

80   Szene mit Artisten aus den
     Grabfunden von Astana

Militärs Kaufleute und Händler, Beamte und Bauern ihre Wohnanlagen in dem natürlich geschützten Ort errichteten, der sich heute mit seinen verfallenen Mauern als große Ruinenstadt darbietet. Selbst manichäische und buddhistische Mönche wohnten dort, worauf Textfunde beider Religionsgemeinschaften in Jiaohe schließen lassen.

Die Umfassungsmauern von zwei buddhistischen Klöstern und einem großen, von diversen kleinen Bauten umgebenen Stupa sind heute noch auszumachen (s. Farbabb. 12). Zunächst von den Chinesen als Festung in Anspruch genommen, zogen im Laufe der Zeit auch andere Bevölkerungsgruppen in die Stadt. Jiaohe war vom 2. Jh. v. Chr.–5. Jh. n. Chr. Hauptstadt eines Königreiches namens Chesti. Mitte des 7. Jh. errichteten hier die Tang das Gouvernement Anxi, das allerdings dann nach Kucha verlegt wurde.

Jiaohe verlor seinen Rang an Gaochang (später Kocho), eine von mächtigen Umfassungsmauern geschützte Stadt etwa 30 km östlich des heutigen Turfan.[352] Das südlich der Ausläufer der berühmten ›Flammenden Berge‹, einer im Sommer glühend heißen Gebirgskette aus rotem Sandstein gelegene Gaochang wurde schon unter dem Han-Kaiser Liu Che (Wudi, 141–87 v. Chr.) gegründet. Vom 3.–5. Jh. n. Chr. diente Gaochang als Hauptstadt der chinesischen Fronttruppen. Bis zum Auftreten der uigurischen Türken im 9. Jh. regierten dort örtliche chinesische Dynastien, die seit der Tang-Periode, vor allem seit 640, den Herrschern des Reiches der Mitte in einem lockeren Suzeränitätsverhältnis unterstanden. Die nachfolgenden zwei Jahrhunderte brachten Gaochang eine Blütezeit.

Während der Tang-Zeit wurden neue, aus Stampflehm gefertigte hohe Mauern in nahezu rechtwinkliger Anlage nach dem Vorbild der chinesischen Reichshauptstadt Chang'an errichtet, wobei der Sitz des Herrschers mitten in der über 1 km² großen Stadt lag. Wahrscheinlich befanden sich in allen vier Ecken des Planquadrats der Stadt buddhistische Heiligtümer. Wie stark die Geschichte Gaochangs und Turfans schon vor der Tang-Periode mit der des Reiches der Mitte verbunden war, zeigen u. a. chinesische Münzen, Inschriften und andere archäologische Funde vor Ort, aber auch chinesische Reichsannalen, Reiseberichte und Sammelwerke aus dem Mutterland.

Das älteste datierte chinesische Manuskript aus der Berliner Turfan-Sammlung stammt aus dem Jahre 344 n. Chr. Um 400 berührte der Indienpilger Faxian Gaochang auf seinem Weg nach Westen, ohne sich allerdings über die dortigen Verhältnisse auszulassen. Turfan gewann seine große Bedeutung als buddhistisches Zentrum offenbar erst danach. Zu Xuanzangs Zeit im 7. Jh., als eine örtliche chinesische Dynastie in Gaochang herrschte, spielte die Religion aus Indien bereits eine bedeutende Rolle (s. Farbabb. 11). Dies geht nicht zuletzt daraus hervor, daß man den buddhistischen Gelehrten aus China um Belehrung bat und ihn nicht weiterziehen lassen wollte, da man sich von seinem Wirken Segen für das Reich erhoffte. Erst als Xuanzang in den Hungerstreik getreten war, erlaubte der Herrscher von Gaochang die Weiterreise und stattete den hohen Gast sogar mit Proviant und Empfehlungsschreiben aus.

Die Zeugnisse der frühen chinesischen Kultur in Turfan sind mannigfaltig. Erhaltene Textfunde umfassen säkulare und religiöse Dokumente. Zu den wichtigsten frühen Belegen für eine chinesische Verwaltung in der Oase gehören die in Astana gefundenen Bambusannalen, die ›Schriften von Turfan‹, in denen Einzelheiten über das politische, wirtschaftliche und rechtliche Leben in der Oase mitgeteilt werden.[353] Zahlreiche chinesische Schriftstücke administrativen, militärischen und auch persönlichen Charakters ergänzen diese Bambusannalen. Die religiösen Texte, die bis in die Mongolenzeit zurückreichen[354], sind vornehmlich buddhistischen Charakters.

Ihre große Zahl belegt, wie bedeutsam die chinesische Ausprägung des Buddhismus in der Oase war. Die später in Turfan ansässigen Uiguren übersetzten vom 9. Jh. an zunehmend die heiligen Schriften nicht mehr aus dem Indischen oder Tocharischen, sondern aus dem Chinesischen. Historisch greifbar ist die Gestalt eines großen Übersetzers, Singqu Säli Tutung (10. Jh.), der nicht nur religiöse Werke, sondern sogar die Biographie Xuanzangs aus dem Chinesischen ins Uigurische übertrug.[355] Wie prägend das Vorbild der chinesischen Form des Mahayana-Buddhismus in Turfan bis in die Spätzeit blieb, zeigt der Umstand, daß in den Höhlen von Bäzäklik neben uigurischen Stiftern und Mönchen auch chinesische Geistliche

81 Schlichte Malerei aus der Nekropole von Astana

abgebildet und z. T. durch zweisprachige, uigurisch-chinesische Beischriften identifiziert sind.

Neben dem chinesischen Buddhismus hinterließ aber auch die altchinesische Kultur und Religion ihre Spuren in Turfan. Aus Astana, einer Nekropole nördlich von Gaochang, in der vornehmlich Chinesen in schlicht ausgestatteten, jedoch z. T. mit reichen Grabbeigaben versehenen Gruften beigesetzt wurden, sind anschauliche Zeugnisse der materiellen und religiösen Kultur des Han-Volkes überliefert. In der Nekropole wurden Tote aus der näheren und weiteren Umgebung beigesetzt. Das überaus trockene Wüstenklima der Turfan-Oase hat uns zahlreiche Mumien unversehrt bewahrt, die ohne konservierende Stoffe teilweise so gut erhalten sind, daß man die Gesichtszüge der z. T. vor 1300 Jahren Verstorbenen heute noch erkennt. Etliche Mumien lassen sich genau identifizieren, so die des Tang-Generals Zhang Xiong, des höchsten Militärkommandanten im westlichen Grenzland während der frühen Tang-Zeit.[356]

In der 10 km² umfassenden Nekropole von Astana bestattete man fast 600 Jahre lang (265–ca. 850) Menschen aus allen sozialen Schichten, sowohl Herrscher wie auch Beamte, Händler und Bauern. Hatte schon Sir Aurel Stein zahlreiche Grabbeigaben aus Astana nach Indien transportiert, so wurden allein zwischen 1966 und 1969 114 z. T. reich ausgestattete Gräber aus der Zeit zwischen dem 5. und 7. Jh. freigelegt. Bisher sind insgesamt mehr als 400 Grabstätten bekannt.

Dem breiten sozialen Spektrum entsprechend, sind auch die Grabbeigaben vielfältig und unterschiedlich in ihrer Ausführung und Qualität. Von anmutigen Farbzeichnungen im typischen Tang-Stil über Skizzen von Artistenszenen (s. Abb. 80) bis zu schlichten Malereien (s. Abb. 81) reichen die auf Papier gemalten Bildwerke aus Astana. Zu den Grabbeigaben gehören neben Statuetten von Angehörigen und Besuchern des örtlichen Hofes, wie wir sie aus den Kaisergräbern bei Chang'an kennen, auch Nachbildungen von Reitern, Handwerkern und Frauen bei der häuslichen Arbeit sowie tierisch-dämonische Wächterfiguren.[357] Der chinesische Glaube an ein Weiterleben nach dem Tode bekundet sich in der Mitgabe von Wegzehrung, z. B. von kuchenförmig gestalteten Broten und anderen Lebensmitteln, von Werkzeugen und Utensilien für den täglichen Bedarf.

Ein vielfach auftauchendes religiöses Motiv in der Kunst von Astana ist das Zwillingspaar Fuxi und Nüwa, das mit ineinandergewundenen, schlangenförmigen Unterleibern gestaltet und mit kosmologischen Symbolen ausgestattet ist (s. Abb. 82).[358] Diese ›Zwitter-Doppelschlangen‹, denen zunächst kosmogonische Bedeutung zukommt, sind schon auf Fresken aus Ahnentempeln und Grabanlagen der Han-Zeit im Mutterland bezeugt.[359]

Textliche Zeugnisse chinesischer Lebensvorstellung und Jenseitshoffnung bieten die Grabinschriften von Astana. Sie blicken in idealbiographischer Weise auf das Leben des Verstorbenen zurück, betonen seine tugendhafte Lebensführung und unterstreichen dabei vor allem die Werte der Kindesliebe und der Treue zum Staat. Es können auch buddhistische Wendungen, die vom Leid dieser Welt sprechen, in diese sonst ganz volksreligiös gehaltenen Texte einfließen. So heißt es in der Grabinschrift einer gewissen Frau Jia aus dem Jahre 667 n. Chr., das Leben, das der Himmel ihr eingeräumt habe, sei begrenzt gewesen, denn wie das Licht, das durch einen Ritz geht, nicht andauert, wie der Lichtstrahl nicht erhalten werden kann, so sind die Jahre an ihrem Ende angekommen, und das Leben ist erschöpft. [...] Der Jadebaum ist vertrocknet. Für immer hat sie die Tage verlassen, für immer hat sie das Netz des Leidens [dieser Welt] durchschnitten.[360]

Wiederholt wird der Trauer darüber Ausdruck verliehen, daß der Verstorbene im Grabe eingeschlossen sei, doch kann auch eine Note der Zuversicht mitklingen. So heißt es in der Sepulkralinschrift eines Ministers aus dem Jahre 681 lapidar und eindringlich: »Er ist von hier fortgegangen und in eine andere Welt gekommen.«[361] Man kann vermuten, daß hier die jenseitige Welt als Kontinuierung der weltlichen Existenz angesehen wurde. Dort bedurfte man nicht nur irdischer Speisen und einer häuslichen Dienerschaft, dort konnte man sich sogar dem Studium der Klassiker widmen. So wurde in einem Grab eine 5,2 m lange Rolle aus der Tang-Zeit (um 710 n. Chr.) gefunden, die eine Kopie der ›Gespräche‹ des Konfuzius mit Anmerkungen eines Gelehrten aus der Han-Zeit enthält.[362] Die ethischen Werte der konfuzianischen Lebensführung werden auch in anderen Zeugnissen von der Seidenstraße, z. B. in Dokumenten aus Loulan, vor Augen geführt[363], so daß von einer gewissen Einheitlichkeit der geistig-religiösen Ausrichtung der Chinesen auch in den fernen ›Westregionen‹ gesprochen werden kann.

Im 8. Jh. fielen die Tibeter in Ostturkestan ein. Sie kontrollierten den Zugang zum Tarim-Becken bis zum Anfang des 9. Jh., so daß kaum Nachrichten aus dem chinesischen Mutterland über das Turfan jener Zeit erhalten blieben. Die Tibeter wurden Mitte des 9. Jh. wieder vertrieben. Dennoch hat das tibetische Intermezzo Spuren in Turfan hinterlassen. Zahlreiche tibetische Urkunden sind aus der Oase auf uns gekommen.[364] Es handelt sich zum größten Teil um säkulare Dokumente, um Briefe und Verwaltungsschreiben, Zeugnisse der Divination und der Heilkunde sowie um Zaubertexte zum Schutz und der Abwehr böser Einflüsse. Aber auch einige buddhistische Zeugnisse aus dem 11.–13. Jh. sind vertreten, die insofern als besonders wertvoll gelten können, als sie zu den frühen Übersetzungen von Sanskrit-Texten gehören, die nicht in den späteren tibetischen Kanon aufgenommen wurden.

Die Uiguren verwendeten in manchen Fällen die tibetische Schrift zur Schreibung ihrer heiligen Texte. So ist ein buddhistischer Katechismus in uigurischer Sprache und tibetischen Lettern überliefert.[365] Der Kontakt Turfans zur tibetischen Kultur sollte in mongolischer Zeit neu geknüpft werden, als mehrere tantrische Werke aus dem Tibetischen ins Uigurische übersetzt wurden. Der Einfluß des Vajrayana (Donnerkeil-Fahrzeug), der u. a. von Tibet ausging, zeigte sich auch in der späten Kunst von Bäzäklik, wo tantrische Gottheiten, mit Mordinstrumenten wie Beil und Schlinge bewaffnet, in allerdings nicht immer ganz so grausamen Formen wie in Tibet auftreten (s. Abb. 83). Die feuerumloderten, furchterregenden Schutzgottheiten, wie wir sie aus dem Schneeland kennen, fanden als ›Religionsbeschützer‹ auch einen Platz in den Heiligtümern von Bäzäklik (s. Abb. 84).

Es gilt, noch der besonderen Kulturleistung der türkischen Uiguren in Turfan zu gedenken. Nach Zerschlagung ihres manichäischen Steppenstaates durch die Kirgisen Mitte des 9. Jh. übernahm der nach Gansu gewanderte Teil des Volkes, der als die ›Gelben Uiguren‹

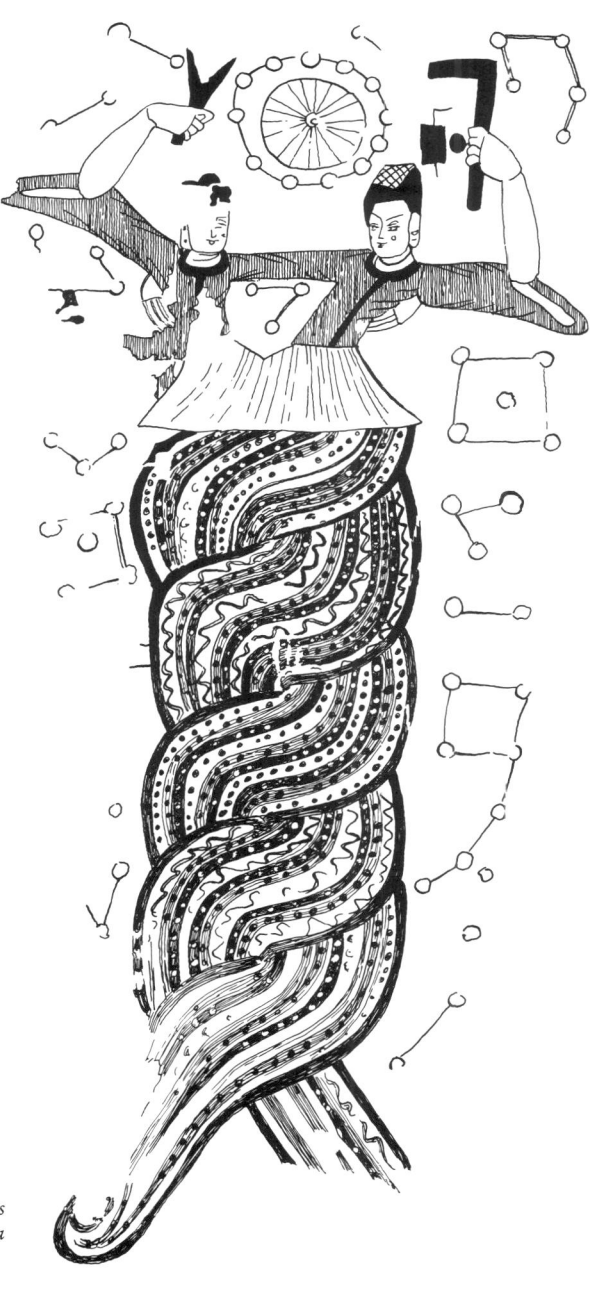

82 Das kosmologische Symbol des Zwillingspaares Fuxi und Nüwa aus den Gräbern von Astana

83 Mit Waffen gerüstete, auf einem Fisch stehende tantrische Gottheit, einen Totenschädel in der Hand haltend; Wandmalerei aus Bäzäklik, 9. Jh. n. Chr.

bekannt wurde[366], zunächst den Buddhismus, später dann die tibeto-mongolische Form des Lamaismus.

Die nach Turfan eingewanderten Uiguren fanden bereits türkische Stammesgenossen und Glaubensbrüder vor. Schon um 630 n. Chr. muß der Buddhismus bei den Steppen-Uiguren eingeführt worden sein. Er wurde jedoch vom Manichäismus nicht gänzlich verdrängt, so daß manche Einwanderer an die buddhistische Tradition in Turfan anknüpfen konnten. Aber auch Manichäer waren vor den Uiguren in der Oase anwesend. Turfan war bereits Sitz eines hohen manichäischen Geistlichen vom Rang eines ›Lehrers‹.

Als dritte Religion, die das Bild der Oase prägte, trat der christliche Nestorianismus hinzu. Zwar setzte sich die Nestorianergemeinde in erster Linie aus Sogdiern zusammen, doch ließen sich auch Uiguren für diese Form des Christentums gewinnen, wie türkischchristliche Dokumente aus Turfan bezeugen.[367] Einer dieser Texte, in dem Abraham und Jakob als ›Väter‹ angerufen werden, wurde zwar in türkischer Sprache, jedoch in syrischen Buchstaben geschrieben.[368] Einige Wandmalereien aus der christlichen Kirche von Kocho, wie Gaochang nun genannt wurde, blieben erhalten – so z. B. die Darstellung eines iranischen Priesters mit einem Kelch in der Hand vor türkischen Gemeindemitgliedern.

Nach Übersiedlung in die Oase gaben die uigurischen Türken ihre angestammte nomadische Tradition auf.[369] Der schamanistische Geist des früheren Reichszentrums im Ötükän-Gebirge wurde zwar noch gelegentlich angerufen, ansonsten aber bat man die göttlichen Schutzmächte des ›gesegneten Reiches von Kocho‹ um ihren Beistand. Mit dem Übergang zur bäuerlichen und städtischen Lebensform, in welcher der Handel eine große Rolle spielte, blieb die alte Lebensweise nur noch insofern erhalten, als man die heiße Sommerzeit in den kühlen Auen des Tianshan, vor allem in der ›Sommerresidenz‹ Beshbaliq verbrachte.

Die Nomaden der Steppe erschienen nun den Oasenbewohnern als bedrohliche Mächte, die es abzuwehren galt. Eindrücklich schildern manche Texte die Mühen der Landarbeit[370], deren Früchte nicht selten von den räuberischen Horden aus der Steppe entrissen wurden. Dennoch gibt es auch Dokumente, die Freude über die erfolgreiche Ernte bekunden, wie dies aus einem uigurischen Erntesegen hervorgeht.[371]

Manche Uiguren wandten sich dem Handel zu und machten dabei einträgliche Geschäfte. In keinem uigurischen Dokument werden Kaufleute geschmäht oder verunglimpft. Im Gegenteil, ein Loblied preist sie als Nutzbringer und Wunscherfüller.[372] Die von Chinesen und Sogdiern übernommene Wirtschaftsform des Geld- und Tauschhandels brachte aber auch etliche in elende Schuldknechtschaft, wovon zahlreiche uigurische Dokumente über Sklavenhandel und Landverkauf beredtes Zeugnis ablegen. In den Turfan-Texten erfahren wir, daß nicht nur einzelne Herren, sondern auch buddhistische und manichäische Klöster über Weingärten und Ländereien verfügten, die sie verpachteten, und daß ihnen Personal, z. B. Köche, Wäscher, Holzträger usw. zur Verfügung stand. Die Klöster entwickelten sich also auch zu wirtschaftlich mächtigen Zentren des weltlichen Lebens. Die Oase insgesamt erstarkte wirtschaftlich durch den Außen- und Transithandel, wußten die Oasenbewohner doch, die großen Karawanen über ihr verkehrsgünstig gelegenes Gebiet zu lenken.[373]

Die nach Turfan eingewanderten türkischen Uiguren konnten alsbald auch politisch die Oberhand gewinnen.[374] Sie gründeten das Reich von Kocho mit der gleichnamigen Hauptstadt, das von etwa 850–1250 bestand und sich weit über die Oase hinaus erstreckte. Hier entfaltete sich im Gegensatz zum Reich der ›Gelben Uiguren‹ eine beachtliche, zunächst manichäisch geprägte, sodann buddhistische Kultur, von der zahlreiche archäologische Funde aus der Oase beredtes Zeugnis ablegen.

Die im Besitz der Akademie der Wissenschaften in Berlin befindlichen schriftlichen Zeugnisse der Uiguren füllen allein schon sieben große Schränke, und es kommen zahlreiche Dokumente hinzu, die heute in London, Leningrad, Kyoto und Urumchi lagern und die ständig durch Neufunde ergänzt werden. Wenn man bedenkt, daß nur Fragmente einer einst sehr umfangreichen Literatur erhalten blieben, so muß es umfassende manichäische und buddhistische Bibliotheken gegeben haben, die neben den kanonischen Werken auch homiletische, katechetische und kommentierende Literaturwerke enthielten.

Im Falle der manichäischen Schriften lagen Werke auf Mittelpersisch, Parthisch, Sogdisch und Uigurisch vor; sie wurden ergänzt durch chinesische Manichaica, von denen einige in

84 *Darstellung von drei Himmelstoren, von 24 tantrischen Gottheiten bewacht, vor dem Sockel einer zerstörten Avalokiteshvara-Figur*

Dunhuang gefunden wurden. Manche manichäischen Handschriften waren reich illustriert, liebevoll geschrieben und vielfach unter Verwendung von leuchtenden Farben sowie glänzendem Blattgold bemalt und beschriftet. In einem ›Bibliotheksraum‹ fand Le Coq durch einsickerndes Grundwasser völlig aufgelöste und durchweichte Papiermassen vor.[375] Es ist klar, daß die bemerkenswerte Kulturleistung der Turfan-Manichäer, die sich auch in den wenigen erhaltenen Wandmalereien zeigt, nur aufgrund der Zuwendungen möglich war, welche die ›Religion des Lichts‹ von Königen und wohlhabenden Stiftern erhielt. Aus den Stifterkolophonen erfahren wir, daß man sich durch die Förderung von Literatur und Kunst religiöses ›Verdienst‹ (*buyan*, Skr. *puṇya*) im buddhistischen Sinn erhoffte. Dabei scheint die Förderung der einen Religion die Unterstützung einer anderen nicht ausgeschlossen zu haben, lebten doch beide Religionsgemeinschaften in der Oase relativ friedlich nebeneinander.

Der Buddhismus, der in Turfan auf eine längere Tradition zurückblicken konnte, bestimmte die kulturelle Entwicklung der Uiguren von Kocho in zunehmendem Maße. Ihm wandten sich im Laufe der Zeit immer mehr Oasenbewohner zu, nachdem auch die Herrscher sich diesem Glauben öffneten. So können wir feststellen, daß manche ursprünglich manichäischen Kulthöhlen in Bäzäklik im Laufe der Zeit zu buddhistischen umgestaltet wurden, indem man die manichäischen Malereien zumauerte oder mit einer Lehmschicht überzog, auf die dann Motive der indischen Religion gemalt wurden.

Der Buddhismus in Turfan verband auch die Uiguren in der Oase mit ihren Stammesgenossen in Gansu und im eigentlichen China. Aus dem Gebiet der ›Gelben Uiguren‹ sind noch aus dem 17./18. Jh., als Turfan längst islamisch war, Manuskripte bedeutender buddhistischer Werke überliefert, wie z. B. eine uigurische Fassung des ›Goldglanz-Sutra‹. Es muß aber auch eine umfassende buddhistische und profane Literatur auf Alttürkisch in

DIE ZENTREN AN DER NÖRDLICHEN SEIDENSTRASSE: TURFAN

85   Ein weltlicher und ein geistlicher Adorant vor dem Buddha, Weihrauchspender in den Händen haltend; Darstellung aus Bäzäklik, 9. Jh.

Turfan existiert haben, die durch die literarische Produktion von Türken in China ergänzt wurde.[376] Zahlreiche wesentliche Texte des Mahayana lagen auf Türkisch vor, ebenso eine umfassende Kommentarliteratur. Hinzu kommen eigenständige uigurisch-buddhistische Werke, unter denen die Zeugnisse der Dichtkunst einen besonderen Raum einnehmen.[377] Auch inhaltlich setzte der uigurische Buddhismus eigene Akzente, die sich aus dem Lebensgefühl und der Daseinshaltung eben dieses zentralasiatischen Volkes verstehen.[378]

Der eigenständige Charakter des türkischen Buddhismus kommt auch in der Kunst zum Ausdruck. Sie ist neben spärlichen Resten von Miniaturmalereien und einer Reihe von Hängerollen vor allem durch großartige Wandmalereien und Skulpturen, wie sie uns z. T. in Zeugnissen aus Kocho, am anschaulichsten jedoch in den Bildwerken der Höhlen von Bäzäklik (s. Farbabb. 22) entgegentreten, eindrucksvoll bezeugt, aber auch in den archäologischen Funden aus anderen Zentren in den Turfaner Vorbergen, so z. B. Sängim, Murtuq und Toyuq.

Die ›Tausend-Buddha-Höhlen‹ von Bäzäklik – in den Fels gehauene Höhlenheiligtümer – waren ebenso wie jene in Kucha und anderen Orten mit Kunstwerken ausgeschmückt, die den Tempel als ein ›Buddha-Land‹ erscheinen ließen, als eines jener fernen Paradiese, in denen ein Buddha residiert. Die Grundanlage der Kulthöhle entspricht der von Kucha, auch wenn Weiterentwicklungen festzustellen sind. Wie in Kizil umfaßte das ikonographische Programm zentral plaziert, die Ruhe der Erlösung verkörpernde Buddha-Bilder. Um diese Darstellungen gliederte sich eine religiöse Landschaft, in der die gesamte Hierarchie von erlösten und unerlösten Wesen bis zu Dämonen ihren Platz hatte. Hier tritt uns eine mahayanistische Kunst entgegen[379], was auch dem textlichen Befund entspricht.

Die Form- und Farbgebung der klar und übersichtlich, vielfach unter Verwendung von Pausen gezeichneten Figuren ist zwar von chinesischem Kunstempfinden inspiriert, spiegelt aber dennoch eine eigenständige türkisch-buddhistische Malerei und Skulptur wider, wie dies in den Heilsfiguren, aber auch in den Stifterdarstellungen (s. Abb. 85) zum Ausdruck kommt. Gerade das Selbstverständnis der Stifter, das sich in den Kolophonen offenbart, zeigt, daß dem Menschen insofern eine besondere Würde, aber auch eine besondere Verantwortung zukommt, als er allein die Lehre des Buddha vollinhaltlich wahrzunehmen vermag, während die Götter zu wonnetrunken sind, um die Botschaft vom Leiden zu erfassen. So sind zwar auch Götter als flankierende Figuren in den für Bäzäklik so charakteristischen ›Pranidhi-Bildern‹ dargestellt, im Mittelpunkt jedoch steht der sich dem Stifter zuwendende Buddha, der dessen Gabe annimmt und die Verheißung zukünftiger Buddha-Würde ausspricht.[380]

Zwar ist die Kultur des türkischen Turfan in erster Linie religiös geprägt, dennoch sprechen genügend Zeugnisse dafür, daß hier auch die weltlichen Wissenschaften gepflegt wurden. Freilich waren es in erster Linie Mönche, die sich der Medizin und Astrologie, der Wortkunde und Grammatik sowie anderen säkularen Wissensgebieten zuwandten. Dennoch ist auch mit einer profanen Bildungsschicht zu rechnen, die sich vor allem aus Beamten und Kaufleuten zusammensetzte, wie die zahlreichen erhaltenen Verwaltungs-, Geschäfts- und Rechtsurkunden zeigen.[381] Die eigenständigen Leistungen in der Architektur, in der Pflege und im Ausbau des von alters übernommenen Bewässerungssystems, das kilometerlange unterirdische Kanäle *(Kareze)* kannte, und in anderen Bereichen der profanen Kultur können hier nur summarisch genannt werden; sie haben bereits monographische Darstellung erfahren.[382]

Als die Mongolen ihr Reich im 13. Jh. über ganz Zentralasien ausbreiteten, unterstellten sich ihnen die Turfan-Uiguren freiwillig und verhinderten somit viel Blutvergießen. Aus dem 12. und 13. Jh. sind mongolische Briefe und Blockdrucke aus Kocho bewahrt, das nun Idiqut-Shahri (Stadt der ›heiligen Majestät‹, d. h. des Königs) genannt wurde.[383] Die zunächst nomadischen Mongolen betrauten Uiguren mit Verwaltungsaufgaben in ihrem neuen Weltreich und übernahmen von ihnen u. a. die Schrift. Auch der Einfluß des uigurischen Buddhismus auf die neuen Steppenherren war zweifellos wesentlich bedeutsamer, als uns dies die spätere tibetisch-lamaistische Geschichtsschreibung glauben machen will.

Der Islam war schon zur Zeit Marco Polos (13. Jh.) durch Händlerkolonien vertreten, doch fiel die Turfan-Oase erst Ende des 14. Jh. durch Eroberung an Muslime (s. Farbabb. 13). Damit ging zwar eine glanzvolle Epoche manichäisch-buddhistischer Kultur zu Ende, es entstand nun aber eine islamisch geprägte, das ganze Tarim-Becken umspannende uigurische Zivilisation, deren Erforschung noch kaum begonnen hat.

Besucher des heutigen Turfan können an mehreren Stätten die Spuren der vorislamischen Vergangenheit finden. Zunächst präsentiert sich das etwa 30 km östlich der Stadt Turfan gelegene alte Kocho (Gaochang) als mächtige Ruinenstadt, umgeben von hohen, teilweise noch erhaltenen Lehmmauern, welche die Stadt wie ein Viereck umschließen. Innerhalb dieses ursprünglich 5 km langen Mauerwerkes finden sich zahlreiche Gebäude, Klöster und Stupas, von denen nur die Grundmauern übrigblieben.

Im Zentrum Gaochangs ragt ein hohes Gebäude auf, das als ehemalige Königsresidenz angesehen wird. In den vier Ecken der Stadt, die in der Tang-Zeit nach dem Vorbild Chang'ans ausgebaut wurde, befanden sich Heiligtümer, von denen der südwestliche Tempel am besten erhalten blieb. Neben den Profangebäuden gab es in Gaochang buddhistische Heiligtümer, aber auch eine nestorianische Kirche und einen manichäischen Tempelkomplex mit Bibliothek. Von diesen geistlichen Zentren sind heute nur die Ruinen sichtbar. Ein Teil des ehemaligen Stadtgebiets wird heute für landwirtschaftliche Zwecke genutzt. Von erhöhten Standorten wie dem südwestlichen Tempel gewinnt man einen Überblick über das gesamte Areal, an das nördlich die heutige Oasenstadt Karachodsha anschließt.

Nordöstlich und nordwestlich von Karachodsha erstreckt sich über ein Gebiet von 20 km^2 die Nekropole von Astana, in der vornehmlich Chinesen ihre Toten in Gruften beisetzten, von denen einige heute besichtigt werden können. Grabbeigaben, Inschriften und Mumien werden in den Museen von Turfan und Urumchi aufbewahrt.

Von Kocho blickt man im Norden auf die Turfaner Vorberge, die vom Murtuq-Fluß cañonartig durchschnitten werden. Folgt man dem Verlauf des Flusses in die Vorberge, so führt die Straße an verschiedenen alten buddhistischen Zentren vorbei, von denen die ›Tausend-Buddha-Höhlen‹ von Bäzäklik die wichtigsten sind. Hier finden sich heute noch an die 60 Kulthöhlen, die etwa 80 m über dem Fluß aus der Lößwand herausgehauen wurden. Obwohl sich der bedeutendste Teil der Malereien von Bäzäklik heute in den Museen von Berlin, Delhi und Leningrad befindet, gewinnt man hier noch einen Eindruck von dem hohen Rang der künstlerischen Ausgestaltung dieses buddhistischen Zentrums der Meditation und der Gelehrsamkeit.

Etwa 10 km westlich von Turfan liegt die Ruinenstadt Jiaohe (türk. Yar Khoto). Wie in Kocho sind auch hier nur die Ruinen ehemaliger Privat- und Verwaltungsgebäude sichtbar. Am Nordrand der auf einem hohen Plateau gelegenen Stadt sind die Reste zweier buddhistischer Klöster und eines eindrucksvollen Monumental-Stupas zu sehen.

Schließlich bieten das Ortsmuseum von Turfan und das Museum für Indische Kunst in Berlin einen guten Einblick in die Fülle der archäologischen Materialien, die in der Oase gefunden wurden.

Dunhuang, das Tor nach China

Das wichtigste Zentrum der östlichen Seidenstraße war das schon auf chinesischem Gebiet liegende und maßgeblich von chinesischer Kultur bestimmte Dunhuang, das Tor zum Reich der Mitte. Die Zugehörigkeit dieses Außenpostens zum chinesischen Mutterland, das freilich auch Ansprüche auf weiter westlich gelegene Gebiete erhob und durchsetzte, zeigt sich an einem heute noch sichtbaren Netz von Wachtürmen, die das Gebiet von Dunhuang schützend umgaben. Die in einem dieser Türme entdeckten sogdischen Briefe sprechen vom Mutterland als von ›innen‹.[384]

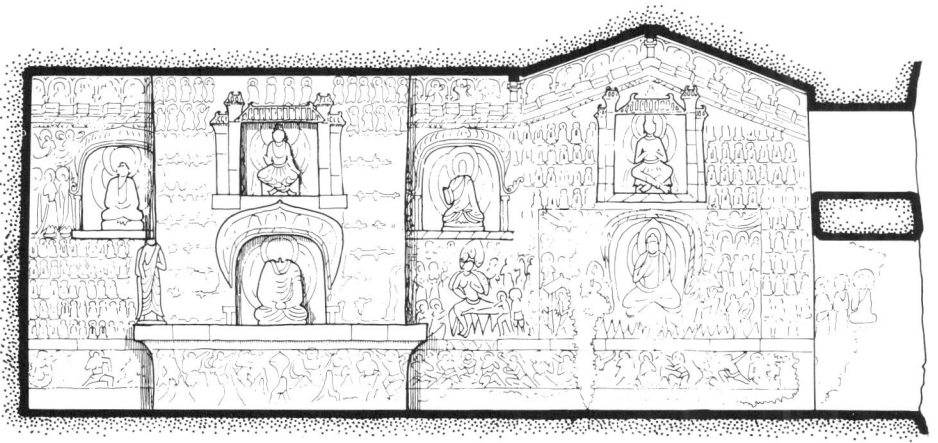

86 Wand- und Deckengliederung von Höhle 254 in Dunhuang

DIE ZENTREN AN DER ÖSTLICHEN SEIDENSTRASSE: DUNHUANG

Die westlichen Teile der chinesischen Mauer umgaben die Städte Suzhou (heute Jiuquan), Ganzhou (heute Zhanqye) und Liangzhou (heute Wuwei) im ›Gansu-Korridor‹ zwischen Gobi und Richthofengebirge. Durch diese Städte und das am Gelben Fluß liegende Lanzhou führte die Seidenstraße zu den Reichshauptstädten Chang'an und Luoyang. Wir können davon ausgehen, daß bis auf die Zeit der tibetischen Besetzung des ›Gansu-Korridors‹ im 8./9. Jh. ein reger Verkehr Dunhuang mit den Zentren Chinas verband. Selbst in der Zeit der Tangutenherrschaft (11.–13. Jh.) dürften Verkehrsverbindungen zum Mutterland bestanden haben. Dennoch können wir den Bitten der Stifterinschriften entnehmen, daß die Verbindungen immer wieder unterbrochen wurden und dieser Außenposten vielen Störungen ausgesetzt war. So rief ein Stifter im Jahre 947 die göttliche Beschützerin Guanyin (Avalokiteshvara) mit der Bitte an, dem Distrikt von Dunhuang Sicherheit zu gewähren und die Wege nach China sowie Turkestan offen zu halten.[385]

Für Westreisende aus China war Dunhuang der letzte von Wach- und Meldetürmen umgebene chinesische Außenposten (s. Farbabb. 4), ehe sie ›das Meer des fließenden Sandes‹ überqueren mußten. Sie konnten bis zum 5. Jh. die Südroute nach Khotan und Kashgar wählen, oder aber wie danach üblich über Loulan bzw. direkt über Hami nach Turfan reisen, also die Nordroute begehen.

Da sich in Dunhuang beide Zweige der durch das Tarim-Becken führenden Seidenstraße vereinigten, fanden sich hier neben Chinesen auch Sogdier, Khotanesen, in früher Zeit sicherlich Inder, ferner Tocharer, Tibeter und seit dem 8. Jh. auch Türken ein. Die Tanguten (Xixia) etablierten im ›Gansu-Korridor‹ einschließlich Dunhuangs im 11. Jh. ein eigenes Reich, das erst von den Heeren Tschinggis Khans im 13. Jh. gestürzt wurde. Lange zuvor aber herrschten in Dunhuang lokale chinesische Dynastien. Licht auf die Geschichte der Oase werfen nicht nur die bedeutenden chinesischen Reichsannalen, sondern auch örtliche Geschichtswerke und Landesführer, die in Dunhuang gefunden wurden.

Faxian, der um 400 nach Westen reiste, beschreibt den Ort als die bedeutendste Stadt ›im Gebiet der Grenzverteidigung‹. Die Oase erstreckte sich etwa 80 *li* (chinesische Meilen = 40 km) von Ost nach West und ca. 40 *li* von Nord nach Süd.[386] Obwohl die ersten der berühmten ›Tausend-Buddha-Höhlen‹ (Qianfodong), die Grotten von Mogao, einer Inschrift aus dem Jahre 648 zufolge bereits 366 n. Chr. aus dem Steilhang am Rande des Dachuan-Flußtales etwa 25 km von der Stadt entfernt geschaffen wurden, erwähnt Faxian sie nicht. Erst im Laufe der nächsten Jahrhunderte wurden die Grotten zu dem wohl bekanntesten buddhistischen Zentrum im westlichen China. In einem topographischen Werk aus dem Dunhuang des 9. Jh., dem ›Dunhuanglu‹, heißt es:

> In diesem Teil [der Oase] gibt es eine überaus große Anzahl von buddhistischen Tempeln und Mönchswohnungen; dort befinden sich auch einige große Glocken. An beiden Enden des Tales, im Norden und im Süden, stehen Tempel der Himmelsherrscher [d. h. der Weltenwächter] und eine Anzahl von Heiligtümern, die anderen Göttern geweiht sind. Die Wände sind mit Bildern tibetischer Könige und ihres Gefolges bemalt. Die ganze westliche Front des Steilhanges von Nord nach Süd weist auf einer Entfernung von 2 *Li* eine Anzahl hoher und großer Sandsteinhöhlen auf, die aus dem Gestein gehauen und geschlagen wurden und in denen sich Statuen und Bilder des Buddha

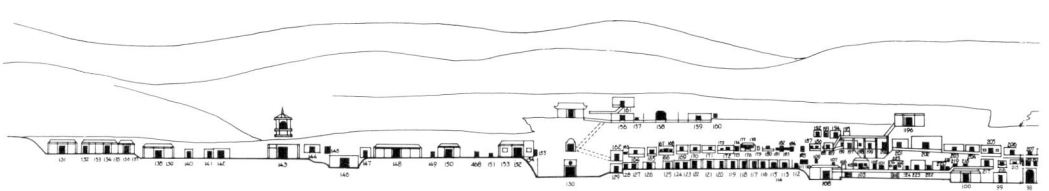

87 Schematische Darstellung der Mogao-Grotten von Dunhuang

befinden. Wenn man alle Höhlen in Betracht zieht, so muß eine große Menge Geldes für sie ausgegeben worden sein. Vor ihnen [den Höhlen] sind Pavillons auf verschiedenen Ebenen übereinander errichtet worden. Einige der Tempel enthalten Kolossalfiguren, die sich bis zu 50 m erheben, und die Zahl der kleinen Schreine ist unzählbar. Alle sind sie durch Stege miteinander verbunden, und diese dienen sowohl der rituellen Umwandlung [der Buddha-Figuren] wie auch der Betrachtung [der religiösen Bildwerke].[387]

Diese Beschreibung aus der Zeit der Tibeterherrschaft verdeutlicht, daß es neben den heute noch sichtbaren Höhlen zahlreiche Freibauten im Tal des Flusses gegeben haben muß. Sie dienten als Mönchsbehausungen oder Kultstätten, in denen aber auch profane Motive dargestellt waren. Sowohl in der erhaltenen Literatur wie auch in den auf uns gekommenen Malereien spielen neben religiösen, vornehmlich buddhistischen Themen auch weltliche eine herausragende Rolle. Sie geben einen wertvollen Einblick in die allgemeine Kulturgeschichte Chinas vom 4.–14. Jh., also über eine Zeitspanne von 1000 Jahren.

Vielfach sind die erhaltenen Literaturdenkmäler und Malereien die einzigen Zeugnisse ihrer Art aus dem frühen China. So existieren nur wenige Malereien aus der glorreichen Tang-Zeit (618–907) im chinesischen Mutterland. Die Darstellungen in den Mogao-Grotten werfen ein Licht auf die Kunst und Architektur jener Zeit und vermitteln Einblicke in das tägliche Leben. Nicht nur das Geschehen in Tempeln ist abgebildet, sondern auch das bunte Treiben in Palästen und Städten, auf dem Land und auf den Verbindungswegen. Auch militärische Schlachten fanden in diesem geistlichen Zentrum Darstellung. Wir erhalten sogar einen Einblick in das blutige Geschehen in einem Schlachthaus.

Während in der Oasenstadt Dunhuang ein reger Handelsverkehr stattfand, waren die buddhistischen Stätten Zentren eines lebendigen kulturellen und geistigen Lebens, das zwar vornehmlich vom chinesischen Buddhismus geprägt war, in dem sich aber auch Mönche aus anderen Ländern zusammenfanden. Davon zeugen die in Dunhuang gefundenen Schriften. Eindeutig überwiegen die chinesischen Textmassen, aber es kamen auch Dokumente auf Sanskrit, Khotanesisch, Tocharisch, Uigurisch, Tibetisch und Tangutisch zutage. Neben buddhistischen Texten in diesen Sprachen wurden nestorianische und manichäische Schriften auf Uigurisch und Chinesisch gefunden. Selbstverständlich waren auch der Taoismus und der Konfuzianismus im Textgut vertreten.

Profane Werke verdeutlichen, daß sich die buddhistischen Geistlichen auch mit weltlichen Wissenschaften und weltlicher Literatur befaßten. Dabei ist allerdings in Rechnung zu

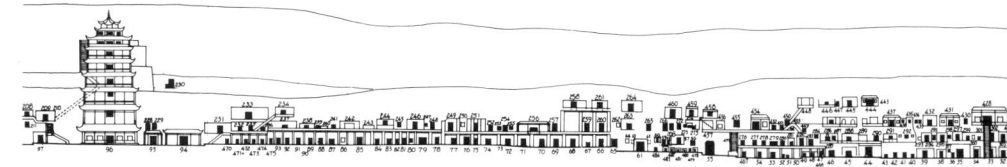

stellen, daß auch gebildete Laien in Dunhuang literarisch tätig waren. Stärker als der indische Buddhismus wendete sich der chinesische der weltlichen Sphäre zu, ohne dabei die religiöse Dimension aus dem Auge zu verlieren. Die buddhistische Lehre zog die Konsequenzen aus jenem schon in Indien formulierten Gedanken, daß Transzendentes und Immanentes sich durchdringen und somit das Zeitlose auch im Zeitlichen erfahrbar ist. Hinzu kam ein gewisser chinesischer Pragmatismus, der ohnehin weltlichen Dingen gegenüber aufgeschlossener war als man dies für buddhistische Kreise in Indien voraussetzen kann. Auch die chinesische Naturverbundenheit läßt sich allenthalben erkennen.

Deutlich wird dieser Sachverhalt in der Landschaftsmalerei.[388] Während in frühen Höhlen aus der Nord-Wei-Zeit (386–534) die Landschaft z. T. als Staffage für eine religiöse Szene diente, erhält sie in der Tang-Zeit dadurch ihre Berechtigung, daß religiöse Motive in sie hineinkomponiert sind. So gibt ein in den Bergen predigender Buddha einer Gebirgsszene ihre Legitimation, oder es wird die Meditation der Königin Vaidehi über die untergehende Sonne zum Anlaß genommen, eine prächtige Winterlandschaft darzustellen. Von derartigen Kompositionen ist es nur ein kleiner Schritt zur reinen Landschaftsmalerei, in der die Erscheinungen der Welt entweder in ihrer konkreten Dinglichkeit präsentiert werden, oder aber so dargestellt sind, daß sie von einem leeren Urgrund – Hinweis auf die Transzendenz – durchzogen werden, der nicht hinter, sondern in den Dingen selbst sichtbar ist.[389]

Die Malereien und Skulpturen der Grotten von Mogao können wegen ihrer künstlerischen Qualität und ihres Ausmaßes zu den bedeutendsten Zeugnissen buddhistischen Kunstschaffens überhaupt gezählt werden (s. Farbabb. 19). Die heute noch erhaltenen Höhlen erstrecken sich über eine Länge von 1,6 km von Norden nach Süden in der östlichen Steilwand des Mingsha-Berges, der das Längstal des Dachuan-Flusses säumt (s. Abb. 87). In der Zeit der Kaiserin Wu-hou (684–705) muß es hier tatsächlich mehr als 1000 Höhlen und Nischen gegeben haben.

Trotz Erosion und Zerstörung durch Menschenhand sind heute noch 492 Höhlen erhalten, deren Malereien insgesamt eine Fläche von 45 000 m² bedecken. Hinzu kommen über 2000 reich bemalte Skulpturen unterschiedlicher Größe, von einigen Zentimetern bis 33 m Höhe. Die bis zu 50 m hohen Monumentalplastiken, von denen das ›Dunhuanglu‹ spricht, sind nicht mehr zu sehen. Die Kunstwerke entstanden in einem Zeitraum von 1000 Jahren unter verschiedenen, vielfach einen eigenen Stil verratenden Dynastien von der Zeit der 16 Königreiche (300–589) bis zur mongolischen Yuan-Periode (1271–1368).

Die frühesten Wei-Grotten, deren Malereien kräftige, im Laufe der Zeit nachgedunkelte Umrisse aufweisen, befinden sich fast alle in der dritten Höhlenreihe, dem historischen Kern der gesamten Anlage. Während die Wei-Höhlen vielfach stark beschädigt sind, präsentieren sich die Grotten der Tang-Zeit mit ihren ausdruckskräftigen, formenreichen Motiven in relativ gutem Zustand. Dagegen sind die Malereien der Song-Zeit, in denen Schwarz, Weiß und Grün überwiegen, vielfach Restaurationen älterer Kunstwerke. Seit Anfang der Xixia-Zeit wurden nur 18 neue Grotten geschaffen, was einerseits mit Raummangel zusammenhing, andererseits aber auch mit einer inneren Wandlung des Buddhismus, der zunehmend das freistehende Kloster gegenüber der Kulthöhle bevorzugte. Immerhin blieben noch aus der Mongolenzeit Heiligtümer erhalten, die schon lamaistische Motive aufweisen (s. Farbabb. 16).[390]

Nicht alle Höhlen sind mit Malereien versehen, einige schlichte Mönchsbehausungen weisen kahle Wände auf. Die Mehrzahl der Höhlen jedoch diente kultischen Zwecken und ist entsprechend ausgeschmückt. Die sich auf fünf verschiedenen Ebenen hinziehenden, ursprünglich durch Rampen miteinander verbundenen Grotten sind größtenteils eigenständige Heiligtümer, denen meist ebenfalls aus dem Fels gehauene oder angebaute Vorräume vorgelagert waren. Eine Sonderstellung nehmen die Grotten ein, in denen sich Statuen stehender Buddhas oder sitzender Monumentalfiguren befinden, wie jene 26 m hohe Figur in Höhle 130, die den Annalen der Mogao-Grotten zufolge die ›große Statue des Südens‹ genannt wurde. Sie entstand während der Kaiyuan-Ära (713–41) der Tang-Zeit. Ungewöhnlich ist auch die aus der Tang-Zeit stammende Höhle 158 mit einer Monumentalplastik des beim Verscheiden sanft lächelnden Buddha. In äußerst eindrucksvoller Weise ist die Grotte wie die Innenseite eines riesigen Sarges gestaltet, wobei u. a. Paradiesszenen und florale Muster die Wände schmücken. In großer Anschaulichkeit ist der Schmerz der Trauernden wiedergegeben, die beim Verscheiden des Buddha zugegen sind. Sie repräsentieren die diversen Völker, die sich an diesem östlichen Knotenpunkt der Seidenstraße zusammenfanden (s. Abb. 88).

Die Grotten von Dunhuang sind meist viereckig oder rechteckig angelegt. Wie in Kucha und Turfan findet sich in den frühen Höhlen der Wei-Zeit im mittleren oder oberen Teil eine die Weltachse repräsentierende Mittelsäule, vor der auf einem flachen Podium eine Buddha-Figur sitzt oder steht, die von Bodhisattvas, z. T. auch von Jüngern in streng symmetrischer Anordnung umgeben ist.

DIE ZENTREN AN DER ÖSTLICHEN SEIDENSTRASSE: DUNHUANG

Im Laufe der Zeit wurde der Mittelpfeiler zugunsten eines offenen Raumes mit großzügigen Flächen aufgegeben, wobei die Zentralfigur nun auf der Stirnseite erscheint. Sie ist weiterhin von Bodhisattvas und Schülern flankiert und von zahlreichen irdischen sowie himmlischen Adoranten umgeben (s. Farbabb. 17). Viele Szenen sind in der künstlerischen Ausgestaltung von bedeutenden Mahayana-Sutras inspiriert, vor allem vom überaus beliebten ›Lotos-Sutra‹. Auf den Seitenwänden findet man neben Bildern von Kultfiguren und Erzähldarstellungen auch Mandalas, geometrisch angeordnete Konfigurationen von Heilsgestalten.[391] Vor allem die Inhalte aus dem reichen Schatz der buddhistischen Erzählungen erscheinen auf den Seitenwänden (s. Farbabb. 14). Juwelenbedeckte Baldachine oder symmetrische Muster zieren die Decken und Ecken, wobei diverse Formen der Lotosblume – Symbol der geistigen Reinheit – die ornamentale Ausschmückung bestimmen. Wie im Bildprogramm läßt sich auch in den Skulpturen eine Entwicklung feststellen, die von frühen, noch indisch beeinflußten Formen und Proportionen zu rein chinesischen Gestalten führt.

Wenn im Mittelpunkt des Höhlenheiligtums die von Bodhisattvas und Jüngern, von Adoranten und Himmelswesen umgebene Buddha-Gestalt steht, so stellt sie mit ihren Begleitfiguren die Chiffre für ein buddhistisches Ideal dar – das ›Buddha-Land‹, das transzendente Reich des hier veranschaulichten Buddha (s. Farbabb. 18). Im Grunde repräsentiert die gesamte Höhle ein solches ›Buddha-Land‹. Das Heiligtum vergegenwärtigt also das transzendente Reich eines Buddha[392], und indem der Fromme es betritt, begibt er sich in einen Raum, der dem Schmutz der Welt mit ihren sinnlichen Begierden und psychischen Regungen entzogen ist. Ein solches ›Buddha-Land‹ kann allerdings auch zweidimensional in der Wandmalerei dargestellt werden, wobei charakteristischerweise eine andere Perspektive verwendet wird als diejenige, die in gewöhnlichen Darstellungen meist zur Anwendung kommt.

Vor allem während der Tang-Zeit wurde man nicht müde, dieses ferne Land in immer faszinierenderen Farben zu gestalten, wobei dem ›Glaubensdenker‹ bewußt sein konnte, daß es sich dabei nicht um ein fernes Anderswo, sondern um einen Geisteszustand handelte. In dem aus dem Chinesischen ins Uigurische übersetzten Text ›Vom Schauen des Körpers und des Sinnes‹ heißt es: »Wenn man das Buddha-Land erstrebt, muß man seinen eigenen Sinn [von Leidenschaften] reinigen. Dann wird auch das Buddha-Land rein.«[393] Hier wird ausgesprochen, daß die Reinheit des Geistes der Reinheit des ›Buddha-Landes‹ entspricht.

Im Mahayana-Buddhismus, der die Kunst von Dunhuang inspirierte, galt der historische Buddha nicht als einmalige Gestalt. Zahlreiche voraufgegangene und kosmische Buddhas stehen ihm zur Seite, sie alle haben ihre ›Buddha-Länder‹, unter denen das westliche Land des Buddha Amitabha, Sukhavati, eine besondere Rolle in der Frömmigkeit Zentral- und Ostasiens spielt und in Dunhuang mehrfach dargestellt wurde. Aber auch der Buddha der Zukunft, Maitreya, dessen Kult schon zur Nord-Wei-Zeit ausgeprägt war und der sich an der Seidenstraße besonderer Beliebtheit erfreute, kommt zu den ›geschichtlichen‹ Buddhas hinzu.

In der Kunst Dunhuangs stellte man die Buddhas, die der Ruhe des Nirvana teilhaftig wurden, ob stehend, sitzend oder liegend – also ins Nirvana eingehend –, zumeist statisch

88 Klagende beim
    Verscheiden des Buddha,
    verschiedene Völker
    Zentralasiens repräsentierend; Dunhuang,
    Höhle 158

dar. Nach den Buddhas nehmen die Bodhisattvas den zweiten Rang ein. Die Kunst hatte die schwierige Aufgabe, sie in dem Spannungsverhältnis zwischen der Bemühung um Befreiung aller Lebewesen unter Hintanstellung ihrer eigenen Erlösung und der Hinwendung zum höchsten Heilsziel zu präsentieren. Diese doppelte Ausrichtung vermittelte die Kunst von Dunhuang in großartiger Weise. In anmutigen Formen neigen sich die Anwärter auf die Buddha-Würde dem Erlösungsuchenden zu, vielfach eine zentrale Buddha-Figur flankierend oder als Verehrer der Predigt des Buddha lauschend. Sie können aber auch einzeln erscheinen, oder als Zentralfigur eines ihnen gewidmeten Paradieses fungieren, wobei sie ihrerseits von Bodhisattvas flankiert sind. In zunehmender Bewegtheit werden jene Wesen dargestellt, die unter den vielfach reich geschmückten Bodhisattvas rangieren, d. h. die Himmelskönige, Götter, Weltenwächter, himmlischen Musikanten und schließlich auch die Menschen.

Besonders anmutig sind die daherfliegenden Himmelswesen gestaltet, die Devis und Apsaras, die sich mit ihren flatternden Gewändern und Schleifen zierlich durch die Lüfte bewegen, um einem großen Ereignis im Leben des Buddha beizuwohnen.[394] Sie schweben vielfach von himmlischen Höhen herab, z. T. Girlanden in Händen haltend. Unter allen Wesen ist vornehmlich der Mensch in der Lage, die Botschaft von irdischem Leid zu vernehmen, woraus ihm auch eine besondere Verpflichtung erwächst. Und so wird er als Hörer in räumlicher Nähe des Buddha dargestellt, wiewohl die Bodhisattvas und andere Heilsgestalten eine vermittelnde Position einnehmen. Vor allem die herausragenden Jünger und Mönche können somit – wie der Bodhisattva – dem predigenden Buddha zur Seite gestellt werden.

Daß jeder Gläubige Zugang zur Lehre hatte, zeigen die vor allem für die Tang-Zeit reich bezeugten Stifterbilder, die vielfach im Eingangsportal zum Heiligtum zu finden sind, nicht selten unter dem Bild einer angerufenen Heilsgestalt. Inschriften bringen jene Gedanken zum Ausdruck, welche die Gönner zu einer frommen Stiftung bewogen haben. Hier werden in den häufig datierten Weiheinschriften ähnliche Wünsche und Hoffnungen ausgesprochen wie in den Kolophonen zu den heiligen Texten, deren Abschrift die Stifter in Auftrag gaben.[395] Vielfach wird in den Texten die Beschützerin Guanyin (Avalokiteshvara) um Frieden und Wohlergehen angerufen, wobei der Stifter seine Familie und das Reich in seine Bitte einschließt.

Da die Kunst von Dunhuang mahayanistisch ausgerichtet ist und folglich von der universalen Gültigkeit der Predigt des Buddha ausgeht, weiß sich der Mensch in ein kosmisches Ganzes einbezogen, zu dem alle Heilsfiguren von den höchsten Bodhisattvas und Göttern bis zu den niedrigsten Lebewesen gehören. Alle zeigen sich von der Predigt des Buddha glücklich betroffen. Von der kosmischen Dimension wird die Fülle an Figuren verständlich, welche den Buddha umgeben, eine große Symphonie von Farben und Formen darstellend.

Da das gesamte kosmische Geschehen in den Blick genommen ist, können auch solche Gestalten im Bild erscheinen, die wir der profanen Welt zuordnen würden: Vornehme und Reiche, Kaiser und Könige, Kaufleute und Reisende, Jäger und Bauern, ja selbst Räuber und Banditen, welche die Gefahren des irdischen Seins veranschaulichen. Die Offenheit dieses chinesischen Buddhismus auch für die Erscheinungen des weltlichen Lebens in seiner ganzen Vielfalt – einschließlich der Pflege von Musik und Tanz – kommt anschaulich in den breitgestreuten Themen der Malereien zum Ausdruck. Sie hat aber auch ihre Entsprechung in der Literatur, war Dunhuang doch ein internationales Zentrum einer bemerkenswert breiten Gelehrsamkeit.

Vermutlich kurz nach 1900 entdeckte der taoistische Abt Wang Guolu zufällig jene ›vermauerte Bibliothek‹ (heute Höhle 17), die ursprünglich als Aufbewahrungsort für alte Schriften diente und über 50 000 Dokumente und Kulturzeugnisse aus der Zeit vom 4. bis zum Ende des 10. Jh. beherbergte. Der Raum wurde Anfang des 11. Jh. zugemauert, als die Tanguten Dunhuang 1036 besetzten. Es wurden nicht nur Schriften – an die 13 500 Rollen –, sondern auch Kunstwerke und Kultgegenstände ausgelagert, um sie vor drohender Vernichtung zu schützen. Fast 900 Jahre lang blieben sie in Vergessenheit, ehe sie wiederentdeckt wurden.

Die Nachricht von dem sensationellen Fund rief westliche Forscher auf den Plan. Sir Aurel Stein erschien zwischen 1907 und 1930 viermal in Dunhuang. Seinen ersten Eindruck von der Fundstätte beschreibt er so:

> In verschiedenen Schichten übereinander gelagert, aber ohne irgendwelche Ordnung, erschien dort im trüben Licht der kleinen Lampe des Priesters eine große Masse von Manuskriptbündeln fast 10 Fuß [3 m] hoch; sie füllten, wie die spätere Abmessung ergab, fast 500 Kubikfuß [18 m^3] aus.[396]

Es gelang Stein, Wang nach langen Verhandlungen zum Verkauf zahlreicher Schriftrollen, bemalter Banner und anderer Kunstwerke zu bewegen, die heute zum großen Teil im Britischen Museum von London lagern. Insgesamt transportierte er 150 Brokatstücke, 500 Malereien und 6500 Dokumente ab. Allein die heute in London bewahrten chinesischen

89 Bodhisattva, eine
    Lotosblume haltend;
    Dunhuang, Höhle 199

DIE ZENTREN AN DER ÖSTLICHEN SEIDENSTRASSE: DUNHUANG

Schriftrollen, die einem Zeitraum von 600 Jahren entstammen, haben eine Länge von 10 bis 20 englischen Meilen, also 15–30 km.[397] Die Londoner Tibetica aus Dunhuang belaufen sich auf 765 Texte und Textfragmente.[398] Hinzu kommen Bücher in westlicher oder indischer Form und zahlreiche Blockdrucke, darunter das älteste bisher bekannte Druckwerk der Welt, eine Kopie des berühmten ›Diamant-Sutra‹, das auf den 11. 5. 868 datiert ist.

Auch der französische Sinologe Paul Pelliot, der Dunhuang 1908 besuchte, erwarb eine große Sammlung von Kunstwerken und über 6000 wertvolle Schriften, vor allem Sinica, aber auch Tibetica. Da er im Gegensatz zu Stein Chinesisch beherrschte, konnte er seine Auswahl gezielt treffen. Während ein Großteil der von Pelliot nach Paris gebrachten Kunstwerke heute veröffentlicht ist, harren viele chinesische und tibetische Dokumente in Paris ebenso wie in London noch der Bearbeitung.

Auch der russische Forscher Sergei Oldenburg brachte zahlreiche Dokumente nach Leningrad. Darüber hinaus trat der Japaner Zuicho Tachibana erfolgreich als Interessent für Handschriften auf. Die chinesische Regierung sorgte jedoch dafür, daß die verbliebenen Manuskripte nach Beijing in Sicherheit gebracht wurden. Allerdings befinden sich noch heute einige eindrucksvolle Rollen im Ortsmuseum von Dunhuang. Dazu gehören nicht nur chinesische, sondern auch tibetische Texte, die Pelliot zwar ausgesondert hatte, aber nicht mitnehmen konnte. Viele der in der Sowjetunion, in China und in Japan aufbewahrten Schriften blieben bis heute unbearbeitet, obwohl schon einige Kataloge der Bestände in Europa vorliegen.[399]

Die bemerkenswerte Bibliothek von Dunhuang barg natürlich in erster Linie buddhistische Werke, wobei die wichtigsten Sutren des Mahayana in Hunderten von Abschriften und Kopien vertreten sind. Hingewiesen haben wir schon auf die manichäischen, taoistischen und konfuzianischen Werke, die sich in der Sammlung befanden. Zur Bibliothek gehörten aber auch historische und literarische Texte, ferner Schriften zur Astrologie, Geographie, Medizin und anderen Wissenschaften sowie kaufmännische Dokumente, Urkunden und Pfandbriefe. L. Giles legte einen Überblick über die in London befindlichen Sinica von Dunhuang vor.[400] Er stellte fest, daß 85% der Texte buddhistisch sind, 3% taoistisch und 12% profanen Inhalts. Zu letzteren zählen auch humoristische Werke wie ein Streitgespräch zwischen dem Tee und dem Wein, wobei jedes Getränk seine eigenen Vorzüge hervorhebt.[401] Wein war das Getränk der Taoisten, wie auch das der Beamten und des Königs, Tee aber das der Buddhisten.[402] Wenn in dem Streitgespräch der Wein hervorhebt, daß gerade er die Tugenden des Wohlwollens, der Gerechtigkeit, des schicklichen Verhaltens und der Weisheit fördere, so nahm er für sich in Anspruch, zur Verwirklichung typisch chinesischer Werte beizutragen. Die Disputation endet allerdings damit, daß sich zum Schluß das Wasser hervortut und als die entscheidende Lebensgrundlage ausgibt, eine Lösung, die in dem von Sanddünen umgebenen Dunhuang besonderes Verständnis finden konnte.

Mit der Fülle und Vielfalt seiner künstlerischen Schätze zählt Dunhuang sicherlich zu den Höhepunkten beim heutigen Besuch der Seidenstraße. Von den ursprünglich über 1000 Höhlen sind in den Mogao-Grotten 492 erhalten, die in einem Zeitraum von über 1000

Jahren geschaffen und ausgestaltet wurden. Die erhaltenen Malereien bedecken eine Fläche von insgesamt 45 000 m². Hinzu kommen an die 2000 bemalte Statuetten, Statuen und einige Großplastiken.

Die Höhlen mit ihren eindrucksvollen Bildern und ihrer reichen Ornamentierung bieten einen Einblick in die Geschichte des zentralasiatischen und chinesischen Buddhismus vom 4. Jh. bis in die Yuan-Zeit (1271–1368). Ihre Bedeutung ist um so größer, als sonst nirgends eine solche Fülle von Kunstzeugnissen aus der früheren chinesischen Zeit erhalten blieb. Dunhuang spiegelt aber nicht nur die Entwicklung der buddhistischen Religion wider, sondern der chinesischen Kulturgeschichte überhaupt bis in jene Zeit, die unserem Mittelalter entspricht. Dargestellt sind keineswegs nur religiöse Szenen, sondern auch weltliche, die einen Eindruck von Handwerk, Ackerbau, Handel, Bauwesen, Musik und nicht zuletzt auch vom Militärwesen vermitteln. All dies ist freilich eingefügt in einen buddhistischen Zusammenhang, hat doch der Geist dieser Weltreligion das Kunstschaffen von Dunhuang maßgeblich geprägt. Aber auch Konfuzianer, Taoisten, Nestorianer und Manichäer hinterließen ihre Spuren – vornehmlich in der Literatur.

Die Erforschung vor allem der Kunstwerke Dunhuangs ist vornehmliches Ziel des vor den Mogao-Grotten liegenden *Dunhuang Research Institute*. Einen Einblick in die Fülle der archäologischen Objekte, die in und vor den Höhlen gefunden wurden, bietet das Ortsmuseum von Dunhuang. Hier finden sich auch meisterhafte Zeugnisse kalligraphisch schön gestalteter chinesischer und tibetischer Schriftrollen, die zum größten Teil noch nicht erschlossen sind. Einige der von westlichen Wissenschaftlern geborgenen Texte und transportablen Bilder können heute in den Museen in Paris, London und Leningrad besichtigt werden.

Dunhuang war natürlich nicht die einzige kulturhistorisch interessante Oase in der Gobi-Wüste, obgleich es alle anderen Zentren mit der Fülle seiner Kunstwerke in den Schatten stellte. Künstler aus Dunhuang wurden bisweilen von anderen Oasen eingeladen, die Ausgestaltung dortiger buddhistischer Höhlen zu übernehmen. Zu diesen weiteren Zentren gehören die Wanfo Xia-Höhlen in der Gegend von Anxi sowie weniger bekannte Höhlentempel in Gansu. Gemeinsam mit den Dunhuang-Höhlen bilden sie die acht bekannten Gruppen buddhistischer Heiligtümer in der südlichen Gobi.[403]

Schließlich ist noch ein Ort in der nördlichen Gobi zu erwähnen, der in der Tanguten- und Mongolenzeit große Bedeutung erlangte und im 12./13. Jh. zum Zentrum eines intensiven Kultur- und Handelsaustausches wurde: Chara-choto. Sind die Namen von Stein und Pelliot in besonderer Weise mit Dunhuang verbunden, so war der russische Oberst P. K. Kozlov (1863–1935) der große Entdecker der verlassenen Wüstenstadt mit ihren bemerkenswerten archäologischen Funden, von denen viele heute in Leningrad lagern.[404] In jüngster Zeit konnten allerdings auch chinesische Archäologen beachtliche Erfolge in der weiteren Erforschung der nördlich der eigentlichen Seidenstraße liegenden Stadt aufweisen.

Das ›Land der Seidenstraße‹ als eigener Kulturraum

Obwohl das kulturelle Leben in den Oasen an der Seidenstraße durch die Vielzahl der von den Hochkulturen Asia Majors ausgehenden Einflüsse sowie die Eigenart der Völker in den jeweiligen Oasen geprägt war, lassen sich doch Grundmuster erkennen, die dieses Leben allenthalben bestimmten und die es erlauben, von einer Gemeinsamkeit zu sprechen.

Die geopolitischen und sozialen Voraussetzungen, die in ähnlicher Weise in allen Oasen gegeben waren, bildeten die Basis für diese Gemeinsamkeiten. Sie zeigten sich bei allen Unterschieden auch im kulturellen und religiösen Bereich. Zunächst mußten fremde literarische und künstlerische Zeugnisse rezipiert und dann in eine den Oasenbewohnern verständliche Formensprache übertragen werden. Das Problem der Übersetzung fremder Texte ist nur ein Aspekt einer weiterreichenden Problematik. Auch die regionalen Ausformungen der großen Religionen lassen gewisse Gemeinsamkeiten erkennen.

Vor allem der Buddhismus sollte sich in vorislamischer Zeit als ein einigendes Band erweisen, auch wenn bestimmte Oasen an der westlichen Seidenstraße, in Parthien, Chorasmien und Sogdien ihn nur teilweise oder überhaupt nicht übernahmen. Doch auch dort gab es die gleichen Lebensfragen, auf welche die iranischen Religionen ihre freilich eigenen Antworten gaben.

Soziale Verhältnisse

Der Gegensatz von Oase und Wüste bzw. Steppe kennzeichnete das Leben entlang der Seidenstraße. Nicht überall war das umliegende Gebiet reine Sand-, Geröll- oder Gebirgswüste. Im Gegensatz zum alten Ägypten war der Lebensraum häufig, aber nicht immer, scharf abgehoben von einer völlig unbewohnten Trockenzone. Die Wüstengegenden in Zentralasien waren von Steppengebieten durchzogen und gingen, zumal im Norden, in weite Steppenräume über, in denen Nomaden lebten und z. T. mächtige Reiche gründeten. Auch gab es vielfach in räumlicher Nähe der Oasen mächtige, schneebedeckte Gebirgszüge wie das sich von West nach Ost erstreckende Tianshan-Gebirge mit Weide- und Waldlandschaften, in denen ebenfalls Nomaden lebten.

Das kulturelle Leben in der Oase war also nicht durch ein isoliertes stetiges Wachstum gekennzeichnet wie im alten Land am Nil, sondern vornehmlich durch den Gegensatz von Seßhaften und Nomaden, die sich politisch und sozial immer wieder als bedrohliche Mächte erwiesen und mit denen man Arrangements zu treffen gezwungen war. So existierten geregelte Formen des sozialen Kontakts und des wirtschaftlichen Austausches, wie überhaupt das nomadische Leben nicht völlig frei und ungezügelt war.

Neben der Grundordnung des Sippen- und Stammesverbandes, die freilich den Bruderzwist und den Kampf der Sippen untereinander nicht ausschloß und der auch eine geistig-religiöse Ordnung entsprach, gab es geregelte Wanderungen zwischen Sommer- und Winterweiden, wobei sich bei deren Nutzung freilich immer wieder einzelne Stämme als die stärkeren durchsetzten. Dieser Umstand, verbunden mit den ständigen ethnischen Überlagerungen, Eroberungen und Wanderungen, brachte jedoch ein Element der Unsicherheit und Unberechenbarkeit in die Beziehungen zwischen Oasenbewohnern und Nomaden. So sahen sich die Oasen trotz aller Regelungen und Zweckbündnisse ständig bedroht, und nichts bringt dies anschaulicher zum Ausdruck als die hohen Umfassungsmauern, welche die Oasenstädte umgaben. Das alte Zweistromland mit seiner äußerst wechselvollen Geschichte, den wiederholten Überfällen der Nomaden und ethnischen Überlagerungen kann in dieser Hinsicht eher zum Vergleich herangezogen werden als Ägypten, wiewohl die östlichen Teile der Seidenstraße, die bereits zum chinesischen Kulturraum gehörten, sich eher mit dem alten Land am Nil vergleichen lassen.

Selbst das mächtige China sah sich zu steter Verteidigungsbereitschaft gezwungen und mußte ebenso wie die Oasenstädte immer wieder auf die politischen Realitäten der Steppe eingehen. Dies galt in noch höherem Maße für die Oasenstädte, die östlich des Pamir auch wiederholt den Einfluß Chinas zu spüren bekamen. Typisch für die Situation eines Kleinstaates an der Seidenstraße sind die Worte des Königs von Loulan, der 108 v. Chr. sowohl von den nomadischen Xiongnu wie von den Chinesen bedrängt wurde. Er sagte: »Ein kleiner Staat, der zwischen den Großmächten liegt, kann keine Ruhe finden, solange er nicht beiden ergeben ist.«[405] Dennoch verstanden es die Oasenherrscher immer wieder, auch bei Anerkennung fremder Oberhoheit, die sich zuweilen nur symbolisch, häufig genug aber auch militärisch bemerkbar machte, eine relative Autonomie zu wahren. Das Schutzbedürfnis drückt sich natürlich auch im Religiösen aus, so daß wir zahlreiche Bitten um Schutz und Beistand finden. Sie wurden an die großen Nothelfer und die Landesgötter gerichtet, die als himmlische Schutzmächte erscheinen.

Die Oasen, zu deren wirtschaftlicher Grundlage der Acker- und Gartenbau, die Viehzucht, das Handwerk und vor allem auch der Zwischen- und Außenhandel zählte, waren zumeist feudalistisch strukturiert. Zahlreiche Stifterkolophone bringen die Verbundenheit der Oasenbewohner mit ihrem Herrscher zum Ausdruck, indem sie ihm Segen und Kraft wünschen. Selbst in der Mongolenzeit, als die Herrscher des Tarim-Beckens dem mongolischen Kaiser unterstanden, wird in Bitten wie auch in Lobpreisungen des Kaisers, aber auch des regionalen Königs gedacht.[406]

Die uigurische Inschrift auf einer Gedenksäule für die Herrscher von Kocho preist den dem mongolischen Kaiser unterstehenden König geradezu als einen Bodhisattva, der zum Wohle aller Wesen wirkt.[407] In den vielfach von künstlicher Bewässerung abhängigen Oasen unterstand dem König u. a. die Wasserverteilung, wobei ihm Aufsichtsbeamte mit einem ›Wasserverteiler‹ oder ›Wasserherrn‹ (türk. *sunung bägi*) an der Spitze zur Seite standen. Bei den unausweichlichen Querelen um das kostbare Gut blieb der Herrscher die oberste Instanz. In einem mongolischen Brief aus Turfan wird der regionale König ausdrücklich

DAS ›LAND DER SEIDENSTRASSE‹ ALS EIGENER KULTURRAUM

90   Bewässerungskanal in einer kleinen Stadt nahe Khotan

aufgefordert, über das Wasser in Kocho zu bestimmen und das »kaiserliche Domänenland« zu bewachen.[408]

So hatte der König auch bei Unterwerfung unter eine fremde Macht mit Hilfe seiner Beamten für die innere Ordnung des Oasenstaates zu sorgen, wobei sich seine Tätigkeit keineswegs nur auf soziale und politische Bereiche erstreckte – auch in religiösen Belangen war er *defensor fidei*. Wir haben gerade aus uigurischen Landen eine Fülle von Zeugnissen, welche die politische, ›äußere‹ Ordnung der geistlichen, ›inneren‹ gegenüberstellen und verdeutlichen, daß der Herrscher auch sie zu schützen hatte, wiewohl buddhistische und manichäische Klöster ihre eigene Verwaltung besaßen und darüber hinaus mit ihren Ländereien als eigenständige wirtschaftliche Zentren fungierten.[409]

Verschiedene uigurische Dokumente belegen, daß die Klöster von Steuerabgaben befreit und ihre Mönche von Dienstleistungen für den Staat dispensiert waren[410], zu denen andere Bevölkerungsschichten herangezogen werden konnten. Doch auch diese Arbeit scheint in dem Bewußtsein ausgeführt worden zu sein, einer gemeinsamen Sache zu dienen, der überschaubaren Polis, dem kleinen Stadtstaat, mit dem sich der Oasenbewohner identifizierte und für dessen Freude und Wohlergehen er arbeitete und betete. Zahlreiche Gebete dieser Art sind uns erhalten. Sie machen deutlich, daß der Schutz der Oase mit dem Herrscher an der Spitze oberstes Anliegen war, daß aber darüber hinaus der Blick im buddhistischen Sinne geweitet werden konnte auf ›alle Lebewesen‹, denen man Heil wünschte. In einem Stifternachwort, in dem der König im Gegensatz zu vielen anderen Kolophonen allerdings nicht ausdrücklich erwähnt wird, erhoffen sich ein Laienbruder und eine Laienschwester von der Abschrift eines Werkes folgendes:

> Die aus [der Abschrift] dieser Lehre [d. h. Lehrschrift] entstandenen Verdienste [wende ich den Göttern] Brahma, Indra, Vishnu, Maheshvara und den die Orte und Städte behütenden Skandakumara, Kapila und den übrigen [Schutzgeistern] und den ... Glück [verleihenden] Göttern [zu]. Kraft dieses Verdienstes mögen ihre göttlichen Kräfte anwachsen, und die Menschen mögen im Inneren ohne Krankheit und im Äußeren ohne Feinde und Wölfe [und] ohne Gefahren sein, und [die Götter] mögen sie beschützen. Wir wenden dieses Verdienst unseren Eltern und Verwandten ... zu. Wir wenden dieses Verdienst allen Lebewesen der vier Geburtsformen und der fünf Existenzen zu.[411]

Freilich war den Oasenbewohnern trotz aller Verpflichtungen dem Stadtstaat gegenüber, mit dessen Bewohnern sie sich durchaus verbunden wußten, die Familie und Großfamilie wichtiger als das ›Reich‹. In den Stifterkolophonen kommt immer wieder zum Ausdruck, daß die einzelnen sich in die Gruppe der Verwandten einordnen und diese namentlich aufführen, indem sie Segen für sie erbitten.[412] Dabei wurden der Herrscher und seine Familie vielfach in diese Bitte eingeschlossen. Die Familienbande waren jedoch so wichtig, daß der Dank an Vater und Mutter sogar zu einem religiösen Leitthema werden konnte.[413] Bei dieser Bindung an die Familie mußte es um so tragischer erscheinen, wenn jemand in Schuldknechtschaft geriet und damit von allen tragenden Familienbeziehungen abgeschnitten und in die Verfügungsgewalt eines Käufers gestellt wurde. Zahlreiche Sklavendokumente, welche die völlige Rechtlosigkeit des Gekauften erkennen lassen, blieben erhalten. Mit ihm wurde gehandelt wie mit einer Ware, wobei das Rechtssystem, auf das viele Dokumente Licht werfen, zur Anwendung kam.[414]

Kulturelle Verhältnisse

Der König war die oberste Rechtsinstanz, wobei das Recht vielfach auf traditionellen feudalistischen Strukturen beruhte, die alles andere als demokratisch im Sinne der altgriechischen Polis waren. Dennoch existierte die schriftlich fixierte Vereinbarung, die einen höheren Grad an Zuverlässigkeit abgab als die mündliche Abmachung mit den Nomaden der Umgebung. Gerade in den östlichen Oasenstädten, wo chinesische Vorbilder übernommen wurden, bildete sich tatsächlich so etwas wie ein Rechtssystem aus, das natürlich seine Grenzen dort hatte, wo politische und militärische Veränderungen neue Fakten schufen. Dennoch war die rechtliche Ordnung der Oasenstädte, die durch die religiösen Satzungen der Glaubensgemeinschaften ergänzt wurde, Voraussetzung für eine beachtliche kulturelle Blüte, die sich vor allem in Literatur und Kunst manifestierte.

DAS ›LAND DER SEIDENSTRASSE‹ ALS EIGENER KULTURRAUM

Die Literatur bestand zunächst aus fremden Originaltexten und deren Übersetzungen. In den Schriften Turfans sind Texte aus allen großen Kulturen Asiens vertreten, wobei die religiöse Literatur eine herausragende Rolle spielte. An der westlichen Seidenstraße, in Chorasmien, Baktrien und Sogdien, haben wir mit der Kenntnis klassischer zoroastrischer Werke zu rechnen, auch wenn aus diesen Gebieten keine Beispiele zoroastrischer Literatur erhalten blieben. Das in den vorangehenden Kapiteln erwähnte Material verdeutlicht, daß dort enge Kontakte zum Kerngebiet des Zoroastrismus im Iran bestanden. Am maßgeblichsten prägt der Buddhismus das literarische Schaffen an der Seidenstraße. Waren es zunächst indisch-buddhistische Werke, die als Vorlagen für Übersetzungen ins Chinesische und in die zentralasiatischen Sprachen dienten, so erwies sich – jedenfalls im Raum östlich des Pamir – seit dem 9. Jh. das chinesisch-buddhistische Schrifttum zunehmend als bedeutend und z. T. sogar maßgeblich.

Wir haben mit einer breiten Schicht von polyglotten Gelehrten zu rechnen, welche die heiligen Texte im Indischen (Sanskrit, Prakrit) oder Chinesischen und in den Landessprachen kannten. Die Übersetzung aus dem Indischen oder Chinesischen in eine zentralasiatische Landessprache war insofern schwierig, als diese Sprachen zunächst nicht über angemessene Begriffe verfügten, um die differenzierten Termini der Weltreligionen, vor allem des Buddhismus, wiederzugeben. Bei der Bewältigung dieses Problems wurden beachtliche Leistungen erbracht, indem zweisprachige Wortlisten erstellt, Bilinguen verfaßt und Übersetzungen mit indischen oder chinesischen Zusätzen, Glossaren oder Beischriften angefertigt wurden. Nicht selten verwiesen die Übersetzer auf die ungenügende sprachliche Form ihrer Arbeit und baten somit um Verständnis sowie Nachsicht bei der Beurteilung ihres Werkes.

Im Laufe der Jahrhunderte fanden vor allem die Khotanesen und Türken (Uiguren) Begriffe, um den z. T. äußerst komplexen buddhistischen Gedankengängen gerecht zu werden. Vielfach übernahmen sie dabei zunächst Fremdwörter als Lehnwörter und ergänzten diese dann durch eigenständige Wortschöpfungen. Dies war eher ein Wachstumsprozeß als eine planmäßige Konventionierung wie in Tibet, wo eine umfassende Enzyklopädie von Begriffen geschaffen wurde, die ›Mahāvyutpatti‹, in der man verbindlich festlegte, wie bestimmte Sanskrit-Begriffe auf Tibetisch wiederzugeben seien.

Auch die Übersetzungen der Manichäer und Christen sind bemerkenswerte kulturelle Leistungen, wobei vor allem die manichäischen Übertragungen mittelpersischer und parthischer Texte ins Sogdische, Uigurische und Chinesische höchsten literarischen Ansprüchen genügten. Die Manichäer verstanden es mindestens ebenso gut wie die Buddhisten, Dichtung als eben solche wiederzugeben, wie es aus der Übertragung aramäischer Hymnen und Psalmen ins Parthische deutlich wird. Sie fungierten nicht nur als Vermittler literarischen Gutes von West nach Ost und umgekehrt, neben den Buddhisten konnten sie auch als die großen Übersetzer gelten, ging doch der Auftrag, die zu missionierenden Völker in ihrer Sprache anzusprechen, vom Religionsstifter Mani selbst aus. Im Buddhismus war die Übersetzung eher geleitet von der Konzeption der ›Geschicklichkeit in der Lehrpredigt‹ (Skr. *upāyakauśalya*), die sich dem Verständnishorizont des Zuhörers bewußt anpaßte.

Auch die Christen nahmen Übertragungen vor allem syrischer Texte ins Persische, Sogdische, Türkische und Chinesische vor. Für sie blieb allerdings das Syrische die Kirchensprache. Während die Sogdier die syrischen Texte fast sklavisch genau wiedergaben und eine Vielzahl von syrisch-sogdischen Bilinguen schufen, in denen ein syrischer Satz von einer sogdischen Entsprechung gefolgt wird, zeigen Türken und Chinesen einen freieren Umgang mit der heiligen Vorlage und scheuten sich nicht, auch buddhistische und volksreligiöse Konzeptionen in die christlichen Dokumente einfließen zu lassen. So überwiegt die buddhistische Begrifflichkeit im chinesischen Nestorianismus derart, daß man zuweilen meinen könnte, es hier mit Mahayana-Texten zu tun zu haben.[415] Allerdings verstanden es die christlichen Übersetzer in China nicht in dem Maße wie die manichäischen und buddhistischen, den hohen stilistischen Anforderungen der Literati gerecht zu werden.

Neben Übersetzungen entstanden aber auch religiöse Werke autochthonen Charakters in den Sprachen der Oasenstädte, wobei wiederum Khotanesen und Uiguren Beachtliches leisteten. Diverse eigenständige buddhistische Werke wie das ›Buch des Zambasta‹ sind auf Khotanesisch bezeugt, und im Uigurischen muß es eine umfangreiche eigenständige buddhistische Literatur gegeben haben, von der leider nur Bruchstücke erhalten blieben. Beachtung verdienen vor allem Zeugnisse der uigurisch-buddhistischen Dichtkunst.[416] Sie lassen ein besonderes Merkmal des uigurischen Buddhismus deutlich erkennen: die persönliche Frömmigkeit, die den einzelnen in eine sehr unmittelbare Beziehung zu den Heilsgestalten stellt.

Freilich schufen auch Manichäer und in einem geringeren Maße Christen eigenständige Werke der Literatur in Zentralasien und China, wobei wiederum ethnische Charakteristika die maßgeblichen Akzente setzten. In der uigurischen Literatur beobachten wir einerseits ein tiefes Gefühl der persönlichen Unzulänglichkeit und Unwürdigkeit, andererseits aber auch eine große Lebensfreude, trotz aller übernommenen asketischen Ideale. So lassen türkisch-manichäische Texte ein ausgeprägtes Sündenbewußtsein erkennen, vermitteln jedoch auch deutliche Lebenslust, so z. B. wenn im Gegensatz zu den mönchischen Idealen des klassischen Manichäismus in Turfan auch Liebeslieder gedichtet werden.[417]

Die religiösen, vor allem die buddhistischen, auf Chinesisch verfaßten Werke, wie sie u. a. in Dunhuang greifbar werden, sind Teil eines eigenen Kapitels der Kulturgeschichte Chinas. Dunhuang trug zur Sinisierung des Buddhismus bei, der in China nicht nur neue Akzente erhielt, sondern auch Umgestaltungen erfuhr, wobei auch eine auffällige Rückwendung zur Welt das Bild der Weltreligion in Ostasien prägt.[418]

Neben der religiösen Literatur pflegten die Oasenstädte auch eine weltliche, die z. T. in Fremdsprachen vorlag, z. T. in die Landessprache übersetzt wurde und durch eigene Werke in den Regionalsprachen ergänzt war. So blieben die Fabeln des Äsop ebenso wie die indischen Erzählungen aus dem ›Pañcatantra‹-Zyklus in Turfan – wenn auch nur fragmentarisch – auf Türkisch erhalten. Neben der Erzählliteratur, die in Dunhuang durch zahlreiche chinesische Werke repräsentiert ist, stehen wissenschaftliche, rechtliche und medizinische Texte. Hinzu kommen allgemeine zivile und militärische Verwaltungsdokumente, Berichte diverser Art, Briefe und Zeugnisse des persönlichen Lebens sowie Texte zum Kalenderwesen, zur Astrologie und zur Magie. Die zahlreich erhaltenen medizinischen Schriften, die auf

DAS ›LAND DER SEIDENSTRASSE‹ ALS EIGENER KULTURRAUM

Syrisch, Sanskrit, Khotanesisch, Uigurisch, Tibetisch und Chinesisch verfaßt waren, basieren zwar vielfach auf einem bestimmten religiösen Menschenbild und rechnen mit Dämonen und erzürnten göttlichen Mächten als Krankheitsverursacher, die es u. a. magisch zu bannen gelte, sie spiegeln aber auch die gesammelte Erfahrung der diversen orientalischen Kulturen im Umgang mit Krankheiten wider. Sie lassen erkennen, daß Heil und Heilung noch eng zusammengehören und aufeinander bezogen sind. So wird es verständlich, daß die Stifter der großen Religionen – Buddha, Jesus und Mani – als die großen Ärzte erscheinen, die zunächst die Seele, dann jedoch auch den Körper zu heilen vermögen. Der Buddhismus übertrug die Heilungsaufgabe vor allem dem Buddha des Heilens, Bhaishajyaguru.[419]

Der zweite große Bereich der Kulturleistungen der Oasenstädte umfaßte verschiedene Formen der Kunst von der Musik bis zur Malerei. Daß die kuchäische Musik am chinesischen Hof besondere Wertschätzung erfuhr, haben wir gehört. Auch in den anderen Oasenstädten erfreute sich das musikalische Leben, das vielfach Bestandteil des religiösen Rituals war, regen Zuspruchs. Die bedeutende Rolle der Musik im buddhistischen und manichäischen Kult belegen neben Wandmalereien auch literarische Werke wie z. B. Hymnen, die gesungen und unter Instrumentalbegleitung vorgetragen wurden.

Für Buddhisten konnte die kultische Musik auf das ›Buddha-Land‹ verweisen. In den buddhistischen Texten sind die Aufenthaltsorte der Buddhas, zumal der Tushita-Himmel des Maitreya, von Musikklängen durchzogen, die in der Welt vernehmbar werden, wenn große Heilsereignisse stattfinden. Auch im Manichäismus gilt die harmonische Musik als Kennzeichen der Freude des Lichtreiches; die kultische Musik ist hier ebenfalls eine Vorwegnahme jener vollkommenen Harmonie, die im Jenseits herrscht. Daß darüber hinaus eine Volksmusik ohne besondere religiöse Implikationen existierte, die der Unterhaltung des Volkes und des Hofes diente, braucht kaum noch betont zu werden. Viele z. T. reich verzierte Instrumente fand man in den Oasenstädten des Tarim-Beckens.

Wir haben gesehen, wie die Kunst ein integraler Bestandteil der Kultur an der Seidenstraße war. Bildet sie einerseits konkrete Wirklichkeit ab, so steht sie doch meist im Dienst einer religiösen Botschaft, die sie illustriert, veranschaulicht und versinnbildlicht. Zumal in der buddhistischen Kunst haben alle Wesen im Kosmos von den höchsten Heilsgestalten bis zu den niedrigsten, erlösungsbedürftigen Wesen ihren Platz und ihre Gestalt. Dabei werden sie in der Formensprache der jeweiligen Oase dargestellt.

Die höchsten Buddhas, welche die Ruhe des Nirvana verkörpern, erscheinen auch in größter Ruhe verharrend. Sie befinden sich am Ende eines Heilsweges und sind Zentrum eines fernen ›Buddha-Landes‹. Das Heiligtum verkörpert ein solches Land ebenso wie jedes religiöse ›Mal‹, das am Ende eines Weges steht. Während das Begehen des Weges zu einem Endpunkt – zum ›Mal‹, zur Buddha-Figur – noch Bewegung ausdrückt, erreicht die Bewegung im ›Mal‹ ihr Ziel. Hier geht sie in eine Ruhe über, die für das Absolute kennzeichnend ist.

Es ist buddhistische Überzeugung, daß diese absolute Ruhe im Irdischen nie gänzlich erreicht, sondern nur meditativ umkreist werden kann, wofür die Anlage des mit einem Mittelpfeiler als Weltachse versehenen Stupa-Tempels, ja der Stupa überhaupt, kennzeich-

91 Buddha erscheint in der Hölle, um den gequälten Wesen Trost zu spenden; Darstellung aus Subashi bei Kucha, 7. Jh. (?)

nend ist.[420] Wenn in Dunhuang im Laufe der Zeit der Mittelpfeiler aufgegeben und ein größerer heiliger Raum geschaffen wird, an dessen Stirnseite der Buddha mit flankierenden Figuren erscheint, so drückt sich darin zweifellos die Vorstellung von der Realisierbarkeit der Transzendenz in der Immanenz aus. Es führt ein bestimmter Weg zu dieser Transzendenz, deren Kennzeichen die Unbefleckheit des Geistes ist. Die verschiedenen im Heiligtum dargestellten Gestalten befinden sich auf unterschiedlichen Stufen des Weges zum Heilsziel und können folglich in größerer Lebendigkeit wiedergegeben werden, je weiter sie vom Heilsziel entfernt sind. Selbst die Wesen der Hölle dürfen auf den Buddha hoffen, da er auch im Ort der Qual erscheinen kann (s. Abb. 91).

Eine Mittlerstellung zwischen dem Buddha und den Lebewesen nehmen, wie wir in Dunhuang sahen, jene Bodhisattvas ein, die sich dem Erlösungssuchenden zuwenden, ihn auf dem Weg zum Ziel führend. Bei alledem ist wichtig hervorzuheben, daß die transzendente Zuständlichkeit letztlich alles Formhafte übersteigt und daß die Darstellung der höchsten Heilsfiguren, der Erleuchteten, nur einem pädagogischen Zweck dient. Zwar gilt einerseits das Wort »sehen ist besser als hören«[421], andererseits jedoch weiß der Glaubensdenker, daß die höchste Wirklichkeit ebenso unaussprechlich wie bildlos ist. »Die Frucht [der Erkenntnis] läßt sich nicht vor Augen führen, die Erlösung läßt sich nicht niederschreiben«[422], besagt eine chinesische Tempelinschrift in Turfan.

So weist jede Buddha-Darstellung tatsächlich über sich hinaus, indem sie zunächst einen geistlichen Sachverhalt veranschaulicht und im Hinblick auf das höchste Heilsziel Anleitung zu einem letztlich unanschaulichen und unaussprechbaren Absoluten sein will.[423] Auch wenn erst im Zen-Buddhismus die Konsequenzen dieser Erkenntnis gezogen wurden, indem er zur Aufgabe aller konventionellen Formen drängte, klingen diese Konsequenzen schon an der Seidenstraße an, wenn die Gewölbe der Heiligtümer mit ornamentalen, vielfach an der Lotosblüte orientierten geometrischen Formen verziert sind, die eigentlich nicht ornamentales Beiwerk darstellen, sondern Hinweis auf ein Sein jenseits jeder Form sind.

Es sei nur am Rande erwähnt, daß die manichäische Kunst Turfans von anderen Voraussetzungen ausgeht. Für sie ist die Erlangung des Heilsziels die Wiedergewinnung einer vollkommenen seelischen Gestalt, ja die Bekleidung der Seele mit einer himmlischen Form, die der Mensch durch den Fall in die unheilvolle Welt verloren hat und nach der er sich zutiefst sehnt.[424] Wenn die irdische Gestalt dennoch abgebildet wird, so deshalb, weil sie jene Individualität verkörpert, die sich auf dem Weg zur Vollendung befindet.

Religiöse Verhältnisse

Nach der Erörterung der sozialen und kulturellen Verhältnisse haben wir schließlich in gegebener Kürze auf Grundlinien des religiösen Lebens an der Seidenstraße einzugehen. Bei der Betrachtung der bisherigen Bereiche stießen wir immer wieder auf religiöse Konzeptionen, da Gesellschaft und Kultur weithin von religiösen Ideen geprägt sind, wobei freilich unterschiedliche Vorstellungen nebeneinander bestehen.

Trotz der Vielfalt der religiösen Welt lassen sich auch hier Leitvorstellungen ausmachen, die von den Grundfragen menschlichen Seins bestimmt sind. Wir können diese in drei große Komplexe einordnen. Zunächst existieren jene Fragen, die um die Grundgegebenheiten von Leben und Tod ranken, wobei die Todesfrage alle Religionen in gleicher Weise bewegt (s. Farbabb. 20). Sodann gibt es Anliegen, die mit der Bewältigung des Daseins diesseits der Todesgrenze zusammenhängen. Schließlich haben wir es mit Zeugnissen der Religion zu tun, die den Blick hoffnungsvoll auf das Jenseits richten.

Wenn für das alte Ägypten gilt, daß sich dort angesichts der das Kulturland umgebenden Wüste mit ihren Gefahren ein deutliches Todesbewußtsein ausgebildet hat, so läßt sich ähnliches für das Leben an der Seidenstraße feststellen. Zwar ist die umgebende Wüste nicht immer die Zone völliger Leblosigkeit, wohl aber eine für das Leben bedrohliche Region. Der Oase mit ihrer natürlichen oder künstlichen Bewässerung steht die teilweise bewohnte Steppe gegenüber, doch auch sie hat für den Oasenbewohner etwas Unheimliches. Dort lauern Gefahren aller Art, die konkret in nomadischen Räuberbanden und Naturgewalten begegnen und in todbringenden Dämonen veranschaulicht werden. So entspricht der Gegensatz von Oase und Wüste oder Steppe dem von Ordnung und Chaos, von Leben und Tod.

Wie im alten Ägypten lagen Nekropolen vielfach am Rande des besiedelten Raumes in der Wüste. Dort aber, wo es Wasser gab, existierte Leben. Wenn die ostiranischen Flußgöttinnen – zugleich Göttinnen der Fruchtbarkeit und des Lebens – in Parthien, Chorasmien und Sogdien besondere Verehrung genossen, so wird der Zusammenhang von Wasser, Leben und göttlicher Präsenz spürbar. Deutlich drückt dies die Inschrift in Surkh-Khotal aus, die berichtet, wie das Versiegen des Wassers zur Flucht der Götter führte und wie die Restaurierung der Wasserleitung die Hoffnung auf deren Wiederkehr erweckte.[425]

Der Buddhismus, der sich im flußreichen Indien ausbildete, thematisiert den Zusammenhang von Wasser und Leben nicht in derselben Weise wie die iranischen und vorderorientalischen Religionen, spricht jedoch metaphorisch von dem Buddha und seinem Gesetz als einer Wolke, die dem im Sommer ausgetrockneten Land das erquickende Naß bringt. So wird die Lehre des Buddha in einer chinesischen Tempelinschrift aus Turfan als »Tau der Unsterblichkeit« bezeichnet, den der Erhabene auf die Wesen regnen läßt, »um sie hilfreich zu laben«.[426]

Durch die zentrale Plazierung der Sterbeszene wird den Gläubigen vergegenwärtigt, daß der Buddha ein Leben verkörpert, welches den Tod transzendiert. Der ins Nirvana Eingehende wird auf der Stirnseite der Höhle hinter dem Stupa-Pfeiler dargestellt. In seinem lächelnden Verscheiden findet das Todesbewußtsein Trost, wobei dieses weltüberlegene Lächeln in auffälligem Gegensatz zur Trauer der Anwesenden steht. Zeugen die chorasmischen und sogdischen Ossuarien von der Hoffnung auf Transzendierung des faktischen Todes, so wird diese Hoffnung im Falle des Buddhismus nirgends anschaulicher ausgedrückt als in den ›Parinirvana‹-Szenen.

Die schwierigen Lebensbedingungen, welche die menschliche Existenz als leidvoll erscheinen ließen, trugen sicherlich dazu bei, daß der Buddhismus in vorislamischer Zeit weitgehend das religiöse Bild der Oasenstädte prägt. Gerade auf das Problem des Leidens gab der Buddhismus mit seiner Botschaft eine Antwort. Ebenso wie andere Religionen ließ er jedoch auch Methoden zur Sicherung des diesseitigen Lebens zu und bot Lösungen an, die nicht selten im Magischen begründet waren. Neben den Nothelfern und Schutzgeistern, die er vorstellte oder gewähren ließ und die uns allenthalben in den Texten der Seidenstraße begegnen, spielten im Buddhismus auch Sprüche und Riten zur Abwehr von Unheil und zur Stärkung der Schutzmächte eine bedeutende Rolle. Dieses Schutzangebot teilte er aber auch mit anderen Religionen. Bei der Unberechenbarkeit des Lebens konnte man zur Sicherung des Daseins Anleihen bei verschiedenen Religionen machen, um die Schicksalsmächte in die Schranken zu weisen.

Die Kontingenz des Lebens kommt u. a. in zahlreichen überlieferten Orakeltexten und Omenbüchern zum Ausdruck – indischer, uigurischer, tibetischer und chinesischer Provenienz –, die eine Vorberechnung und dann auch Beherrschung des Schicksals zum Ziel hatten. Wenn dies vielfach auf magischem Weg geschah, so deshalb, weil man in der Magie eine legitime Hilfsmacht zur Bewältigung des irdischen Lebens sah. Die großen Texte des Mahayana enthalten zahlreiche magische Sprüche, *dhāraṇīs* genannt. Das Gefühl des Ausgeliefertseins an ein unvorhersehbares Schicksal hatte auch andere Konsequenzen. Wie im alten Zweistromland, das ständig von Naturkatastrophen und politischen Unruhen heimgesucht wurde, empfand der Mensch seine Schwäche und Unzulänglichkeit, religiös gesprochen seine Sündhaftigkeit, zutiefst. Und so sind zahlreiche Beichtformeln überliefert, die teils dem Buddhismus, teils dem Manichäismus zugeordnet werden können, wobei sich diese in vielem ähneln.

Die Idee der persönlichen Unzulänglichkeit besaß ihren Gegenpol in einer ausgesprochenen Erlösungssehnsucht sowie einer starken Hoffnung auf Erlangung des höchsten Heils. In aller Schlichtheit drückt dies die schon zitierte chorasmische Ossuarienaufschrift aus: »Diese Truhe gehört der Seele des Sraw-yok, des Sohnes von Tish-yan; mögen ihre Seelen im ewigen Paradies ruhen.«[427] Die ebenfalls schon zitierte chinesische Grabinschrift aus Astana bei Turfan besagt lapidar: »Er [der Verstorbene] ist von hier fortgegangen und ist in eine andere Welt gekommen.«[428] In der christlichen Grabinschrift des Predigers Shelicha heißt es: »Möge unser Herr seine erleuchtete Seele mit denen der Gerechten und der Vorväter vereinigen, so daß er würdig sein möge, aller Herrlichkeiten teilhaftig zu werden.«[429] In beredteren Worten drückten uigurische Stifter ihren Wunsch nach Erlösung in den Kolophonen aus.

> Kraft dieses Verdienstes [der Stiftung] mögen wir [dereinst] mit dem Buddha Maitreya zusammentreffen, von dem Buddha Maitreya die Prophezeiungssegnung für die Buddhaschaft erlangen, aus dem Samsara [d. h. der unheilvollen Welt] befreit werden und die Nirvana-Ruhe schnell erreichen.[430]

Die verschiedenen in der buddhistischen Theologie genau unterschiedenen Heilsziele fallen in der Laienfrömmigkeit zusammen, so daß die Erlangung der Ruhe des Nirvana, das Eingehen in das Reich des Buddha und die Gewinnung der Buddha-Würde austauschbare Bilder für das eine Erlösungsziel werden.

Das Leben an der Seidenstraße glich der Reise auf den Pfaden, die von Oase zu Oase und schließlich zu einem fernen, ersehnten Ziel führten. Widrige Ereignisse auf dem Lebensweg galt es abzuwehren, die Ruhepausen auf dem Weg in Freuden zu genießen, bei alledem aber das ferne Ziel – den Himmel, das Paradies, das Lichtreich, das Buddha-Land, das Nirvana – im Auge zu behalten, auch wenn es, zumal unter chinesischem Einfluß, als geistiger Ort, als Zustand geistiger Reinheit und Befreitheit, aufgefaßt werden konnte. Selbst wenn man sich das Ziel unter verschiedenen Bildern und Konzeptionen vorstellte, konnten sich die Anhänger der unterschiedlichen Religionen als *Viatores* sehen, die die Pfade der Seidenstraße häufig genug zu Weggefährten machten.

Abkürzungen

AoF — Altorientalische Forschungen
AOH — Acta Orientalia Academiae Scientiarum Hungaricae
APAW — Abhandlungen der Preussischen Akademie der Wissenschaften, Phil.-hist. Klasse
BSOAS — Bulletin of the School of Oriental and African Studies
BSOS — Bulletin of the School of Oriental Studies
BT — Berliner Turfantexte
JRAS — Journal of the Royal Asiatic Society
MIO — Mitteilungen des Instituts für Orientforschung, Berlin
Mir.Man. — »Mitteliranische Manichaica« (s. F. C. Andreas/W. B. Henning)
OLZ — Orientalistische Literaturzeitung
PHTF II — Philologiae Turcicae Fundamenta, Bd. II, Wiesbaden 1964
SPAW — Sitzungsberichte der Preussischen Akademie der Wissenschaften, Phil.-hist. Klasse
TT — Türkische Turfan-Texte (s. W. Bang/A. von Gabain/G. R. Rachmati)
Türk. Man. — Türkische Manichaica (s. A. von Le Coq)
UAJB — Ural-Altaische Jahrbücher
ZAS — Zentralasiatische Studien
ZDMG — Zeitschrift der Deutschen Morgenländischen Gesellschaft
ZRGG — Zeitschrift für Religions- und Geistesgeschichte
ZPE — Zeitschrift für Papyrologie und Epigraphik

Anmerkungen

Anmerkungen zum Kapitel ›Das Land der Seidenstraße‹

1. Zum Handel des Römischen Reiches mit Indien und China s. Herrmann, *Die Verkehrswege zwischen China, Indien und Rom um 100 n. Chr.*; Soothill, *China and the West;* Wheeler, *Der Fernhandel des römischen Reichs in Europa, Afrika und Asien;* Dihle, »*Der Seeweg nach Indien«*, S. 5–14.
2. Winstedt (ed.), *The Christian Topography of Cosmas Indicopleustes.*
3. S. dazu Herrmann, *Das Land der Seide und Tibet im Lichte der Antike*, S. 7 ff.; Haussig, *Die Geschichte Zentralasiens und der Seidenstraße in vorislamischer Zeit*, S. 17 ff.
4. Reischauer, *Die Reisen des Mönchs Ennin.*
5. von Gabain, *Einführung in die Zentralasienkunde*, S. 1; Stein, *Innermost Asia* III, S. 1093.
6. Zieme, »*Erntesegen«*, S. 109.
7. Geng/Hamilton, »*L'inscription ouigoure«*, S. 27.
8. von Gabain, *Einführung in die Zentralasienkunde*, S. 6.
9. Dies., *Das Leben im uigurischen Königreich von Qočo*, S. 49.
10. S. dazu Olbricht, *Das Postwesen in China.*
11. Ramstedt, »*Mongolische Briefe«*, S. 841.
12. Francke, »*Tibetische Handschriftenfunde aus Turfan«*, S. 13.
13. Vgl. von Borsig, *Juwel des Lebens*, S. 135 ff.; Müller, *Uigurica* II, S. 14 ff.
14. Bang, »*Georgspassion«*, S. 34 f.
15. Zieme, *Stabreimtexte*, S. 99; vgl. ders., *Buddhistische Stabreimdichtungen*, S. 33 und 171.
16. TT V, S. 351, Anm. B 57.
17. Tezcan, *Insadi-Sūtra*, S. 32 und 35.
18. Thomsen, »*Manuscripts in Turkish ›Runic‹ Script«*, S. 217.
19. Asmussen, »*Christian Literature«*, S. 13.
20. Mir. Man. III, S. 865 f.
21. Henning, »*The Date of the Sogdian Ancient Letters«*, S. 601–615.
22. Zieme, »*Zum Handel im uigurischen Reich von Qočo«*, S. 235.
23. Ebd., S. 238.
24. TT VII, S. 38.
25. TT VI, S. 113.
26. Zieme, »*Zum Handel im uigurischen Reich von Qočo«*, S. 239.
27. Arnold-Döben, *Die Bildersprache des Manichäismus*, S. 62 f.
28. Legge, *A Record of Buddhistic Kingdoms*, S. 12.
29. Ebd., S. 14.
30. Ebd., S. 13 f.
31. Ebd., S. 24.
32. Zum Bericht über seine Reise s. Beal, *Si-yu-ki. Buddhist Records of the Western World*, S. lxxxiv–cviii.
33. Ders., *The Life of Hiuen-Tsiang*, S. 21.
34. Ebd., S. 21 f.
35. Ebd., S. 22.
36. Ebd., S. 23.
37. Ebd.
38. Ebd., S. 24.
39. Ebd.
40. Ebd., S. 34.
41. Ebd., S. 41.
42. Ebd., S. 44.
43. Ebd., S. 45.
44. Ebd.
45. Ebd., S. 52.
46. S. dazu Geng/Klimkeit, »*Die uigurische Xuan-Zang-Biographie. Ein Beitrag zum 7. Kapitel«*, S. 267 ff.
47. Beal, *Si-yu-ki.*

48 Zum Bericht s. Fuchs, »*Huei-ch'ao's Pilgerreise*«, S. 3 ff.
49 Jan Yün-hua, »*Buddhist Relations between India und Sung China*«, S. 24–42, 135–168.
50 Es liegen zahlreiche Übersetzungen von Marco Polos Reisebericht vor, so z. B. Yule/Cordier, *The Book of Ser Marco Polo*; Moule/Pelliot, *Marco Polo*, 2 vols; Olschki, *Marco Polo's Asia*; Leist, *Marco Polo von Venedig nach China*.
51 Zu den Reisen der katholischen Geistlichen s. z. B. Dawson, *The Mongol Mission*; Hage, »*Das Nebeneinander christlicher Konfessionen im mittelalterlichen Zentralasien*«, S. 517–525.
52 Lattimore, »*A Ruined Nestorian City in Inner Mongolia*«, S. 481–497.
53 Vgl. Hage, »*Der Weg nach Asien: Die ostsyrische Missionskirche*«, S. 370 ff.

Anmerkungen zum Kapitel ›Die Erforschung der Seidenstraße‹

54 Eine ausführliche, gut belegte Darstellung der Erforschung Chinesisch-Turkestans findet sich bei Dabbs, *History of the Discovery and Exploration of Chinese Turkestan*. Für eine populärwissenschaftliche Darstellung s. Hopkirk, *Die Seidenstraße*.
55 Zur frühen geographischen Forschung s. vor allem Dabbs, a. a. O., S. 30–88.
56 Regel, »*Turfan*«, S. 205–210; ders., »*Meine Expedition nach Turfan*«, S. 380–394; vgl. Dabbs, a. a. O., S. 62 und 66 f.
57 Klementz, »*Turfan und seine Altertümer*«.
58 Hedin, *Durch Asiens Wüsten*.
59 Zu v. Stein s. Mirsky, *Sir Aurel Stein*; Dabbs, a. a. O., S. 117 ff.
60 Zu den Reisen Hedins s. Dabbs, a. a. O., S. 105 f., 112 f. und 130 f.
61 Vgl. Bibliographie zu Stein.
62 Zit. bei Zieme, »*Die Berliner Expeditionen nach Turfan*«, S. 152.
63 Zu Graf Otanis Reise von Europa durch Zentralasien nach Japan und den von ihm finanzierten Expeditionen s. Röhrborns Einleitung in: Laut/Röhrborn (Hrsg.), *Der türkische Buddhismus in der japanischen Forschung*, S. 3 f.
64 Vgl. Klimburg, *Die Entwicklung*, S. 16.
65 Grünwedel, *Bericht*, S. 179.
66 Vgl. Bibliographie zu von Le Coq.
67 Vgl. Stein, *Innermost Asia* II, S. 633.
68 Grünwedels wissenschaftlicher Bericht über diese Arbeiten liegt in seinem Werk *Altbuddhistische Kultstätten* vor; vgl. auch sein Werk *Alt-Kutscha*.
69 Vgl. von Le Coq, *Auf Hellas Spuren*, S. 109 f., Anm. 1.
70 S. dazu Mirsky, *Sir Aurel Stein*, S. 265 ff.
71 Vgl. Hopkirk, *Die Seidenstraße*, S. 197.
72 Zu diesen Reisen s. Stein, *Serindia*, 4 vols.
73 Vgl. die Bände der *Mission Paul Pelliot* in der Bibliographie.
74 Zur französischen Expedition unter Pelliot s. Dabbs, a. a. O., S. 131 f.
75 Klimburg, a. a. O., S. 22.
76 Vgl. Klimkeit (Hrsg.), *Japanische Studien zur Kunst der Seidenstraße*.
77 Vgl. Franke, »*Die chinesischen Funde aus Chara-choto*«, S. 117.
78 Ebd., S. 118 ff.
79 Vgl. Andrews, *Wall Paintings*.
80 Vgl. Hopkirk, *Die Seidenstraße*, S. 240 ff.
81 S. Waldschmidts Besprechung dieser Werke in *OLZ* 54 (1959), S. 229–242.
82 Hackin, »*Recherches archéologiques en Asie Centrale*«.
83 Gropp, *Archäologische Funde aus Khotan*.

Anmerkungen zum Kapitel ›Die Völker an der Seidenstraße‹

84 Vgl. dazu Hambly (Hrsg.), *Zentralasien*, S. 36 ff. (Beitrag D. Bivar).
85 Ebd., S. 42.
86 Mir. Man. II, S. 302.
87 von Gabain, *Einführung in die Zentralasienkunde*, S. 10.
88 Vgl. dazu Golzio, *Kings, Khans and other Rulers of Early Central Asia*, S. 6.
89 Henning, »*Neue Materialien zur Geschichte des Manichäismus*«, S. 14; Emmerick, *The Tumshuqese Karmavācanā Text*, S. 8.
90 S. dazu Sinor, *Inner Asia*, S. 85 f.
91 Ebd., S. 90; vgl. Rosenfield, *The Dynastic Arts of the Kushans*, S. 10.
92 Rosenfield, a. a. O., S. 11.

ANMERKUNGEN

93 Beal, *Si-yu-ki*, S. xci f.
94 Henning, »*The Date of the Sogdian Ancient Letters*«.
95 Ch'en, *Buddhism in China*, S. 44.
96 Maenchen-Helfen, »*Manichaeans in Siberia*«, S. 311–326.
97 Müller, »*Eine sogdische Inschrift in Ladakh*«, S. 371–373.
98 Boyce, *Textual Sources for the Study of Zoroastrianism*, S. 116.
99 S. Tekin, *Maitrisimit nom bitig* I, S. 75.
100 Zit. nach Waldschmidt, *Gandhara – Kutscha – Turfan*, S. 34.
101 Vgl. dazu Sinor, a.a.O., S. 85 ff.
102 Watson, *Records of the Grand Historians of China* II, S. 155.
103 Henning, »*The Date of the Sogdian Ancient Letters*«, S. 605 ff.
104 S. dazu Golzio, *Rulers and Dynasties of East Asia*, S. 27 ff.
105 Liu Mau Tsai, *Die chinesischen Nachrichten zur Geschichte der Ost-Türken (T'u-küe)*; T. Tekin, *A Grammar of Orkhon Turkic*, S. 231–295.
106 Ebd., S. 261 f.
107 Ebd., S. 264.
108 Schlegel, »*Die chinesische Inschrift auf dem uigurischen Denkmal in Kara Balgassun*«, S. 45 ff.; TT II, S. 411–422.
109 S. dazu Pinks, *Die Uiguren von Kan-chou*.
110 Vgl. von Gabain, *Das Leben im uigurischen Königreich von Qočo*.
111 Vgl. dazu Uray-Köhalmi, »*Synkretismus im Staatskult der frühen Dschingisiden*«, in: Heissig/Klimkeit (Hrsg.), *Synkretismus in den Religionen Zentralasiens*, S. 136–158.
112 Vgl. Eckmann, »*Die tschaghataische Literatur*«, S. 304–402.
113 S. dazu von Gabain, *Einführung in die Zentralasienkunde*, S. 23 ff.; Golzio, *Regents in Central Asia since the Mongol Empire*, S. 16 ff.
114 Beal, *The Life of Hiuen-Tsiang*, S. 43 ff.
115 Emmerick, *Tibetan Texts Concerning Khotan*, S. 21.
116 S. dazu Ch'en, a.a.O., S. 43 ff.
117 S. dazu Stein, *Serindia* IV, pl. CXL.
118 S. dazu Sander, *Paläographisches zu den Sanskrithandschriften der Berliner Turfansammlung*.
119 S. dazu Waldschmidt, *Gandhara – Kutscha – Turfan*, S. 49 ff.
120 T. Tekin, *A Grammar of Orkhon Turkic*, S. 263.
121 Franke, *Eine chinesische Tempelinschrift*, S. 45 ff.
122 Vgl. Stein, *Innermost Asia* III, S. 1032 f.
123 Ders., *Innermost Asia* II, S. 583.
124 Eberhard, *China und seine westlichen Nachbarn*, S. 271.
125 T. Tekin, a.a.O., S. 261 f.

Anmerkungen zum Kapitel ›Die Religionen an der Seidenstraße‹

126 Mensching, *Die Religion*, S. 58 ff.
127 Vgl. Heissig/Klimkeit, *Synkretismus in den Religionen Zentralasiens*.
128 S. Eichhorn, »*Materialien zum Auftreten iranischer Kulte in China*«, S. 531–541; Eberhard, *China und seine westlichen Nachbarn*, S. 29–36.
129 Vgl. Boyce, *Zoroastrians*, S. 78 ff., ferner Altheim/Rehork (Hrsg.), *Der Hellenismus in Mittelasien*.
130 Zur Religion der Saken s. Widengren, *Die Religionen Irans*, S. 333–343.
131 Zum kushanischen Pantheon im Spiegel der Münzen s. Rosenfield, a.a.O., S. 60 ff.
132 Vgl. Boyce, *Textual Sources for the Study of Zoroastrianism*, S. 112 f.
133 Widengren, a.a.O., S. 320–332.
134 Eine solche Skizze liefert Azarpay, *Sogdian Painting*.
135 Belenizki/Belous, *Mittelasien, Kunst der Sogden*, S. 222.
136 Vgl. Laut, *Der frühe türkische Buddhismus*, S. 1 ff.
137 S. dazu Boyce, *Zoroastrians*, S. 157 f.
138 S. dazu Azarpay, a.a.O., S. 126; Henning, »*A Sogdian God*«, S. 242–254.
139 Azarpay, a.a.O., S. 126.
140 Ebd., S. 132 f.
141 Ebd., S. 140.
142 Zum Mithra s. Azarpay, a.a.O., S. 141. Zu Wyšprkr s. Azarpay, a.a.O., S. 143 und Humbach, »*Vayu, Siva und der Spiritus Vivens im ostiranischen Synkretismus*«, S. 397–408.

143 Zu den Orchon-Inschriften s. T. Tekin, *A Grammar of Orkhon Turkic*, S. 261–295. Weitere wichtige Quellen in Tryarski, *»Die alttürkischen Runeninschriften in den Arbeiten der letzten Jahre«*, S. 339–352.
144 S. dazu von Gabain, *»Steppe und Stadt im Leben der ältesten Türken«*, S. 30–62.
145 Dies., *»Inhalt und magische Bedeutung der alttürkischen Inschriften«*, S. 540 ff. und 549 ff.
146 S. dazu Bombaci, *»Qutluγ bolzun! (I)«*, S. 284–291.
147 *Vgl. von Gabain, »Steppe und Stadt im Leben der ältesten Türken«, S. 62.*
148 Rahmeti Arat, *»Der Herrschertitel Iduqqut«*, S. 152.
149 Kül-Tigin-Inschrift in T. Tekin, a. a. O., S. 231 f.; s. dazu Pritsak, *»Von den Karluken zu den Karachaniden«*, S. 274.
150 Vgl. Klimkeit, *»Der Stifter im Lande der Seidenstraßen«*, S. 300 ff.
151 S. z. B. von Gabain, *»Iranische Elemente im zentral- und ostasiatischen Volksglauben«*, S. 57–70.
152 Zieme, *Buddhistische Stabreimdichtungen der Uiguren*, S. 156 und 159 f.
153 Asmussen, *»Christian Literature«*, S. 11–29; Sims-Williams, *The Christian Sogdian Manuscript C2;* Saeki, *The Nestorian Documents and Relics in China.*
154 Vgl. Klimkeit, *»Christentum und Buddhismus in der innerasiatischen Religionsbegegnung«*, S. 208–220; ders., *Die Begegnung von Christentum, Gnosis und Buddhismus an der Seidenstraße.*
155 Hansen, *Berliner Sogdische Texte* I, S. 9.
156 Ebd., S. 14.
157 Ebd., S. 9.
158 Müller, *Uigurica* [I], S. 5–10.
159 Vgl. Saeki, *The Nestorian Documents*, 2nd ed., S. 125–146.
160 Zur Ausbreitung der ostsyrischen Kirche nach Ostasien s. Hage, *»Der Weg nach Asien«*, S. 360–393; Spuler, *»Die nestorianische Kirche«*, S. 120–167.
161 Müller, *»Sogdische Texte II«*, S. 23 f.
162 Bidawid, *Les lettres du patriarche nestorien Timothée I.*, S. 84 f.
163 Vgl. Hage, *»Der Weg nach Asien«*, S. 370 f.; Džumagulov, *»Die syrisch-türkischen (ne-storianischen) Denkmäler in Kirgisien«*, S. 470–480.
164 S. dazu Hage, *»Das Nebeneinander christlicher Konfessionen im mittelalterlichen Zentralasien«*, S. 517–525.
165 Zieme, *»Zu den nestorianisch-türkischen Turfantexten«*, S. 663.
166 S. dazu Henrichs/Koenen, *»Ein griechischer Mani-Codex«*, S. 97–216.
167 Z. B. Sundermann, *Mitteliranische manichäische Texte*, S. 39 ff.
168 Vgl. Lieu, *Manichaeism*, S. 60 ff.
169 Manichäische Literatur wird z. B. vorgestellt in Asmussen, *Manichaean Literature* und Asmussen/Böhlig, *Die Gnosis III: Der Manichäismus.*
170 S. Beitrag von G. Uray in Heissig/Klimkeit, *Synkretismus in den Religionen Zentralasiens*, S. 197–206.
171 Vgl. Lieu, *Manichaeism,* S. 189 ff. und S. 259 ff.
172 Vgl. Klimkeit, *Hymnen und Gebete der Religion des Lichts.*
173 Zieme, *Manichäisch-türkische Texte.*
174 S. Textsammlung in Boyce, *A Reader in Manichaean Middle Persian and Parthian.* W. Sundermann veröffentlichte zahlreiche neue Texte, so z. B. in: *Mitteliranische manichäische Texte; Mittelpersische und parthische kosmogonische und Paralbeltexte; Ein manichäisch-soghdisches Parabelbuch.* Von klassischer Bedeutung ist immer noch Mir. Man. I–III.
175 von Le Coq, *Die manichäischen Miniaturen;* Klimkeit, *Manichaean Art and Calligraphy.*
176 Schmidt-Glintzer, *Chinesische Manichaica.*
177 Zum manichäischen System s. Widengren, *Mani und der Manichäismus;* Puech, *Le Manichéisme;* Merkelbach, *Mani und sein Religionssystem.*
178 Klimkeit, *»Vom Wesen manichäischer Kunst«*, S. 195–219.
179 Puech, *»Der Begriff der Erlösung im Manichäismus«*, S. 206 f.
180 S. dazu Klimkeit, *»Die Welt als Wirklichkeit und Gleichnis im Buddhismus Zentralasiens«*, S. 83–126.
181 Vgl. Seckel, *»Die Dimension der Zeit in der Kunst Ostasiens«*, S. 75.

ANMERKUNGEN

182 Vgl. Beitrag von Gabain in Heissig/Klimkeit, *Synkretismus*, S. 23–32.
183 Vgl. Eimer, *Skizzen*, S. 110 ff.
184 Seckel, *Buddhistische Kunst Ostasiens*, S. 19.
185 Ebd., S. 20.
186 Vgl. Klimkeit, *»Der Stifter im Lande der Seidenstraßen«*, S. 300 ff.
187 Zur Ausbreitung des Buddhismus in Zentralasien allgemein s. Litvinsky, *Outline History of Buddhism in Central Asia;* von Hinüber, *»Buddhistische Kultur in Zentralasien und Afghanistan«*, S. 99–107.
188 Vgl. Boyce, *Textual Sources*, S. 145 ff.
189 Zur Islamisierung Zentralasiens s. Gibb, *The Arab Conquests in Central Asia;* Hambly (Hrsg.), *Zentralasien*, S. 73–88 (Beitrag D. Bivar).
190 Vgl. Barthold, *»Der iranische Buddhismus und sein Verhältnis zum Islam«*, S. 29.
191 Ebd., S. 31.
192 Vgl. Barthold, a.a.O., S. 29.
193 Boyce, *Textual Sources*, S. 116.
194 Zieme, *Die Stabreimtexte der Uiguren*, S. 185.
195 Vgl. Barthold, *»Der iranische Buddhismus«*, S. 29 ff.
196 S. Albaum/Brentjes, *Herren der Steppe. Zur Geschichte und Kultur mittelasiatischer Völker in islamischer Zeit.* Zur islamischen Literatur der Türken Zentralasiens s. PhTF II, Kap. IV.

Anmerkungen zum Kapitel ›Die Kulturräume der westlichen Seidenstraße‹

197 Zu den Eroberungen Alexander d. Gr. in Mittelasien und deren Folgen s. Hambly (Hrsg.), *Zentralasien*, S. 36 ff. (Beitrag D. Bivar).
198 S. dazu Schlumberger, *»Nachkommen der griechischen Kunst«*, S. 281 ff.
199 Jonas, *Gnosis und spätantiker Geist* I, S. 193 ff.
200 Vgl. Boyce, *Zoroastrians*, S. 80.
201 S. dazu Stawiskij, *Die Völker*, S. 42 ff.
202 S. dazu ebd., S. 47.
203 S. dazu Dalton, *The Treasure of the Oxus;* Barnett, *»The Art of Bactria and the Treasure of the Oxus«*, S. 34–53.
204 Boyce, *Zoroastrians*, S. 80 ff.; Schippmann, *Grundzüge der parthischen Geschichte*.
205 Zu Nisa s. Frye, *The History of Ancient Iran*, S. 221 ff.; Stawiskij, *Die Völker*, S. 52 ff.; Stawiski, *Mittelasien, Kunst der Kushan*, S. 84–88.
206 Stawiskij, *Die Völker*, S. 52.
207 Vgl. Henning, *»Mitteliranisch«*, S. 27 f.
208 Ders., *»A Sogdian God«*, S. 244.
209 S. dazu Boyce, *Zoroastrians*, S. 90 ff.
210 Ebd., S. 91.
211 Stawiskij, *Die Völker*, S. 55 ff.
212 S. dazu Frye, a.a.O., S. 193 f. und 210 ff.; Stawiskij, *Die Völker*, S. 117 ff.
213 Koschelenko, *»The Beginning of Buddhism in Margiana«*, S. 175–183; vgl. auch Litvinsky, *»Central Asia«*, S. 23 f.
214 Koschelenko, a.a.O., S. 182.
215 S. dazu Rosenfield, *The Dynastic Arts of the Kushans*, S. 9 ff.; von Gabain, *Einführung in die Zentralasienkunde*, S. 9 ff.
216 Vgl. Golzio, *Kings, Khans and other Rulers of Early Central Asia*, S. 12.
217 Rosenfield, a.a.O., S. 12 f.
218 Ebd., S. 11 ff.
219 Zu Ashokas indischen Inschriften s. Schneider, *Die großen Felsen-Edikte Aśokas*.
220 Vgl. Henning, *»The Aramaic Inscription of Aśoka«*, S. 80–89; ders., *»Mitteliranisch«*, S. 23; Schlumberger, *»Eine neue griechische Aśoka-Inschrift«*, S. 406–417.
221 Vgl. TT IV, 4.
222 Schlumberger, *»Surkh Khotal«*, S. 81–86; Rosenfield, a.a.O., S. 154 ff.
223 Henning, *»The Bactrian Inscription«*, S. 52; vgl. ders., *»Surkh-Khotal and Kaniṣka«*, S. 75–87.
224 Ders., *»The Bactrian Inscription«*, S. 54.
225 Ders., *»Surkh-Khotal and Kaniṣka«*, S. 75 f.
226 Vgl. Rosenfield, a.a.O., S. 105 f.
227 Ebd., S. 48.
228 Ebd.
229 Zu Bamiyan s. Tarzi, *Bāmiyān;* Fischer, *Schöpfungen indischer Kunst*, S. 376 (Lit.).
230 Beal, *The Life of Hiuen-Tsiang*, S. 52 f.
231 Stawiskij, *Die Völker*, S. 93 ff.; Stawiski, *Kunst der Kuschan*, S. 106 ff.; Litvinsky, *»Central Asia«*, S. 25 ff.

232 Stawiski, *Kunst der Kuschan,* S. 133 ff.; zu Airtam s. Litvinsky, *»Central Asia«,* S. 29; ders., *Outline History of Buddhism in Central Asia,* S. 17 ff.
233 Vgl. Stawiskij, *Die Völker,* S. 95 ff.; Stawiski, *Kunst der Kuschan,* S. 137 ff.
234 Stawiskij, *Die Völker,* S. 103 ff.; Stawiski, *Kunst der Kuschan,* S. 141 ff.
235 Vgl. Stawiskij, *Die Völker,* S. 153 f.; Stawiski, *Kunst der Kuschan,* S. 205 f.
236 Zum Buddhismus in ›Tocharistan‹ und Westturkestan s. Litvinsky, *»Central Asia«,* S. 32 ff.; ders., *Outline History,* S. 31 ff.
237 Zu Fajas-Tepe s. Stawiski, *Kunst der Kuschan,* S. 136 ff.
238 Zu Chorasmien s. Stawiskij, *Die Völker,* S. 61 ff., 121 ff. und 166 ff.; Henning, *»The Choresmian Documents«,* S. 168–179.
239 Stawiskij, *Die Völker,* S. 61 ff.
240 Henning, *»The Choresmian Documents«,* S. 170.
241 Ders., *»Mitteliranisch«,* S. 56 ff.; ders., *»Über die Sprache der Chvarezmier«,* S. 30 f.
242 Ders., *»The Choresmian Documents«,* S. 166 f.
243 S. dazu Stawiskij, *Die Völker,* S. 124 ff.
244 Ebd., S. 127 ff.
245 Henning, *»The Choresmian Documents«,* S. 166 ff.
246 Stawiskij, *Die Völker,* S. 129.
247 Henning, *»The Choresmian Documents«,* S. 167.
248 Zit. nach Stawiski, *Kunst der Kuschan,* S. 209.
249 Henning, *»A Sogdian God«,* S. 244 f.
250 Ders., *»Mitteliranisch«,* S. 25 f.; ders., *»Zum sogdischen Kalender«,* S. 87 ff.
251 Ders., *»The Name of the ›Tocharian‹ Language«,* S. 159.
252 Pulleyblank, *»A Sogdian Colony in Inner Mongolia«,* S. 317–356; Bazin, *»Turcs et Sogdiens«,* S. 37–45.
253 Henning, *»Ancient Letters«,* S. 601 ff.
254 Ch'en, *Buddhism in China,* S. 16 f.; Zürcher, *The Buddhist Conquest of China,* S. 34 ff.
255 Asmussen, *»Christian Literature«,* S. 11–29.
256 Liu, *Die chinesischen Nachrichten* I, S. 87.
257 Boyce, *Textual Sources,* S. 116.
258 Henning, *»Zum sogdischen Kalender«,* S. 87.
259 Ders., *»A Sogdian God«,* S. 249.
260 Zit. nach Stawiskij, *Die Völker,* S. 176 ff.; vgl. Belenizki/Belous, *Mittelasien, Kunst der Sogden,* S. 29 ff.
261 Henning, *»The Sogdian Texts of Paris«,* S. 713.
262 Zur vierarmigen Göttin s. Azarpay, *Sogdian Painting,* S. 24 und 43; Belenizki/Belous, *Kunst der Sogden,* S. 51 f.
263 Zu diesem Kult s. Henning, *»A Sogdian God«,* S. 242–254; Azarpay, a.a.O., S. 29 ff., 126 ff.
264 Zur Tempelanlage s. Stawiskij, *Die Völker,* S. 174 ff.
265 Vgl. zur Deutung Azarpay, a.a.O., S. 129 ff.
266 Stawiskij, *Die Völker,* S. 190.
267 S. dazu Stawiskij, *Die Völker,* S. 187 ff.; Belenickij, *Zentralasien,* S. 14 ff.
268 Henning, *»Surkh-Khotal und Kaniṣka«,* S. 78.
269 S. dazu Belenizki/Belous, *Kunst der Sogden,* S. 138.
270 Belenickij, *Zentralasien,* S. 153 ff.; Belenizki/Belous, *Kunst der Sogden,* S. 211 f.
271 Frye, *The History of Bukhara,* S. 8 f., 11 und 17.
272 Belenizki/Belous, *Kunst der Sogden,* S. 197 ff.
273 Vgl. dazu Stawiskij, *Die Völker,* S. 197 ff.; Stawiski, *Kunst der Kuschan,* S. 202 ff.; Litvinsky, *Outline History of Buddhism in Central Asia,* S. 46 ff. Zur Geschichte Ak Beshims im Spiegel seiner archäologischen Funde und Münzen s. Clauson, *»Ak Beschim – Suyab«,* S. 1–13. In Ak Beshim wurden auch Reste einer christlichen Kirche aus dem 8. Jh. gefunden.
274 Džumagulov, *»Die syrisch-türkischen (nestorianischen) Denkmäler in Kirgisien«,* S. 470–480.

ANMERKUNGEN

Anmerkungen zum Kapitel ›Die Kulturräume der östlichen Seidenstraße‹

275 S. dazu Bechert, *Über die ›Marburger Fragmente‹ des Saddharmapuṇḍarīka;* Chandra, *Saddharma-Puṇḍarīka-Sūtra. Kashgar Manuscript,* S. 3–9.
276 Vgl. zu diesen Orten Stein, *Innermost Asia* I, S. 58 ff.; ders., *Serindia* I, S. 80 ff.
277 Zu Khotan allgemein s. Gropp, *Archäologische Funde aus Khotan;* Bailey, *The Culture of the Sakas in Ancient Iranian Khotan;* Emmerick, *Tibetan Texts Concerning Khotan.*
278 Emmerick, »*The Iranian Settlements*«, S. 263 ff.
279 Ebd., S. 265.
280 Ebd., S. 265 f.
281 Zur Geschichte Khotans s. Gropp, a.a.O., S. 29 ff.; Emmerick, »*The Iranian Settlements*«, S. 266 ff.
282 Legge, *A Record of Buddhistic Kingdoms,* S. 16.
283 Ebd., S. 16 f.
284 Terjék, »*The Wise and the Fool*«, S. 289 f.
285 Beal, *The Life of Hiuen-Tsiang,* S. 202 ff.
286 Emmerick, *A Guide to the Literature of Khotan,* S. 14, 32 f. und 42 f.
287 Ebd., S. 45 ff.
288 Ebd., S. 51 f.
289 Legge, a.a.O., S. 18.
290 Ebd., S. 18 f.
291 Beal, a.a.O., S. 18 f.
292 Emmerick, *The Book of Zambasta,* S. 229.
293 Ders., *A Guide,* S. 21.
294 Ebd., S. 49 ff.
295 Gropp, *Archäologische Funde,* S. 43 ff.
296 Zur Malerei von Khotan s. Bussagli, *Malerei in Zentralasien,* S. 53 ff. Bussagli läßt sich allerdings wie überall in seinem Buch eher vom kunsthistorischen Gefühl als von den historischen Fakten leiten. Zur Malerei s. Williams, »*The Iconography of Khotanese Painting*«, S. 109–154.
297 Banerjee, »*Vairochana Buddha from Central Asia*«, S. 166–170.
298 Vgl. Bussagli, a.a.O., S. 67.
299 Zur Malerei von Miran s. Bussagli, a.a.O., S. 19 ff.; Stein, *Serindia* IV, pl. XL ff.
300 Burrow, *The Language of the Kharoṣṭhi Documents from Chinese Turkestan,* S. viii.
301 Vgl. Stein, *Serindia* IV, pl. XL f.
302 Vgl. Textbeispiele in Stein, *Serindia* IV, pl. CXLII ff.
303 Legge, *A Record of Buddhistic Kingdoms,* S. 13 f.
304 S. dazu und für das folgende: Thomas, »*The Early Population of Lou-Lan Shan-Shan*«, S. 45 ff.
305 Ebd., S. 50.
306 Vgl. Stein, *Serindia* IV, pl. XVII ff.
307 S. dazu Thomas, *The Early Population of Lou-Lan Shan-Shan,* S. 56 ff.; Burrow, a.a.O., S. v ff.
308 In der neuerer Forschung werden die indischen Dokumente aus Shanshan auf die Zeit von 220–320 n. Chr. datiert; vgl. Emmerick, »*Buddhism among Iranian Peoples*«, S. 958.
309 Vgl. Stein, *Serindia* IV, S. 1329 f. (Beitrag von E. Chavannes).
310 Emmerick, »*The Tumshuqese Karmavācanā Text*«, S. 7–32.
311 Rowland, *Zentralasien,* S. 148 ff.
312 Henning, »*Neue Materialien zur Geschichte des Manichäismus*«, S. 14.
313 Konow, »*Ein neuer Saka Dialekt*«, S. 772–823; Henning, »*Neue Materialien*«, S. 11.
314 Karte von Hage, »*Das orientalische Christentum in Asien bis zum 14. Jh.*« (Abb. 15a); Henning, »*Argi and the ›Tocharians‹*«, S. 567.
315 Henning, a.a.O., S. 550 ff.
316 Ebd., S. 564.
317 The Metropolitan Museum of Art, New York, *Along the Ancient Silk Routes,* Abb. S. 65 ff.
318 Grünwedel, *Altbuddhistische Kultstätten,* S. 10 ff.
319 Besonders Waldschmidt hat sich um die Herausgabe der in Kucha und Turfan gefundenen Sanskrit-Texte verdient gemacht. Waldschmidts kleinere Beiträge sind in der ihm gewidmeten Festschrift *Von Ceylon bis Turfan* gesammelt.
320 Z. B. Tan Shutong/An Chunyang, *The Thousand Buddha Caves at Kizil.*
321 Waldschmidt, *Gandhara-Kutscha-Turfan.*

322 Maillard, *Grottes et Monuments d'Asie Centrale.*
323 Franz, *Von Gandhara bis Pagan,* S. 49f.; ders., »*Die Kunst Zentralasiens – Sinkiang*«, in: Ders. (Hrsg.), *Kunst und Kultur entlang der Seidenstraße,* S. 135–203.
324 Liu, *Kutscha und seine Beziehungen zu China.*
325 Thomas, »*Die tocharische Literatur*«, S. 967–973.
326 Ebd., S. 971.
327 Lüders, »*Weitere Beiträge zur Geschichte und Geographie von Ostturkestan*«, S. 17.
328 Liu, *Kutscha und seine Beziehungen zu China* I, S. 12f.
329 Ebd., S. 36.
330 Tan Shutong/An Chunyang, a.a.O., S. 8.
331 Liu, *Kutscha und seine Beziehungen zu China* I, S. 8ff.
332 Tan Shutong/An Chunyang, a.a.O., S. 8.
333 Liu, *Kutscha und seine Beziehungen zu China* I, S. 21.
334 Ebd., S. 23.
335 Ebd., S. 27.
336 Vgl. z. B. Härtel, *Karmavācanā.*
337 Zum sterbenden Buddha s. Ebert, *Parinirvāṇa.*
338 Vgl. Waldschmidt in: von Le Coq, *Buddhistische Spätantike* VI, S. 9–25.
339 Waldschmidt, *Gandhara-Kutscha-Turfan,* S. 49ff.
340 S. dazu Bussagli, a.a.O., S. 48f.
341 S. dazu Klimburg, »*Die Entwicklung des 2. indo-iranischen Stils von Kutscha*«, dessen Neudatierung jedoch umstritten ist.
342 Vgl. dazu Sander, *Paläographisches zu den Sanskrithandschriften der Berliner Turfansammlung,* S. 51ff.
343 O. Franke, »*Eine chinesische Tempelinschrift*«, S. 4ff.; Weggel, *Xinjiang,* S. 221.
344 Zieme, »*Uigurische Pañcatantra-Fragmente*«, S. 32–70.; ders., »*Ein uigurisches Fragment der Rāma-Erzählung*«, S. 23–32.
345 Eichhorn, *Die Religionen Chinas,* S. 260; Eberhard, *China und seine westlichen Nachbarn,* S. 29ff.
346 A. H. Francke, »*Tibetische Handschriftenfunde aus Turfan*«, S. 5–20.
347 Maróth, »*Ein Fragment eines syrischen pharmazeutischen Rezeptbuches aus Turfan*«, S. 115–125.
348 Henning, »*The Book of Giants*«, S. 52–74.
349 Asmussen, »*Der Manichäismus als Vermittler*«, S. 5–21.
350 Vgl. *Xinjiang chutu wenwu* [Archäologische Funde aus Xinjiang] hrsg. vom Museum der Uigurischen Autonomen Region Xinjiang.
351 Weggel, *Xinjiang,* S. 216.
352 Zur Geschichte von Gaochang s. Fuchs, »*Das Turfangebiet*«, S. 124–166; O. Franke, »*Tempelinschrift*«, S. 4ff.; Weggel, a.a.O., S. 218f.; Beal, *The Life of Hiuen-Tsiang,* S. 25ff.
353 Weggel, a.a.O., S. 221.
354 Schmitt/Thilo, *Katalog chinesisch-buddhistischer Fragmente* I.
355 Zieme, »*Sïngqu Säli Tutung*«, S. 767–773.
356 Weggel, a.a.O., S. 220.
357 Einen Einblick in die reichen Funde bieten das chinesische Werk *Xinjiang chutu wenwu* und ein Tokyoter Ausstellungskatalog: *Chūgoku shinkyō shutsudo bunbutsu. Shirukurōdo-ten* (Katalog zur Ausstellung ›Die Seidenstraße‹).
358 Zur Bedeutung von Fuxi und Nüwa s. Beitrag Aki Ueno in: Klimkeit (Hrsg.), *Japanische Studien zur Kunst der Seidenstraße.*
359 Vgl. Munke, *Die klassische chinesische Mythologie,* S. 108; Finsterbusch, *Verzeichnis und Motivindex der Han-Darstellungen* I, S. 211.
360 Stein, *Serindia* III, S. 985.
361 Ebd., S. 986.
362 *New Archaeological Finds in China. Discoveries during the Cultural Revolution,* S. 3.
363 Stein, *Serindia* III, S. 1331f.
364 Francke, »*Tibetische Handschriftenfunde*«, S. 5–20; Taube, *Die Tibetica der Berliner Turfansammlung.*
365 Maue/Röhrborn, »*Ein ›buddhistischer Katechismus‹*« I, S. 286–313; II, S. 68–91.
366 S. zu den Gelben Uiguren Pinks, *Die Uiguren von Kan-chou.*
367 Vgl. Asmussen, »*Christian Literature*«, S. 11–29; Zieme, »*Zu den nestorianisch-türkischen Turfantexten*«, S. 661–668.

ANMERKUNGEN

368 Zieme, »Ein Hochzeitssegen uigurischer Christen«, S. 221–232.
369 von Gabain, »Steppe und Stadt«, S. 30–62; dies., »Von Ötükän nach Idiqut-Šähri«, S. 183–196.
370 Zieme, »Ein uigurischer Landverkaufsvertrag«, S. 301; ders., »Ein uigurischer Erntesegen«, S. 117 ff.
371 Ebd., S. 117.
372 Vgl. Zieme, »Zum Handel im uigurischen Reich von Qočo«, S. 235–249.
373 Ebd., S. 237 ff.
374 Vgl. Stein, Serindia II, S. 581.
375 von Le Coq, Manichäische Miniaturen, S. 21 ff.
376 Einen Überblick über die buddhistische und profane Literatur bietet von Gabain, »Die alttürkische Literatur«, S. 211–243.
377 Zieme, Buddhistische Stabreimdichtungen der Uiguren; ders., Die Stabreimtexte der Uiguren.
378 Klimkeit, »Buddha als Vater«, S. 238 ff.
379 Zur buddhistischen Kunst vgl. von Le Coq, Chotscho; ders., Buddhistische Spätantike, 7 Bde.
380 Klimkeit, »Der Stifter«, S. 289–308; Lüders, »Die Praṇidhibilder im neunten Tempel von Bäzäklik«, S. 864–884.
381 Clark, Introduction to the Uyghur Civil Documents.
382 von Gabain, Das Leben im uigurischen Königreich von Qočo (850–1250). 2 Bde.; vgl. auch Stein, Serindia II, S. 581 ff.
383 Ramstedt, »Mongolische Briefe aus Idiqut-Schähri«, S. 838–848; H. Franke, »Ein mongolisches Freibrief-Fragment«, S. 29–33.
384 Henning, »Sogdian Ancient Letters«, S. 605 und 609.
385 Stein, Serindia III, S. 1396 (Beitrag R. Petrucci).
386 Legge, A Record of Buddhistic Kingdoms, S. 11.
387 Zit. nach Giles, Six Centuries at Tunhuang, S. 18.
388 S. dazu De Silva, Chinesische Landschaftsmalerei.
389 Vgl. Seckel, »Die Dimension der Zeit«, S. 75.
390 S. dazu Gray/Vincent, Buddhist Cave Paintings at Tun-huang; Vincent, The Sacred Oasis, S. 12 ff.; Stein, Serindia III, S. 1428–1431 (Beitrag L. Binyon).
391 Vgl. Stein, Serindia III, S. 1400 ff. (Beitrag R. Petrucci).
392 Vgl. Seckel, Buddhistische Kunst Ostasiens, S. 39, 53 und 124.
393 Hazai, »Fragmente«, S. 99.
394 Vgl. The Flying Devis of Dunhuang.
395 Zu den Stifterbildern in Dunhuang s. Stein, Serindia III, S. 1394 ff. (Beitrag R. Petrucci).
396 Zit. nach Giles, a. a. O., S. 5.
397 Ebd., S. 45 f.
398 de La Vallée Poussin, Catalogue of the Tibetan Manuscripts from Tun-huang.
399 Vgl. die Übersicht in H. Franke, »Die chinesischen Funde aus Chara-choto«, S. 117.
400 Giles, a. a. O.
401 Ebd., S. 28.
402 Vgl. Bauer, China und die Hoffnung auf Glück, S. 229.
403 Vgl. Vincent, The Sacred Oasis, S. 18.
404 Vgl. Kozlov, Die Mongolei, Amdo und die tote Stadt Chara-choto; H. Franke, a. a. O., S. 117–129.

Anmerkungen zum Kapitel ›Das Land der Seidenstraße als eigener Kulturraum‹

405 Liu, Kutscha und seine Beziehungen zu China I, S. 31.
406 Zieme, Buddhistische Stabreimdichtungen, S. 178 und 181.
407 Geng/Hamilton, »L'inscription ouigoure«, S. 27 ff.; vgl. auch Zieme, Stabreimdichtungen, S. 40.
408 Ramstedt, »Mongolische Briefe«, S. 844.
409 Zur wirtschaftlichen Aktivität der Klöster s. Zieme, Stabreimtexte, S. xxiii.
410 Vgl. Zieme, »Uigurische Steuerbefreiungsurkunden«, S. 237–263.
411 Hazai, »Ein uigurisches Kolophon«, S. 274 f.
412 Klimkeit, »Der Stifter«, S. 289–308.
413 Ders., »Buddha als Vater«, S. 235–259; vgl. Zieme, Stabreimdichtungen, S. 73 f.
414 Vgl. Clark, Uyghur Civil Documents.

415 Vgl. Saeki, *The Nestorian Documents.*
416 Zieme, *»Die buddhistische Stabreimdichtung«*; ders., *Stabreimdichtungen;* ders., *Stabreimtexte.*
417 *Türk. Man.* II, S. 8f.
418 Zum Buddhismus in China s. K. Ch'en, *Buddhism in China;* Zürcher, *The Buddhist Conquest of China.*
419 S. dazu Birnbaum, *The Healing Buddha.*
420 Seckel, *»Die Dimension der Zeit«*, S. 8ff.
421 O. Franke, *»Eine chinesische Tempelinschrift«*, S. 70.
422 Ebd., S. 70.
423 Seckel, *Jenseits des Bildes,* S. 37ff.
424 Klimkeit, *»Vom Wesen manichäischer Kunst«*, S. 195–219.
425 Henning, *»The Bactrian Inscription«*, S. 54.
426 O. Franke, a. a. O., S. 53.
427 Henning, *»The Choresmian Documents«*, S. 179.
428 Stein, *Serindia* III, S. 986.
429 Saeki, *The Nestorian Documents,* 1st ed., S. 414.
430 Hazai, *»Ein uigurisches Kolophon«*, S. 274f.

Bibliographie

ALBAUM, L. / BRENTJES, B.: Wächter des Goldes. Zur Geschichte und Kultur mittelasiatischer Völker vor dem Islam. Berlin 1972

DIES.: Herren der Steppe. Zur Geschichte und Kultur mittelasiatischer Völker in islamischer Zeit. Berlin 1978

ALTHEIM, F. / REHORK, J. (Hrsg.): Der Hellenismus in Mittelasien. Darmstadt 1969

ANDREAS, F. C. / HENNING, W. B.: »Mitteliranische Manichaica aus Chinesisch-Turkestan. I–III« In: SPAW 1932, 1933, 1934

ANDREWS, F. H.: Wall Paintings from Ancient Shrines in Central Asia Recovered by Sir Aurel Stein. London 1948

ARNOLD-DÖBEN, V.: Die Bildersprache des Manichäismus. Köln 1978

ASMUSSEN, J. P.: Xuāstvānīft. Studies in Manichaeism. Copenhagen 1965

DERS.: »Die Iranier in Zentralasien«. In: Acta Orientalia (Kopenhagen) 27 (1963), S. 119–127

DERS.: »Der Manichäismus als Vermittler literarischen Gutes«. In: Temenos 2 (1966), S. 5–21

DERS.: »The Sogdian and Uighur-Turkish Christian Literature in Central Asia«. In: HERCUS, L. A. et al. (edd.), Indological and Buddhist Studies. Canberra 1982. S. 11–29

ASMUSSEN, J. P. / BÖHLIG, A.: Die Gnosis III: Der Manichäismus. Zürich – München 1980

AUBOYER, J. / DARBOIS, D.: Afghanistan und seine Kunst. Prag 1968

AZARPAY, G.: Sogdian Painting. Berkeley/Los Angeles/London 1981

BAILEY, H. W.: The Culture of the Sakas in Ancient Iranian Khotan. New York 1982

BANERJEE, P.: »Vairochana Buddha from Central Asia«. In: Oriental Art 14 (1968), S. 166–170

BANG, W.: »Türkische Bruchstücke einer nestorianischen Georgspassion«. In: Le Muséon 39 (1926), S. 41–75

BANG, W. / VON GABAIN, A.: »Türkische Turfan-Texte II«. In: SPAW 1929, S. 411–430

DIES.: »Türkische Turfan-Texte IV«. In: SPAW 1930, S. 432–450

DIES.: »Türkische Turfan-Texte V«. In: SPAW 1931, S. 323–356

BANG, W. / VON GABAIN, A. / RACHMATI, G. R.: »Türkische Turfan-Texte VI«. In: SPAW 1934, S. 93–192

BARNETT, R. D.: »The Art of Bactria and the Treasure of the Oxus«. In: Iranica Antiqua 8 (1968), S. 34–53

BARTHOLD, V. V.: Four Studies on the History of Central Asia. (Trans. by V. and T. Minorsky). Leiden 1962

BARTHOLD, W.: »Der iranische Buddhismus und sein Verhältnis zum Islam«. In: Oriental Studies in Honour of C. E. Pavry. London 1933, S. 29–31

BAUER, W.: China und die Hoffnung auf Glück. München 1974

BAZIN, L.: »Turcs et Sogdiens«. In: Mélanges linguistiques offerts à Emile Beneviste. Louvain 1975, S. 37–45

BEAL, S.: The Life of Hiuen-Tsiang. Delhi ²1973

DERS.: Si-yu-ki. Buddhist Records of the Western World. Repr. San Francisco 1976

BECHERT, H.: Über die ›Marburger Fragmente‹ des Saddharmapuṇḍarīka. Göttingen 1972

BELENICKIJ, A.: Zentralasien. München 1968. (Archaeologia Mundi)

BELENIZKI, A. M. / BELOUS, D. W.: Mittelasien, Kunst der Sogden. Leipzig 1980

BIDAWID, R. J.: Les lettres du patriarche nestorien Timothée I. Vatikanstadt 1956

BIRNBAUM, R.: The Healing Buddha. Boulder, Colorado, 1979

BOMBACI, A.: »Qutluγ bolzun! (I)«. In: UAJb 36 (1965), S. 284–291

BORSIG, M. VON: Juwel des Lebens. Buddhas erleuchtetes Erbarmen. Aus dem Lotos-Sūtra. Freiburg 1986. (Texte zum Nachdenken, Bd. 1309)

BOYCE, M.: Zoroastrians. Their Religious Beliefs and Practices. London 1979
DIES.: Textual Sources for the Study of Zoroastrianism. Manchester 1984
DIES.: A Reader in Manichaean Middle Persian and Parthian. Leiden 1975
BRENTJES, B.: Der Knoten Asiens. Afghanistan und die Völker am Hindukusch. Wien 1983
BULTMANN, R.: »Zur Geschichte der Lichtsymbolik im Altertum«. In: Ders., Exegetica, E. Dinkler. Tübingen 1967, S. 323–355
BURROW, T.: The Language of the Kharoṣṭhi Documents from Chinese Turkestan. Cambridge 1937
BUSSAGLI, M.: Die Malerei in Zentralasien. Genf 1963. (Die Kunstschätze Asiens)
CHANDRA, L.: Saddharma-Puṇḍarīka-Sūtra. Kashgar Manuscript. Tokyo 1977
CH'EN, K.: Buddhism in China. Princeton 1973
Ch'iutzu pihua Hsienmiao Chi [Sammlung von Motiven aus den Wandmalereien von Kucha]. Zeichnungen von P'an t'ing-t'ing u. a. Sinkiang People's Publishing House (ed.). Urumchi 1983
Chūgoku shinkyō shutsudo bunbutsu. Shirukurōdo-ten [Katalog zur Ausstellung ›Die Seidenstraße‹: Ausgrabungen aus Xinjiang]. NHK Saibi-su sentā (ed.). Tokyo 1986
Chungan Asia Mischul. [Zentralasiatische Kunstsammlung (des Koreanischen Nationalmuseums)]. National Museum Seoul (ed.). Seoul 1986
CLARK, V. L.: Introduction to the Uyghur Civil Documents of East Turkestan (13th–14th c.). Ann Arbor (Ph. D. Thesis 1975) 1980
CLAUSON, G.: »Ak Beschim – Suyab«. In: JRAS 1961, S. 1–13
Cultural Contacts between East and West in Antiquity and Middle Ages from USSR. Tokyo National Museum u. a. (ed.). Tokyo 1985
DABBS, J. A.: History of the Discovery and Exploration of Chinese Turkestan. The Hague 1963
DALTON, O. M.: The Treasure of the Oxus. London ³1969
DAWSON, C.: The Mongol Mission. London – New York 1955
DE SILVA, A.: Chinesische Landschaftsmalerei am Beispiel der Höhlen von Tun-Huang. Baden Baden ²1965. (Kunst der Welt)

DIHLE, A.: »Der Seeweg nach Indien«. In: Innsbrucker Beiträge zur Kulturwissenschaft 4 (1974), S. 5–14
Dunhuang Institute of Cultural Relics (ed.), Chūgoku sekkatsu – Tonko Bokō-kutsu [Chinesische Felsgrotten – Die Mogao-Grotten in Dunhuang]. 6 vols., Tokyo 1980
Dunhuang Institute of Cultural Relics (Hrsg.): Die Höhlentempel von Dunhuang. Stuttgart 1982
DZUMAGULOV, C.: »Die syrisch-türkischen (nestorianischen) Denkmäler in Kirgisien«. In: MIO 14 (1968), S. 470–480
EBERHARD, W.: China und seine westlichen Nachbarn. Darmstadt 1978
EBERT, J.: Parinirvāṇa. Stuttgart 1985
ECKMANN, J.: »Die tschaghataische Literatur«. In: PhTF II, S. 304–402
EICHHORN, W.: »Materialien zum Auftreten iranischer Kulte in China«. In: Die Welt des Orients II (1954–59), S. 531–541
DERS.: Die Religionen Chinas. Stuttgart 1973
EMMERICK, R. E.: Tibetan Texts Concerning Khotan. London 1967
DERS.: The Book of Zambasta. London 1968
DERS.: A Guide to the Literature of Khotan. Tokyo 1979
DERS.: »The Iranian Settlements to the East of the Pamirs«. In: The Cambridge History of Iran, Vol. 3/1, ed. E. Yarshater, Cambridge 1983, S. 263–275
DERS.: »Buddhism among Iranian Peoples«. In: The Cambridge History of Iran, vol. 3/2, ed. E. Yarshater. Cambridge 1983, S. 949–965
DERS.: »Research on Khotanese: A Survey (1979–1982)«. In: SKALMOWSKI, W./VAN TONGERLOO, A. (edd.), Middle Iranian Studies. Leuven 1984, S. 127–145
DERS.: The Tumshuqese Karmavācanā Text. Wiesbaden 1985
FINSTERBUSCH, K.: Verzeichnis und Motivindex der Han-Darstellungen I. Wiesbaden 1966
FISCHER, K.: Schöpfungen indischer Kunst. Köln 1961
The Flying Devis of Dunhuang, ed. China Travel and Tourism Press. Beijing o. J.
FRANCK, I. M./BROWNSTONE, D. M.: The Silk Road: A History. New York/Oxford 1986
FRANCKE, A. H.: »Tibetische Handschriftenfunde aus Turfan«. In: SPAW 1924, S. 5–20

BIBLIOGRAPHIE

FRANKE, H.: »Die chinesischen Funde aus Charachoto«. In: OLZ 81 (1986), S. 117–129

DERS.: »Ein mongolisches Freibrief-Fragment aus den Turfanfunden (TM 92)«. In: FRANKE, H./HEISSIG, W./TREUE, W., Folia Rara. Wiesbaden 1976, S. 29–33

FRANKE, O.: Eine chinesische Tempelinschrift aus Idiqutšahri bei Turfan (Turkistan). APAW 1907

FRANZ, H. G.: Von Gandhara bis Pagan. Kultbauten des Buddhismus und Hinduismus in Süd- und Zentralasien. Graz 1979

DERS. (Hrsg.): Kunst und Kultur entlang der Seidenstraße. Graz 1986

DERS.: »Die Kunst Zentralasiens – Sinkiang«. In: Ders. (Hrsg.), Seidenstraße, S. 135–203

FRYE, R. N.: The History of Bukhara. Cambridge, Mass., 1954

DERS.: The History of Ancient Iran. München 1984

FUCHS, W.: »Huei-ch 'ao's Pilgerreise durch Nordwest-Indien und Zentralasien um 726«. In: SPAW 1938, Berlin 1939, S. 1–45

DERS.: »Das Turfangebiet«. In: Ostasiatische Zeitschrift 13 (1926), S. 124–166

GABAIN, A. VON: »Steppe und Stadt im Leben der ältesten Türken«. In: Der Islam 29 (1950), S. 30–62

DIES.: »Inhalt und magische Bedeutung der alttürkischen Inschriften«. In: Anthropos 48 (1953), S. 537–556

DIES.: »Der Buddhismus in Zentralasien«. In: SPULER, B. (Hrsg.), Handbuch der Orientalistik. 1. Abt., Bd. VIII, 2. Leiden 1961, S. 496–514

DIES.: Das uigurische Königreich von Chotscho, 850–1250. Berlin 1961

DIES.: »Die alttürkische Literatur«. In: PhTF II, S. 211–243

DIES.: Das Leben im uigurischen Königreich von Qočo (850–1250). 2 Bde., Wiesbaden 1973

DIES.: »Iranische Elemente im zentral- und ostasiatischen Volksglauben«. In: Studia Orientalia 47 (1977), S. 57–70

DIES.: Einführung in die Zentralasienkunde. Darmstadt 1979

DIES.: »Von Ötükän nach Idiqut-Šähri. Studie zur Akkulturation der Alt-Türken«. In: AOH 36 (1982), S. 183–196

DIES.: »Maitreya und Mithra«. In: HEISSIG/KLIMKEIT (Hrsg.), Synkretismus in den Religionen Zentralasiens, S. 23–32

GENG SHIMIN / HAMILTON, J.: »L'inscription ouigoure de la stèle commémorative des Iduq Qut de Qočo«. In: Turcica 13 (1981), S. 10–53

GENG SHIMIN / KLIMKEIT, H.-J.: »Die uigurische Xuan-Zang-Biographie. Ein Beitrag zum 7. Kapitel«. In: ZAS 19 (1986), S. 253–277

DIES.: Das Zusammentreffen mit Maitreya. 2. Bde., Wiesbaden 1988

GIBB, H. A. R.: The Arab Conquests in Central Asia. London 1923

GILES, L.: Six Centuries at Tunhuang. London 1944

GOLZIO, K.-H.: Rulers and Dynasties of East Asia. China/Japan/Korea. Köln 1983

DERS.: Kings, Khans and other Rulers of Early Central Asia. Köln 1984

DERS.: Regents in Central Asia since the Mongol Empire. Köln 1985

GRAY, B.: The Arts of the Book in Central Asia. 14th–16th Centuries. Paris – London 1979

GRAY, B. / VINCENT, J. B.: Buddhist Cave Paintings at Tun-huang. Chicago 1959

GROPP, G.: Archäologische Funde aus Khotan, Chinesisch-Ostturkestan. Bremen 1974

GRÜNWEDEL, A.: Altbuddhistische Kultstätten in Chinesisch-Turkestan. Berlin 1912

DERS.: Alt-Kutscha. Berlin 1920

DERS.: Bericht über archäologische Arbeiten in Idiqutschari und Umgebung im Winter 1902–03. München 1906

HACKIN, J.: »Reserches archéologiques en Asie Centrale (1931)«. In: Revue des Arts Asiatiques 9 (1935), S. 124–143 und 10 (1936), S. 65–72

HÄRTEL, H.: Karmavācanā. Berlin 1956. (Sanskrittexte aus den Turfanfunden III)

HAGE, W.: »Das Nebeneinander christlicher Konfessionen im mittelalterlichen Zentralasien«. In: ZDMG Supplementa, Teil 2. Wiesbaden 1969, S. 517–525

DERS.: »Das orientalische Christentum in Asien bis zum 14. Jh.«, Karte in: JEDIN, H./LATOURETT, L. S./MARTIN, J. (Hrsg.), Atlas zur Kirchengeschichte. Freiburg 1970, S. 27

DERS.: »Der Weg nach Asien: Die ostsyrische Missionskirche«. In: Kirchengeschichte als Missionsgeschichte. Bd. II, 1. Halbband.

SCHÄFERDIEK, K. (Hrsg.). München 1978, S. 360–393
DERS.: Untersuchungen zum Leben der Christen Zentralasiens im Mittelalter. Unveröffentlichte Habilitationsschrift. Marburg 1970
HAMBLY, G. (Hrsg.): Zentralasien. Frankfurt/M. 1966 (Fischer Weltgeschichte, Bd. 16)
HANSEN, O.: Berliner Sogdische Texte I. APAW 1941
HARMATTA, J. (ed.): Prolegomena to the Sources on the History of Pre-Islamic Central Asia. Budapest 1979
DERS. (ed.): Studies in the Sources on the History of Pre-Islamic Central Asia. Budapest 1979
DERS. (ed.): From Hecataeus to al-Huwārizmī. Budapest 1984
HAUSSIG, W.: Die Geschichte Zentralasiens und der Seidenstraße in vorislamischer Zeit. Darmstadt 1983
HAZAI, G.: »Fragmente eines uigurischen Blockdruck-Faltbuches«. In: AoF III (1975), S. 91–108
DERS.: »Ein uigurisches Kolophon zu einem Avalokiteśvara-Lobpreis«. In: W. HEISSIG et al. (Hrsg.), Tractata Altaica. [Festschrift D. Sinor]. Wiesbaden 1976, S. 273–275
HEDIN, S.: Durch Asiens Wüsten. Leipzig 1899
HEISSIG, W.: Ein Volk sucht seine Geschichte. Die Mongolen und die verlorenen Dokumente ihrer großen Zeit. Düsseldorf/Wien 1964
HEISSIG, W. / KLIMKEIT, H.-J. (Hrsg.): Synkretismus in den Religionen Zentralasiens. Wiesbaden 1987
HENNING, W. B.: »Neue Materialien zur Geschichte des Manichäismus«. In: ZDMG 90 (1936), S. 1–18
DERS.: »Über die Sprache der Chvarezmier«. In: ZDMG 90 (1936), S. 30–34
DERS.: »Argi and the ›Tocharians‹«. In: BSOS 9 (1938), S. 545–571
DERS.: »Zum soghdischen Kalender«. In: Orientalia 8 (1939), S. 87–95
DERS.: »The Sogdian Texts of Paris«. In: BSOAS 11 (1946), S. 713–740
DERS.: »The Date of the Sogdian Ancient Letters«. In: BSOAS 12 (1948), S. 601–615
DERS.: »The Name of the ›Tocharian‹ Language«. In: Asia Major I/2 (1949), S. 158–62
DERS.: »Mitteliranisch«. In: SPULER, B. (Hrsg.) Handbuch der Orientalistik, 1. Abt., Bd. IV,1. Leiden 1958, S. 20–129
DERS.: »The Aramaic Inscription of Aśoka found in Lampāka«. In: BSOAS 13 (1949–50), S. 80–89
DERS.: »Surkh Kotal«. In: BSOAS 18 (1956), S. 366 f.
DERS.: »The Bactrian Inscription«. In: BSOAS 23 (1960), S. 47–55
DERS. »Surkh-Kotal and Kaniṣka«. In: ZDMG 115 (1965), S. 75–87
DERS.: »The Choresmian Documents«. In: Asia Major 11 (1965), S. 166–179
DERS.: »A Sogdian God«. In: BSOAS 28 (1965), S. 242–254
HENRICHS, A./KOENEN, L.: »Ein griechischer Mani-Codex«. In: ZPE 5 (1970), S. 97–216
HERRMANN, A.: Die Verkehrswege zwischen China, Indien und Rom um 100 n. Chr. Leipzig 1922
DERS.: Das Land der Seide und Tibet im Lichte der Antike. Leipzig 1939
HINÜBER, O. VON: »Buddhistische Kultur in Zentralasien und Afghanistan«. In: BECHERT, H./GOMBRICH, R. (Hrsg.), Die Welt des Buddhismus. München 1984, S. 99–107
HOPKIRK, P.: Die Seidenstraße. Auf der Suche nach verlorenen Schätzen in Chinesisch-Zentralasien. München 1986
Hsin-chiang ch'u-t' wen-wu. [Archäologische Funde aus Xinjiang]. Hrsg. vom Museum der Uigurischen Autonomen Region Xinjiang. Peking 1975
HUMBACH, H.: »Mithra in the Kuṣāṇa period«. In: HINNELS, J. R. (ed.), Mithraic Studies I. Manchester 1975, 135–141
DERS.: »Vayu, Śiva und der Spiritus Vivens im ostiranischen Synkretismus«. In: Monumentum H. S. Nyberg I. Leiden 1975, S. 397–408
JAN YÜN-HUA: »Buddhist Relations between India and Sung China«. In: History of Religions 6 (1966), S. 24–42 und 135–168
JONAS, H.: Gnosis und spätantiker Geist I. Göttingen ³1964
KIRFEL, W.: Symbolik des Buddhismus. Stuttgart 1959
KLEMENTZ, I.: »Turfan und seine Altertümer«. In: Nachrichten über die von der Kaiserlichen Akademie der Wissenschaften zu St. Peters-

burg im Jahre 1898 ausgerüstete Expedition nach Turfan. Heft 1. St. Petersburg 1899
KLIMBURG, M.: Die Entwicklung des 2. indo-iranischen Stils von Kutscha. Unveröffentlichte Diss. Wien 1969
DERS.: »Die Entwicklung des 2. indo-iranischen Stils von Kutscha«. In: HAZAI, G./ZIEME, P. (Hrsg.), Sprache, Geschichte und Kultur altaischer Völker. Berlin 1974, S. 317–325
KLIMKEIT, H.-J.: Manichaean Art and Calligraphy. Leiden 1982
DERS.: »Vom Wesen manichäischer Kunst«. In: ZRGG 34 (1982), S. 195–219
DERS.: »The Sun and the Moon as Gods in Central Asia«. In: Saras Bulletin 2 (April 1983), S. 11–23
DERS.: »Der Stifter im Lande der Seidenstraßen«. In: ZRGG 35 (1983), S. 289–308
DERS.: »Die Welt als Wirklichkeit und Gleichnis im Buddhismus Zentralasiens«. In: Eranos-Jahrbuch 1984. Frankfurt 1986, S. 83–126
DERS.: »Buddha als Vater«. In: WALDENFELS, W./IMMOOS, TH. (Hrsg.), Fernöstliche Weisheit und christlicher Glaube. Mainz 1985, S. 235–259
DERS.: Die Begegnung von Christentum, Gnosis und Buddhismus an der Seidenstraße. Opladen 1986
DERS.: Hymnen und Gebete der Religion des Lichts. Iranische und türkische liturgische Texte der Manichäer Zentralasiens [Im Druck]
DERS. (Hrsg.): Japanische Studien zur Kunst der Seidenstraße. Köln 1988
DERS.: »Der Manichäismus in Iran und Zentralasien«. In: KLIMKEIT, H.-J./SCHMIDT-GLINTZER, H. (Hrsg.), Japanische Studien zum östlichen Manichäismus [Im Druck]
KONOW, S.: »Ein neuer Saka Dialekt«. In: SPAW 1935, S. 772–823
KOSCHELENKO, G., »The Beginning of Buddhism in Margiana«. In: Acta Antiqua 14 (1966), S. 175–183
KOZLOV, P. K.: Die Mongolei, Amdo und die tote Stadt Chara-choto. Übers. von H. Sträubig. Leipzig 1955
LATTIMORE, O.: »A Ruined Nestorian City in Inner Mongolia«. In: The Geographical Journal 84 (1934), S. 481–497
LAUT, J. P.: Der frühe türkische Buddhismus und seine literarischen Denkmäler. Wiesbaden 1986

LAUT, J. P./RÖHRBORN, K., Der türkische Buddhismus in der japanischen Forschung. Wiesbaden 1988
LA VALLÉE POUSSIN, L. DE: Catalogue of the Tibetan Manuscripts from Tun-huang in the India Office Library. London 1962
LE COQ, A. VON: Türkische Manichaica aus Chotscho I–III. In: APAW 1911, Nr. 6; 1919, Nr. 3; 1922, Nr. 2
DERS.: Auf Hellas Spuren in Ostturkestan. Berichte und Abenteuer der 2. und 3. deutschen Turfan-Expedition. Leipzig 1926
DERS.: Von Land und Leuten in Ostturkestan. Leipzig 1928
DERS.: Buddhistische Spätantike in Mittelasien. 7 Bde. Neudruck Graz 1973–75, darin: Bd. II: Die manichäischen Miniaturen. 1973
DERS.: Bilderatlas zur Kunst und Kulturgeschichte Mittel-Asiens. Neudruck Graz 1977
DERS.: Chotscho. Neudruck Graz 1979
LEGGE, J.: A Record of Buddhistic Kingdoms. [Reisebericht von Faxian]. New York 1965
LEIST, T. A.: Marco Polo von Venedig nach China. Hrsg. und kommentiert von A. Knust. Tübingen/Basel [6]1982
LIEU, S. N. C.: Manichaeism in the Later Roman Empire and Medieval China. Manchester 1985
LITVINSKY, B. A.: Outline History of Buddhism in Central Asia. Moscow 1968
DERS.: »Central Asia«. In: Encyclopaedia of Buddhism. Vol. VI. Colombo 1979, S. 21–52
LIU, MAU-TSAI: Die chinesischen Nachrichten zur Geschichte der Ost-Türken (T'u-küe). 2 Bde. Wiesbaden 1958
DERS.: Kutscha und seine Beziehungen zu China vom 2. Jh. v. bis zum 5. Jh. n. Chr. 2 Bde. Wiesbaden 1969
LÜDERS, H.: »Die Praṇidhibilder im neunten Tempel von Bäzäklik«. In: SPAW 1913, S. 864–884
DERS.: »Weitere Beiträge zur Geschichte und Geographie von Ostturkestan«. In: SPAW 1923, S. 7–64
MACKENZIE, D. N. (ed.): The Buddhist Sogdian Texts of the British Library. Tehran/Liège 1976
MCDOWELL, D. W.: »The role of Mithra among the deities of the Kuṣāṇa coinage«. In: HINNELS, J. R.: (ed.), Mithraic Studies I. Manchester 1975, S. 142–150

MAENCHEN-HELFEN, O.: »Manichaeans in Siberia«. In: FISCHEL, W. J. (ed.), Semitic and Oriental Studies Presented to William Popper. Berkeley/Los Angeles 1951, S. 311–326

MAILLARD, M.: Grottes et Monumentes d'Asie Centrale. Paris 1983

MARÓTH, M.: »Ein Fragment eines syrischen pharmazeutischen Rezeptbuches aus Turfan«. In: AoF XI (1984), S. 115–125

MAUE, D./RÖHRBORN, K.: »Ein ›buddhistischer Katechismus‹ in alttürkischer Sprache und tibetischer Schrift« I. In: ZDMG 134 (1984), S. 286–313; II in: ZDMG 135 (1985), S. 68–91

MENSCHING, G.: Die Religion. München [1959]

The Metropolitan Museum of Art: Along the Ancient Silk Routes. Central Asian Art from the West Berlin State Museums. New York 1982

MIRSKY, J.: Sir Aurel Stein. Archaeological Explorer. Chicago 1977

Mission Paul Pelliot. [Publikationen der von Paul Pelliot in Zentralasien gesammelten Dokumente]. Paris 1960 ff. Darin vor allem: Bd. II: Airs de Touen-Houang. 1971; Bd. XIV: Bannières et Peintures de Touen-Houang. 1974

MOULE, A. C./PELLIOT, P.: Marco Polo. The Description of the World. London 1938

MÜLLER, F. W. K.: Uigurica [I]. APAW 1908

DERS.: Uigurica II. APAW 1910, Nr. 3, S. 3–110

DERS.: »Eine sogdische Inschrift in Ladakh«. In: SPAW 1925, S. 371–373

DERS.: »Sogdische Texte II«. In: SPAW 1934, S. 3–106

Museum für Indische Kunst. Katalog 1976. Staatl. Museen Preuss. Kulturbesitz (Hrsg.). Berlin 1976

Museum für Indische Kunst. Katalog 1986. Staatl. Museen Preuss. Kulturbesitz (Hrsg.). Berlin 1986

New Archaeological Finds in China. Discoveries during the Cultural Revolution. Peking 1972

NOWGORODOWA, E.: Alte Kunst der Mongolei. Leipzig 1980

OLBRICHT, P.: Das Postwesen in China unter der Mongolenherrschaft im 13. und 14. Jh. Wiesbaden 1954

OLSCHKI, L.: Marco Polo's Asia. Berkeley/Los Angeles 1960

PELLIOT, P.: Notes on Marco Polo. 3 vols. Paris 1959

Philologiae Turcicae Fundamenta II, ed. L. Bazin et al. Wiesbaden 1964

PINKS, E.: Die Uiguren von Kan-chou in der frühen Sung-Zeit (960–1028). Wiesbaden 1968

PRITSAK, O.: »Von den Karluken zu den Karachaniden«. In: ZDMG 101 (1951), S. 270–300

PUECH, H.-C.: »Der Begriff der Erlösung im Manichäismus«. In: Eranos-Jahrbuch 1936 (Vol. 4). Zürich 1937, S. 183–286

DERS.: Le Manichéisme. Paris 1949

PULLEYBLANK, E. G.: »A Sogdian Colony in Inner-Mongolia«. In: T'oung Pao 41 (1952), S. 317–356

RAHMETI ARAT, R.: »Der Herrschertitel Iduqqut«. In: UAJb 35 (1964), S. 150–157

RACHMATI, G. R./EBERHARD, W.: »Türkische Turfan-Texte VII«. In: APAW 1936, Nr. 12, S. 3–124

RAMSTEDT, G. J.: »Mongolische Briefe aus Idiqut-Schähri«. In: SPAW 1909, S. 838–848

REGEL, A.: »Turfan«. In: Petermanns Mitteilungen 26 (1880), S. 205–210

REISCHAUER, E. O.: Die Reisen des Mönchs Ennin. Stuttgart 1963

RÖHRBORN, K./BRANDS, H. W. (Hrsg.): Scholia. Beiträge zur Turkologie und Zentralasienkunde [Festschrift A. von Gabain zum 80. Geburtstag]. Wiesbaden 1981

ROSENFIELD, J. M.: The Dynastic Arts of the Kushans. Berkeley/Los Angeles 1967

ROWLAND, B.: Zentralasien. Baden-Baden 1970 (Kunst der Welt)

SACHAU, C. E. (Hrsg.): Chronologie orientalischer Völker von Albêrûnî. Leipzig 1878

DERS. (Trans.): The Chronology of Ancient Nations [by Albêrûnî]. London 1879

SAEKI, P. Y.: The Nestorian Documents and Relics in China. Tokyo 1937

SANDER, L.: Paläographisches zu den Sanskrithandschriften der Berliner Turfansammlung. Wiesbaden 1968

DIES.: »Buddhist Literature in Central Asia«. In: Encyclopaedia of Buddhism, Vol. IV. Colombo 1979, S. 52–75

SCHIPPMANN, K.: Grundzüge der parthischen Geschichte. Darmstadt 1980

SCHLEGEL, G.: »Die chinesische Inschrift auf dem uigurischen Denkmal in Kara Balgassun«. In: Mémoires de la Société Finno-Ougrienne IX. Helsingfors 1896, S. V–XV, S. 1–141

BIBLIOGRAPHIE

SCHLUMBERGER, D.: »Surkh Khotal«. In: Antiquity 33 (1959), S. 81–86

DERS.: »Nachkommen der griechischen Kunst außerhalb des Mittelmeerraumes«. In: ALTHEIM, F./REHORK, J. (Hrsg.), Der Hellenismus in Mittelasien. Darmstadt 1969, S. 281–405

DERS.: »Eine neue griechische Aśoka-Inschrift«, ebd., S. 406–417

SCHMIDT-GLINTZER, H.: Chinesische Manichaica. Wiesbaden 1987

SCHMITT, G./THILO, TH.: Katalog chinesisch-buddhistischer Fragmente I. Berlin 1975

SCHNEIDER, U.: Die großen Felsen-Edikte Aśokas. Wiesbaden 1978

SECKEL, D.: Buddhistische Kunst Ostasiens. Stuttgart 1957

DERS.: Kunst des Buddhismus. Baden-Baden 1962 (Kunst der Welt)

DERS.: Jenseits des Bildes. Anikonische Symbolik in der buddhistischen Kunst. Heidelberg 1976

DERS.: »Die Dimension der Zeit in der Kunst Ostasiens«. In: Asiatische Studien 32 (1978), S. 66–91

Shirukurōdo no tabi [Reise entlang der Seidenstraße]. Hrsg. von der Themenwahlgruppe der Kyōdo-Nachrichtenagentur. Tokyo 1980

SIMS-WILLIAMS, N.: The Christian Sogdian Manuscript C2. Berlin 1985

SINOR, D.: Inner Asia. History – Civilization – Languages. Bloomington, Ind., 1969

SOOTHILL, W. E.: China and the West. A sketch of their intercourse. Oxford 1925

SPULER, B.: »Die Nestorianische Kirche«. In: Handbuch der Orientalistik (Hrsg. B. Spuler), 1. Abt., Bd. VIII, 2. Leiden 1961, S. 120–169

STAWISKI, B.: Mittelasien, Kunst der Kuschan. Leipzig 1979

STAWISKIJ, B. J.: Die Völker Mittelasiens im Lichte ihrer Kulturdenkmäler. Bonn 1982

STEIN, SIR A.: Ancient Khotan. 3 vols. (1907). Neudruck Delhi 1981

DERS.: Serindia (1921). Neudruck Delhi 1981

DERS.: Innermost Asia. 5 vols. (1928). Neudruck Delhi 1981

SUGIYAMA, J.: Central Asian Objects brought back by the Otani-Mission. Tokyo 1971

SUNDERMANN, W.: Mitteliranische manichäische Texte kirchengeschichtlichen Inhalts. Berlin 1981

DERS.: Mittelpersische und parthische kosmogonische und Parabeltexte der Manichäer. Berlin 1973

DERS.: Ein manichäisch-soghdisches Parabelbuch. Berlin 1985

TALBOT RICE, T.: Ancient Arts of Central Asia. London 1965

TAN SHUTONG/AN CHUNYANG: The Thousand Buddha Caves at Kizil. 2 vols. Tokyo 1981

TARZI, Z.: L'architecture et le Décor Rupreste des grottes de Bāmiyān. Paris 1977

TAUBE, M.: Die Tibetica der Berliner Turfansammlung. Berlin 1980

TEKIN, S.: Maitrisimit nom bitig. 2 Bde., Berlin 1980

TEKIN, T.: A Grammar of Orkhon Turkic. The Hague 1968

TERJEK, J.: »Fragments of the Tibetan Sutra of ›The Wise and the Fool‹ from Tun-huang«. In: AOH 22 (1969), S. 289–334; 23 (1970), S. 55–83

TEZCAN, S.: Das uigurische Insadi-Sūtra. Berlin 1974

THOMAS, F. W.: »The Early Population of Lou-Lan Shan-Shan«. In: The Journal of the Greater India Society 11 (1944), S. 45–84

THOMAS, W.: »Die tocharische Literatur«. In: v. EINSIEDEL, W. (Hrsg.), Die Literaturen der Welt in ihrer mündlichen und schriftlichen Überlieferung. Zürich 1965, S. 967–973

THOMSEN, V.: »Dr. M. A. Stein's Manuscripts in Turkish ›Runic‹ Script from Miran and Tunhuang«. In: JRAS 1912, S. 181–227

TRYARSKI, E.: »Die alttürkischen Runeninschriften in den Arbeiten der letzten Jahre«. In: AoF VIII (1981), S. 339–352

UENO, A.: »Darstellungen von Fu Hsi und Nü Kua aus Astana«. In: KLIMKEIT, H.-J. (Hrsg.), Japanische Studien zur Kunst der Seidenstraße, Wiesbaden 1988, S. 132–196

URAY, G.: »Zu den Spuren des Nestorianismus und des Manichäismus im alten Tibet (8.–10. Jh.)«. In: HEISSIG/KLIMKEIT (Hrsg.), Synkretismus in den Religionen Zentralasiens. Wiesbaden 1987, S. 197–206

URAY-KÖHALMI, K.: »Synkretismus im Staatskult der frühen Dschingisiden«. In: HEISSIG/KLIMKEIT (Hrsg.), Synkretismus in den Religionen Zentralasiens. Wiesbaden 1987, S. 136–158

VINCENT, I. V.: The Sacred Oasis. Caves of the Thousand Buddhas. Tun-huang. London 1953
WALDSCHMIDT, E.: Gandhara – Kutscha – Turfan. Leipzig 1925
DERS.: »Chinesische archäologische Forschungen in Sinkiang (Chinesisch-Turkistan)«. In: OLZ 54 (1959), S. 229–242
DERS.: Von Ceylon bis Turfan. Göttingen 1967
WATSON, B.: Records of the Grand Historians of China II. New York 1961
WEGGEL, O.: Xinjiang/Sinkiang. Das zentralasiatische China. Hamburg 1984
WHEELER, R. E. M.: Der Fernhandel des römischen Reichs in Europa, Afrika und Asien. München/Wien 1965
WIDENGREN, G.: Mani und der Manichäismus. Stuttgart 1961
DERS.: Die Religionen Irans. Stuttgart 1965
WILLIAMS, J.: »The Iconography of Khotanese Painting«. In: East and West (1973), S. 109–154
WINSTEDT, E. O. (ed.): The Christian Topography of Cosmas Indicopleustes. Cambridge 1909
YALDIZ, M.: Archäologie und Kunstgeschichte Chinesisch-Zentralsiens. Leiden/New York/København/Köln 1987
YULE, H./CORDIER, H.: The Book of Ser Marco Polo. Repr. Amsterdam 1975
ZATURPANSKIJ, CHOROS [= A. von Le Coq]: »Reisewege und Ergebnisse der deutschen Turfanexpeditionen«. In: Orientalisches Archiv III (1913), S. 116–117
ZIEME, P.: »Uigurische Pañcatantra-Fragmente«, In: Turcica II (1970), S. 32–70
DERS.: »Ein uigurischer Landverkaufsvertrag aus Murtuq«. In: AoF I (1974), S. 295–308
DERS.: »Zu den nestorianisch-türkischen Turfantexten«. In: HAZAI, G./ZIEME, P. (Hrsg.), Sprache, Geschichte und Kultur der altaischen Völker. Berlin 1974, S. 661–668
DERS.: Manichäisch-türkische Texte. Berlin 1975
DERS.: »Ein uigurischer Erntesegen«. In: AoF III (1975), S. 109–143
DERS.: »Singqu Sälï Tutung, Übersetzer buddhistischer Schriften ins Uigurische«. In: HEISSIG, W. ET AL. (Hrsg.), Tractata Altaica. Wiesbaden 1976, S. 767–773
DERS.: »Zum Handel im uigurischen Reich von Qočo«. In: AoF IV (1976), S. 235–249
DERS.: »Ein uigurisches Fragment der Rāma-Erzählung«. In: AOH 32 (1978), S. 23–32
DERS.: »Uigurische Steuerbefreiungsurkunden für buddhistische Klöster«. In: AoF VIII (1981), S. 237–263
DERS.: »Ein Hochzeitssegen uigurischer Christen«. In: RÖHRBORN, K./BRANDS, H. W. (Hrsg.), Scholia. Beiträge zur Turkologie und Zentralasienkunde [Festschrift A. von Gabain zum 80. Geburtstag]. Wiesbaden 1981, S. 221–232
DERS.: »Die Berliner Expeditionen nach Turfan«. In: Das Altertum 29 (1983), S. 152–160
DERS.: Buddhistische Stabreimdichtungen der Uiguren. Berlin 1985
DERS.: Die Stabreimtexte der Uiguren von Turfan und Dunhuang. Studien zur alttürkischen Dichtung. Wiesbaden 1987
ZÜRCHER, E.: The Buddhist Conquest of China. 2 vols. Leiden 1972

Glossar

Av. = Avestisch; Jap. = Japanisch; Mp. = Mittelpersisch; Pth. = Parthisch; Skr. = Sanskrit; Sogd. = Sogdisch; Türk. = Türkisch

In das Glossar nicht aufgenommen wurden Völker und Landschaften wie z. B. Sogdien, Sogdier, die im Text erklärt sind.

Abhaya-Mudra (Skr. *abhaya-mudrā*) Handhaltung des Buddha, die Abwehr der Furcht ausdrückt; die Rechte ist erhoben, die Handfläche weist nach vorn

Ahriman Teufel in der → zoroastrischen Religion

Ahura Mazda Oberster Gott und Schöpfer der Welt in der → zoroastrischen Religion

Aksakals (Weißbärte) Mohammedanische Kaufleute aus Indien, die Anfang dieses Jahrhunderts im Tarim-Becken Handel trieben

Amitabha (Skr. *Amitābha*) Buddha des unermeßlichen Lichts, Herr des Westlichen Paradieses Sukhavati

Amrita (Skr. *amṛta*) Nektar, Unsterblichkeitstrank

Anahita (Mp. *Anāhita*) iranische Göttin, die in → sassanidischer Zeit (224–650) im Ostiran vornehmlich als Göttin der Gewässer und der Fruchtbarkeit verehrt wurde

Apsaras (Skr. *Apsarās*) Himmelsfeen im Buddhismus, die als Tänzerinnen und Musikantinnen auftreten

aurei Römische Goldmünzen, die u. a. in der Gegend des heutigen Afghanistan gefunden wurden

Avadana (Skr. *Avadāna*), Avadana-Literatur Buddhistische Erzählliteratur, welche die großen Taten von heiligen Männern schildert und den hohen Lohn beschreibt, den sie in späteren Wiedergeburten dafür erhielten

Avalokiteshvara (Skr. *Avalokiteśvara*) → Bodhisattva, der eng mit → Amitabha verbunden ist; als ›Herr des Mitleids‹ wird er in allen Gefahren- und Notsituationen um Hilfe angerufen. Gläubige in China und z. T. auch in Zentralasien verehrten ihn in seiner weiblichen Gestalt als → Guanyin

Ayazan (Pth. *āyazan*) ›Orte der Verehrung‹, → zoroastrische Kultstätten im Ostiran

Bagin (Pth. *bagīn*) → Zoroastrische Kultstätte in parthischer Zeit, die ein Kultbild beherbergt

basileus soter (König-Heiland) Griechischer Königstitel, der auf den Münzen mancher Herrscher des gräko-baktrischen und des Kushana-Reiches erscheint

Bodhisattva ›Erleuchtungswesen‹, Heilsgestalt im Buddhismus, die zwar Voraussetzungen zum Eingehen ins höchste → Nirvana erworben hat, aber aus Mitleid mit den leidenden Wesen der Welt darauf verzichtet, um diese zur Erlösung zu führen

Brahmi (Skr. *Brāhmī*)-Schrift Altindische rechtsläufige Schrift

Buddha-Natur Transzendentes Wesen des Buddha und damit aller Buddhas, das die Welt durchzieht und allen Wesen, manchen Schulen zufolge allen Dingen, inhärent ist

Buddha-Wesen → Buddha-Natur

Buddhata (Skr. *buddhatā*) → Buddha-Natur

chang Chinesisches Längenmaß, ca. 3,50 m

defensor fidei (Verteidiger des Glaubens) Bezeichnung eines Herrschers, der den offiziellen Glauben eines Landes beschützt; der abendländische Begriff läßt sich auf die buddhistischen Herrscher in Zentralasien übertragen

Dev (Sogd. *Dēv*) Böswilliger Geist im sogdischen → Zoroastrismus; der Begriff wird auch in der sogdisch-christlichen und sogdisch-buddhistischen Literatur verwendet

Devas (Skr. *devas*) Götter im Buddhismus, die zwar in einem Himmel wohnen, aber an den Kreislauf der Wiedergeburten gefesselt sind und nach Ablauf einer bestimmten Frist ihre himmlische Existenz aufgeben müssen

Devatas (Skr. *devatas*) Allgemeiner Begriff für göttliche Wesen im Buddhismus

Devis Weibliche Himmelswesen, die wie die → Apsaras anmutig durch die Lüfte schweben; als solche sind sie vielfach in Dunhuang dargestellt

Dharani (Skr. *dhāraṇī*) Zauberformel im Buddhismus, die zur Erreichung weltlicher und geistlicher Zwecke dient

Dharma (Skr. *dharma*) Zunächst Lehre des Buddhismus, dann aber auch in der Mehrzahl die elementarsten Bausteine der physischen und geistigen Welt

Diamant-Sutra (Skr. *Vajracchedikā-Sūtra*) Klassische Schrift des → Mahayana-Buddhismus, die zu den Werken der ›Erkenntnisvollkommenheit‹ (Skr. *Prajñāpāramitā*) gehört und deren wesentliche Inhalte katechismusartig zusammenfaßt

Drei Juwelen Buddha, seine Lehre und seine Gemeinde; wer sich dem Buddhismus zuwendet, nimmt ›Zuflucht‹ zu den drei Juwelen

Dunhuanglu Topographische Beschreibung Dunhuangs aus dem 9. Jh.

Elchasaiten Judäisch-christliche Täufersekte im Mesopotamien des 2. und 3. Jh. n. Chr., in der der Religionsstifter Mani aufwuchs

Electi (Auserwählte) → Manichäische Mönche, die durch ihre asketische Lebensführung und ihr Wissen die Voraussetzung zur Erlösung schaffen; sie stehen den ›Hörern‹ gegenüber, die sich als Laien zur Kirche des Mani bekennen

Fravashis (Mp. *fravashis*) Geister bedeutender Verstorbener im → Zoroastrismus, die von ihren Nachkommen verehrt werden und diesen dafür Schutz und Segen verleihen

Gandhara (Skr. *Gāndhāra*) Landschaft in Nordwestindien (heute Nordpakistan), der nördliche Teil des flachen Indus-Tales zwischen den Vorbergen des Himalaya und dem westafghanischen Gebirge

Gandhari (Skr. *Gāndhārī*) Sprache der Landschaft Gandhara in den Jahrhunderten vor und nach der Zeitenwende, ein mittelindischer Dialekt

Goldglanz-Sutra (Skr. *Suvarṇaprabhāsa-Sūtra*) Einer der grundlegenden Texte des → Mahayana-Buddhismus, der wahrscheinlich im 1. oder 2. Jh. n. Chr. in Gandhara entstand

›Großes Fahrzeug‹ → Mahayana

Guanyin Chinesische Bezeichnung des → Bodhisattva Avalokiteshvara; in Zentral- und Ostasien nimmt dieser Nothelfer weibliche Züge an, ist aber de facto übergeschlechtlich

Henoch-Literatur Jüdische Literaturgruppe aus vorchristlicher Zeit, die u. a. den Gegensatz zwischen Sündern und Gerechten thematisiert. Hauptfigur ist die Gestalt des Henoch, dessen Reise durch Welt und Unterwelt beschrieben wird. Verschiedene literarische Komplexe sind um diese Erzählung gruppiert. Das hebräische Henoch-Buch, ein Werk aus dieser Literaturgruppe, war offenbar Vorbild für eine Schrift → Manis, von der Fragmente in Zentralasien gefunden wurden

Herz-Sutra (Skr. *Hṛdaya-Sūtra*) Kurzes, katechismusartiges Buch aus den Werken über die ›Erkenntnisvollkommenheit‹, die zum → Mahayana-Buddhismus zählen

Hinayana (Skr. *Hīnayāna*) ›Kleines Fahrzeug‹, Form des frühen Buddhismus, die als Ideal den Arhat, den Heiligen, kennt, der sich ohne fremde Hilfe in der Befolgung der Lehre Buddhas selbst erlöst; Buddha ist für ihn nur ein Wegweiser

Jatakas (Skr. *Jātakas*), Jataka-Literatur Erzählungen über die früheren Existenzen des Buddha, in denen dieser als → Bodhisattva anderen zu Hilfe kam

Jataka-stava (Skr. *Jātaka-stāva*) Trotz des indischen Titels ein in → khotanesischer Sprache abgefaßtes Buch über die früheren Existenzen Buddhas

Jesus-Messias-Sutra Chinesisch-christliches Werk, wahrscheinlich aus dem 10. Jh.; es legt die Lebensgeschichte Jesu in Termini dar, die dem chinesischen Buddhismus und Taoismus entnommen sind

GLOSSAR

Karma Tat und deren Folge; nach indischer Vorstellung zieht jede Tat positive bzw. negative Vergeltung nach sich

Karma-Gesetz Gesetz der Wiedervergeltung aller Taten aufgrund einer kosmischen Gerechtigkeit

Katholikos, auch Katholikos-Patriarch Oberster Repräsentant der → nestorianischen ›Kirche des Ostens‹ mit Sitz zunächst in Seleukia-Ktesiphon, dann in Bagdad

Kharoshthi (Skr. *Kharoṣṭhī*)-Schrift Altindische, linksläufige Schrift, die über verschiedene Stufen bis auf die aramäische Schrift zurückgeht

Khotansakisch, Khotanesisch Ostiranische Sprache, die der Oase Khotan zumeist mit → Brahmi-Schrift geschrieben wurde

›Kleines Fahrzeug‹ → Hinayana

Kolophon Nachwort zu einem heiligen Text, in dem der Stifter, der die Abschrift in Auftrag gab, seine Beweggründe und Hoffnungen zum Ausdruck bringt

Kül-Tigin-Inschrift Eine von mehreren alttürkischen Runeninschriften am Orchon-Fluß in der Mongolei

Lamaismus Tibetische Form des Buddhismus, die nach dem 13./14. Jh. auch in der Mongolei Verbreitung fand

Leerheit Grundbegriff des → Mahayana-Buddhismus. Während man im → Hinayana-Buddhismus alle Dinge als ›leer‹ betrachtete, wurde im Mahayana die ›Leerheit‹ zum Grundwesen aller Erscheinungen. Sie wird qualifiziert als die ›Soheit‹, d. h. das Wesen des ›Sogegangenen‹, des Buddha, und damit als Buddha-Wesen

Lotos-Sutra (Skr. *Saddharmapuṇḍarīka-Sūtra*) Ein Grundtext des → Mahayana-Buddhismus, der im 1. oder 2. Jh. n. Chr. in → Gandhara entstand

Mahayana (Skr. *Mahāyāna*) ›Großes Fahrzeug‹ des Buddhismus, das insofern über den → Hinayana-Buddhismus hinausführt, als das Heil nicht völlig selbständig erworben werden muß, sondern Helfer auf dem Heilsweg – → Buddhas und → Bodhisattvas – vorangehen und den Adepten leiten, was aber die eigene Anstrengung nicht ausschließt

Maitreya Buddha der Zukunft, strenggenommen ein → Bodhisattva, der in einer fernen Zukunft zur Erde herabsteigen, die Erleuchtung gewinnen und die Wesen zum Heil führen wird

Maitrisimit Türkisch-buddhistisches Werk über den Buddha → Maitreya

Mandala (Skr. *maṇḍala*) Kosmisches Schaubild im Buddhismus, das zu meditativen Zwecken verwendet wird

Mani 216–76 n. Chr., Stifter der nach ihm benannten Religion des → Manichäismus, der in Zentralasien vom 3./4. bis zum 13./14. Jh. verbreitet war

Manichäismus → Mani

Manichaica Schriften des → Manichäismus

Medrese Koranschule

Metropolie Sitz eines Metropoliten, der verschiedenen Bischöfen vorsteht

Mithra Iranischer Sonnengott, der im → Manichäismus als eine Erlösergottheit erscheint

Nestorianismus, nestorianisches Christentum Form des Christentums, die sich im persisch-sassanidischen Reich entwickelte und bis nach Südindien sowie nach Zentralasien und China ausbreitete; diese ›Kirche des Ostens‹ berief sich u. a. auf Nestorius (ca. 381–451) und trennte sich im Jahre 484 endgültig von der lateinischen Großkirche

Nirvana (Skr. *nirvāṇa*) Zustand des ›Verlöschens‹, d. h. der Befreiung aus dem Kreislauf der Wiedergeburten im Buddhismus

Nomos ›Gesetz‹ der griechischen und hellenistischen Stadt

Ossuarien Behälter für die Aufbewahrung von Gebeinen oder Reliquien Verstorbener, vor allem im ostiranischen und im westlichen zentralasiatischen Raum

Ostrakon Beschriftete oder bemalte Tonscherbe

Pali Mittelindischer Dialekt, in dem → Hinayana-Schriften des indischen Buddhismus abgefaßt sind

Pancatantra (Skr. *Pañcatantra*) Indische Märchensammlung

Paramita (Skr. *pāramitā*) ›Tugendvollkommenheit‹ im Buddhismus; von ihr werden 6 bzw. 10 aufgezählt

Parinirvana (Skr. *parinirvāṇa*) Höchstes → Nirvana; das Nirvana, das zur Todeszeit erlangt wird, wenn der Sterbende schon zuvor das Nirvana im Leben erlebt hat

Pothi (Skr. *pothī*) Buchform, die bei indischen Manuskripten üblich war; beschriftete Palmblätter wurden übereinandergelegt und durch Schnüre zusammengebunden; die Blätter wiesen zu diesem Zweck zwei Schnurlöcher auf

Prakrit Mittelindische Sprachform

Pranidhi (Skr. *Praṇidhi*)-Bilder Bilder vornehmlich aus der Gegend von Turfan, auf denen ein Stifter einem Buddha eine Gabe darbietet und dafür die Verheißung zukünftiger Buddha-Würde erhält

Säkiz Yükmäk Yaruq Sutra → ›Sutra von der achtfachen Glanzesanhäufung‹, türkisch-buddhistischer Text

Samgha (Skr. *saṃgha*) Buddhistische Gemeinde

Samsara (Skr. *saṃsāra*) Unheilvoller Kreislauf der Wiedergeburten

Sarvastivada (Skr. *Sarvāstivāda*) Schule des Buddhismus, die die Existenz einer Seele radikal verneint und dies philosophisch untermauert; Anhänger der Schule sind die Sarvastivadins

Sassaniden Persische Herrscher über den Iran und angrenzende Gebiete in der Zeit von 224–ca. 650 n. Chr.

Sautrantika (Skr. *Sautrāntika*) Schule des Buddhismus, die von der Annahme eines statischen Bewußtseins ausgeht, das die Grundlage der Wiedergeburten bildet; Anhänger der Schule sind die Sautrantikas

Schule des Reinen Landes (Jap. *Jōdo Shinshū*) Vom japanischen Reformator Shinran Shonin (1173–1263) begründete buddhistische Schule Japans, die den Buddha des Westens, → Amitabha, verehrt

Shimnu Name des Teufels in alttürkischen Texten Zentralasiens

Shiva (Skr. *Śiva*) Hinduistischer Gott, der in Kreisen seiner Verehrer als Schöpfer, Erhalter und Zerstörer der Welt gilt

Shunyata (Skr. *śūnyatā*) → Leerheit

Soheit Wesen des ›Sogegangenen‹, d. h. des Buddha, das als transzendente Grundlage allen Seins gilt

Stupa (Skr. *stūpa*) Buddhistischer Sakralbau, der Reliquien und z. T. auch heilige Texte enthält und im Kult umwandelt wird; er versinnbildlicht u. a. den ins → Nirvana eingegangenen Buddha

Sukhavati (Skr. *Sukhāvatī*) Westliches Paradies des Buddha → Amitabha

Sukhavativyuha-Sutra (Skr. *Sukhāvatīvyūha-Sūtra*) → Sutra über das Westliche Paradies des Buddha → Amitabha; es gibt eine längere und eine kürzere Version

Sutra (Skr. *sūtra*) Buddhistische Lehrschrift

Tantrismus Form des Buddhismus, die von magischen, esoterischen, mystischen und sexualsymbolischen Vorstellungen geprägt ist; die sexuelle Vereinigung symbolisiert die Verschmelzung von Gegenpolen

Tetrastyle temple Tempel im vorislamischen westlichen Zentralasiens, dessen Aufbau durch Rechteckigkeit des Kultraums bestimmt ist

Tishastvustik (Türk. *Tišastvustik*) Türkisch-buddhistischer Text, der die Legende von einem Zusammentreffen des Buddha mit zwei Kaufleuten enthält

Unsterbliche Heilige (Mp. *Amesha Spenta*) Sechs Potenzen des höchsten → zoroastrischen Gottes → Ahura Mazda, die als eigenständige göttliche Wesenheiten erscheinen und im Gebet angerufen werden

Vairocana Der ›Sonnenhafte‹, zentrale Gestalt unter den kosmischen Meditations-Buddhas; er verkörpert die Essenz der Weisheit und der absoluten Reinheit; in Mandalas wird er zumeist in der Mitte abgebildet und oft als Ur-Buddha verstanden

Vajrayana (Skr. *Vajrayāna*) Im 3. Jh. in Indien entstandene buddhistische Richtung, das ›Donnerkeil-Fahrzeug‹; das zentrale Symbol ist der Donnerkeil (Skr. *vajra*), Sinnbild der Absolutheit und der Unzerstörbarkeit des Bewußtseins, das zur höchsten Erkenntnis gelangt ist

Vidyarajas (Skr. *Vidyārājas*) → Wissenskönige

Wissenskönige (Skr. *Vidyārājas*) ›Herren der magischen Sprüche‹, eine Klasse übermenschlicher Wesen im Buddhismus

Yitikän-Sutra ›Siebengestirn-Sutra‹, türkisch-buddhistischer Text

Zoroastrismus Iranische Religion, die auf Zoroaster, d. h. Zarathustra, zurückgeht, der neueren Forschungen zufolge im 12./13. Jh. n. Chr. gelebt hat

Abbildungsnachweis

Farbabbildungen

Mit freundlicher Genehmigung der Editions d'Arts Albert Skira S. A., Genf aus: Mario Bussagli: Die Malerei in Zentralasien. Genf 1963   9
Eike Fischer, Köln   3, 5
Mit freundlicher Genehmigung der Joint Publishing Co., Hong Kong aus: Dunhuang Institute of Cultural Relics (Hrsg.): Die Höhlentempel von Dunhuang. Stuttgart 1982   14, 15, 16, 20, hintere Umschlagklappe
Aus: The Metropolitan Museum of Art: Along the Ancient Silk Routes. Central Asian Art from the West Berlin State Museums. New York 1982   8, 10, 24, 25, 26
Christian Oertel, Berlin   1, 11, 12, 13
Erhard Pansegrau, Berlin   Titelbild, 4, 23, Umschlagrückseite
Frank Rainer Scheck, Köln   2
Ullrich-Jürgen Schönlein, Lindau   21, 22
Mit freundlicher Genehmigung der Trustees of the British Museum, London   6, 7
Die übrigen Farbabbildungen stammen aus den Archiven des Autors oder Britta Lanzeraths

Textabbildungen

aus: Guitty Azarpay: Sogdian Painting. Berkeley/Los Angeles 1981   Abb. S. 79
aus: A. M. Belenizki und D. W. Belous: Mittelasien, Kunst der Sogden. Leipzig 1980   Abb. S. 163
aus: Mario Bussagli: Die Malerei in Zentralasien. Genf 1963   Abb. S. 179
aus: Chūgoku shinkyō shutsudo bunbutsu. Shirukurōdo-ten [Katalog zur Ausstellung ›Die Seidenstraße‹: Ausgrabungen aus Xinjiang]. Tokyo 1986   Abb. S. 13
Zeichnung Ursula Clemeur, Köln   Abb. S. 78, 173
aus: Dunhuang Institute of Cultural Relics (Hrsg.): Die Höhlentempel von Dunhuang. Stuttgart 1982   Abb. S. 217
aus: Dunhuang Wenwu Yanjiusuo (Hrsg.): Zhogguo Shiku. Dunhuang Mogao Ku. Bd. 1. Peking 1982   Abb. S. 209, 211–213
aus: Irene M. Franck und David M. Brownstone: The Silk Road: A History. New York/Oxford 1986   Abb. S. 11, 14, 222
aus: Annemarie von Gabain: Das Leben im uigurischen Königreich von Qočo (850–1250). Wiesbaden 1973   Abb. S. 16, 17
aus: Gerd Gropp: Archäologische Funde aus Khotan, Chinesisch-Ostturkestan. Bremen 1974   Abb. S. 52, 57, 176, 177
aus: Albert Grünwedel: Altbuddhistische Kultstätten in Chinesisch-Turkestan. Berlin 1912   Abb. S. 84, 93, 97, 189, 192
aus: Albert Grünwedel: Alt-Kutscha. Berlin 1920   Abb. S. 96, 98, 204/205
aus: Walther Heissig: Ein Volk sucht seine Geschichte. Die Mongolen und die verlorenen Dokumente ihrer großen Zeit. Düsseldorf/Wien 1964   Abb. S. 65
aus: Peter Hopkirk: Foreign Devils on the Silk Road. London 1980   Abb. S. 35, 38, 42, 44, 45, 202
Zeichnung Magdalene Krumbeck, Oberhausen   Abb. S. 20, 49, 51, 68, 69, 70, 73, 81, 90, 94/95, 140, 142/143, 144, 160, 161, 164, 166, 186, 196, 198, 201, 206, 215, 227
aus: Albert von Le Coq: Die Buddhistische Spätantike in Mittelasien, Bd. VII. Neue Bildwerke III. Neudruck Graz 1973–75   Abb. S. 92
aus: Albert von Le Coq: Die Buddhistische Spätantike Mittelasiens. Bd. II. Die Manichäischen Miniaturen. Neudruck Graz 1973   Abb. S. 37

ABBILDUNGSNACHWEIS / REGISTER

aus: Albert von Le Coq: Die Buddhistische Spätantike Mittelasiens Bd. VI. Neue Bildwerke II. Neudruck Graz 1975   Abb. S. 188/89

aus: Albert von Le Coq: Chotscho. Neudruck Graz 1979   Abb. S. 71, 202

aus: D. N. Mackenzie: The Buddhist Sogdian Texts of the British Library. Teheran/Liège 1976   Abb. S. 56

aus: The Metropolitan Museum of Art: Along the Ancient Silk Routes. Central Asian Art from the West Berlin State Museums. New York 1982   Abb. S. 184

aus: Eleonora Nowgorodowa: Alte Kunst der Mongolei. Leipzig 1980   Abb. S. 61

aus: Peter Simon Pallas. Sammlung historischer Nachrichten über die mongolischen Völkerschaften. I. Theil. St. Petersburg 1776   Frontispiz

aus: Qiuzi bihua xianmiao ji. Zeichnungen Pan Dingding et al., Xinjiang renmin chubanshe. Urumchi 1983   Abb. S. 58, 185, 193

aus: John M. Rosenfield: The Dynastic Arts of the Kushans. Berkeley/Los Angeles 1967   Abb. S. 54

aus: Benjamin Rowland: Zentralasien. Baden-Baden 1970   Kunst der Welt. Abb. S. 146, 147

aus: Hans Wolfgang Schumann: Buddhistische Bilderwelt. Ein ikonographisches Handbuch des Mahāyāna und Tantrayāna-Buddhismus. Köln 1986   Abb. S. 18

aus: Boris Stawiski: Mittelasien, Kunst der Kuschan. Leipzig 1979   Abb. S. 76, 138, 145, 149, 150, 154, 155

aus: Boris J. Stawiskij: Die Völker Mittelasiens im Lichte ihrer Kulturdenkmäler. Bonn 1982   Abb. S. 110, 152, 156, 168

aus: Sir Aurel Stein: Innermost Asia. New Delhi 1981   Abb. S. 64

aus: Tokubetsu-ten shirukurōdo no kaiga. Chūgoku sei-iki no kodai kaiga. Yamato 1988   Abb. S. 25, 27, 31

aus: M. Yaldiz: Archäologie und Kunstgeschichte Chinesisch-Zentralasiens. Leiden/New York/København/Köln 1987   Abb. S. 180 A. Yuyuma, Tokyo   Abb. S. 41

aus: Peter Zieme: »Ein Hochzeitssegen uigurischer Christen.« In: Röhrborn, K./Brands H. W. (Hrsg.), Scholia. Beiträge zur Turkologie und Zentralasienkunde. Wiesbaden 1981 S. 221–232   Abb. S. 47

Register

In Klammern ist die wissenschaftlich übliche Schreibweise beigefügt. Bei chinesischen Orten und Namen, die in Pinyin-Umschrift erscheinen, wird die Wade-Giles-Umschrift in Klammern angegeben.

Personenregister

Abu Dulaf (Abū Dulaf)   31
Aischylos (525/4 – 456/5 v. Chr.)   48
Ajatashatru (Ajātaśatru; König)   192 f.
al-Biruni (al-Bīrūnī; 973–1048)   101, 157
Alexander d. Gr. (356–323 v. Chr.)   48 f., 51, 55, 75, 103, 105, 107, 152, 158, 159
Ali Sultan (Dawadashiri; 1439–1457)   102
Aluoben (A-lo-pen; nestor. Mönch)   86 f.
An Shigao (Übersetzer; Mitte 2. Jh. n. Chr.)   50, 137
Apama (Gattin Seleukos I.)   105
Antiochus I. Soter (Seleukiden-Herrscher; reg. 280–260 v. Chr.)   105, 108
Apollodorus von Artemisia   53
Arrian   158
Arsakes   49 f., 108, 110
Artaben III. (parth. König; reg. ab 12 n. Chr.)   112
Ashoka (Aśoka; ind. König; 273–232 v. Chr.)   67, 139, 170
Äsop   163, 195, 225
Augustinus (354–430)   88

Babur (1483–1530)   67
Bahram I.   87
Babai d. Gr. (Bābai; gest. 628)   83
Barshabba (Baršabbā; Bischof)   86
Bartus, Th. (Museumstechniker)   36, 40, 43 f.; *s. Abb. S. 38*
Batu (Enkel des Tschinggis Khan)   66
Berezowski (Gebrüder)   41
Bögü Khan (uig. Herrscher)   62, 82, 89
Böhtlingk, O.   32

Boucher, Guillaume   30
Bower, H. (engl. Leutnant)   34
Boyce, M.   99, 112
Buddha Shakyamuni (Śakyamuni; um 563–483 v. Chr.)   28, 91, 96 f., 191, 226
Bumin (chin. Tumen [T'u-men]; türk. Heerführer)   60

Čaghatai (Nachkomme des Tschinggis-Khan)   66
Candraprabhā (Gattin Rudrayanas)   192
Chorienes (sogd. Herrscher)   158

Darius III. (Achämenidenherrscher; reg. 336–330 v. Chr.)   103
Demetrios I. (reg. 200–185 v. Chr.)   106
Devastič (sogd. Herrscher; 2. Hälfte 8. Jh.)   56, 160
Diodotos I. (reg. 256–248 v. Chr.)   105
Donner, O.   36
Dschinghis Khan   s. Tschinggis Khan
Dutreuil de Rhins, J.-L.   34

Eberhard, W.   71
Ennin (jap. Mönch; 9. Jh.)   14
Eukratides I. (reg. 171–155 v. Chr.)   105
Euthymedos I. (reg. 235–200 v. Chr.)   107

Farasman (chorasm. Herrscher; 4. Jh. v. Chr.)   152
Faxian (Fa-hsien; Mönch)   10, 11, **21 ff.**, 23, 169, 171 f., 174, 179 f., 197, 210, *s. a. Karte S. 22*
Franz, H. G.   184

Gabain, A. von   14, 16, 80
Giles, L.   218
Göbl, R.   53, 137, 139
Gropp, G.   46
Grum-Grzhimailo, G. u. N.   34
Grünwedel, Albert   36, 38, 40, 184

Guangde (khotan. Herrscher; 1. Jh. n. Chr.) 171
Guishuang 137

Hackin, J. 46
Harun I. Bughra Khan (Kharakhaniden-Herrscher) 51f., 174
Hedin, Sven 34, 35, 46; *s. Abb. S. 35*
Henning, W. B. 141, 159, 183
Herodot (um 484 – um 425 v. Chr.) 12, 48, 50
Hoernle, A. F. R. 36
Huang Wenbi 46
Hu Shi Ling Taihou (Regentin der Nord-Wei-Dynastie) 23
Huichao (Hui-ch'ao; Mönch; um 700 – nach 780) 13f., 30
Huisheng (Hui-sheng; Mönch) 23
Hülegü (mong. Herrscher über den Iran; Enkel des Tschinggis Khan) 66
Huvishka (Huviṣka; Kushan-Herrscher; reg. 260–292) 77, 141

Jiangbin (kuch. Herrscher; 1. Jh. v. Chr.) 187
Jiye (Chi-yeh; Indienpilger; 10. Jh.) 30
Johannes von Montecorvino 30
Johannes von Plano Carpini 30, 86

Kanishka I. (Kaniṣka; Kushan-Herrscher; reg. 232–260) 54, 77, 139f.
Karter (Kartēr) s. Kirder
Khizr Khoja (Mogulistan-Herrscher; reg. 1389–1399) 63, 102
Kirder (Kirdēr, Karter, Kartēr; zoroastr. Hohepriester) 77, 87
Kipling, Rudyard 35
Khubilai Khan (Enkel des Tschinggis Khan; reg. 1259–1294) 65
Klementz, J. 34
Kosmas Indikopleustes (ägypt.-christl. Mönch; 6. Jh.) 12
Kozlov, P. K. (1863–1935) 45, 219
Kujula Kadphises (Kushan-Herrscher) 53, 138
Kumarajiva (Kumārajīva; Übersetzer; gest. 413) 186, 189, 190

Le Coq, Albert von 33, **38ff.**, 43f., 58, 184, 204; *s. Abb. S. 38*
Litvinski, B. A. 106
Liu Che (Wudi; Han-Kaiser; reg. 141–87 v. Chr.) 53, 197

Liu Yuan (Xiongnu-Herrscher) 59
Liu Zhuang (Mingdi; Han-Kaiser; reg. 57–75 n. Chr.) 60
Lü Guang (chin. General) 187, 189

Maillard, M. 184
Mani (216–276 n. Chr.) 12, 19, 50, 88, 224, 226, 252
Maniach 56
Mannerheim, Carl Gustav von 43
Mar Adda (Mār Addā; manich. Missionar) 88
Mar Ammo (Mār Ammō; manich. Missionar) 50, 87, 89
Mar Zaku (Mār Zaku; um 300) 19
Marco Polo (1254–1323) 30, 63, 65, 66, 181, 207
Menandros (griech. Herrscher; reg. 165–130 v. Chr.) 104f.
Masson, M. E. 148
Mensching, G. 74
Mithridates I. (Parther-Herrscher; reg. ca. 171–138 v. Chr.) 49, 108, 109, 110
Mithridates II. (Parther-Herrscher; reg. ca. 123–87 v. Chr.) 108, 110f.
Mohammed 99
Möngke (Enkel des Tschinggis Khan; reg. 1251–1259) 66
Müller, F. W. K. 36, 37

Nagarjuna (Nāgārjuna; ind. Gelehrter; 2. Jh. n. Chr.) 93
Narshakhi (islam. Schriftsteller; 10. Jh.) 56, 101, 165
Nestorius (Patriarch von Konstantinopel 428–431; gest. 451) 83
Nokozonko (Kushan-Beamter; 3. Jh.) 141
Nomura, E. 43

Ögedei (Sohn des Tschinggis Khan; reg. 1229–1241) 66
Oldenburg, Sergej F. 32, 41, 43, 44, 218
Orda (Nachkomme des Tschinggis Khan) 66
Otani, Graf 38, 43; *s. Abb. S. 44*

Pelliot, Paul 40, 42f., 184, 218, 219; *s. Abb. 45*
Peroz I. (Pērōz; Kushan-Shah) 77
Pohrt, H. 40
Porus (ind. Herrscher; 4. Jh. v. Chr.) 103
Puech, C. H. 91

Ptolemäus (griech. Geograph; um 100 – um 170) 12
Pugujun (P'u-ku Tsün; uig. Herrscher; 9. Jh.) 174

Quitaiba ibn Muslim (islam. Feldherr) 101

Radloff, W. 32, 34, 36, 41
Rama (Ramā; myth. ind. König) 172, 195
Regel, A. 34
Richthofen, Ferdinand Freiherr von (1833–1905) 35
Roxana (Gattin Alexander d. Gr.) 105
Rudrayana (Rudrāyaṇa/Udrāyaṇa; ind. König) 192
Rukh (Timuriden-Shah; reg. 1405–1447) 102
Rumakama (syr. Künstler) 187

Salemann, C. 36, 41
Schlumberger, D. 140
Seleukos I. Nikator 103, 105, 108
Sénart, E. 36
Shapuhr I. (Shāpur; Sassaniden-Herrscher; reg. um 240 – um 270) 87, 153, 154
Shelicha (Prediger) 230
Sima Qian (Ssu-ma Ch'ien; Historiker; gest. um 85 v. Chr.) 59
Singqu Säli Tutung (uig. Übersetzer; 10. Jh.) 197
Songyun (Sung-yun; chin. Indienpilger) 23, 55
Stein, Sir Mark Aurel 33, 35, 40, 41 f., 44 f., 159, 178, 181, 199, 216, 219; s. Abb. S. 35, 45
Strabo (griech. Geograph; um 63 v. Chr. – um 20 n. Chr.) 108

Tachibana, Zuicho 43, 218
Tarmashirin (mongol. Herrscher; 14. Jh.) 66
Temücin s. Tschinggis Khan
Thomas, F. W. 180
Thomas, W. 184
Timotheus I. (Katholikos; 780–823) 85, 86
Timur-Lenk (Timur Beg, Tīmūr; 1336–1405) 67, 86
Tita (Shanshan-Künstler) 178
Tolui (Nachkomme des Tschinggis Khan) 66
Trinkler, Emil 46
Tschinggis Khan (Temücin; 1155 od. 1167–1227) 63, 64 f., 66, 67, 210; s. Abb. S. 65

Vaidehi (Vaidehī; Königin) 212
Varshakara (Varṣākāra; Minister des Arjatashatru) 192 f.
Vasudeva I. (Vāsudeva; Kushan-Herrscher; reg. 292–312) 142
Vijaya Sinha (Vijāya Siṇha; khot. Herrscher; 3. Jh. n. Chr.) 171
Vima Kadphises (Vīma Kadphises; Kushan-Herrscher) 77, 138

Waldschmidt, Ernst 184, 192 f.
Wang Guolu (Wang Kuo-lu; taoist. Abt; um 1900) 216
Wang Yande (Wang Yen-te; chin. Gesandter; 10. Jh.) 70
Wang Yuanlu (Wang Yuan-lu; Mönch) 41, 43
Warner, Langdon 46
Wasamar (chorasm. Herrscher) 153
Wilhelm von Rubruk (Franziskaner) 30, 86
Wukong (Wu-k'ung; Mönch; 8. Jh.) 29 f.
Wu-hou (chin. Kaiserin; reg. 684–705) 212

Xuanzang (Hsüen-tsang; Mönch; 603–664) 10, 21, **23 ff.**, 42, 66, 70, 145, 146, 147, 169, 170, 172, 174, 197; s. Abb. S. 25, 27, 31, Karte S. 29

Yazdegird III. (Sassaniden-Herrscher; gest. 651) 101
Yijing (I-ching; Mönch; 635–713) 21, 29, s. Karte S. 29
Yunlin (khotan. Herrscher; 1. Jh. n. Chr.) 171

›Zaturpanskij, Choros‹ 40; s. a. Le Coq
Zhang Qian (Chang Ch'ien; chin. Botschafter; 2. Jh. v. Chr.) 53
Zhang Xiong (Chang-Hsien; Tang-General) 199
Zhimeng (Chih-meng; Mönch; 5. Jh.) 23

Ortsregister

Abarshahr (Abaršahr) 87
Adzhina-Tepe 10, 149 f., 183
Afghanistan 17, 45, 53, 72, 103, 108, 139
Afrasiab 10, 55, 78, **165**
Agnidesha (Agnideśa) 183; s. a. Karashahr
Ägypten 12, 88, 139

ORTSREGISTER

Ai Khanum 106, 148; *Grundriß S. 106*
Airtam 148
Ak Beshim (Aq Bäšim) 167; *Grundriß S. 167; s. Abb. S. 166*
Aksu s. Aqsu
Alai-Gebirge 10, 169
Alexandria in Arachosien 48
Alexandria in Areia 48; s. a. Herat
Alexandria Eschate 48
Alexandria im Kaukasus 48
Alexandria Prophthasia 48
Alexandrien 12
Almaliq (Almalïq) 66, 86, 167
Altai-Berge 11, 51, 61
Altyn-Tag 169
Amu Darya 8, 103, 148, 158; s. a. Oxus
Antiochia Margiana 9; s. a. Merw
Antiochien 12
Anxi (An-hsi) 11, 174, 196, 219
Aqsu 10f., 26, 42, 169, 183
Aral-See 53, 54, 65
Arbela 83
Ark 183; s. a. Karashahr
Arsak 110
Ashkabad 49, 110
Astana 45, 69f., 75, 143, 199, 208, 230

Bagdad 65, 101
Bai 26, 183
Baktra 9, 28, 105; s. a. Balkh
Baktrien 9, 12, 23, 48, 52f., **75ff.**, 88, 96, 99, **103ff.**, 137, 140, 148, 161
Balalyk-Tepe 166
Balawaste 175, 176
Balkh 9, 86, 147; s. a. Baktra
Balkhash-See 11, 66
Bamiyan 9, 28, 30, 54, 96, 101, 143, 144, 146, 151; *s. Farbabb. 2*
Barčuq 183; s. a. Maralbashi
Bäzäklik 19, 40, 43, 45, 46, 159, 194, 197f., 200, 205, 206, 207, 208; *s. Farbabb. 22, 27*
Begram 9, 28, 139, 145; s. a. Kapisha
Beijing (Peking) 43, 46, 218
Beiting (Pei-t'ing) 174
Beluchistan 45
Berkut-Kala (Berqut-qal'a) 156
Beshbaliq (Biš-balïq) 10, 63, 174, 183, 203
Bezeklik; s. Bäzäklik
Bharhut (Bhārhut) 95
Bija-Najmana 165

Bimaran (Bīmarān) 145, 151
Buchara 10, 45, 67, 86, 137, 161
Burg Mugh 10
Bulayik (Bulayïq) 86
Byzanz 56, 62, 156

Čarkalik 181
Ceylon 21, 30, 139
Chalčajan 10, 141f., 150, 151
Chang'an (Ch'ang-an) 10, 13, 21, 23, 28, 86, 190, 197, 210; s. a. Xi'anfu
Chara-choto 45, 64, 219
China 12, 13, 16, 21, 72, 88f., 159, 169
Chorasan (Chorāsān) 8, 45, 101
Chorasmien 10, 28, 55, **151ff.**; s. a. Chwarezm
Chotscho s. Kocho
Chu-Fluß (Chui; chin. Suye) 26, 27, 62; s. a. Suye
Chwarezm 28, 55, 65, 140; s. a. Chorasmien
Čiqqan Kol 40
Congling (Tsung-Ling)-Gebirge 23

Damaskus 12
Damghan (Dāmghān) 12
Dandan-Oilik 175, 176
Deb (Dēb) 12
Delverzin-Tepe 150
Domoko 175
Drangiana 109
Dsungarei 11
Duldur Aqur 42, 184
Dunhuang (Tun-huang) 10, 11, 17, 19, 21, 23, 30, 40, 41f., 43, 44, 46, 58, 63, 64, 70, 86, 88, 89, 90, 94, 99, 102, 159, 169, 172, 204, **208ff.**, 225, 227; *s. Titelbild, Umschlaginnenklappe, hintere Umschlagklappe, Farbabb. 14–21*
Dura Europos (Syrien) 12
Dushanbe 141, 150

Ecbatana s. Hamadan
Edessa 83
Endere 178
Ephesos 83
Euphrat 12

Fajas-Tepe 150
Fars s. Persis
Fergana-Tal 10, 11, 27, 53, 62, 69, 167, 169

›Flammende Berge‹ 196f.
Fondukistan 147f., 183; s. a. Farbabb. 9
Fujian (Fukien) 89

Gandhara (Gandhāra) 9, 22, 23, 28, 30, 95, 103, 139, 140, 148, 251
Ganges-Becken 53
Gansu (Kansu) 10, 34, 45, 46f., 55, 59, 63, 65, 77, 89, 219
›Gansu-Korridor‹ 10, 11, 17, 32, 181, 210
Ganzhou (Kan-chou; heute Zhangye) 21, 210
Gaochang (Kao-ch'ang; später Kocho) 21, 25f., 28, 34, 63, **207f.**; s. a. Kocho
Gilgit 11f., 56
Gjaur-Kala 154
Gobi-Wüste 8, 10, 11, 21, 23, 56, 210
Gostana 171; s. a. Khotan
Gujarat 51

Hadda (Haḍḍa) 145, 151
Hamadan (Hamadān, Ecbatana) 12
Hami 10, 11, 42, 69, 195, 210
Hamun (Kasaoya)-See 109f.
Hangzhou (Hang-chou) 46
Herat 9, 48, 67, 85, 86
Hilment-See 53
Hindukush 9, 23, 28, 52, 72, 75, 137; s. Farbabb. 3
Huanghe (Huang-ho) 10
Hunza 11

Idiqut-Shari (Idiqut-Shāhri) 207; s. a. Kocho
I-gu s. Yigu
Ili-Tal 11, 34, 54, 62, 66, 167
Indien 9, 12, 23, 45, 161, 169
Indus-Tal 12
Issik-Köl 10, 26, 53, 60, 86, 167

Jebel Surai 48
Jenissei 56
Jeti-su 66
Jiaohe (Yar Khoto) 195f., 208; s. Farbabb. 1
Jiuquan (Chiu-ch'üan; vormals Suzhou) s. Suzhou

Kabul 45
Kabul-Tal 9
Kaduk Köl 175
Kapisha (Kāpiśa) 9, 28, 30, 145; s. a. Begram
Kara-Balgassun (Qara Balɣasun) 62

Kara-Tepe 96, 144, 148f.; s. Abb. S. *149*
Karakalpakische Sowjetrepublik 154
Karakorum (Qara-qorum) 65, 66
Karakorum (Qara-qorum)-Gebirge 11, 22, 23, 33, 42, 72, 75, 169
Karakum (Qaraqum, Schwarzer Sand) 8, 28
Karashahr (Qara-Shāhr, Schwarze Stadt) 10, 11, 21, 26, 30, 42, 46, 53, 57, 80, 182, **183f.**, 195; s. a. Agnidesha, Ark
Kasachen-Steppe 8, 12
Kasaoya-See s. Hamun-See
Kashgar (Kašɣar) 10, 11f., 30, 38, 42, 43, 44, 45, 69, 169, 171, 190, 210; s. Umschlagrückseite, Abb. S. 11
Kashmir (Kaśmīr) 30
Kaspische Pforte 48
Kaspische Senke 12
Kaspisches Meer 12
Kaxgar s. Kashgar
Keriya 10, 41, 42, 43
Khadalik 175
Khaiber-Paß 9, 28
Khotan (Gostana) 10, 11, 21, 23, 34, 35, 38, 41, 42, 43, 46, 51, 67, 102, 139, 169, **170ff.**, 183, 184, 195, 210
Kičig-Hassar 42
Kirish (Kiriš) 40, 184
Kizil (Qïzïl) 38, 40, 42, 44, 46, 57f., 184, 185, 206; s. a. Abb. S. 93, 96
Kizilkum (Qïzïlqum, Roter Sand) 8
Kocho (Qočo; chin. Gaochang) 16, 36, 40, 43, 45, 63, 84, 86, 89, 183, 202f., 203, **207f.**; Skizze S. 37, s. a. Farbabb. 24, 25; s. a. Gaochang
Koj-Krylgan-Kala (Koj-Krylgan-qal'a) 152f.; s. Abb. S. 152
Kokonor s. Kuku-Nor
Kopet-Dag-Gebirge 8f.
Korea 13, 30
Kroraina 180, 181; s. a. Loulan
Kucha (Kuča) 11, 26, 30, 38, 41, 43, 44, 46, 53, 57, 69, 70, 80, 94, 157, 169, 174, 182, 183, **184ff.**, 195
Kuku-Nor-Gebiet 42, 64, 181
Kulja 34
Kumtura (Qumtura) 40, 42, 44, 46, 184, 190f.
Kunduz 28, 54
Kunlun (Kun-lun)-Gebirge 10
Kurla s. Shorčuk
Kushanija 161

Ladakh   46, 56
Lanzhou (Lan-chou)   10, 43, 210
Leh   43
Liangzhou (Liang-chou; heute Wuwei)   210
Lob-Nor   10, 15, 21, 179
Longmen (Lung-men)   60
Loulan   10, 21, 43, 68, 169, 179, 181, 210; s. a. Kroraina, Shanshan
Luoyang (Lo-yang)   10, 13, 19, 23, 59, 62, 68, 89, 137, 210; *s. Farbabb. 23*

Maharashtra (Mahāraṣṭra)   51
Maralbashi (Maralbašï, Barčuq)   52, 183, 195
Mariq; s. a. Merw
Mathura (Mathurā)   51, 95, 140, 141
Mazar Tagh (Mazar Toghrak)   175
Merw (Mari, Antiochia Margiana)   9, 85, 86, 87, 101, 112, 137
Meshed   9
Mesopotamien   108, 139
Mingsha-Berg   212
Miran (Mirān)   10, 41, 169, **178 ff.**
Mogao (Mo-kao)-Grotten   **210 ff.**, 218 f.; *s. Titelbild, Umschlaginnenklappe, hintere Umschlagklappe, Farbabb. 14–21, Abb. S. 209, 211–215*
Mogulistan   63, 67, 102
Mongolen-Steppe   8, 11, 61, 159
Mugh   10, 56, 77, 160
Murgat-Tal   9
Murtuq   206, 208
Muzart (Eisiger Berg)   26 f.

Nagarahara (Nāgarahāra)   23
Nanshan (Nan-Shan)-Gebirge   10
Navekath   86, 167
Nepal   30
Nisa (Nīsā)   9, 49, 50, 110 ff., 153; *Grundriß S. 109; s. Abb. S. 110*
Nishapur (Nīšapūr)   9
Niya   10, 35, 178, 181
Noin Ula   59

Olon-süme   30
Orchon   69
Orissa   30
Otrar (Otrār)   86
Ötükän-Gebirge   61, 62, 82, 203
Ostturkestan   8, 17, 32, 34, 36, 38, 46, 55, 57, 65, 143, 170, 174, 178, 179; *s. a. Karte S. 33*

Oxus   8, 9, 10, 11, 28, 48, 52, 55, 86, 103, 144, 158; s. a. Amu Darya

Paitava   146, 151
Palmyra   12
Pamir-Knoten (Pamir-Gebirge)   8, 9, 10, 69, 169
Peking   s. Beijing
Pendjikent (Penji-Känt, Fünfstadt)   10, 55, 56, 78, 106, **162 ff.**; *Grundriß S. 162*
Persepolis   103, 158
Persis (Fars)   86
Peshawar (Peshāwar, Puruṣhapura)   9, 23, 140, 144
Pik Kommunismus (7495 m)   8
Purushapura (Puruṣapura)   s. Peshawar

Qara Balγasun   s. Kara-Balgassun
Qara-choto   s. Chara-choto
Qara-qorum   s. Karakorum
Qara-qum   s. Karakum
Qara-Shāhr   s. Karashahr
Qumtura   s. Kumtura

Rayy   85
Rawak   175
Richthofengebirge   210
Rom   12, 139

Sakastan   9, 51, 195; s. a. Sistan
Saksanochur (Saksan Okhur)   106
Salang-Paß   9, 48
Samarkand   10, 27, 55, 56, 67, 86, 161, 165
Sañci (Sāñcī)   95
Sängim   36, 206
Seleukia am Tigris   103, 108
Seleukia-Ktesiphon   83, 85
Serafshan   9, 10, 56
Shanshan (Shan-Shan)   21, 51, 169, 171, **178 ff.**, 181
Shahristan   78, 165
Shash   167; s. a. Tashkent
Shorčuk (Šorčuk, Kurla)   40, 43, 46, 184
Shotorak   145 f.
Siebenstromland   11, 83, 86, 167
Simsin   184
Sind   51
Sinkiang   s. Xinjiang
Sistan (Sīstān)   9, 51, 85, 109; s. a. Sakastan
Sogdiana   55, 68

Sogdien 48, 99, 103, 140, 143, 156, 157, **158 ff.**, 169, *s. a. Karte S. 158*
Solmi 183; s. a. Karashahr
Subashi (Subašï) 42, 184
Sumatra 21, 29
Surkh Khotal 140, 150f., 229; *Grundriß S. 139*
Suye (Su-yeh) 26; s. a. Chu-Fluß
Suye (Stadt) 27
Suzhou (Su-chou; heute Jiuquan) 59, 210
Swat (Swāt) 22, 137; s. a. Udyana
Syr Darya 8, 12, 103, 158; s. a. Yaxartes
Syrien 12, 139

Taklamakan 8, 10, 21, 43, 169, 170, 183
Talas 54, 86
Tankse 56, 86
Tarbagatai 11
Tarim-Becken 8, 10, 11, 12, 23, 32, 35, 46, 51, 60, 63, 65, 69, 71, 86, 89, 99, 102, 143, 159, 169, 171, 174, 178, 180, 182, 185, 200
Tash-Kurgan (Tašqurɣan) 30
Tashkent (Tash-Känt = Steinstadt, Shash) 10, 26, 167
Taxila 9, 11, 151
Termez 61, 141, 148, 150
Tesik-Kala (Tesiq-qal'a) 156
Tianshan (T'ien-Shan) 9, 10, 11, 26, 34, 169, 170, 183
Tibet 41, 72, 88, 102, 146, 177
Tigris 12
›Tocharistan‹ (ehem. Nordbaktrien) 30, 53, 57, 88, 101, 149, 156, 161
Tok-Kala (Toq-qal'a) 157
Toprak-Kala (Topraq-qal'a) 154f.; *s. Abb. S, 155*
Toyuq 40, 206
Transoxanien 48, 62, 67, 79
Tumshuq (Tumšuq) 10f., 42, 44, 52, 182, 195; *s. a. Farbabb. 8, 10*
Turan 66
Turfan 10, 11, 13, 17, 19, 23, 28, 34, 36, 42, 43, 45, 46, 63, 69, 70, 80, 86, 88, 89, 94, 102, 169, 182, **194 ff.**, 210, 228; *s. Farbabb. 11, 12, 13, 26*
Tyros 12

Udyana (Uḍḍiyāna) 22, 23; s. a. Swat
Ulan Bator 59
Ural 161
Urumchi 10, 11, 47, 170, 203

Varakhsha s. Warachsha
›Vier-Tugar-Land‹ 183

Wakhan 30
Warachsha (Varakhsha) 10, 55, 78, **165 f.**
Westturkestan 8, 17, 32, 63, 65, 66, 86, 101
Wuwei s. Liangzhou
Wuyi 10, 21

Xi'anfu (Sian-fu) 86; s. a. Chang'an
Xinjiang (Sinkiang) 34, 46f., 77, 78, 174

Yar-Khoto s. Jiaohe
Yarkand 10, 11, 169, 171, 190
Yaxartes 8, 9, 10, 12, 48, 103, 158; s. a. Syr Darya
Yigu (I-gu) 25
Yotkan 175
Yungang (Yün-Kang) 60

Zagros-Gebirge 12
Zhangye s. Ganzhou
Zweistromland 12, 48, 87, 108

Sachregister

Abhaya-mudra (Skr. Abhaya-mudrā) 178, 250
Achämeniden 48, 59, 73, 103, 104, 105, 107, 108, 158
›Achtfacher Pfad‹ 91
Ahura Mazda (›Weiser Herr‹) 76, 109, 250
Ahriman 90f., 250
›Ajatashatru (Ajātaśatru)-Legende‹ 192f.
Aksakals (Weißbärte) 32f.
Alphabetformen 15, 137
Amitabha (Amitābha, ›Buddha des unendlichen Lichts‹) 96, 214, 250
Amrita (Skr. Amṛta) 250
Anahita (Anāhita, zoroastr. Fruchtbarkeitsgöttin) 76, 80, 107, 111, 250
Aphrodite 111
Apokalyptik 104
Apollo 109
Apostolische Kirche 83
Apsaras (Skr. Apsarās, Himmelswesen) 215, 250
Archäologische Expeditionen 32ff.
– amerikanische 46
– chinesische 33, 34, 46, 47

SACHREGISTER

- deutsche **36 ff.**, 43 f., 46, 89, 184
- englische 35, 41 f., 44 f., 178, **216 ff.**
- finnische 43
- französische 42 f., 46, 218
- japanische 33, 38, 43, 218
- russische 32, 34, 41, 43, 44, 45, 148, 218

Architektur 154, 167, 175, 207
- buddhistische 144, 148, 190 f., 213 f., 226 f.
- – Stupa 144, 145, 147, 148, **175**, 190 f., 208, 226 f., 253
- s. a. Burganlagen, Bürgerhäuser, Dynastenheiligtümer, Höhlenheiligtümer, Klosteranlagen, Palastanlagen, Tempelanlagen

Arhat 92, 97
Armaiti 109
Arsakiden 49, 108, 110, 112
Artemis 111
Asha Vahishta (›beste Gerechtigkeit‹) 76
Ashaeikhsho (Av. Asha Vahishta, ›beste Gerechtigkeit‹) 76
Ashi (Glücksgöttin) 109
Auferstehung 84, 157
Avadana (Skr. Avadāna)-Literatur 191, 250
Avalokiteshvara, (Avalokiteśvara, der ›Herr, der gnädig herabblickt‹, s. a. Guanyin) 18, 23 f., 97, 210, 250; *s. Abb. S. 18*
Ayazan (Pth. Ayazan, ›Orte der Verehrung‹) 110, 250

Bagin 110, 250
Barlas 67
Baum der Erleuchtung 26
Bewässerung 207, 221 f.
Bhaishajyaguru (Bhaiṣajyaguru), Buddha des Heilens 226
Bildungswesen 187, 207
Bilinguen 86, 172, 199, 224
Blockdruck 207, 218
Bodhisattva 19, 23 f., **97 f.**, 144, 191, 215, 221, 227, 250; *s. Abb. S. 97, 217*
Bon-Religion 195
›Bower-Manuskript‹ 34
Brahmanen 69, 184
›Buch des Zambasta‹ 172, 225
Buchkunst 67
Buddha-Darstellung 94 f., 141, 145, 146, 148 f., 150, 176, 178, 182 f., 191, 213, 214 f., 226, 228
Buddha-Land 147, 191, 206, 214, 226, 230
Buddha-Natur 93, 99, 250

Buddha-Würde 99, 144, 207
Buddhata (Skr. Buddhatā) 93, 99, 250
Buddhismus 15, 23, 30, 52, 54, 55, 58, 60, 63, 68, 74, 75, 77, 79, 82, 84, 86, **91 ff.**, 101, 102, 104, 112, 137, 139, 142, 143 f., 146, 159, 161, 170, 182, 189 f., 194, 202, 205, 220
- chinesischer 13, 28, 67, 71, 144, 197, 211 f., 219
- indischer 78, 174 f., 229
- japanischer 13, 144
- tibetischer 175
- uigurischer (türkischer) 206 f., 225
- s. a. Chan-Buddhismus, Hinayana, Mahayana, Vajrayana, Zen-Buddhismus

Burganlagen 166
- Balalyk-Tepe 166
- Berkut-Kala 156
- Gjaur-Kala 154
- Koj-Krylgan-Kala 152 f.; *s. Abb. S. 152*
- Mugh 10, 56, 77, 160
- Pendjikent, Zitadelle 162 ff.
- Tesik-Kala 156
- Warachsha 165 f.

Bürgerhäuser 55, 163 f.

Čaghatai-Reich (1227–1346) 66, 86, 102
Chan-Buddhismus 190
Chesti 196
Chien-kun (chin. für Kirgisen) 62
Chinesen **69 ff.**, 171, 182, 187, 195 f., 210
Chinesische Mauer 55, 72, 159, 210
Chorasmier 55
Christentum 18, 74, 77, 87, 194
- nestorianisches s. Nestorianismus

Dämonen 226, 228
- Ahriman (iran. Teufel) 90 f., 250
- Dev (zoroastr.) 250
- Shimnu (sogd. Teufel) 79, 253

Demeter 109
Devas (Sogd. Dēv) 251
Devis (Himmelswesen) 215, 251
Dharanis (Skr. Dhāraṇī, magische Sprüche) 229 f., 251
Dharma 95, 99, 251
›Diamant-Sutra‹ 218, 251
›Drei Juwelen‹ 99, 251
›Dunhuanglu‹ 210 f., 250
Dynastenheiligtümer
- in Arsak 110

264

- in Chalčajan   141 f., 150, 151
- in Surkh Khotal   140 f., 150 f.; *Grundriß* S. *139*
- im Palast von Toprak-Kala   155

Elchasaiten (judenchristliche Täufersekte)   87, 251
Electi   62, 89, 251
Erdgeister (alttürk.)   80
– sogd.   79
Erste Königliche Preussische Turfan-Expedition   40 f.
Estrangelo-Schrift   37, 47
Eukratiden   105
– ›Haus des Eukratides‹   105
Expeditionen   s. Archäologische Expeditionen

Farbsymbolik   61, 148
Felszeichnungen   12, 56
Feuerkult   79, 84, 104, 109, 140, 141, 155, 164; s. a. Zoroastrismus
Flammende Berge   196 f.
Fravashis (Mp. Fravāshis)   111, 251
Fresken   s. Wandmalerei
Frištilär (manich. Engel)   82
Fujian (Fukien; chin. Provinz)   89
Fuxi und Nüwa   199; *s. Abb. S. 201*

Ganzhou-Uiguren   63
Geldwirtschaft   16, 203
›Gespräche des Milinda‹ (Milinda-Pañha)   104
Gewürze   12
›Gigantenbuch‹ (manich.)   195
›Goldglanz-Sutra‹ (Skr. Suvarṇaprabhāsa-Sūtra)   172, 205, 251
›Goldener Berg‹   61
Gottheiten
– alttürkische
– – Erd- und Wassergeister   80
– – Umay (Schoß; Erde)   80
– – Tängri (Himmel)   80
– baktrische Namen zoroastrischer Gottheiten
– – Ashaeikhsho (Av. Asha Vahishta, ›beste Gerechtigkeit‹)   76
– – Miiro (Av. Mithra, Sonnengott)   76
– – Orlagno (Av. Verethraghna, Gott des Sieges)   76
– – Oromazd (Av. Ahura Mazda)   76
– – Shavreoro (Av. Khshathra Vairya, ›das erwünschte Reich‹)   76
– buddhistische
– – Amitabha, ›Buddha des unendlichen Lichts‹   96, 214, 250
– – Avalokiteshvara (›der Herr, der gnädig herabblickt‹)   18, 23 f., 97, 210, 250; *s. Abb. S. 18*
– – Bhaishajyaguru, Buddha des Heilens   226
– – Devas   251
– – Guanyin   18, 23 f., 97, 210, 216, 251
– – Maitreya, Buddha der Zukunft   97, 102, 146, 147, 191, 214, 226, 230, 252
– – Vairocana, der Sonnenhafte   96, 253
– chorasmische
– – Mina (Vegetationsgöttin)   155
– griechische   109
– – Aphrodite   111
– – Apollo   109
– – Artemis   111
– – Demeter   109
– – Herakles (Kallinikos)   106, 109, 138
– – Hermes   106
– – Nike   109, 153
– – Zeus   106, 109
– hinduistische
– – Shiva   68, 77, 142, 253
– sogdische
– – Geist der Erde   79
– – Nana   79 f.
– – Siyavush   164
– – Veshparkar (Windgott)   80, 164
– tantrische
– – Mahakla   176
– zoroastrische
– – Ahura Mazda, ›Weiser Herr‹   76, 109, 250
– – Anahita, Göttin der Fruchtbarkeit und des Krieges   76, 80, 107, 250
– – Armaiti   109
– – Asha Vahishta (›beste Gerechtigkeit‹)   76
– – Ashi (Glücksgöttin)   109
– – Khshathra Vairya (›das erwünschte Reich‹)   76
– – Mithra (Sonnengott)   76, 77, 80, 109, 252
– – Saoshyant (Messias)   110
– – Tir (Regengott)   76
– – Verethraghna (Gott des Sieges)   76, 109, 143
– Schutzgottheiten und Nothelfer   98, 105 f., 200, 223, 229
– – Avalokiteshvara / Guanyin (budch.)   18, 23 f., 97, 210, 216, 250, 251

SACHREGISTER

– – Frištilär (manich. Engel) 82
– – Heiliger Georg (nestor.) 18, 82
– – Loraspa (Av. Druvaspa), Schutzpatron der Pferde 17, 76
– – ›Schutzgeist des gesegneten Reichs Kocho‹ 82, 203
– – Schutzgeist des Ötükän-Landes (il ötükän qutï) 82, 203
Grabbeigaben 13, 45, 59, 69, 199, 208
Gräko-baktrisches Reich (256–75 v. Chr.) **48 ff.**, 75, 76, 105, 137
›Großes Fahrzeug‹ s. Mahayana
›Großes Sukhavativyuha-Sutra‹ (Sukhāvatī-vyūha-Sūtra) 96, 253
Guanyin 18, 23 f., 97, 210, 216, 251, s. a. Avalokiteshvara
Gupta-Dynastie 51

Han-Annalen 59, 62, 180
Han-Zeit (202 v.–220 n. Chr.) 59, 69, 72, 75, 167, 171, 199
– Östliche Han-Zeit (23–220 n. Chr.) 195
Handelsbeziehungen 12, 15, 55, 56, 59, 66, 68, 138, 156
Handelsgüter 12, 139
Händler 19 f., 159, 203
Hellenismus 48 f., 75, 96, 142, 145, 159
Hellenisierung 103, 109
Henoch-Literatur 195, 251
Hephthaliten (Weiße Hunnen) 23, **54 f.**, 73, 160, 174, 194
Herakles (Kallinikos) 106, 109, 138
›Herz-Sutra‹ 23 f., 251
Hinayana (Skr. Hīnayāna, ›Kleines Fahrzeug‹) 21, 93, 96, 146, 179, 189 f., 192, 251
Hinduismus 75, 194
Höhlenheiligtümer 38, 40, 46, 57 f., 60, 144, 148 f., 175 f., 189, 190, 194, 205, 206, 210 f., 219
Hunnen, Weiße s. Hephthaliten

Ikonographie, sakrale 76, **79**, 109, 141, 147, 178, 206
Inder **67 ff.**, 171, 210
Inschriften 12, 60 f., 199 f.
– alttürkische 80
– in Surkh Khotal 141, 229
– sogdische 56; *s. Abb. S. 57*
– von Kara-Balgassun 62
Islam 15, 51, 63, 74, **99 ff.**, 146, 194, 207

Islamisierung 17, 30, 56, 66 f., 99, 102, 137, 149, 154, 156, 159, 161, 170, 205

›Jataka-stava‹ (Skr. Jātaka-stāva, ›Preis der frühen Geburten‹) 175, 251
Jataka (Skr. Jātaka)-Texte 185, 191, 251
Jenseitsvorstellungen 82, 199 f., 226, 228
›Jesus-Messias-Sutra‹ 84, 251
Jin-Zeit (265–420) 188

Kaiyuan-Ära (713–741) 213
Kanthaka (Skr. Kaṇṭhaka) 92
Kara-Kitai 63, 86
Karakorum-Highway 12
Karluqen 62, 86
Katholikos 252
Kaufleute 19 f., 159, 203
Kharakhaniden-Dynastie 51 f.. 174
Khvarenah (›Glücksglanz‹) 76, 106
Khshathra Vairya (›das erwünschte Reich‹) 76
Kirgisen (Chin. Chien-kun) **62 ff.**, 82, 89, 200
›Kleines Fahrzeug‹ s. Hinayana
Klosteranlagen (buddh.) 144, 190, 211, 213
– Adzhina-Tepe 149 f., 183
– Airtam 148
– Bamiyan 146 f.
– Bäzäklik 40, 43, 45, 46, 159, 194, 197 f., 200, 205, 206, 207, 208
– Bimaran 145, 151
– Ciqqan Kol 40
– Fajas-Tepe 150
– Fondukistan 147 f.
– Gomati 22, 172 f.
– Grotten von Mogao **210 ff.**, 218 f.
– Hadda 145, 151
– Kara-Tepe 144, 148 f.
– Kirish 40, 184
– Kizil 38, 40, 42, 44, 46, 57 f., 184, 185, 206
– Kumtura 40, 42, 44, 46, 184, 190 f.
– Paitava 146, 151
– Sängim Agiz 40
– Shorčuk 40, 43, 46
– Shotorak 145 f.
– Subashi 42, 184
– Toyuq 40
– Wanfo Xia-Höhlen 219
– Yar-Khoto 196
Kocho (Reich d. Uiguren; ca. 850–1250) 63, 203, 205, 221
Kök-Türken 61 f.

Konfuzianismus 70, 194, 200, 211
Konzil von Ephesos (431) 83
Kopten 88
Kshatrapalas (Skr. Kṣatrapālas, ›Westliche Satrapen‹) 51
Kuh-i Khwaja (›Hügel des Meisters‹) 109 f.
Kulturrevolution 47
Kunst 105, 107, 141, 145, 146, 177, 178, 186 f., 190, 211, 212 f., 216, 226
- buddhistische 93, 96, 98, 103, 147, 148, 182 f., 191 f., 205, 216
- chorasmische 152, 156 f.
- koptische 178 f.
- kushanische 78, 141
- mahayanistische 206 f.
- manichäische 90, 91, 101, 204, 205, 228
- persisch-islamische 102
- sassanidische 143, 146
- sogdische 78 f., 80
- türkisch-buddhistische 206 f.
- s. a. Kunsthandwerk, Landschaftsmalerei, Miniaturmalerei, Monumentalplastik, Skulptur, Wandmalerei
Kunsthandwerk 50, 107, 112, 139, 152 f., 156 f.
Kushan (Kuṣāṇa)-Reich 17, 54, 60, 68, 76 f., 95, 112, **137 ff.**, 148, 150, 153
Kushana-Dynastie 53, 137 ff.

Lamaismus 65, 202, 252
Landschaftsmalerei (buddhistische) 93 f., 191, 212
Leerheit (Shunyata) 92 f., 99, 252
Lehnwörter 62, 69, 71, 78, 104, 137, 159, 224
Literatur **224 ff.**
- buddhistische 96 f., 102, 149, 175, 185, 218
- čaghatai-türkische 66
- chorasmische 154
- indisch-buddhistische 18 f.
- kuchäische 190
- manichäische 89, 203, 225
- parthische 50
- persisch-islamische 102
- sogdische 77; s. Abb. S. 56
- sogdisch-christliche 159
- tibetische 88
- tocharische 184 f., 189, 195
- türkisch-islamische 102
- uigurische 63, 203, 205 f., 225
Loraspa, Schutzpatron der Pferde 17, 76

Lotos 91, 228
›Lotos-Sutra‹ (Skr. Saddharmapuṇḍarīka-Sūtra) 18, 20, 169, 214, 252

Magie 80, 190, 226, 229
Mahakala (mahākāla) 176
›Mahavyutpatti‹ 224
Mahayana (Skr. Mahāyāna, ›Großes Fahrzeug‹) 22, 93, 94, 96, 98, 144, 175 f., 189 f., 192, 206, 214, 218, 229, 252
Maitreya, Buddha der Zukunft 97, 102, 146, 147, 191, 214, 226, 230, 252; s. Abb. S. 96, 146
›Maitrisimit‹ (uig.) 57, 252
Malerei s. Miniaturmalerei, Wandmalerei
Mandala (Skr. Maṇḍala) 146, 147, 214, 252
Manichaica 37, 38, 50, 89, 203 f., 211
Manichäismus 19, 20, 37, 50, 52, 55, 62, 63, 74, 77, 82, 84, **87 ff.**, 90 f., 101, 137, 159, 183, 194, 202, 211, 225, 226, 230
Margiana 112
Meditation 92, 190
Medizin 226
Medrese 102, 252
Metropolien 85 f., 252
Miiro (Av. Mithra, Sonnengott) 76
Militärwesen 20, 53, 69, 167, 186, 187, 197
Mina (chorasm. Vegetationsgöttin) 155
Ming-Annalen 102
Miniaturmalerei 67, 91, 101, 204, 206
Missionstätigkeit 74, 195
- indisch-buddhistische 67, 170
- katholische 30, 86
- manichäische 87 f., 137, 195
- nestorianische 30, 85 f., 137
Mithra (Sonnengott) 76, 77, 80, 109, 252
Mogao-Grotten **210 ff.**, 218 f.
Mönchtum 20, 86, 99, 101, 102, 187, 203, 222
Mongolen 11, 30, 45, **64 ff.**, 72, 86, 87, 89, 102, 159, 167, 181, 207
Monumentalplastik 28, 96, 146, 149 f., 151, 211, 212, 213
Münzen 16, 54, 68, 76, 77, 105 f., 108 f., 112, 138, 142, 150, 153, 161, 171
Musik 58, 148, 155, 186, 188 f., 216, 226

Nachrichtenwesen 18, 32 f.
Nana (sogd. Göttin) 79 f.
Nekropolen 229
- in Astana 45, 69 f., 75, 143, 199, 208, 230

SACHREGISTER

- in Pendjikent 165
Nestroianismus 55, 63, 66, 82, **83 ff.**, 88, 137, 159, 167, 183, 202, 211, 225, 252
Neujahrsfest 78, 188
Nike 109, 153
Nirvana (Skr. Nirvāṇa) 91 f., 97, 191, 214, 230, 252
Nisibis 83
Nomadentum 8, 15 f., 60, 63, **71 ff.**, 203, 220 f.
Nord-Qi-Dynastie (550–577) 186
Nördliche Wei-Zeit (386–534) 58, 60
Nordroute (der Seidenstraße) 11, 41, 42, 70, 102, 169, **182 ff.**, 210
Nord-Wei (Toba)-Dynastie 23, 212

Oromazd (Av. Ahura Mazda) 76
Ossuarien 111, 153, 157, 165, 188, 229, 252
Östliche Han-Zeit (23–220 n. Chr.) 195
Ostraka 50, 110, 111, 252
›Oxus-Schatz‹ 107 f.

Palastanlagen 55, 106, 154 f.
Pañcatantra-Zyklus 69, 163, 195, 225, 252
Paramita (Skr. Pāramitā) 98, 252 f.
Parinirvana (Skr. Parinirvāṇa) 149 f., 192 f., 229, 253
Parni (Nomadenstamm) 108
Parther 49, 73, 108
Pax Mongolica 30, 66
Perser 48
Pharro (Av. Khvarenah, ›Glücksglanz‹) 76, 106
Pothi (Skr. Pothī) 253
›Pranidhi-Szenen‹ (Skr. Praṇidhi) 19, 207, 253
›Prophezeiung über das Land Li‹ (tibet.) 170, 174
›Prozession der (Buddha)-Figuren‹ 22, 174

Qu-Dynastie 63

›Rad der Lehre‹ 95; s. Abb. S. 95/96
Rechtssystem 223
Religiosität 228 ff.
Römisches Reich 88
Rouran 58, 60
Runenschrift 19, 60

›Šābuhragān‹ 87
Saddharmapuṇḍarīka-Sūtra 169
Saken (Chin. Sai; ind. Shaka; Nomadenvolk) 48, 49, 50 f.; 67, 73, 75, 105, 170, 195

›Säkiz-Yükmäk-Yaruq-Sutra‹ 20, 253
Sakralkunst 28, 145
- sogdische 68
Samgha (Skr. Saṃgha) 99, 253
Samgharama (Skr. Saṃghārāma) 144
Samsara (Skr. Saṃsāra) 91, 92, 93, 253
Sanskrit 15, 21, 34, 37
Saoshyant (zoroastr. Messias) 110
Sarvastivadin (Skr. Sarvāstivādin)-Schule 96, 190, 253
Sassaniden 50, 54, 73, 77, 87, 88, 101, 103, 108, 143, 153, 171, 253
Sautrantika (Skr. Sautrāntika)-Schule 96, 253
Schamanismus 60, 203
Schiffahrtswege 12
Schriftkunde 14 f., 194
– aramäische Schrift 159
– Brahmi-Schrift 34, 43, 47, 51, 68, 194, 250
– chorasmische Schrift 154
– hephthalitische Schrift (griechische Kursive) 56, 194
– Kharoshthi-Schrift 34, 68, 138, 145, 171, 181, 252
– kushan-baktrische Schrift 55
– Parsik-Schrift 56
– Prakrit-Schrift 68, 171
– tibetische Schrift 200
Schuldknechtschaft 203, 223
›Schule des Reinen Landes‹ (Jōdō-Shinshu) 38, 253
Seleukiden 103, 105, 108
›Seelenfeuer‹ 111
Seide 12, 16, 176 f.
›Seidenprinzessin‹ 176 f.
›Shah-Name‹ (Shāh Nāme) 163
Shanshan-Reich (Loulan) 21, 51, 169, 171, **178 ff.**, 181
Shaoreoro (Av. Khshathra Vairya, ›das erwünschte Reich‹) 76
Shiiten 101
Shiva (Skr. Śiva) 68, 77, 142, 253
Shivaismus 142
Shunyata (Skr. Śūnyatā) 92 f., 99, 253
Siedlungswesen **71 ff.**, 154, 203
Siyavush (sogd. Gott) 164
Skulptur 13, 46, 95, 141, 142, 147 f., 150, 154, 182 f., 212, 214
Skythen 48, 50, 59, 73, 108
Sogdier 9, 12, 48, **55 ff.**, 78, 86, 88, **158 ff.**, 182, 183, 187, 195, 202, 210

Soheit (Tathata)   93, 99, 144, 253
Song-Zeit (960-1279)   30, 65, 71
Sprachen   15, 194
– Aramäisch   139
– Chinesisch   47, 83, 172, 194, 211
– Chorasmisch   154
– Gandhari   51, 251; s. a. Prakrit
– Griechisch   105, 139
– Jagnobi   57
– Khotanesisch   172, 211, 252
– – Alt-Khotanesisch   172
– – Neu-Khotanesisch   172
– Khotansakisch   47, 51, 172, 182, 252
– Kushan-Baktrisch   56
– Medisch   105
– Mitteliranisch   62
– Pali   252
– Parthisch   50, 89, 105, 203
– Persisch   66, 67
– – Mittelpersisch   56, 83, 89, 105, 203
– Prakrit (Gandhari)   172, 181, 253
– Sakisch   51
– Sanskrit   15, 21, 34, 37, 47, 62, 68f., 70, 172, 181, 184, 189, 190, 211
– Sogdisch   37, 47, 56, 60f., 62, 70, 78, 83, 89, 105, 159, 203
– Syrisch   47, 83, 194, 225
– Tangutisch (Xixia)   47, 211
– Tibetisch   47, 211
– Tocharisch   47, 70, 178, 184, 211
– – Tocharisch A   57, 182
– – Tocharisch B (Kuchäisch)   57, 182
– Türkisch   89
– Uigurisch (Alttürkisch)   37, 47, 71, 78, 200, 211
Staatswesen   55
Stammesreligion   74f., 80ff.
Stupa (Skr. Stūpa)   144, 145, 147, 148, 171, 175, 190f., 208, 226f., 253
Südroute (der Seidenstraße)   10f., 35, 42, 43, 68, 169ff., 210
Sui-Zeit (581–618)   186
Sukhavati (Skr. Sukhāvatī)   96, 214, 250, 253
Sunniten   102
Sutren   253
– ›Diamant-Sutra‹   218, 251
– ›Goldglanz-Sutra‹   251
– – Neu-Khotanesisch   172, s. Abb. S. 52
– – Uigurisch   205
– ›Großes Sukhāvatīvyūha-Sutra‹   96, 253

– ›Herz-Sutra‹   23 f., 251
– ›Jesus-Messias-Sutra‹   84, 251
– ›Lotos-Sutra‹   18, 20, 169, 214, 252
– ›Saddharmapuṇḍarīka-Sūtra‹   169
– ›Säkiz-Yükmäk-Yaruq-Sutra‹   20
– ›Yitikän-Sutra‹   20, 254

Tabgač (Chin. Toba)   60
Tang-Annalen   13, 174
Tang-Zeit (618–907)   13, 28, 69, 70, 75, 94, 174, 186, 187, 195, 197, 211
Tängri (altt. Gottheit, Himmel)   80
Tanguten (Xixia)   63f., 89, 181, 210, 216
Tantrismus   174f., 176, 190, 200, 253
Taoismus   69f., 194, 211
Tathata (Skr. Tathatā, Soheit)   93, 99, 144
Tauschhandel   16, 203
›Tausend-Buddha-Höhlen‹ (Ming Oi)   46, 184f., 206
– Bäzäklik   19, 70, 159, 194, 197f., 200, 205, 206, 207, 208
– Kizil   38, 57f., 184, 185, 186f., 190, **192f.**
– Kumtura   190ff.
– Grotten von Mogao   210ff., 218f.; s. Abb. S. 209, 211–213
Tempelanlagen   55, 95, 109f.
– Ak Beshim   167; *Grundriß S. 167*
– Pendjikent   164; *Grundriß S. 162*
Textfunde   40, 41f., 46, 64, 175, 181, 211, 216
Tibeter   63f., 174, 200, 210
Tibetica   64, 200, 218
Timuriden   67, 102
Tir (zoroastr. Regengott)   76
›Tišastvustik‹   20, 253
Toba   58, **60,** 72
Tocharer   53f., **57f.,** 75, 78, 80, 182, 187, 195, 210
Tocharistan (ehem. Nordbaktrien)   30, 53, 57, 88, 101
Toquz Oguz   66
Totenkult   79, 111f., 188
Tujue (T'u-chüeh; chin. Türken)   60
Turfan-Expeditionen   36f., 40f., 43f., 89, 184
Türken   **66ff.,** 160, 174, 182
Türkisches Königreich von Kocho (850–1250)   89
Turkisierung   57, 62f., 66, 73
Tushita-(Tuṣita) Himmel   97, 226
Tuyukhun-Reich   181
Tyche   49; *s. Abb. S. 49*

269

SACHREGISTER

Übersetzungen 50, 58, 70, 83, 101, 112f., 159, 172, 175, 177, 185, 186, 189f., 197, 220, 224f.
- Chinesisch → Uigurisch 197
- Indisch → Chinesisch 28, 55, 159, 190
- Mittelpersisch → Chinesisch, Sogdisch, Uigurisch 224
- Parthisch → Chinesisch, Sogdisch, Uigurisch 224
- Sanskrit → Tocharisch 184f.
- Sanskrit → Tibetisch 224
- - ›Mahāvyutpatti‹ 224
- Syrisch → Sogdisch 86, 225
- Syrisch → Chinesisch, Persisch, Türkisch 225
- Tibetisch → Uigurisch 200

Uiguren 62, 78, 82, 89, 195, 197, 200, 202f., 205
- Gelbe Uiguren 200ff., 205

Umay (alttürk. Gottheit, Schoß, Erde) 80
Umsiedlung 159
Usrushana (Us[t]rūshana) 66

Vairocana, der ›Sonnenhafte‹ 96, 253
Vajrayana-Buddhismus 174f., 190, 200
Verethraghna (zoroastr. Gott des Sieges) 76, 109, 143
›Vermauerte Bibliothek‹ 40, 41f., 46, 64, 175, 216
Veshparkar (›Windgott‹) 80, 164; s. Abb. S. 79
Vidyarajas (Vidyarājas) 98, 254
›Vier edle Wahrheiten‹ 91
›Vier-Tugar-Land‹ 183
Vihara (Vihāra) 190
Vinaya (buddh. Ordensdisziplin) 21
Volksreligionen 74, **75ff.**, 82

Wandmalerei 41, 42, 44, 46, 57f., 63, 68, 78, 79, 146f., 149, 150, 187, **191f.**, 204, 214, 228
- in Afrasiab 165
- in Balalyk-Tepe 166
- in Bäzäklik 19, 70, 159, 194, 197f., 200, 205, 206, 207, 208
- in Chalčajan 141f.
- in Dunhuang 17, 58, 63f., 94, 214f.
- in Khotan 176f.
- in Kizil 38, 57f., 184, 185, 186f., 190, **192f.**
- in Kocho, nestorianische Kirche 202f.
- in Kumtura 190ff.
- in Miran 178ff.
- in Pendjikent 78, 79, 162ff.
- in Toprak-Kala 155
- in Turfan 17, 89, 90
- in Warachsha 165f.

Wanfo Xia (Wan-fo-hsia)-Höhlen 219
Wein 111, 158f., 189
Weiße Hunnen s. Hephthaliten
Weltreligionen 74f., **83ff.**, s. a. Buddhismus, Christentum, Islam, Manichäismus
Westliche Jin(Chin)-Dynastie (265–317 n. Chr.) 59, 171
›Westliche Satrapen‹ (Kshatrapalas) 51
Wiedergeburt 91
›Wissenskönige‹ (Vidyarajas) 98, 254
Wusun (Wu-sun) 53

Xianbi (Hsien-pi; Nomadenstamm) 60
Xiongnu (Hsiung-nu; Nomadenstamm) 53, **58ff.**, 63, 72, 180, 185
›Xiyuji‹ (Hsi-yü-chi) 28
Xixia (Hsi-hsia) 63, **64**, 181
›Xuāstvānīft‹ (manichäischer Laienbeichtspiegel) 89

›Yitikän-Sutra‹ 20, 254
Yuan-Dynastie (1271–1368) 30f., 65, 87, 212
Yuezhi (Yüeh-chih) 52ff., 57, 59, 137

Zeit der 16 Königreiche (300–589) 212
Zen-Buddhismus 190, 228
Zeus 106, 109
Zölibat 85, 189
Zollwesen 15, 188
Zoroastrismus 27, 54, 55f., 75f., 79, 84, 87, 99, 101, 108, 109, 111, 137, 140, 157, 161, 165, 195, 224, 254
- baktrischer 75ff.
Zwei-Natur-Lehre 83

DuMont Kunst-Reiseführer

*Kunstreisen
durch das Reich der Mitte*

Frank Rainer Scheck (Hrsg.)

Volksrepublik
China

Volksrepublik China
Kunstreisen durch das Reich der Mitte

Herausgegeben von Frank Rainer Scheck. 712 Seiten mit 44 farbigen und 131 einfarbigen Abbildungen sowie 181 Karten, Plänen und Zeichnungen, 91 Seiten praktischen Reisehinweisen, Glossar und Register (DuMont Kunst-Reiseführer)

»Der DuMont Kunst-Reiseführer ›China‹ ist in dieser klassischen Schriftenreihe ein Spitzenprodukt. Die Abschnitte ›Geschichtlicher Überblick‹, ›Politik und Gesellschaft‹ sowie ›Chinesische Kultur‹ geben dem Leser das Rüstzeug für die spätere Reise durch das Land. Gleich, ob man das Kapitel ›Peking: Kaiserpalast‹ oder die Ausführungen ›Xi'an und Umgebung‹ studiert, man kommt immer zu dem Urteil: ›ausgezeichnet‹.«   *Sender Freies Berlin*

»Der schon mehrfach für seine Kunst-Reiseführer belobigte DuMont Buchverlag hat mit diesem Werk wieder einmal Zeichen gesetzt.«   *Capital*

Bitte beachten Sie auch folgende DuMont Kunst-Reiseführer:

Syrien
Hochkulturen zwischen Mittelmeer und Arabischer Wüste – 5000 Jahre Geschichte im Spannungsfeld von Orient und Okzident
Von Johannes Odenthal. 364 Seiten mit 50 farbigen und 92 einfarbigen Abbildungen, 151 Karten und Zeichnungen, 32 Seiten praktischen Reisehinweisen, Register

Das Heilige Land
Historische und religiöse Stätten von Judentum, Christentum und Islam in dem zehntausend Jahre alten Kulturland zwischen Mittelmeer, Rotem Meer und Jordan
Von Erhard Gorys. 494 Seiten mit 64 farbigen und 108 einfarbigen Abbildungen, 126 Zeichnungen und Plänen, 25 Seiten praktischen Reisehinweisen, Register

Sowjetischer Orient
Kunst, Kultur, Geschichte und Gegenwart der Völker Mittelasiens
Von Klaus Pander. 416 Seiten mit 44 farbigen und 107 einfarbigen Abbildungen, 156 Karten und Zeichnungen, 19 Seiten praktischen Reisehinweisen, Register

Pakistan
Drei Hochkulturen am Indus: Harappa – Gandhara – Die Moguln
Von Tonny Rosiny. 312 Seiten mit 38 farbigen und 100 einfarbigen Abbildungen, 43 Plänen und Grundrissen, Karten, 47 Seiten praktischen Reisehinweisen, Register

Indien
Von den Klöstern im Himalaya zu den Tempelstätten Südindiens
Von Niels Gutschow und Jan Pieper. 424 Seiten mit 42 farbigen und 188 einfarbigen Abbildungen, 74 Zeichnungen und Plänen, Literaturhinweisen, 24 Seiten praktischen Reisehinweisen, Register

Ladakh und Zanskar
Lamaistische Klosterkultur im Land zwischen Indien und Tibet
Von Anneliese und Peter Keilhauer. 416 Seiten mit 52 farbigen und 105 einfarbigen Abbildungen, 207 Zeichnungen und Plänen, 20 Seiten praktischen Reisehinweisen, Literaturhinweisen, Register

Bhutan
Kunst und Kultur im Reich der Drachen
Von Gisela Bonn. 384 Seiten mit 42 farbigen und 255 einfarbigen Abbildungen, 6 Karten und Plänen, 22 Seiten praktischen Reisehinweisen, Glossar, Register